Enseignement du français : les apports de la recherche en linguistique

Réflexions en l'honneur de Marie-José Béguelin

P.I.E. Peter Lang
Bruxelles · Bern · Berlin · Frankfurt am Main · New York · Oxford · Wien

Mathieu AVANZI, Virginie CONTI,
Gilles CORMINBOEUF, Frédéric GACHET,
Laure Anne JOHNSEN et Pascal MONTCHAUD (dir.)

Enseignement du français : les apports de la recherche en linguistique

Réflexions en l'honneur de Marie-José Béguelin

« GRAMM-R. Études de linguistique française »

N° 21

Tous les volumes de cette collection sont publiés après double révision à l'aveugle par des pairs.

© P.I.E. PETER LANG s.a.
Éditions scientifiques internationales
Bruxelles, 2014
1 avenue Maurice, B-1050 Bruxelles, Belgique
www.peterlang.com ; info@peterlang.com

Imprimé en Allemagne

ISSN 2030-2363
ISBN 978-2-87574-131-8
eISBN 978-3-0352-6464-7
D/2014/5678/46

Information bibliographique publiée par « Die Deutsche Nationalbibliothek »
« Die Deutsche Nationalbibliothek » répertorie cette publication dans la « Deutsche Nationalbibliografie » ; les données bibliographiques détaillées sont disponibles sur le site <http://dnb.de>.

Table des matières

3. La didactique de la grammaire

4. Autour des compétences de l'apprenant

osition de certains apports de la linguistique dans l'enseignement nçais au XXIe siècle, les questions qu'un tel passage soulève et ations entre ces deux champs. Marie-José Béguelin a beaucoup llé dans ce domaine et fait figure de « passeuse » entre les résultats us par la recherche en linguistique et les contenus d'enseignement, en FLE qu'en FLM (voir les ouvrages qu'elle a dirigés, notamment *en français* et *De la phrase aux énoncés*).

s problématiques générales suivantes ont été proposées aux buteurs (bien que certaines soient déjà bien informées) :

- Il y a des discordances manifestes entre ce que l'on trouve dans les moyens d'enseignement et ce que l'on sait de la structure de la langue et du fonctionnement de la communication. Pourquoi y a-t-il de telles discordances ? Comment remédier à cette situation ?
- Quels sont les résultats produits par la recherche en linguistique qui ont vocation à être transposés utilement pour répondre aux besoins des élèves ?
- Comment doit se faire la « traduction » des travaux de recherche vers les contenus d'enseignement (pour éviter tout « applicationnisme » stérile) ?
- Certaines composantes langagières sont traditionnellement placées hors champ par les grammaires. On peut penser aux variétés spontanées (et à la variation en général), aux écrits et parlers non normés, au domaine de la macro-syntaxe (voir à ce propos *De la phrase aux énoncés*). Les textes étudiés dans les grammaires illustrent d'ailleurs souvent un genre bien particulier correspondant au modèle scolaire visé. Les besoins d'acquisition des élèves au XXIe siècle requièrent-ils de « nouveaux » objets d'enseignement ?
- Est-ce que les critères d'évaluation des productions orales ou écrites des élèves ont évolué parallèlement aux études sur corpus, sur le français oral et sur les écrits réputés non normés ?
- Les outils d'analyse de la parole, ceux élaborés pour le traitement de grands corpus et le développement de l'enseignement à distance, sont-ils adaptés pour l'enseignement du français ? Les acquis de cette linguistique partiellement « outillée » répondent-ils à un besoin du côté des enseignants ? Et correspondent-ils réellement aux besoins actuels ?
- Comment définir la place respective de la linguistique et de la didactique par rapport aux défis actuels de l'enseignement du français et des langues ? Quel devrait être le processus de « passage » d'un résultat de la recherche linguistique à l'enseignement en classe ? À quelles contraintes ce passage doit-il répondre ?

Avant-propos

Virginie Conti, Gilles Corminboeuf,
Mathieu Avanzi, Frédéric Gachet,
Laure Anne Johnsen & Pascal Montchaud

Universités de Neuchâtel et de Fribourg

Après une journée d'étude organisée en mai 2013 à l'Université de Neuchâtel, cette publication constitue le second volet de l'hommage que quelques-uns de ses doctorants ou anciens collaborateurs ont souhaité rendre à Marie-José Béguelin, à l'occasion de son départ à la retraite le 1er août 2013.

Le parcours scientifique de Marie-José Béguelin a débuté dans la passion des langues anciennes, avec une Maturité classique (latin et grec) à Porrentruy dans le Jura suisse, puis des études à Paris où elle se perfectionne en version grecque et latine, mais commence également à s'intéresser à d'autres langues indo-européennes et à la grammaire comparée, notamment à l'École pratique des Hautes Études. En 1972, elle obtient un Certificat d'études indiennes classiques et une Maîtrise en Lettres classiques de l'Université de Paris-IV.

De retour à Genève, après avoir enseigné le latin à Milan (1974-1975), et mené des travaux de traduction (allemand et italien), elle se tourne vers la linguistique synchronique et s'intéresse alors notamment à la pensée et à l'œuvre de Ferdinand de Saussure (intérêt qui l'accompagnera d'ailleurs tout au long de sa carrière). Elle obtient en 1978 une licence de linguistique générale, et son mémoire sera publié en 1980 dans les *Cahiers Ferdinand de Saussure*. Elle est alors engagée en tant que chargée d'enseignement à l'École de langue et de civilisation françaises de l'Université de Genève (1978-1985), et en tant qu'assistante en linguistique historique à l'Université de Lausanne (1979-1982).

Parallèlement à ces engagements (et à sa vie de famille, avec les naissances successives de ses deux filles, Mathilde et Louise), elle rédige une thèse sur « les noms latins du type *mens* » dirigée par Françoise Bader (EPHE) : soutenue en 1984, celle-ci lui vaudra le Prix Charles Bally et une publication en 1986 dans la collection bruxelloise Latomus.

Dès 1983, elle rejoint le Séminaire de linguistique française de l'Université de Fribourg, comme chargée de cours, maître-assistante, puis professeur associée. En 1990, l'Université de Neuchâtel lui confie sa nouvelle demi-chaire de « linguistique du français contemporain » ; dès 2001 elle sera choisie pour occuper la chaire à temps plein, en tant que professeur ordinaire.

Outre ses travaux de grammaire comparée, Marie-José Béguelin s'oriente dès le milieu des années 1980 vers des thématiques dans lesquelles elle a produit des travaux particulièrement novateurs : le discours rapporté, l'anaphore et les processus référentiels en général, la cohésion textuelle, les niveaux de l'analyse linguistique, la norme, l'analyse des erreurs et des données linguistiques non standard, etc. Une partie de ces travaux est en relation directe avec l'enseignement du français qui lui a toujours tenu à cœur. C'est cette thématique que nous avons choisi de traiter dans le présent ouvrage : la linguistique appliquée à l'enseignement (voir *infra*).

Plus tard, en plus des objets scientifiques déjà cités, elle a mené des travaux sur la simplification de l'orthographe et la rédaction non discriminatoire, en lien avec des questions de politique linguistique. Elle a aussi contribué activement à l'élaboration, avec Alain Berrendonner, du modèle macro-syntaxique du Groupe de Fribourg, dont une synthèse est parue récemment (*Grammaire de la période*, 2012). Ces dernières années, on peut évoquer ses études sur le changement linguistique dans une perspective saussurienne, ainsi que ses recherches sur la diachronie des structures syntaxiques et sur le statut de l'écriture (par exemple dans les SMS). Par ailleurs, son amour de la littérature transparaît aussi bien dans ses thématiques de cours que dans ses publications : la langue de Flaubert, le dialogue théâtral avec l'exemple des parataxes chez Marivaux, les SN démonstratifs dans les *Fables* de La Fontaine, les formes du raisonnement dans *Les Liaisons dangereuses*, etc.

Cette diversité dans les intérêts, cette étendue dans la connaissance des langues et dans la culture linguistique sont certainement l'un des ingrédients qui donnent tant de substance et de saveur aux travaux de Marie-José Béguelin, aux cours, séminaires et conférences qu'elle a donnés, et à la bonne dizaine de livres qu'elle a écrits ou édités, à la centaine d'articles qu'elle a publiés, ainsi qu'aux nombreux projets de recherche qu'elle a dirigés. Son esprit critique, son inventivité, sa rigueur, la précision et la finesse remarquable dont elle fait preuve dans ses analyses, l'originalité des approches choisies, son exceptionnelle habileté dans la rédaction et la présentation des données font d'elle un modèle d'exigence scientifique.

Il est évident qu'une carrière marquée par l'excellence dans tant de domaines a été saluée à de nombreuses reprises : ainsi, elle est membre

de l'Académie royale de langue et littérature
Officière dans l'Ordre des Arts et Lettres, Ch
Palmes académiques, membre de l'Institut juras
et des Sciences et membre de l'Academia Euro

Parallèlement à une production scien
particulièrement diversifiée, Marie-José Béguelin
de fonctions à l'Université, dans des sociétés sav
scientifiques. Elle a ainsi été – entre autres –
philologie romane et de linguistique française (200
de l'Institut des sciences du langage et de la com
vice-rectrice chargée des affaires académiques à l
(2003-2004), représentante du canton de Neuchâtel
philologique du Glossaire des patois de la Suisse ro
de la Commission philologique du FNRS belge (
été présidente du groupe Bally, première présiden
langue française de Suisse romande (durant deux
Conseil international de la langue française (1999-
du projet international *Encyclopédie grammaticale*

Mais les mérites scientifiques de Marie-José B
pas sa seule qualité : son humanité, sa disponibili
et particulièrement de ses étudiants, doctorants et
également une personne d'exception… que ceux q
simplement *Mijo*, signe de l'affection qu'ils lui tén

Parmi les nombreux objets scientifiques qui
Marie-José Béguelin, quatre domaines de recherche
identifiés : les phénomènes anaphoriques et la théo
approches du changement linguistique, l'œuvre de Fe
la relation entre la recherche en linguistique et l'ens
Au moment de choisir une thématique pour un
cette dernière nous a semblé la moins documentée
conséquent la plus apte à fournir des travaux origina

La thématique de cet ouvrage est donc celle du rap
et enseignement du français, plus précisément

1 Voir à ce propos le bel hommage de Marc Wilmet dans son
de Marie-José Béguelin », accessible en ligne : <http://ww
discoursreception/wilmet26092009.pdf>.

2 L'anaphore fait l'objet d'un ouvrage édité par M. Fossard et M.-J.
(*Nouvelles perspectives sur l'anaphore. Points de vue linguis
et interactionnel*, 2014). Plusieurs publications récentes, av
M. J. Béguelin, ont porté sur l'œuvre de Saussure. La question du
sera quant à elle le thème de deux numéros de revue à paraître,
L. A. Johnsen et G. Corminboeuf (*Langages* : « Réanalyse et cha
Revue Romane : « Réanalyses, indétermination catégorielle et fl

- Quelle(s) terminologie(s) linguistique(s) devrait-on « importer » dans l'enseignement ? Pour quels bénéfices en termes d'apprentissage ?
- De quelle formation linguistique les (futurs) enseignants ont-ils besoin ?

Ces questions, sans être limitatives, nous paraissaient à même de documenter la thématique générale du « passage » entre linguistique et enseignement (FLM ou FLE) et à interroger les relations entre ces deux champs.

Les réponses proposées par des collègues, anciens doctorants et amis de Marie-José Béguelin ont ainsi pu être rassemblées en un volume organisé en quatre sections : « Les théories linguistiques à l'épreuve de la didactique des langues » (Section 1) ; « L'enseignement du français langue étrangère » (Section 2) ; « La didactique de la grammaire » (Section 3) ; « Autour des compétences de l'apprenant » (Section 4). Le lecteur trouvera à la fin de ce recueil un article « hors thème » de Raffaele Simone, un ami de longue date – ainsi qu'une postface de Michèle Fruyt, sa camarade d'étude à l'EPHE.

Cet ouvrage a été publié grâce au précieux soutien de la Commission des Publications de l'Université de Neuchâtel, de la Délégation à la langue française de la Conférence intercantonale de l'instruction publique de la Suisse romande et du Tessin (DLF/CIIP), ainsi que de la Société des Alumni de l'Université de Neuchâtel. Les éditeurs ont en outre bénéficié de l'aide aimable de François Delafontaine pour la vérification de la mise en page du manuscrit.

Travaux de Marie-José Béguelin

À paraître

« Quel traitement pour les 'aphorismes' lexicalisés du type *s'y mettre, s'en sortir, (se) la jouer… ?* », in *Actes du colloque la Dia-variation en français actuel. Des corpus aux ouvrages de référence*, Université de Sherbrooke, 28-31 mai 2013.

« Normes d'écriture et proscription de 'on' », in *Actes du colloque 'Si j'aurais su, j'aurais pas venu !' Linguistique des formes exclues : descriptions, genres, épistémologie*, Université Libre de Bruxelles, 19-22 juin 2013.

« La concurrence entre *nous* et *on* en français », in *Actes du colloque 'Noi-nous-nosotros'. Sur les traces d'un pronom*, Université de Zurich, 19-20 octobre 2012.

(avec G. Corminboeuf & L. A. Johnsen (dir.)), *Réanalyses, indétermination catégorielle et flou sémantique* (= *Revue Romane*), Amsterdam, John Benjamins.

(avec M. Avanzi), « Syntaxe externe des séquences du type (*ne pas*) *savoir qu-* en français parlé : l'apport des indications prosodiques », *Revue Romane*.

2014

« Ce que nous enseignent les 'aphorismes' lexicalisés », in Fossard, M. & Béguelin, M.-J. (dir.), *Nouvelles perspectives sur l'anaphore. Points de vue linguistique, psycholinguistique et acquisitionnel*, Berne, Peter Lang.

(avec G. Corminboeuf & L. A. Johnsen (dir.)), *Réanalyse et changement linguistique* (= *Langages*), Paris, Larousse.

« Deux points de vue sur le changement linguistique », numéro thématique de *Langages* intitulé « Réanalyse et changement linguistique », M.-J. Béguelin, L. A. Johnsen & G. Corminboeuf (dir.).

(avec M. Fossard (dir.)), *Nouvelles perspectives sur l'anaphore. Points de vue linguistique, psycholinguistique et acquisitionnel*, Berne, Peter Lang.

2013

« Note sur l'emploi du pronom de troisième personne chez Flaubert », in Gendre, A., Kamber, A., Petris, L. & Skupien Deckens, C. (dir.), *Des mots rayonnants, des mots de lumière. Mélanges de littérature, d'histoire et de linguistique offerts au professeur Philippe Terrier*, Université de Neuchâtel, Faculté des Lettres et Sciences humaines/Genève, Droz, p. 297-308.

« Opérer hors de toute étymologie », *Arena linguistica*, n° 12, p. 138-162.

2012

« Le statut de l'écriture », in Druetta, R. (dir.), *Claire Blanche-Benveniste. La linguistique à l'école de l'oral*, Sylvain-les-Moulins, Éditions GERFLINT, p. 39-56.

« L'évolution de la langue à travers les SMS (textos). Étude de corpus en milieu plurilingue », in North, X. (dir.), *Les évolutions du français contemporain. Pratiques linguistiques et politiques francophones*, Genouilleux, Éditions La passe du vent, p. 163-176.

« La place de la grammaire comparée », *Langages*, n° 178, p. 75-90.

« La variation graphique dans le corpus suisse de SMS en français », in Caddéo, S., Roubaud, M.-N., Rouquier, M. & Sabio, F. (dir.), *Penser les langues avec Claire Blanche-Benveniste*, Presses de l'Université de Provence, p. 47-63.

« Le statut morpho-sytaxique de *n'empêche* », in Van Peteghem, M., Lauwers, P., Tobback, E., Demol, A., & De Wilde L. (dir.), *Le verbe en verve. Réflexions sur la syntaxe et la sémantique verbale*, Gent, Academia Press, p. 635-661.

(avec A. Berrendonner), « Pour en finir avec la phrase », in Groupe de Fribourg, *Grammaire de la période*, Berne, Peter Lang, p. 3-19.

(avec A. Berrendonner), « Typologie syntaxique des 'dislocations à gauche' », in Groupe de Fribourg, *Grammaire de la période*, Berne, Peter Lang, p. 155-186.

« Discours de Mme Marie-José Béguelin », *Bulletin de l'Académie royale de langue et de littérature françaises de Belgique*, tome LXXXVII, n° 1-2-3-4, p. 21-33.

2011

(avec A. Stähli & C. Dürscheid (eds.)), *SMS-Kommunikation in der Schweiz : Sprach- und Varietätengebrauch* (= *Linguistik Online*, 48/4).

(avec G. Corminboeuf (dir.)), *Du système linguistique aux actions langagières. Mélanges en l'honneur d'Alain Berrendonner*, Bruxelles, De Boeck-Duculot.

« Euphémismes et hyperboles dans *Les Liaisons dangereuses* », in Horak, A. (dir.), *La litote. Hommage à Marc Bonhomme*, Berne, Peter Lang, p. 235-257.

« Linguistique de la langue et linguistique de la parole », in Corminboeuf, G. & Béguelin, M.-J. (dir.), *Du système linguistique aux actions langagières. Mélanges en l'honneur d'Alain Berrendonner*, Bruxelles, De Boeck-Duculot, p. 641-661.

2010

(avec V. Conti), « Le statut des concessives en *avoir beau* du français : considérations synchroniques et diachroniques », *Journal of French Language Studies*, n° 20/3, p. 271-288.

« Les constructions avec *avoir beau* sont-elles libres ou dépendantes ? », in Vansérеren, S. (dir.), *Calliope. Mélanges de linguistique indo-européenne offerts à Francine Mawet*, Louvain, Peeters, p. 43-57.

« Noyaux prédicatifs juxtaposés », in Béguelin, M.-J., Avanzi, M. & Corminboeuf, G. (dir.), *La Parataxe. Tome 1 : Entre dépendance et intégration*, Berne, Peter Lang, p. 3-33.

(avec V. Conti), « Syntaxe des structures avec *avoir beau* en français préclassique et classique », in Combettes, B., Guillot, C., Prévost, S., Oppermann-Marsaux, E. & Rodriges Somolinos, A. (dir.), *Le changement en français. Études de linguistique diachronique*, Berne, Peter Lang, p. 43-72.

(avec M. Avanzi & G. Corminboeuf (dir.)), *La Parataxe. Tome 1 : Entre dépendance et intégration*, Berne, Peter Lang.

(avec M. Avanzi & G. Corminboeuf (dir.)), *La Parataxe. Tome 2 : Structures, marquages et exploitations discursives*, Berne, Peter Lang.

« Le statut des *identités diachroniques* dans la théorie saussurienne. Une critique anticipée du concept de *grammaticalisation* », in Bronckart, J.-P., Bota, C. & Bulea, E. (dir.), *Le projet de Ferdinand de Saussure*, Genève, Droz, p. 237-267.

2009

« Langue reconstruite et langue tout court », *Cahiers Ferdinand de Saussure*, n° 62, p. 9-32.

« From the Confession of Ignorance to the Indefinite: what Impact for a Theory of Grammaticalization? », in Rossari, C., Ricci, C., & Spiridon, A. (eds.), *Grammaticalization and Pragmatics: Facts, Approaches, Theoretical Issues*, Bingley, Emerald Group Publishing Limited, p. 35-64.

2007

« Grammaticalisation et renouvellement formel de *en veux-tu en voilà* », in Bertrand, O., Charolles, M., François, J., Prevost, S. & Schnedecker, C.

(dir.), *Discours, diachronie, stylistique du français. Hommages à Bernard Combettes*, Berne, Peter Lang, p. 225-242.

2006

(avec S. Pekarek-Doehler (dir.)), *Grammaire-Discours-Interaction : la structuration de l'information* (= *Travaux neuchâtelois de linguistique*, n° 41), Université de Neuchâtel.

2005

(avec G. Corminboeuf), « De la question à l'hypothèse : étude d'un phénomène de coalescence », in Rossari, C. *et al.* (dir.), *Les États de la question*, Québec, Éditions Nota Bene, p. 67-89.

2004

« Coalescences et dégroupages syntaxiques : réflexions sur les conditions pragmatiques et sémantiques des grammaticalisations », in Auchlin, A., Burger, M., Filliettaz, L. & Grobet, A. (dir.), *Structures et discours. Mélanges offerts à Eddy Roulet*, Québec, Éditions Nota Bene, p. 139-150.

« L'apprenant comme modèle du sujet parlant », in Gajo, L., Matthey, M., Moore, D. & Serra Stern, C. (dir.), *Un parcours au contact des langues. Textes de Bernard Py commentés*, Paris, Didier, p. 69-72.

2003

« Variations entre macro- et micro-syntaxe : de quelques phénomènes de grammaticalisation », in Scarano, A. (dir.), *Macro-syntaxe et pragmatique. L'analyse linguistique de l'oral*, Roma, Bulzoni Editore, p. 111-131.

« La méthode comparative et l'enseignement du *Mémoire* », in Bouquet, S. (dir.), *Saussure, Cahiers de l'Herne*, n° 76, p. 150-164.

2002

(avec A. Näf & J.-F. de Pietro (dir.)). *La complémentation verbale. Quels savoirs pour l'enseignant ? Quels savoirs pour l'élève ?* (= *Travaux neuchâtelois de linguistique*, n° 37), Université de Neuchâtel.

« Faut-il simplifier l'accord du participe passé ? », in Béguelin, M.-J. Näf, A. & de Pietro J.-F. (dir.), *La complémentation verbale. Quels savoirs pour l'enseignant ? Quels savoirs pour l'élève ?* (= *Travaux neuchâtelois de linguistique*, n° 37), Université de Neuchâtel, p. 163-179.

« Unidades de lengua y unidades de escritura. Evolucion y modalidades de la segmentación gráfica », in Feirrero, E. (dir.), *Relaciones de (in) dependencia entre oralidad y escritura*, Barcelone, Gedisa, p. 51-71.

« Construire l'énonciation », in Carel, M. (dir.), *Les facettes du dire. Hommage à Oswald Ducrot*, Paris, Kimé, p. 25-37.

(avec A. Berrendonner & M. Bonhomme (dir.)), *Études de syntaxe, de sémantique et de rhétorique* (= *SCOLIA*, n° 14), Strasbourg, Presses de l'Université Marc Bloch.

« Routines syntagmatiques et grammaticalisation : le cas des clauses en *n'importe* », in Andersen, A. & Nølke, H. (dir.), *Macro-syntaxe et macro-sémantique*, Berne, Peter Lang, p. 43-69.

« Clause, période, ou autre ? La phrase graphique et la question des niveaux d'analyse », in Charolles, M., Le Goffic, P. & Morel, M.-A. (dir.), *Y a-t-il une syntaxe au-delà de la phrase ?* (= *Verbum*, n° 24, 1-2), p. 85-107.

Préface du livre de Marc Campana, *Une grammaire pour mieux écrire*, Centre régional de documentation pédagogique de Créteil.

Participation à la présentation du français en Suisse in Peeters, B. (dir.), *Le français dans tous ses états*, DVD-vidéo, Les Piérides, Les Impressions nouvelles.

2001

(avec A. Berrendonner), « Circulation des termes et dérive terminologique », in Colombat, B. & Savelli, M. (dir.), *Métalangage et terminologie linguistique*, Bruxelles, Peeters, p. 29-41.

2000

« Diagnostic des erreurs dans un corpus d'écrits techniques », in *La rédaction technique*, Bruxelles, Duculot, p. 105-119.

« Des coefficients sonantiques à la théorie des laryngales », in Auroux, S. (dir.), *Histoire des idées linguistiques (tome III)*, Bruxelles, Mardaga, p. 173-182.

« Étymologie 'populaire' et construction du savoir lexical », in Simone, R. *et al.* (dir.), *Classi di parole et conoscenza lessicale*, Rome, p. 365-383.

(avec J. Moeschler (dir.)). *Référence nominale et temporelle*. Berne, Peter Lang.

« Des clauses impersonnelles aux constituants phrastiques : quelques axes de grammaticalisation », in Sériot, P. & Berrendonner, A. (dir.), *Le paradoxe du sujet. Les propositions impersonnelles dans les langues slaves et romanes* (= *Cahiers de l'ILSL*, n° 12), Lausanne, p. 25-41.

(avec la coll. de Matthey, M., Bronckart, J.-P., Canelas, S.), *De la phrase aux énoncés. Grammaire scolaire et descriptions linguistiques*, Bruxelles, De Boeck-Duculot.

(avec J.-F. de Pietro), « Le féminin dans la langue : un espace de variation et de réflexion », *Français et société*, n° 10, Bruxelles, Duculot, p. 30-44.

(avec J.-F. de Pietro), « S comme Suisse », in Cerquiglini, B., Corbeil, J.-C., Klinkenberg, J.-M. & Peeters, B. (dir.), *Tu parles !? Le français dans tous ses états*, Paris, Flammarion, p. 273-288.

(avec la collaboration de D. Elmiger), « Les consignes de 'féminisation' du lexique et du discours : l'exemple de la Suisse romande », in Almeida, E. & Maillard, M. (eds.), *O Feminino nas Linguas, Culturas e Literaturas*, Universidade da Madeira, Departamento de Estudos Romanísticos, p. 37-49.

1999

(avec A. Näf & J.-F. de Pietro, dir.). *La terminologie linguistique à l'école romande : perspectives interlinguistiques* (= *Travaux neuchâtelois de linguistique*, n° 31), Université de Neuchâtel.

« *De la phrase aux énoncés* : bilan et perspectives », in Béguelin, M.-J., Näf, A. & de Pietro, J.-F. (dir.), *La terminologie linguistique à l'école romande : perspectives interlinguistiques* (= *Travaux neuchâtelois de linguistique*, n° 31), Université de Neuchâtel, p. 143-153.

(avec D. Apothéloz), « Interpretations and functions of demonstrative NPs in indirect anaphora », *Journal of Pragmatics*, n° 31/3, p. 363-397.

« Anaphores non catégorisantes, structures lexicales, et cognition », in Fruyt, M. & Valentin, P. (dir.), *Lexique et cognition*, Paris, Presses de l'Université de Paris-Sorbonne, p. 9-32.

(avec J.-F. de Pietro & G. Zahnd), « Pour une politique de la langue : la Délégation à la langue française de Suisse romande (DLF) », in de Pietro (dir.), *Babylonia, Français.ch – langue, littérature et culture en Suisse*, p. 46-49.

1998

« Le statut des informations non identifiantes dans le SN anaphorique », in Forsgren, M., Jonasson, K. & Kronning, H. (dir.), *Prédication, assertion, information,* Uppsala, Acta Universitatis Upsaliensis, p. 463-474.

« L'usage des SN démonstratifs dans les *Fables* de La Fontaine », *Langue française*, n° 120, p. 95-109.

« Le rapport écrit-oral. Tendances dissimilatrices, tendances assimilatrices », *Cahiers de linguistique française*, n° 20, p. 229-253.

« Rectifications orthographiques : où en est-on ? », *Langage & pratiques*, n° 22, p. 17-24.

1997

« Anaphores pronominales en contexte d'hétérogénéité énonciative : effets d'(in)cohérence », in Tasmowski-De Ryck, L., De Mulder, W. & Vetters, C. (dir.), *Relations anaphoriques et (in)cohérence*, Amsterdam, Rodopi, p. 31-54.

« Stratégies référentielles et variation », *Langue française*, n° 115, 101-110.

« Le repérage spatio-temporel dans le discours rapporté : remarques sur les règles et les emplois », in Bogacki, K. & Giermak-Zielinska, T. (dir.), *Espace et temps dans les langues romanes et slaves*, Publications de l'Institut de Philologie romane, Université de Varsovie, p. 137-150.

(avec J. Jespersen), « Argumentation et discours rapporté : présentation d'une séquence didactique », *Pratiques*, n° 96, p. 101-124.

1996

(avec A. Berrendonner), « Left Dislocation in French : varieties, use and norms », in Cheshire, J. & Stein, D. (eds.), *Taming the Vernacular: from dialect to written standard language*, London & New York, Longman, p. 200-217.

(avec A. Berrendonner), « De quelques adjectifs à rendement anaphorique : premier, dernier, autre », in Gross, G., Lerat, P. & Molinier, C. (dir.), *L'adjectif : une catégorie hétérogène, Studi italiani di linguistica teorica e applicata*, n° 25, 3, p. 475-502.

1995

« Saussure et l'étymologie populaire », in Normand, C. & Arrivé, M. (dir.), *Saussure aujourd'hui* (= *LINX*, n° 7), Université Paris X-Nanterre, p. 121-138.

« Alternatives et décisions lexicales dans l'emploi des expressions démonstratives », *Pratiques*, n° 85, p. 53-87.

(avec A. Berrendonner), « Accords associatifs », *Cahiers de Praxématique*, n° 24, p. 21-42.

Problèmes de sémantique et de relations entre micro- et macro-syntaxe, (= *SCOLIA*, n° 5), Strasbourg, Université Marc Bloch.

« Contrôle du sujet zéro de l'infinitif et programmation de la période », in Béguelin, M.-J. (dir.), *Problèmes de sémantique et de relations entre micro- et macro-syntaxe* (= *SCOLIA*, n° 5), Strasbourg, Université Marc Bloch, p. 179-213.

(avec A. Berrendonner (dir.)). *Du syntagme nominal aux objets-de-discours. SN complexes, nominalisations, anaphores* (= *Travaux neuchâtelois de linguistique*, n° 23), Université de Neuchâtel.

« Déterminant zéro et anaphore », in Béguelin, M.-J. & Berrendonner, A. (dir.), *Du syntagme nominal aux objets-de-discours. SN complexes, nominalisations, anaphores* (= *Travaux neuchâtelois de linguistique*, n° 23), Université de Neuchâtel, p. 177-201.

(avec D. Apothéloz), « Construction de la référence et stratégies de désignation », in Béguelin, M.-J. & Berrendonner, A. (dir.), *Du syntagme nominal aux objets-de-discours. SN complexes, nominalisations, anaphores* (= *Travaux neuchâtelois de linguistique*, n° 23), Université de Neuchâtel, p. 227-271.

« Les problèmes d'emploi du gérondif et des participiales en français contemporain », in Zaleska, K. & Cataldi, A. (dir.), *Le Français Langue Étrangère à l'Université : théorie et pratique*, Varsovie, Uniwersytet Warszawski, Instytut Romanistyki, p. 243-260.

« Déficits dans la maîtrise des procédés de cohésion », in Anis, J. & Cusin-Berche, F. (dir.), *Difficultés linguistiques des jeunes en formation professionnelle courte. Diagnostic et propositions de remédiation. De la langue ordinaire au technolecte* (= *LINX*, n° 2), p. 405-422.

1994

« La méthode comparative. Problèmes épistémologiques en diachronie linguistique », in Bader, F. (dir.), *Langues indo-européennes*, Paris, Éditions du CNRS, p. 43-64.

« L'encodage du texte écrit. Normes et déviances dans les processus référentiels et dans le marquage de la cohésion », in Verhoeven, L. & Teberosky, A. (eds.), *Proceedings of the Workshop "Understanding early literacy in a developmental and cross-linguistic approach"*, Network on Written Language and Literacy, Strasbourg, European Science Foundation, p. 175-204.

1993

« Anaphores associatives non lexicales : incomplétude macro-syntaxique ? », in Karolak, S. & Muryn, T. (dir.), *Complétude et incomplétude dans les langues romanes et slaves*, Cracovie, p. 327-379.

« Le fonctionnement de l'étymologie populaire », *Annales de l'Université de Neuchâtel*, 1992-1993, p. 238-249.

Notice *Ferdinand de Saussure* pour le *Dictionnaire historique de la Suisse*.

« Motivation et remotivation des signes linguistiques », in Christol, A., de Lamberterie, C. & Perpillou, J.-L. (dir.), *Étymologie diachronique et étymologie synchronique en Grèce ancienne* (= *Revue de philologie*, tome LXV, fasc.1), Paris, Klincksieck, p. 9-30.

Le traitement des données linguistiques non standard (= *Travaux neuchâtelois de linguistique*, n° 20), Université de Neuchâtel.

« Faits déviants et tri des observables », in [Reichler-]Béguelin, M.-J. (dir.), *Le traitement des données linguistiques non standard* (= *Travaux neuchâtelois de linguistique*, n° 20), Université de Neuchâtel, p. 89-109.

1992

« Perception du mot graphique dans quelques systèmes syllabiques et alphabétiques », *Lalies*, n° 10, p. 143-158.

« Catégorisation linguistique intuitive et prototypie », *Lalies*, n° 10, p. 205-212.

« L'approche des 'anomalies' argumentatives », *Pratiques*, n° 73, p. 51-78.

« Comment exercer le discours indirect libre en production ? L'apport de la didactique du français langue seconde », *Travaux neuchâtelois de linguistique*, n° 18, p. 201-221.

1990

(avec M. Fruyt), « La notion de mot en latin et dans d'autres langues indo-européennes anciennes », *Modèles linguistiques*, n° 12, p. 21-46.

« Conscience du sujet parlant et savoir du linguiste », in Liver, R., Werlen, I. & Wunderli, P. (eds.), *Sprachtheorie und Theorie der Sprachwissenschaft. Festschrift für Rudolf Engler*, Tübingen, Gunter Narr, p. 208-220.

« La connexion logique et argumentative en français : typologie des anomalies et source des jugements normatifs », in Settekorn, W. (ed.), *Sprachnorm und Sprachnormierung. Deskription, Praxis, Theorie*, Wilhelmsfeld, Gottfried Egert Verlag, p. 85-101.

« Des formes observées aux formes sous-jacentes », in Amacker, R. & Engler, R. (dir.), *Présence de Saussure*, Genève, Droz, p. 21-37.

1989

Problèmes méthodologiques et épistémologiques dans les sciences du langage, Berne, Peter Lang.

« La notion de preuve en grammaire comparée des langues indo-européennes », in [Reichler-]Béguelin, M.-J. (dir.), *Problèmes méthodologiques et épistémologiques dans les sciences du langage*, Berne, Peter Lang, p. 115-138.

« Anaphores, connecteurs, et processus inférentiels », in Rubattel, C. (dir.), *Modèles du discours. Recherches actuelles en Suisse romande*, Berne, Peter Lang, p. 303-336.

(avec A. Berrendonner), « Décalages. Les niveaux de l'analyse linguistique », *Langue française*, n° 81, p. 99-125.

« Comment se servir des "erreurs" dans l'enseignement du texte écrit ? », *CARESP*, n° 19, p. 4.

1988

« La méthode comparative de Meillet : statut et légitimité des reconstructions », in Auroux, S. (dir.), *Antoine Meillet et la linguistique de son temps* (= *Histoire Épistémologie Langage*, n° 10/2), p. 11-24.

« Anaphore, cataphore et mémoire discursive », *Pratiques*, n° 57, p. 15-43.

« Norme et textualité. Les procédés référentiels considérés comme déviants en langue écrite », in Schoeni, G., Bronckart, J.-P. & Perrenoud, P. (dir.), *La langue française est-elle gouvernable ?* Neuchâtel-Paris, Delachaux et Niestlé, p. 185-216.

(avec la coll. de M. Denervaud & J. Jespersen), *Écrire en français. Cohésion textuelle et apprentissage de l'expression écrite.* Neuchâtel-Paris, Delachaux et Niestlé.

1987

« Pour une rhétorique des contenus implicites : l'exemple des mots d'esprit », *Études de Lettres*, 1987-1, p. 7-23.

1986

Les noms latins du type mens. *Étude morphologique*, Bruxelles, Latomus.

1983

« L'expression du féminin dans l'adjectif latin : genèse et extension de *-ih2 comme morphème de féminin grammatical en indo-européen », *Travaux neuchâtelois de linguistique*, n° 5, p. 7-28.

1980

« Le consonantisme grec et latin selon F. de Saussure : le cours de phonétique professé en 1909-1910 », *Cahiers Ferdinand de Saussure*, n° 34, p. 17-97.

1. Les théories linguistiques à l'épreuve de la didactique des langues

Des effets en retour de l'analyse didactique

Jean-Paul BRONCKART

Université de Genève, FPSE

Tout au long de son parcours scientifique, Marie-José Béguelin (ci-après MJB) a réalisé un ensemble de travaux relevant de la linguistique générale, en même temps qu'elle exploitait une part des résultats de ces travaux au service de l'amélioration des programmes et méthodes d'enseignement de la langue française. En dépit de leur originalité et de leur importance, nous ne pourrons commenter ici les travaux proprement linguistiques de MJB, et nous nous centrerons sur la seule part didactique de son œuvre, que nous examinerons sous l'angle de ses apports à la problématique des modalités d'interaction entre science du langage et didactique des langues.

1. Un travail de linguiste au service de la didactique du français

La discipline que l'on qualifie aujourd'hui de « didactique du français » a (ré-)émergé en tant que démarche d'appui aux processus de rénovation des programmes et des méthodes d'enseignement que les autorités politico-scolaires des pays francophones avaient engagés à partir des années 1960, dans le domaine de la grammaire d'abord, dans celui de l'expression écrite ensuite ; et MJB a fait son entrée sur la scène didactique dans la seconde phase de ces rénovations, en y prenant d'emblée la très claire position qu'illustre la citation ci-dessous :

> [...] une tâche importante reste à accomplir en vue de *soustraire à l'implicitation et au non-dit cette étape importante dans l'acquisition de la langue que représente le passage de la phrase au texte*. Faute de quoi l'écriture restera encore longtemps considérée comme une alchimie plus ou moins mystérieuse[1] [...] (MJB *et al.*, 1988, p. 8)

Ce passage de l'introduction à *Écrire en français* explicite l'une des motivations essentielles à l'origine des programmes de recherche qui

[1] Dans l'ensemble des citations, les soulignements en italique sont de nous.

se mettaient en place à l'époque en Suisse romande, respectivement sous la direction d'Adam (1990), de Roulet (Roulet *et al.*, 1985) et de nous-mêmes (Bronckart *et al.*, 1985). Du terrain de l'enseignement des langues avaient en effet émergé des questions concernant l'identification, l'évaluation et la remédiation de divers types d'erreurs d'écriture : l'examen de copies corrigées de textes produits par des élèves ou des adultes montrait que si les enseignants identifiaient correctement le "lieu" d'une difficulté scripturale, ils étaient souvent dans l'impossibilité de conceptualiser la nature même de cette difficulté. Nous avions pour notre part analysé un corpus de rédactions d'élèves d'école primaire dont avaient été évaluées les conditions d'emploi des temps des verbes (cf. Bain *et al.*, 1982) ; les maladresses en ce domaine (par exemple, un passage abrupt d'un verbe conjugué au passé composé à un autre conjugué au passé simple) étaient bien identifiées et signalées, mais soit par des traits hachurés en marge, soit par des annotations du type « attention à l'emploi des temps » ou « tu aurais dû continuer au passé composé ». De tels exemples montraient que les enseignants ne disposaient d'aucune sorte de modèle des principales règles d'organisation des textes, et qu'en conséquence, plutôt que de pouvoir conceptualiser les problèmes, les faire comprendre aux élèves et mettre en œuvre des exercices de remédiation adaptés, ils se bornaient le plus souvent à ne fournir comme remède que l'imitation de textes dont la qualité semblait ne pouvoir relever que de cette « mystérieuse alchimie » stylistique évoquée par MJB. Si elles se sont articulées ensuite à bien d'autres finalités, linguistiques et didactiques, les constructions théoriques et méthodologiques des groupes de recherche mentionnés plus haut visaient bien à dépasser cette situation d'impuissance didactique en fournissant des éléments de référence pour les activités d'enseignement textuel, et la démarche initiale de MJB s'est très clairement inscrite dans cette perspective.

1.1. Aspects d'une démarche originale et créative

Au-delà de la problématique de remédiation ci-dessus évoquée, les propositions et interventions de la nouvelle didactique des textes visaient également, d'une part à la *désacralisation* de l'activité d'écriture, par le choix de thèmes "quotidiens" et de situations de communication "authentiques", d'autre part à la *diversification* des genres et/ou types textuels à constituer en objets d'enseignement (cf. Bronckart, Coste & Roulet, 1991). La démarche de MJB s'articulait explicitement à ces deux objectifs généraux, mais elle présentait également trois caractéristiques spécifiques.

Elle se concrétisait d'abord par la conception de *multiples exercices, riches et particulièrement détaillés*, tels ceux présentés dans *Écrire en français* et dans divers articles (cf. *Pratiques*, 1997, avec Jespersen). Et il est à relever que la production de MJB en ce domaine a été quantitativement plus importante, et surtout plus diversifiée et créative, que ce que proposaient parallèlement les didacticiens que nous étions (cf. Besson, Bronckart *et al.*, 1990).

Ensuite, la démarche de MJB visait à la constitution d'un *répertoire des difficultés effectivement rencontrées* par les apprenants, répertoire susceptible, sur le plan linguistique, de générer une véritable « grammaire des fautes », et susceptible, au plan pédagogique, de fournir un corpus d'énoncés problématiques sur lesquels porteraient les activités didactiques :

> [...] un de nos buts serait atteint si nous pouvions présenter, à l'intention des linguistes et des pédagogues, un corpus classé de productions déviantes tirées de copies ou de textes divers et pouvant servir de base à l'élaboration d'une "grammaire des fautes" en matière de cohérence textuelle. [...] rien ne peut remplacer un travail empirique approfondi sur des énoncés reçus comme maladroits ou incorrects. (MJB *et al.*, 1988, p. 14)

Enfin, ces propositions didactiques présentaient un caractère *résolument intégratif*, en ce qu'elles associaient étroitement, des activités de lecture et d'écriture d'une part, des activités de compréhension et de production d'autre part.

1.2. Deux stimulantes prises de position

Dans *Écrire en français*, MJB avait formulé une proposition passablement audacieuse, concernant *l'effet en retour de l'analyse didactique* sur les modèles ou théorisations proposés par les linguistes, proposition reproduite ci-dessous et dont nous discuterons l'intérêt et la pertinence sous 3 *infra* :

> [...] la linguistique appliquée ne doit pas [...] se résumer à une exportation plus ou moins concertée d'instruments descriptifs de la linguistique fondamentale en direction de la didactique. *Celle-ci doit fournir en retour un état précis de ses besoins ainsi que toutes les données d'observation susceptibles de remettre en cause ou d'interroger utilement les modélisations proposées par les linguistes.* (*ibid.*)

Et dans une phase ultérieure de son travail didactique, particulièrement illustrée par l'ouvrage *De la phrase aux énoncés* (2000), elle a défendu le modèle de formation qualifié de *professionnalisme ouvert*, selon lequel l'enseignant, plutôt que de recevoir passivement des informations théoriques jugées *a priori* pertinentes et utiles, exerce au contraire des responsabilités dans l'analyse des besoins de l'école, et assume un rôle central dans l'amélioration de la qualité des systèmes éducatifs :

> Dans le modèle de formation que nous préconisons, il est normal que les enseignants aient régulièrement accès à des connaissances actualisées dans les disciplines scientifiques de référence. *C'est aux enseignants, en revanche, que revient le soin de trier entre les connaissances qui doivent rester du ressort des spécialistes ou des experts, et celles qui, au bénéfice des élèves, peuvent être candidates à transposition didactique.* (MJB, 1999, p. 148-149)

Nous ne pourrons discuter ici de cette conception du rôle et de la responsabilité des enseignants, en soi éminemment positive, mais qui n'a guère pu être mise en œuvre, faute d'une réelle clarification, par les autorités politico-scolaires, des objets et objectifs de l'enseignement du français.

2. Des modélisations proposées par la linguistique

Les rénovations que nous venons d'évoquer se sont effectuées selon le schéma classique de la *transposition didactique* (cf. Chevallard, 1985) : identifier d'abord les cadres théoriques émergents susceptibles de fournir des corpus de notions et de règles nouvelles sur la base desquelles les notions et règles scolaires devenues obsolètes pourraient être remplacées ; procéder ensuite, au niveau des systèmes d'enseignement (les établissements scolaires, leurs programmes et leurs moyens d'enseignement), au choix des éléments linguistiques à emprunter et à leur apprêt didactique ; introduire enfin ces éléments adaptés dans les systèmes didactiques, en l'occurrence dans les activités et exercices se déroulant concrètement en classe.

Ce schéma de la transposition fait cependant l'impasse sur la question du statut et des propriétés des sources linguistiques d'emprunt ; ces dernières n'y sont véritablement ni discutées ni même interrogées, et elles se trouvent ainsi de fait *idéalisées* : tout se passe comme si l'on considérait que le champ linguistique est cohérent, unitaire et en conséquence susceptible de fournir, en un domaine donné, du matériau dont la validité semble ne poser aucun problème. Or, plus encore que dans les autres sciences de l'humain, le champ linguistique est traversé de multiples courants théoriques, articulés à des positionnements épistémologiques parfois franchement antagonistes, et se donnant des objets, des méthodologies et des modes de conceptualisation extrêmement variables : le structuralisme initial était explicitement inspiré du behaviorisme ; la grammaire générative était tout aussi clairement articulée à une épistémologie innéiste et rationaliste ; la linguistique fonctionnaliste et les courants interactionnels s'intègrent à des conceptions à la fois praxéologiques et d'orientation sociologique, etc. Ces divergences dans les soubassements épistémologiques ont évidemment de lourdes conséquences sur le statut attribué au langage (forme de comportement, type de compétence, mode d'interaction sociale, etc.), et partant sur la spécificité attribuée à cet objet eu égard aux autres objets des sciences de l'humain. À cela s'ajoute que les différents courants linguistiques privilégient généralement un sous-objet, ou un angle d'attaque particulier, des phénomènes langagiers (la phonologie, la sémantique lexicale, la syntaxe phrastique, les règles d'organisation textuelle, l'oral, l'écrit, etc.), de sorte que les notions ou règles empruntées dans l'un de ces sous-domaines véhiculent de fait une prise de position épistémologique déterminée, que celle-ci soit, ou non, directement lisible. Nous illustrerons cette complexité de la problématique de l'emprunt aux théories linguistiques par deux épisodes de l'histoire de la didactique du français.

Le premier épisode est celui de la phase initiale de rénovation du corpus grammatical et de la méthodologie de son enseignement. Alors que le besoin de renouvellement en ce domaine s'était fait sentir depuis la Seconde Guerre mondiale, les autorités politico-scolaires n'ont enclenché le processus de réforme qu'au cours des années 1970, et ce sous l'effet d'un facteur "promotionnel" : les déclarations de Chomsky et de ses épigones sur le statut de la *Grammaire générative*, posée comme cadre théorique révolutionnaire permettant désormais de décrire exhaustivement les phénomènes grammaticaux et de résoudre tout type de problème que ceux-ci poseraient. Les responsables scolaires ont dès lors décidé de réaménager la grammaire scolaire en puisant à ce modèle théorique mentaliste, mais dans le cours effectif des processus d'emprunt, ce sont en réalité surtout les notions et les techniques d'identification du distributionnalisme bloomfieldien, d'orientation strictement comportementaliste, qui ont fait l'objet de la démarche de transposition. Cela s'est traduit par l'élaboration d'ouvrages didactiques certes en soi riches et solides, mais qui, comme *Maîtrise du français* (Besson *et al.*, 1979) par exemple, pouvaient juxtaposer une approche comportementaliste des objectifs à atteindre[2] ainsi que des manipulations à effectuer pour identifier les catégories et les fonctions grammaticales, et une conception mentaliste de l'organisation des phrases, posant la centralité de structures sous-jacentes et de transformations inobservables. Et cette contradiction latente a engendré une indécision permanente quant aux niveaux à prendre en considération dans l'analyse grammaticale (la "surface" des énoncés seulement, ou également les structures sous-jacentes et leurs transformations ?), indécision qui a été l'une des causes des nombreuses difficultés rencontrées par la rénovation en ce domaine.

---

[2] Cette approche, présentée aux pages 7-35 de cet ouvrage, était explicitement inspirée de la conception des objectifs pédagogiques qu'avaient développée Bloom & Krathwohl (1956) dans une perspective résolument behavioriste.

Le second épisode s'est développé dès la fin des années 1990, suite à ces difficultés d'implantation des notions et méthodes nouvelles chez les élèves comme chez les enseignants, mais surtout en raison de la non-atteinte d'un des objectifs adjacents de cette rénovation, à savoir la capacité de réexploitation efficace des acquis grammaticaux dans les apprentissages relatifs à l'expression écrite. Face à cet (autre) échec, divers linguistes ont contesté les cadres théoriques initialement adoptés et proposé d'autres solutions pour assurer un passage effectif du travail sur la langue au travail sur le texte : certains ont soutenu qu'il convenait d'abandonner toute approche phrastique et d'adopter exclusivement une perspective herméneutique compréhensive (cf. Rastier, 2006) ; MJB, sans être aussi radicale, a proposé néanmoins l'introduction d'un autre corpus notionnel, inspiré des travaux portant sur l'organisation de la macrosyntaxe qu'elle avait réalisés avec Berrendonner (cf. Béguelin, 2002 ; Berrendonner & [Reichler-]Béguelin, 1989) ; Combettes enfin (cf. 1988 et 2005) a proposé que les activités grammaticales inspirées des courants structuralistes soient complétées par des activités visant à la maîtrise de notions et de formes de raisonnements issus de la linguistique fonctionnelle et portant sur les valeurs référentielles des unités linguistiques ainsi que sur les modes de structuration de l'information dans les énoncés effectifs ; etc.

Au-delà de l'intérêt intrinsèque des propositions formulées et du réel souci didactique qui les a suscitées, ce second processus, toujours en cours, témoigne de l'existence, dans le champ des disciplines de référence, d'une forme de *lutte pour la conquête du terrain langagier*. Et cette situation n'est pas sans rappeler les luttes des débuts du XXe pour la conquête du terrain psychologique qu'avait ironiquement analysées Vygotski en prenant comme exemple le courant de la Gestalt :

> À l'origine […], la psychologie de la Gestalt est issue de recherches psychologiques concrètes sur les processus de perception de la forme […]. Elle s'est emparée de la zoopsychologie et il s'est avéré que la pensée des singes était aussi un processus de Gestalt ; elle s'est emparée de la psychologie de l'art, de la psychologie des peuples, et il s'est avéré que la conception primitive du monde et la naissance de l'art étaient aussi des Gestalts ; [elle s'est emparée] de la psychologie de l'enfant et de la psychopathologie, et dès lors le développement de l'enfant et la maladie psychique ont été absorbés par le concept de Gestalt. (Vygotski, 2010, p. 93)

En même temps qu'il critiquait cette démarche de conquête et ses conséquences, Vygotski relevait cependant que celle-ci était aussi révélatrice de l'existence d'un besoin réel, commun à toute discipline scientifique : celui de disposer d'un cadre faîtier et programmatique ; elle témoignait en d'autres termes de l'absence d'une véritable *psychologie générale*, qu'il était en conséquence urgent d'élaborer.

S'il existe évidemment d'importantes différences entre la situation de la psychologie de l'époque et celle de la linguistique contemporaine, il nous semble néanmoins que l'on peut s'inspirer de l'interprétation que proposait Vygotski et considérer que les démarches de conquête du terrain langagier auxquelles on assiste depuis quelques décennies sont l'indice de ce que la linguistique actuelle est en manque d'un véritable cadre théorique général. Et nous ajouterons que s'il est possible que la discipline elle-même n'en ressente pas le besoin, le champ didactique le lui réclame néanmoins avec force et urgence.

3. Du besoin didactique d'une linguistique générale

Comme le soutenait MJB en 1988 (cf. 1.2., *supra*), *la didactique se doit de préciser ses attentes à l'égard de la linguistique, et cette forme d'analyse didactique peut éventuellement conduire à une remise en cause de l'un ou l'autre aspect des propositions de cette discipline*. Nous avons pour notre part toujours adhéré à ce principe, mais il nous a fallu néanmoins quelques décennies pour comprendre que cet effet en retour consistait essentiellement en la requête d'une linguistique générale, qui se donnerait un cadre épistémologique compatible avec les enjeux effectifs du travail didactique, en même temps qu'elle proposerait un modèle de l'architecture des divers composants du langage, précisant notamment les sous-ensembles de notions et règles qui y sont pertinents.

Comme chacun le sait, si la linguistique contemporaine est fractionnée en multiples courants, l'œuvre qui l'a fondée (cf. Saussure, 1916 ; 2002) témoignait pourtant de la volonté opiniâtre de construire une véritable discipline générale. Et sans nous attarder ici sur les raisons pour lesquelles le projet saussurien n'a été ni véritablement compris ni poursuivi (sur ce thème, cf. Bronckart, Bulea & Bota, 2010), nous soutiendrons que c'est néanmoins cette œuvre qui fournit les bases essentielles pour la construction d'une science du langage réellement intégrée à une science de l'humain et ce faisant pertinente et utile pour le travail didactique.

À titre d'exemple concret de la productivité potentielle de l'œuvre saussurienne (à la condition bien sûr d'un minutieux travail d'exégèse du corpus disponible), nous nous centrerons sur la problématique du statut respectif de la langue et des textes/discours (ou « parole »), et sur celle des modalités de leurs rapports.

Fermement convaincue du caractère décisif des propositions saussuriennes, MJB a abordé ces problématiques à plusieurs reprises, de manière soit adjacente comme dans « Conscience du locuteur et savoir du linguiste » (1990), soit directe comme dans « Linguistique de la langue et linguistique de la parole » (2011), et sur les points fondamentaux il nous semble que ses analyses ne diffèrent pas de celle que nous résumons ci-dessous.

Pour Saussure, les discours/textes (ou parole) constituent le milieu de vie premier des phénomènes langagiers : c'est dans le cadre de leur mise en œuvre synchronique, aussi bien que de leur transmission historique, que les valeurs signifiantes des signes se construisent et se transforment en permanence : « toutes les modifications, soit phonétiques, soit grammaticales (analogiques) se font exclusivement dans le discursif » (Saussure, 2002, p. 95). S'agissant de la langue, si l'on fait abstraction d'une des acceptions du terme proposée dans ses *Conférences* de 1891 (*ibid.*, p. 143-172), à savoir cette entité ontologiquement une que l'on qualifierait plutôt aujourd'hui de *langage*, Saussure lui confère la dimension *gnoséologique* d'« état » vécu ou représenté, et il propose de fait deux analyses différentes (mais non explicitement différenciées) dudit état.

Dans une première acception, il s'agit d'un « réservoir » de valeurs signifiantes issues des textes, telles que celles-ci se déposent dans le « cerveau » du sujet parlant : « tout ce qui est contenu dans le cerveau de l'individu, le dépôt des formes entendues et pratiquées et de leur sens, c'est la langue » (in Komatsu & Wolf, 1996, p. 65-66). Dans ce réservoir, que nous requalifierons pour notre part d'*appareil psychique des personnes*, les formes intériorisées font l'objet de *classements* donnant lieu à des séries de termes entretenant entre eux des rapports de ressemblance-différence, selon des critères d'ordre sonore ou sémantique. Si elles sont bien issues des textes, ces entités signifiantes s'organisent donc dans l'appareil psychique des personnes sous des modalités différentes de celles de l'organisation linéaire de la textualité, et cette organisation constitue un premier état de langue que nous qualifions de *langue interne*.

Dans une seconde acception, la langue a son siège dans la collectivité : elle est « l'ensemble des formes concordantes que prend [le] phénomène [de langage] chez une collectivité d'individus et à une époque déterminée » (2002, p. 129). Ce second état de langue demeure toujours sous le contrôle ultime du social, en l'occurrence sous le contrôle des accords ou conventions qui s'y établissent, et il constitue dès lors le lieu où s'exerce l'activité normative des générations de locuteurs ; nous le qualifions de *langue collective ou normée*.

Saussure distingue de la sorte les trois objets majeurs d'une science du langage : – *les textes/discours*, comme cadres actifs au sein desquels les valeurs des signes se constituent et reconstituent en permanence ; – *la langue interne*, comme système d'organisation des valeurs signifiantes extraites des textes, système ancré dans les personnes et marqué par leurs propriétés psychologiques particulières ; – *la langue normée*, comme système d'organisation des valeurs signifiantes des signes géré cette fois par les groupes sociaux et soumis à leurs normes propres de fonctionnement. Et cette approche pose aussi de fait que ces trois entités sont le siège d'un *mouvement dialectique permanent* : les signes sont mis en œuvre dans les textes ; ils font l'objet d'une appropriation par les personnes et se réorganisent dans leur appareil psychique ; ils sont ensuite extraits de ce même appareil pour être réinjectés dans de nouveaux textes, sous le contrôle de la langue collective ou normée.

4. Une approche générale..., pour mieux comprendre les différences

Divers auteurs, en particulier Vargas (2004), avaient relevé que didacticiens et enseignants de langue se trouvent dans la nécessité de re-solidariser des notions et propositions issues de cadres linguistiques discordants, et de procéder de la sorte à une *reconfiguration* de leur matière d'enseignement. Dans la quasi totalité des documents didactiques en usage, cette reconfiguration s'effectue cependant en *neutralisant* (ou en ignorant) les options épistémologiques sous-tendant les paradigmes théoriques, ce qui constitue à nos yeux une source de graves difficultés, en particulier dans le domaine de la formation des enseignants. À cet égard, un premier effet, possible et souhaitable, d'une entreprise de revivification de la linguistique saussurienne serait, par la mise en évidence de la diversité et de la dynamique évolutive des langues, ainsi que par la démonstration du caractère radicalement social des signes, de fournir les éléments d'argumentation nécessaires à l'adoption, en didactique, d'une conception fondamentalement *historico-sociale* du langage.

Un deuxième apport de cette entreprise (que nous n'avons pu introduire plus haut) serait de montrer que l'apport spécifique de la linguistique à la didactique tient fondamentalement à ce qu'elle saisit (ou devrait saisir) l'ensemble des phénomènes langagiers sous l'angle de leur *sémioticité constitutive* (« Sémiologie = morphologie, grammaire, syntaxe, synonymie, rhétorique, stylistique, lexicologie, etc., *le tout étant inséparable* », Saussure, 2002, p. 45), ce qui permet de distinguer cet apport de ceux de la psychologie et de la sociologie, qui portent sur des processus sous-tendant ou surplombant la vie propre des signes.

Le troisième apport concerne le statut à accorder au travail didactique sur la langue d'une part (domaine de la grammaire scolaire), au travail sur les textes/discours d'autre part (domaine scolaire de l'expression), et c'est eu égard à cette problématique que l'analyse saussurienne des rapports discours/langue nous paraît décisive.

Selon cette approche, la langue constitue une *construction gnoséologique seconde* dont la structuration est intrinsèquement différente de celle des textes/discours. Il y a donc lieu de conserver l'autonomie du système notionnel grammatical, qui devrait donner un statut précis aux différentes catégories d'unités, aux groupes, aux fonctions grammaticales et aux types de phrases, et la grammaire scolaire constitue à nos yeux un appareil notionnel ayant pour fonction de *compléter et de réorganiser les classements de la langue interne des apprenants*, et de tendre ce faisant à les rendre plus conformes à ceux de la langue collective. Quant aux modes de structuration des textes/discours, ils consistent en *fonctions* très générales (connexion, cohésion nominale, modalisation, etc.) qui se décomposent en diverses sous-fonctions non obligatoires, et qui peuvent être réalisées par des *ensembles d'unités linguistiques hétérogènes*. Il existe donc une considérable différence de statut entre le mode d'organisation des éléments de la langue interne et celui ayant trait aux textes/discours, et si le premier peut légitimement être qualifié de « grammaire », il nous paraît inapproprié de surgénéraliser cette notion et de parler de « grammaire de texte », de « grammaire de l'expression » ou encore de « grammaire en situation ». Une telle extension du terme tend à masquer les différences existant entre des ensembles de catégories et de règles qui sont susceptibles de s'organiser en système parce qu'elles relèvent d'un ordre gnoséologique second, et des régularités textuelles qui, parce qu'elles sont d'ordre praxéologique, ne peuvent s'organiser en système au sens strict de ce terme. Il s'agit là de deux objets de la linguistique (ou d'une science du langage) que l'on a intérêt à clairement distinguer, pour ensuite pouvoir penser efficacement leurs modes d'interaction.

Ces considérations finales sont évidemment discutables, mais les problèmes auxquels elles s'articulent sont bien réels, et ils nous semblent témoigner de ce que l'effet en retour majeur de l'analyse didactique sur le domaine linguistique prend la forme d'un appel à une linguistique générale, à nos yeux "tout naturellement" saussurienne.

Bibliographie

Adam, J.-M., *Éléments de linguistique textuelle*, Liège, Mardaga, 1990.

Bain, D., Bronckart, J.-P., Davaud, C., Pasquier, A. & Schneuwly, B., « Classification de textes pour la rédaction et l'analyse », *Cahiers de la Section des Sciences de l'Éducation*, n° 28, Genève, 1982, 74 p.

[Reichler-]Béguelin, M.-J., « Conscience du sujet parlant et savoir du linguiste », in Liver, R., Werlen, I. & Wunderli, P. (eds.), *Sprachtheorie und Theorie der Sprachwissenschaft. Festschrift für Rudolf Engler*, Tübingen, Gunter Narr, 1990, p. 208-220.

Béguelin, M.-J., « De la phrase aux énoncés : bilan et perspectives », *Travaux neuchâtelois de linguistique (TRANEL)*, n° 31, 1999, p. 143-153.

Béguelin, M.-J., « Clause, période ou autre ? La phrase graphique et la question des niveaux d'analyse », *Verbum*, n° XXIV, 2002, p. 85-107.

Béguelin, M.-J., « Linguistique de la langue et linguistique de la parole » in Corminboeuf, G. & Béguelin, M.-J. (dir.), *Du système linguistique aux actions langagières. Mélanges en l'honneur d'Alain Berrendonner*, Bruxelles, De Boeck-Duculot. 2011, p. 641-661.

[Reichler-]Béguelin, M.-J., Denervaud, M. & Jespersen, J., *Écrire en français. Cohésion textuelle et apprentissage de l'expression écrite*, Paris, Delachaux et Niestlé, 1988.

Béguelin, M.-J. & Jespersen, J., « Argumentation et discours rapporté : présentation d'une séquence didactique », *Pratiques*, n° 96, 1997, p. 101-124.

Béguelin, M.-J. (dir.), *De la phrase aux énoncés. Grammaire scolaire et descriptions linguistiques*, Bruxelles, De Boeck-Duculot, 2000.

Berrendonner, A. & [Reichler-]Béguelin, M.-J., « Décalages. Les niveaux de l'analyse linguistique », *Langue française*, n° 81, 1989, p. 99-125.

Besson, M.-J., Genoud, R.-M., Lipp, B. & Nussbaum, R., *Maîtrise du français*, Lausanne, Office romand des éditions et du matériel scolaire, 1979.

Besson, M.-J., Bronckart, J.-P. (*et al.*), *Français 8e. Pratique de la langue*, Genève, Cycle d'Orientation, 1990.

Bloom, B.S. & Krathwohl, D.R., *The classification of educational goals, by a committee of college and university examiners*, New York, Longman, 1956.

Bronckart, J.-P., Bain, D., Schneuwly, B., Davaud, C. & Pasquier, A., *Le fonctionnement des discours. Un modèle psychologique et une méthode d'analyse*, Paris, Delachaux et Niestlé, 1985.

Bronckart, J.-P., Bulea, E. & Bota, C. (dir.), *Le projet de Ferdinand de Saussure*, Genève, Droz, 2010.

Bronckart, J.-P., Coste, D. & Roulet, E. (dir.), *Textes, discours, types et genres*, *Études de Linguistique Appliquée*, n° 83, 1991.

Chevallard, Y., *La transposition didactique. Du savoir savant au savoir enseigné*, Grenoble, La pensée sauvage, 1985.

Combettes, B., *Pour une grammaire textuelle*, Bruxelles, De Boeck-Duculot. 1988.

Combettes, B., « Pour une rénovation des contenus en grammaire de phrase : l'apport des approches fonctionnelles », *Pratiques*, n° 125/126, 2005, p. 7-24.

Komatsu, E. & Wolf, G., *Premier cours de linguistique générale (1907) d'après les cahiers d'Albert Riedlinger*, Oxford-Tokyo, Pergamon, 1996.

Rastier, F., « Formes sémantiques et textualité », *Langages*, n° 163, 2006, p. 99-114.

Roulet, E., Auchlin, A., Moeschler, J., Rubattel, C. & Schelling, M., *L'articulation du discours en français contemporain*, Berne, Peter Lang, 1985.

Saussure, F. (de), *Cours de linguistique générale*, Paris, Payot, 1916.

Saussure, F. (de), *Écrits de linguistique générale*, Paris, Gallimard, 2002.

Vargas, C., « La création des savoirs à enseigner en grammaire : de la recomposition à la reconfiguration », *Langue et étude de la langue. Approches linguistiques et didactiques*, Marseille, Publications de l'Université de Provence, 2004, p. 35-48.

Vygotski, L.S., *La signification historique de la crise en psychologie*, Paris, La Dispute, 2010 [Manuscrit original en russe : 1926].

Réflexions sur et pour une didactique de la linguistique (saussurienne)

Ecaterina BULEA

Université de Genève, FPSE

1. Préambule

Quels sont les rapports entre linguistique et didactique des langues, et quels réaménagements ont-ils subi au fil des années ? Comment concevoir la spécificité de chacun de ces domaines, sans verser dans le clivage disciplinaire, ou, au contraire, comment rendre compte de leurs convergences et interférences, sans pour autant promouvoir une confusion potentiellement réductrice des deux champs ? Depuis l'émergence de la didactique du français, il y a une quarantaine d'années, les questions de cet ordre ont animé de nombreux débats scientifiques[1], reformulant et recontextualisant ainsi sans cesse, au gré des évolutions théoriques et institutionnelles, le problème de cette cohabitation disciplinaire. Mais si elles ont été vivaces au sein de la communauté des chercheurs, ces mêmes questions ont aussi traversé, jalonné ou structuré des vies scientifiques individuelles, comme en témoignent la carrière et les travaux de Marie-José Béguelin. Sans la moindre ambition d'en synthétiser le contenu, nous nous bornerons à en évoquer ici deux aspects qui nous paraissent illustratifs.

En premier lieu, on soulignera que certains travaux didactiques de Marie-José Béguelin constituent de fait des exemples concrets et explicites d'articulation entre approche didactique et approche linguistique. C'est notamment le cas des travaux qui abordent le problème des « erreurs », des « anomalies », des « déviances », ou encore des « déficits » dans les productions langagières, en particulier textuelles, des apprenants. En

[1] Notons que cette manière de poser le problème, ainsi que l'indication temporelle qui l'accompagne, ne valent que pour le contexte francophone (voir à ce sujet les analyses successives de Chiss, 1985 ; Bronckart & Chiss, 1990 ; Chiss, 2007). Relevons encore que lors du *Congrès mondial de linguistique française* qui s'est tenu en juillet 2012 à Lyon, la problématique de la configuration disciplinaire de la didactique eu égard à celle des sciences du langage a été au cœur de la table ronde de l'axe « Didactique ».

La deuxième série de questions, que nous aborderons plus brièvement, et pour (ne pas) conclure, concerne la manière actuelle d'enseigner la linguistique saussurienne : pour enseigner Saussure, faut-il enseigner comme Saussure ? Quel est, finalement, notre objet d'enseignement lorsqu'on aborde des éléments de la théorie saussurienne ? Les concepts didactiques utilisés lors de la première partie de l'analyse nous serviront de fil conducteur pour ouvrir quelques pistes de réflexion à propos de la situation d'enseignement dans laquelle nous sommes susceptibles de nous trouver.

2. Éléments d'analyse de la didactique de Saussure

On le sait, l'accès aux cours de linguistique générale dispensés par Saussure entre 1907 et 1911 est fatalement indirect : nous ne disposons de traces autres que les quelques notes préparatoires de Saussure, et les notes prises par les étudiants lors de ces cours (voir Komatsu & Wolf, 1996 et 1997 ; Constantin, 2005), ces dernières posant en outre des questions en termes de fidélité aux propos effectifs de Saussure, comme cela a été maintes fois remarqué (voir Godel, 1957 ; Gambarara, 2005). Cet accès est même doublement indirect, si l'on prend en considération les problèmes philologiques d'établissement des textes ayant donné naissance aux diverses publications relatives à ces enseignements. Source de perpétuelle quête inassouvie pour certains (voir Kim, 2010[4]), mais aussi occasion d'éprouver la vigilance méthodologique requise lorsqu'on « se heurte à une absence » (Gadet, 1987, p. 7), cette situation dévoile un ensemble de paradoxaux avantages lorsqu'on la regarde d'un point de vue didactique : c'est que malgré son caractère lacunaire, le corpus de notes d'étudiants fournit des indices de ce que les didacticiens appellent l'*objet enseigné*, qu'à la suite de Chevallard (1991) et de Schneuwly (2009a), et dans le cadre de la théorie de la *transposition didactique*, on prendra soin de distinguer d'une part de *l'objet de savoir*, d'autre part de *l'objet à enseigner*. La théorie de la transposition didactique modélise les transformations adaptatives que subit le savoir « savant » (ou objet de savoir) dans le cadre des démarches d'enseignement : transformation en objet *à* enseigner d'abord, qui se produit au niveau de son introduction dans les programmes, les plans d'études ou d'autres documents de cet ordre (processus appelé « transposition externe »), puis transformation de cet objet *à* enseigner en objet *enseigné*[5], lors de son traitement

[4] Ainsi, Kim note : « Au commencement il y a eu une voix, la belle et mystérieuse voix de Saussure. Celui-ci a fasciné ses élèves de Paris et de Genève par son langage de charme et d'imagination. J'imagine toujours sa voix et cherche à l'entendre dans mon cœur, mais en vain » (2010, p. 79).

[5] Cela ne veut pas dire que l'objet enseigné soit forcément appris, ce qui introduit un maillon supplémentaire à cette chaîne de transformations ; mais cela dépasse notre propos.

didactique effectif (processus appelé « transposition interne »). Requises par les caractéristiques et les contraintes de l'activité didactique, ces transformations mettent clairement en évidence le caractère dynamique et temporalisé du savoir, le caractère singulier et contextualisé de l'objet enseigné, mais aussi le caractère illusoire de toute identité parfaite entre objet de savoir et objet enseigné. C'est que ce dernier relève nécessairement d'une construction originale, imprégnée de visées formatives explicites, et marquée par un contexte socio-historique et institutionnel différent de celui qui configure l'objet de savoir (voir Hofstetter & Schneuwly, 2009) ; mais imprégnée également d'« explicitation discursive », ou de « textualisation » (Chevallard, *op. cit.*, p. 58), ce qui reconfigure nécessairement l'objet, selon les contraintes inhérentes à l'activité de langage, telle qu'elle se déploie en situation d'enseignement.

Comme l'ont remarqué certains didacticiens (voir notamment Sensevy, Mercier & Schubauer-Leoni, 2000 ; Aeby-Daghé & Dolz, 2008 ; Schneuwly, 2009b), à l'avènement de l'objet enseigné concourent un ensemble de *gestes didactiques*, parmi lesquels, et sans aucune intention d'en dresser la lise complète[6], on mentionnera :

- la *présentification*, qui consiste à rendre l'objet présent, à le montrer aux étudiants en utilisant des moyens adéquats ;
- la *décomposition*, qui implique une hiérarchisation des dimensions de l'objet, et qui se traduit par la mise en place d'une séquence d'enseignement (voir *supra*, note 3) ;
- le *pointage*, qui consiste à focaliser l'objet ou une de ses dimensions ;
- la *construction de la mémoire didactique*, qui vise la recomposition de ce qui a été décomposé, et qui se traduit notamment par l'appel aux connaissances préalables et par des effets d'annonce de ce qui va être abordé ;
- l'*institutionnalisation*, qui réside en la « fixation explicite et conventionnelle du statut d'un savoir pour construire un apprentissage » (Sensevy, cité par Aeby-Daghé & Dolz, *op. cit.*, p. 86), et qui permet la prise de conscience de ce que l'objet enseigné fait partie d'une culture disciplinaire, étant de ce fait transférable et exigible dans d'autres contextes.

6 Les classifications, les extensions et les dénominations de ces gestes sont différentes selon les auteurs. Ce n'est pas le lieu ici de discuter ces différences ; nous nous en inspirons d'ailleurs assez librement, selon ce qui nous semble pertinent pour notre propos. Ainsi, nous laissons par exemple de côté les gestes de *mise en place de dispositifs didactiques*, qui reposent principalement sur la formulation des consignes et des tâches, ou encore les gestes de *régulation*, très fortement et régulièrement sollicités dans les contextes scolaires, mais bien moins concernés par les enseignements que nous examinons ici.

En insistant sur le fait que nous ne considérons pas les notes des étudiants comme étant en elles-mêmes de l'ordre de l'objet enseigné, mais uniquement comme des *traces* de la manière dont le « linguiste-enseignant » Saussure construit ce type d'objets, examinons quelques éléments relatifs à l'objet enseigné « signe ». Nous concentrerons notre analyse sur le premier et sur le deuxième cours, en ce qu'ils sont, du point de vue qui nous intéresse, les plus surprenants[7] : contrairement au troisième cours, qui comporte plusieurs chapitres explicitement consacrés au signe linguistique (*Nature du signe linguistique*, *L'arbitraire absolu et l'arbitraire relatif*, *La langue comme système de signes*, *L'immutabilité et la mutabilité du signe*, voir Constantin, 2005), et qui érige donc clairement cet objet en objet enseigné, les cours *I* et *II* ne comportent ni chapitres, ni leçons dévolus, de par l'intitulé, au signe. Ce dernier n'y serait-il donc pas un objet d'enseignement ?

S'agissant du premier cours, le phénomène qui retiendra notre attention relève d'une combinatoire de gestes didactiques, assez récurrente chez Saussure, et que l'on qualifiera de présentification sans pointage. Nous l'avons mentionné, cet enseignement ne comporte pas de chapitre, ni de leçon spécifiquement consacrés au signe, comme il ressort de la table des matières de la version éditée (voir Komatsu & Wolf, 1996 ; désormais Cours I) : après quelques Préliminaires comportant une Introduction et une Analyse des erreurs linguistiques, Saussure aborde, dans la deuxième partie, des Principes de phonologie, et enfin, dans ce qui constituera la troisième et la plus volumineuse partie du cours, la Linguistique, très largement centrée sur les changements linguistiques et sur la méthode reconstructive. C'est dans cette partie que sont examinés d'abord les « évolutions phonétiques », leurs causes et leurs effets, ensuite les « changements analogiques », ces derniers constituant pour Saussure l'occasion d'une pénétrante et subtile analyse non seulement du principe d'analogie, mais aussi des modalités sous lesquelles la langue s'organise dans la sphère interne des individus (« le classement intérieur »), ou encore de la compositionnalité morphologique. Pourtant, à y regarder de plus près, et à condition de se décentrer de la conceptualisation véhiculée par le CLG, on remarque une présence discrète et constante du signe linguistique, envisagé aussi bien sous l'angle de sa structure que sous celui de ses propriétés. Ainsi, l'explicitation du principe d'analogie, qui est, lui, objet enseigné présentifié et pointé, s'accompagne de la présentification de la structure biface du signe, de l'inséparabilité entre les deux faces qui le composent, voire des implications méthodologiques de celle-ci, comme il ressort de l'extrait suivant :

---

[7] Cela ne veut évidemment pas dire que le troisième cours manquerait d'intérêt à ce sujet, au contraire. Il demanderait en outre une analyse fine en termes de progression, que, faute de place, nous ne pouvons conduire ici.

> [...] toute opération de ce genre suppose la conscience, <la compréhension> d'un rapport <de> formes <entre elles,> <ce> qui implique que l'on considère les formes conjointement aux idées qu'elles expriment [...] Cela était déjà contenu dans notre formule de la quatrième proportionnelle : *mur : emmurer = tour : entourer* ; cette combinaison serait stérile si ces formes n'étaient <associées> dans l'esprit par leur sens. (*Cours I*, p. 63-64)

De même, lorsque Saussure aborde « le classement intérieur », ce sont les processus constitutifs du signe qui se trouvent clairement présentifiés, comme en témoigne l'extrait suivant, et les soulignements dans les notes de l'étudiant Riedlinger :

> La nécessité d'un classement, d'un ordre quelconque est une nécessité a priori même sans mettre en avant la psychologie. Comme premiers éléments de cet ordre nous devons poser : l'association primordiale entre forme et idée et groupe d'idées ; puis une autre association sans laquelle la première ne pourrait <pas> exister : l'association de forme à forme, des formes entre elles[8]. (*Cours I*, p. 66)

Ou encore, dans les leçons consacrées cette fois aux préfixes, ce sont le caractère linéaire et le caractère discret du signe qui sont présentifiés :

> ... on ne verra jamais la langue dire *trouver-re*, *ziehen-ent* ; je ne puis mettre dans un ordre quelconque ces unités inférieures au mot. D'où cela vient-il ? <De la linéarité du mot :> il n'y a possibilité <pour> le mot de ne pas avoir un commencement et une fin. [...] La linéarité de la langue est la garantie primordiale que l'ordre aura toujours à voir dans le mot ; de cette linéarité découle la nécessité pour le mot d'avoir un commencement et une fin, de ne se composer que d'éléments successifs. (*Cours I*, p. 73-74)

Comme on le constate, à aucun moment le signe ou ses caractéristiques ne sont *pointés* au sens didactique du terme, ce qui aurait impliqué soit d'introduire un chapitre à ce sujet, et donc d'ériger le signe en objet enseigné à part entière, soit de considérer le signe comme une simple facette de l'objet d'enseignement alors en cours, à savoir l'analogie, le pointage du signe découlant alors de la décomposition et du dépliage de cet objet et prenant la forme de passages explicitant certaines de ses dimensions. À l'évidence, ces possibilités ont été écartées l'une et l'autre, la première sans doute pour des raisons de planification, la seconde probablement en raison de la hiérarchisation (entre analogie et signe) didactiquement acceptable mais théoriquement insatisfaisante qu'elle aurait présupposée. Saussure s'en tient ainsi à cette présentification sans pointage, laquelle, aussi troublante qu'elle puisse être, ne nous semble pas autoriser une interprétation selon laquelle ce premier cours n'aurait

8 Dans les citations de Saussure, les italiques, les capitales, les soulignements, etc. sont de la retranscription d'origine. Les soulignements reproduisent par ailleurs ceux des cahiers des étudiants eux-mêmes.

été qu'un « premier pas » vers l'élaboration de sa théorie[9] ; au contraire, il s'agit selon nous du geste qui permet précisément à Saussure de construire une astucieuse « permanence de l'objet », faisant du signe le facteur qui soutient de fait l'édifice morphologique et « grammatical », mais sans pour autant configurer la théorisation de celui-ci sur la base du seul principe analogique. Une manière, en somme, de *pratiquer* avec ses étudiants le caractère sémiologique de la morphologie et de ce qu'il appelle, dans le cadre de ce cours, « grammaire ».

S'agissant du deuxième cours, nous relèverons surtout le phénomène de *pointage médiatisé*, qui a comme corollaire un tressage de *décompositions et de présentifications réciproques*. L'objet enseigné « signe » est dans ce cas plus évident car pointé, mais sa construction se réalise au travers de, conjointement à, ou en étroite articulation avec la construction d'autres objets enseignés, ce qui a comme effet une configuration non seulement simultanée, mais mutuelle d'objets enseignés. C'est, nous semble-t-il, de cette manière que l'on peut analyser le traitement du signe dans la fameuse *Introduction* au deuxième cours. Saussure aborde la problématique du signe dans le cadre des leçons intitulées *Nature de la langue*, qui se situent au début de l'*Introduction*, dans la partie consacrée à *La linguistique et son objet*[10]. En fait, trois objets d'enseignement sont ici concernés par ce processus de co-construction : la langue, le signe et la sémiologie (le tout étant par ailleurs sous-tendu par la « permanence de l'objet » *dualité*, qui traverse l'intégralité de l'*Introduction*) ; en voici quelques illustrations.

Ayant introduit dès la première leçon une réflexion sur l'objet de la linguistique, et ayant ainsi défini la langue comme « un ensemble de conventions nécessaires adoptées par le corps social pour permettre l'usage de la faculté du langage chez les individus » (Komatsu & Wolf, 1997, p. 4 ; désormais *Cours II*), Saussure souligne la nécessité de ce qu'il appelle « une voie synthétique » pour l'étude de la langue, ce qui revient à (re)connaître le caractère sémiologique de celle-ci :

> Est-ce si difficile ? N'est-il pas évident qu'avant tout la langue est un système de signes et qu'il faut recourir à la science des signes qui nous fait connaître en quoi peuvent consister les signes, leurs lois, etc. ? Cette science n'existe pas dans les disciplines connues. Ce serait une sémiologie (aucun rapport avec

9 C'est l'interprétation que propose Mejía (1998). Cette vision selon laquelle les *cours I* et *II* auraient été respectivement un « premier pas » et une « étape intermédiaire » dans la construction de la théorie saussurienne est quelque peu oublieuse des réflexions de Saussure élaborées dès 1891, donc bien avant ces cours (voir notamment le manuscrit *De l'essence double du langage*, in *ELG*, 2002), tout comme elle est tributaire de cette discutable représentation selon laquelle la dernière étape de l'œuvre d'un auteur serait nécessairement la plus aboutie.

10 Pour une présentation de la structure générale du deuxième cours, voir Godel, 1957, p. 66-76.

> la sémantique : science des sens <des mots> dans la langue par opposition à celle des formes !) Il est évident aussi que la langue n'embrasse pas toute espèce de système formé par les signes. Il doit donc exister une science des signes plus large que la linguistique. (*Cours II*, p. 7 ; les soulignements sont toujours de l'étudiant Riedlinger)

On le constate, Saussure présentifie ces trois objets, *langue*, *(système de) signes*, *sémiologie*, de manière entrelacée et cette mise en rapport se poursuit lors des décompositions successives de ces objets. Ainsi, un premier dépliage des propriétés du signe et le pointage du caractère arbitraire de celui-ci, de la valeur purement négative et différentielle des signes, du caractère oppositif des valeurs et de l'indifférence du moyen de production (voir *Cours II*, p. 7-8), se produisent par l'entremise du pointage de la *sémiologie*, et contribuent à la configuration de l'objet enseigné *langue*, en tant que système de signes ; mais aussitôt cet objet *langue* présentifié et pointé, Saussure procède à sa décomposition, ce qui aboutit, par ricochet, et donc par l'entremise du traitement de l'objet *langue*, à la présentification et au pointage de certaines propriétés de l'objet *signe linguistique*, comme il ressort de l'extrait suivant :

> Nous retrouverons tous ces caractères dans la langue [...] le mot « *apfel* » [est] tout aussi capable de désigner le fruit connu que « pomme ». Dans l'association du signe à l'idée il n'y a rien qui lie en soi ce signe à cette idée. C'est une des raisons qui font qu'on doit éviter le terme symbole, qui en soi est justement le contraire (ainsi la balance, symbole de la justice ; il y a un rapport entre le signe et l'idée). (*Cours II*, p. 8)

De même, c'est au travers de la critique de la langue comme nomenclature qu'est présentifiée et pointée la détermination réciproque des valeurs des signes, ou, plus précisément, la co-détermination des signes comme valeurs (*Cours II*, p. 11) ; et c'est au travers du pointage et du dépliage du caractère social, conventionnel et transmissible de la langue qu'est formulée une première définition du signe :

> Ce rapport du signe à la pensée est précisément ce qu'est le signe : = <non pas la suite des syllabes mais> être double constitué par une suite de syllabes dans la mesure où on y attache une signification déterminée [...] C'est là le point le plus difficile <de la sémiologie – et ce côté aura été négligé aussi par la manière indiquée d'envisager la question>. (*Cours II*, p. 12)

Enfin, et après avoir *institutionnalisé* le fait que cette analyse relève malgré tout d'une « tentative externe » de clarifier la nature de la langue, car procédant par rapprochement et comparaison avec d'autres systèmes de signes, Saussure entame une « analyse interne », centrée sur la question des unités et des identités linguistiques, analyse lors de laquelle, en effet, l'accent sur la science « sémiologie » s'estompe. Néanmoins, le caractère corrélatif de la construction des objets enseignés, lui, perdure, le médiateur de la configuration de l'objet signe étant tantôt la langue, tantôt la linguistique, comme il ressort de l'extrait suivant :

> Le terrain de la linguistique est le terrain commun <qu'on pourrait appeler dans un sens très large le terrain> des articulations, c'est-à-dire des « articuli », des petits membres dans lesquels la pensée prend conscience <(valeur ? B.)> par un son. <Hors de ces articulations, de ces unités, ou bien on fait de la psychologie pure (pensée) ou bien de la phonologie (son).> (*Cours II*, p. 22)

3. Pour poursuivre les enseignements…

Outre leur apport fondamental au plan théorique, les enseignements de Saussure nous paraissent très riches d'enseignements au plan proprement didactique ; et ce non seulement de manière rétrospective et reconstructive, en y décelant, comme nous l'avons fait, des gestes didactiques à l'œuvre, mais aussi dans une perspective prospective, orientée vers notre propre activité d'enseignants. En prolongement de ce qui précède, et en resollicitant la théorie de la transposition didactique, nous esquisserons pour conclure quatre axes de réflexion.

Le premier oscille entre le constat et la prise de position, et a trait à la pertinence de la théorie saussurienne en tant qu'objet d'enseignement actuel : si, depuis quelques décennies, et sous l'effet dominant de paradigmes faisant apparemment « plus immédiatement sens à nos yeux de modernes » on aurait pu craindre que les apports de Saussure soient frappés du « vieillissement historique » synonyme d'« obsolescence du savoir » (Chevallard, *op. cit.*), le nombre grandissant de recherches récentes, encouragées certes par la découverte des nouveaux manuscrits (voir Saussure, 2002), montrent le contraire (voir les études réunies dans Bronckart, Bulea & Bota, 2010, ainsi que le numéro 185 de *Langages*, paru en 2012 et consacré à Saussure) ; cela nous encourage à penser que la théorie saussurienne a, cette fois au plan de l'enseignement, des intérêts théoriques et épistémologiques incontournables, toujours actuels et reconnus.

Le deuxième axe concerne la dynamique des savoirs mise en évidence par la théorie de la transposition didactique. D'une part, et rétrospectivement, celle-ci montre l'inanité de la recherche d'identité parfaite entre le savoir configuré dans et par les notes préparatoires de Saussure en vue des cours et le savoir effectivement enseigné (de ce point de vue, la mise en page du troisième cours est très instructive, voir Constantin, 2005) : le premier relève en quelque sorte de l'objet *à* enseigner, alors que le second relève de l'objet *enseigné*, le rapport entre les deux étant judicieusement à envisager comme un mouvement de *transposition interne*. D'autre part, et de manière plus proactive, celle-ci montre à quel point il est vain et inutile de chercher quelque « vérité ultime » que ce soit dans l'une ou l'autre des pièces qui composent le puzzle du corpus saussurien (statut que certains semblent accorder au troisième cours), ou d'envisager le mouvement de pensée attestable entre le premier et le dernier cours sous forme de vection – ce qui implique qu'il n'y a pas de fondement de cet ordre qui puisse nous servir lors de la configuration de nos propres objets d'enseignement relatifs à la théorie saussurienne.

Le troisième axe interroge le savoir de référence qui aurait pu être celui de Saussure, ou la teneur de ce qui aurait joué le rôle du « savoir savant », à transposer, dans ses enseignements. En nous en tenant à la théorie du signe, rien ne nous paraît identifiable en ce domaine[11], Saussure récusant systématiquement, comme on le sait, toutes les conceptions du signe élaborées par ses prédécesseurs. En fait, l'œuvre saussurienne nous confronte à une sorte de « transposition inversée » : ce n'est pas un savoir de référence qui s'est trouvé transposé dans ses enseignements, mais c'est sur la base de ces derniers qu'a été élaboré, bien malgré Saussure, un « savoir (devenu) de référence », que l'histoire a retenu et sanctionné, à tort ou à raison, comme tel – le *Cours de linguistique générale*.

Le quatrième et dernier axe enfin a trait à ce qui constitue notre « objet de savoir » en matière de linguistique saussurienne, transposable en objet(s) d'enseignement. Une analyse avec des outils didactiques montre – sauf à accepter la solution commode et réductrice d'une transposition du contenu du *CLG* – à quel point cet objet ne peut être envisagé de manière partielle et figée : l'objet de savoir « théorie saussurienne » est éminemment complexe, subtil et mouvant, et les cours en fournissent une illustration partielle. Dans quelle mesure la configuration de nos objets d'enseignement en tient-elle compte ? La réponse à cette question impliquerait une démarche empirique que nous ne pouvons entreprendre ici. Mais formulons quand même le vœu que nos objets d'enseignement en matière de linguistique saussurienne évitent autant que faire se peut de « projeter sur son activité scientifique des clivages disciplinaires qui, dans sa perspective à lui, n'avaient pas de sens ».

Bibliographie

Aeby-Daghé, S. & Dolz, J., « Des gestes didactiques fondateurs aux gestes spécifiques à l'enseignement-apprentissage du texte d'opinion », in Bucheton, D. & Dezutter, O. (dir.), *Le développement des gestes professionnels dans l'enseignement du français*, Bruxelles, De Boeck Université, 2008, p. 83-105.

11 Sauf, bien entendu, le travail de recherche de Saussure lui-même, codifié dans les diverses notes.

[Reichler-]Béguelin, M.-J., « Norme et textualité. Les procédés référentiels considérés comme déviants en langue écrite », in Schoeni, G., Bronckart, J.-P. & Perrenoud, P. (dir.), *La langue française est-elle gouvernable ?*, Neuchâtel-Paris, Delachaux et Niestlé, 1988, p. 185-216.

[Reichler-]Béguelin, M.-J., « Comment se servir des "erreurs" dans l'enseignement du texte écrit ? », *CARESP* (Journal du Cartel Romand des Associations du corps enseignant secondaire et professionnel), n° 19, 1989, p. 4.

Béguelin, M.-J., « Saussure et l'étymologie populaire », in Normand, C. & Arrivé, M. (dir.), *Saussure aujourd'hui*, Actes du Colloque de Cerisy, n° spécial de *LINX*, 1995, p. 121-138.

Béguelin, M.-J., « L'apprenant comme modèle du sujet parlant », in Gajo, L., Matthey, M., Moore, D. & Serra Stern, C. (dir.), *Un parcours au contact des langues. Textes de Bernard Py commentés*, Paris, Didier, 2004, p. 69-72.

Béguelin, M.-J., « La langue et le temps. Analyse objective, analyse subjective et théorie de la grammaticalisation », in Conférence au Colloque *Révolutions saussuriennes*, Genève, 19-22 juin 2007.

Béguelin, M.-J., « Le statut des "identités diachroniques" dans la théorie saussurienne : une critique anticipée du concept de grammaticalisation », in Bronckart, J.-P., Bulea, E. & Bota, C. (dir.), *Le projet de Ferdinand de Saussure*, Genève, Droz, 2010, p. 239-265.

Béguelin, M.-J., « La place de la grammaire comparée », *Langages*, n° 185, 2012, p. 75-90.

Bronckart, J.-P., Bulea, E. & Bota, C. (dir.), *Le projet de Ferdinand de Saussure*, Genève, Droz, 2010.

Bronckart, J.-P. & Chiss, J.-L., « Linguistique, psycholinguistique et didactique du FLM. Réflexions à partir d'un cursus de formation d'enseignants », *Repères [nouvelle série]*, n° 1, 1990, p. 19-44.

Chevallard, Y., *La transposition didactique. Du savoir savant au savoir enseigné*, Grenoble, La Pensée Sauvage, 1991.

Chiss, J.-L., « Quel statut pour les linguistiques dans la didactique du français ? », *Études de Linguistique Appliquée*, n° 59, 1985, p. 3-16.

Chiss, J.-L., « Sciences du langage et didactique des langues : une relation privilégiée », *Revue japonaise de didactique du français. Études didactiques*, n° 1(2), Tokyo, 2007, p. 5-18.

Constantin, E., *Linguistique générale*, Cours de M. le professeur F. de Saussure, *Cahiers Ferdinand de Saussure*, n° 58, 2005, p. 71-289. [Abrégé *Cours III*]

Gadet, F., *Saussure. Une science de la langue*, Paris, PUF, 1987.

Gambarara, D., « Un texte original. Présentation des textes de F. de Saussure », *Cahiers Ferdinand de Saussure*, n° 58, 2005, p. 29-42.

Godel, R., *Les sources manuscrites du Cours de linguistique générale de Ferdinand de Saussure*, Genève, Droz, 1957.

Hofstetter, R. & Schneuwly, B., « Introduction », in Hofstetter, R. & Schneuwly, B., *Savoirs en (trans)formation. Au cœur des professions de l'enseignement et de la formation*, Bruxelles, De Boeck Université, 2009, p. 7-40.

Kim, S.-D., « Le paradigme visuel de la discursivité saussurienne », in Bronckart, J.-P., Bulea, E. & Bota, C. (dir.), *Le projet de Ferdinand de Saussure*, Genève : Droz, 2010, p. 79-104.

Komatsu, E. & Wolf, G. (dir.), *Premier cours de linguistique générale (1907) d'après les cahiers d'Albert Riedlinger.* Oxford-Tokyo, Pergamon, 1996. [Abrégé *Cours I*]

Komatsu, E. & Wolf, G. (dir.), *Deuxième cours de linguistique générale (1908-1909) d'après les cahiers d'Albert Riedlinger et Charles Patois.* Oxford-Tokyo, Pergamon, 1997. [Abrégé *Cours II*]

Langages, n° 185, 2012, *L'apport des manuscrits de Ferdinand de Saussure* (publié sous la dir. de L. Depecker).

Mejía, C., *La linguistique diachronique : le projet saussurien.* Genève, Droz, 1998.

Saussure, F. de, *Cours de linguistique générale*, Paris, Payot, 1985.

Saussure, F. de, *Écrits de linguistique générale*, Bouquet, S. & Engler, R. (dir.), Paris, Gallimard, 2002. [Abrégé *ELG*].

Sensevy, G., Mercier, A. & Schubauer-Leoni, M.-L., « Vers un modèle de l'action didactique du professeur à propos de la course à 20 », *Recherches en Didactique des Mathématiques*, n° 20(3), 2000, p. 263-304.

Schneuwly, B., « L'objet enseigné », in Schneuwly, B. & Dolz, J., *Des objets enseignés en classe de français*, Rennes, PUR, 2009a, p. 17-28.

Schneuwly, B., « Le travail enseignant », in Schneuwly, B. & Dolz, J., *Des objets enseignés en classe de français*, Rennes, PUR, 2009b, p. 29-43.

Entretien grammatical d'une praticienne avec un théoricien

Anne-Rosine Delbart & Marc Wilmet

Université libre de Bruxelles (LaDisco)
Université libre de Bruxelles

Dans la conférence qu'il a prononcée à Copenhague le 24 septembre 1941 pour le dixième anniversaire du Cercle de linguistique, Louis Hjelmslev distinguait des linguistes « spécialistes » et des linguistes « théoriciens »[1]*. Les premiers, dit-il, apportent leur pierre à l'édifice collectif sans bien savoir où la placer. Les seconds ont une idée quant à l'endroit, mais ils en changent tous les jours et modifient éternellement la construction.*

Par-delà l'anecdote, Anne-Rosine Delbart (désormais ARD), qui achève la rédaction d'une Petite grammaire instructionnelle *pour le français langue étrangère, et Marc Wilmet (désormais MW), qui retouche sur différents points la cinquième édition de sa* Grammaire critique du français, *entreprennent de confronter leurs besoins, leurs exigences et, surtout, essaient de trouver une complémentarité autour de problèmes aussi délicats que l'efficacité de la grammaire, l'engagement ou l'éclectisme, la terminologie, la norme... Ils ne se sentent pas trop de deux pour rendre le plus juste hommage à Marie-José Béguelin, de qui les travaux ont illustré de façon exemplaire, avec des résultats remarquables, les navettes de la théorie à la pratique.*

ARD Vous savez que j'aurais préféré en titre « dialogue » au lieu d'« entretien », mais je m'incline devant votre goût pour Diderot – connu de tous vos élèves, dont je fus – et, en l'occurrence, cet évident clin d'œil à l'*Entretien d'un philosophe avec la Maréchale de* ***. Veuillez noter toutefois que l'initiale de mon nom n'a rien de nobiliaire (elle est de bonne roture wallo-picarde) et que les philosophes du langage, de leur côté, n'ont guère été ménagés par Hjelmslev : s'ils cherchent, comme

[1] « Entretien sur la théorie du langage », in F. Rastier (dir.), H. Nølke (trad.), *Nouveaux essais*, Paris, PUF, 1985, p. 71.

les théoriciens, « à placer les pierres du spécialiste dans l'édifice », les philosophes « n'y réussissent pas » et seraient « souvent enclins à placer la pierre à un certain endroit en usant apparemment de violence, par une décision arbitraire, sans justification accessible ».

MW Me voilà prévenu. À vous, donc, d'entamer le *dialogue*.

ARD D'abord un bref préambule, moins à votre intention qu'à l'attention de ceux qui nous liront. Je suis, ainsi que le disent vos pareils avec un soupçon de condescendance, une *littéraire*. La dimension culturelle des langues m'importe (cf. Delbart, 2005). Je crois en l'occurrence que la littérature française intra- ou extra-hexagonale peut contribuer grandement à l'acquisition et à la maîtrise du français, tant langue maternelle (FLM) que langue étrangère (FLE). Il me semble néanmoins inimaginable d'envisager l'enseignement du français sans une assise linguistique ou grammaticale solide. Cette nécessité m'apparaît même plus impérieuse en FLE, là où le professeur reçoit mission d'élaborer artificiellement la compétence – au sens chomskyen du terme – que les francophones de naissance ont, eux, acquise naturellement. Formulé autrement, le FLE se donne l'objectif de fournir aux allophones les règles en nombre nécessairement réduit susceptibles de créer une infinité d'énoncés jamais entendus ni lus au préalable (faute de quoi l'activité de langage s'annoncerait impossible). Un enfant qui entre en classe vers l'âge de six ans possède en principe l'essentiel des mécanismes de son idiome.

MW Gustave Guillaume avait sur ce plan devancé Chomsky :

> L'enfant qui apprend une langue en l'entendant parler autour de lui en retrouve – c'est là pour le principal son apprentissage de la langue – sous les emplois qu'il en entend, les conditions constructives qui les permettent et les prescrivent, desquelles ils sont des conséquences. Et ces conditions retrouvées, il en sait produire directement, sous forme d'emplois du contenu formel de la langue, des conséquences et bientôt toutes conséquences possibles sans avoir expressément à faire intervenir la souvenance. Il ne répète pas de l'entendu : il crée son dire directement à partir des conditions constructives qu'il en possède, la mémoire de l'entendu ne participant que subsidiairement à cette création (1964, p. 284, n. 19).

Forte de ces deux références prestigieuses, il vous incombera de convaincre les écoles de langue. On y vit souvent sur l'idée qu'être « natif » suffit pour enseigner le français à des étrangers et que le FLE ne serait somme toute qu'une espèce de français au rabais.

ARD Le préjugé n'est pas entièrement absent non plus du monde universitaire. Glissons… La *grammaire instructionnelle* (ai-je la primeur de l'épithète ? ce serait étonnant) à laquelle je travaille depuis plusieurs années voudrait prouver le mouvement en marchant. Il s'agit non seulement de « faire migrer dans la salle de classe des descriptions scientifiques qui soient didactiquement pertinentes » (Dufays, Lebrun et Simon, 2000, p. 3) mais d'amener, de proche en proche, l'usager à la solution par une batterie soigneusement échelonnée de questions et de réponses. Aussitôt le résultat obtenu, la recherche s'arrête. Pensez-vous que ce soit légitime… et réaliste ?

MW « Légitime », oui. Je suis loin de partager l'opinion d'André Chervel quand, dans un article récent, arguant des errements passés de la grammaire dite savante en matière de compléments et d'analyse de phrase, il soutient que « l'enseignement scolaire, qu'il soit du premier ou du second degré, n'a pas vocation à accueillir les "retombées" de la recherche universitaire sous la forme d'une vulgarisation qui serait confiée à des spécialistes » (2012, p. 347). « Réaliste », c'est autre chose. Tous les secteurs de la grammaire ne se prêtent sans doute pas à votre programme.

ARD Notamment les points qu'alléguait Chervel. C'est qu'il y a grammaire et grammaire. D'une part une grammaire censée décrire de l'extérieur le fonctionnement de la langue (les compléments du verbe, les compléments circonstanciels, les propositions principales, les propositions subordonnées…). D'autre part le fonctionnement interne de la langue. Mes chapitres ne concernent à peu près que celui-là. Ils traitent de l'article, de la place de l'adjectif « qualificatif », de l'emploi du subjonctif, de la rivalité du « passé composé », du « passé simple » et de l'« imparfait », des façons d'interroger suivant les registres (du familier *Il chante ?* au classique *Chante-t-il ?*, à l'usuel *Est-ce qu'il chante ?* et au vulgaire *C'est-ti qu'il chante ?*). Seule exception, le volet sur l'accord du « participe passé », mais dont le fil rouge est justement de montrer comment la quête à tout prix du « complément d'objet direct » pour les verbes conjugués avec l'auxiliaire *avoir* et les verbes « pronominaux » a compliqué les raisonnements au lieu de les éclairer. À ce propos, les guillemets dont j'affuble quelques-unes des précédentes dénominations me conduisent à vous soumettre l'incontournable question du métalangage. De quelle liberté de manœuvre dispose exactement le didacticien « entre l'héritage de la tradition et l'apport des recherches théoriques, […] entre le souci d'exhaustivité et celui de simplicité ou de concision » (Béguelin, 2000, p. 202) ?

MW Ni entière ni nulle. Je m'explique. Le vocabulaire grammatical s'est forgé au long des siècles. Notre nomenclature actuelle charrie toute sorte d'alluvions venues des Grecs (le thème, le rhème, etc.), des Latins (la subordonnée infinitive, l'ablatif absolu, etc.), des Médiévaux (le substantif, l'adjectif, etc.), de la Grammaire générale (les relatives déterminative et explicative, le complément, etc.), avant que la grammaire scolaire, brochant en France sur une veine de grammaire mondaine (Vaugelas, Thomas Corneille et leurs successeurs), effectue des tris selon ses visées propres : à la base, l'orthographe (d'où l'arsenal des *natures*, séparant les mots en « variables » et en « invariables », et la procession des *fonctions*, menant à la « syntaxe d'accord ») et, au sommet, la rédaction et la dissertation, que guiderait l'analyse « logique » de la phrase en « propositions ». Les vocables hétérogènes survivants reflètent des conceptions pour la plupart dépassées ou invalidées. Le linguiste n'a dès lors qu'une alternative. Ou bien il s'accommode des termes reçus, quitte à les vider de signification – mais il n'évitera pas des collisions avec l'acception courante (l'adjectif qualificatif « qualifierait », l'article défini « définirait », etc.). Ou bien il crée les mots dont il a besoin et s'expose à l'incompréhension, voire aux moqueries. Le cas de Damourette et Pichon est emblématique. Reconnaissons-leur au minimum le mérite d'avoir pallié l'effroyable cacophonie des tableaux de conjugaison, qui mêlent les notations formelles (simple, composé, surcomposé), temporelles (temps absolu : présent, passé, futur ; temps relatif : antérieur, futur du passé), aspectuelles (imparfait, plus-que-parfait) et modales (impératif, conditionnel), en donnant de surcroît à *présent* le sens de « simple » (l'infinitif « présent » *chanter*, le participe « présent » *chantant*, le subjonctif « présent » *chante*, le conditionnel « présent » *chanterais*, l'impératif « présent » *chante*) et à *passé* le sens de « composé » (l'infinitif « passé » *avoir chanté*, le participe « passé » *ayant chanté*, le subjonctif et l'impératif « passés » *aie chanté*, le conditionnel « passé » *aurais chanté*), avec la complication supplémentaire, pour peu que *composé* et *passé* soient déjà pris, de mobiliser *antérieur* (le passé « antérieur » *eus chanté*) et *imparfait* (le subjonctif « imparfait » *chantasse* emmenant avec lui le subjonctif « plus-que-parfait » *eusse chanté*) ou de ravaler *chanté* à une « forme courte », soit du participe « passé » *ayant chanté*, soit du participe « passé passif » *ayant été chanté*. Pauvres élèves…

ARD Sans aller jusqu'aux « tiroirs » *savez*, *sûtes*, *saviez*, *avez su*, *aviez su*, *saurez*, *sauriez*, etc., une position médiane serait d'user d'abréviations, plus dégagées des contenus : PRES, PS, IMP, PC, PQP, FS, COND, etc.

MW Si j'avais un conseil à donner aux praticiens en général, ce serait d'utiliser le moins possible de terminologie ; et aux spécialistes du FLE en particulier, de profiter de leur chance face à un public qui n'a pas subi de dressage grammatical préalable.

ARD Plus facile – pardonnez-moi – à dire qu'à faire, car les manuels de FLE décalquent les ouvrages de FLM et se sentiraient probablement dévalorisés en ne procédant pas ainsi. Cuq et Gruca le dénoncent : « … les méthodes modernes d'enseignement du français […] utilisent en moyenne sur les deux premiers niveaux environ 200 termes ou lexies et 350 sur l'ensemble des trois niveaux qui sont généralement proposés au public » (2005, p. 394-395). Prenons un exemple concret. Vous venez d'évoquer l'article. Puis-je me dispenser d'une étiquette qui tient ses lettres de noblesse de l'*arthron* grec et de l'*articulus* latin ?

MW Pourquoi ne pas se contenter de ce rappel en saisissant l'occasion de montrer que les prépositions et les conjonctions aussi « articulent » ? D'ailleurs, la grammaire française rénovée sur le modèle du distributionalisme américain dissout l'ancienne classe de l'article dans une classe de déterminants. Il est vrai que les appellations chassées par la porte rentrent par la fenêtre : déterminants « articles », « possessifs », « démonstratifs », « numéraux »...

ARD *Article* entraîne dans son sillage *article défini* et *article indéfini*, une dichotomie qui remonte au XVIe siècle et s'est exportée de la grammaire française vers les grammaires étrangères. Dois-je l'évacuer sous prétexte que la plupart des commentateurs confondent en effet la « définition » avec la « détermination » ? Tenez, presque au hasard, Cappelle & Gidon (1990), à la rubrique des *Articles définis*, commentent : « Le nom est déterminé. *Mets le livre sur la table du salon* : on sait déjà de quel livre et de quelle table il s'agit. » Les mêmes attribuent successivement le pluriel *des œufs* aux *Articles indéfinis* et aux *Articles partitifs* mais réservent *des pâtes* aux seconds : je suppose qu'il aura fallu dans l'intervalle casser les œufs et se garder de cuire les pâtes *al dente !* Sérieusement, irai-je escamoter cet article « partitif » (le plus déroutant pour les apprenants de langue germanique) au double motif qu'il déguise la transition du comptable au massif et, qu'outre la partie, il convient à l'expression du tout. Je me souviens d'un aphorisme que vous livriez naguère à vos étudiants : *Du vin blanc désaltère mieux que du vin rouge* = « il est vrai de la totalité du vin blanc – pris avec modération, cela va de soi – qu'il désaltère mieux que le vin rouge ». Mon échappatoire a été de répartir les articles, non autrement nommés, en trois séries morphologiques : 1° *le, la, les*, 2° *un, une*, 3° *de, du, de la, des*.

MW Très bien.

ARD Mais au-delà ? Les concepteurs de manuels de langue ou de grammaires pédagogiques préconisent volontiers le butinage théorique parce « qu'il n'existe aucune grammaire qui, à elle seule, puisse embrasser la totalité du champ de la langue et qu'il convient donc de composer, selon les publics, les besoins de chacun, dans une vision moins conflictualisée des orientations grammaticales » (Vigner, 2004, p. 128). L'éclectisme ne condamne-t-il pas à des systématisations boiteuses ? Quel système à l'inverse pourrait prétendre détenir et offrir les meilleures clés, fût-ce en une zone bien circonscrite ?

MW N'importe quelle grammaire effectue déjà des panachages. Personne n'a le monopole des découvertes et du savoir. L'enjeu pour le praticien est de choisir entre tel ou tel mélange ou d'en créer un nouveau sous sa signature. Par tempérament, je préfère les cocktails point trop dilués.

ARD Je vous entends. Mais, puisant à une source unique, a-t-on par exemple le droit de troquer les articles contre vos *quantifiants transversaux ;* puis d'introduire, afin de différencier *le*, *la*, *les* de *un*, *une* et de *du*, *de la*, *des*, les paramètres de l'*extension* scolastique, de l'*extensité* guillaumienne et de l'*extensivité* mathématique (cf. Wilmet, ^{5}2010, § 365-367) ? Vous connaissez l'antienne : « Trop difficile pour les élèves. »

MW Une façon commode de se disculper... Un bon pédagogue, pourvu qu'il soit – ou qu'on l'ait – convaincu du bien-fondé de ces distinctions, trouvera à exercer ses talents dans l'explicitation de raisonnements réputés complexes (« nous sommes nombreux, je crois, à souffrir de la complexité de cet appareil conceptuel », écrivait en 1997 Michèle Noailly). J'introduirais en trois étapes vos cinq mots italiqués – les paraphrases dispensant à chaque fois des vocables techniques.

1° Depuis bientôt un demi-siècle, la grammaire française a banalisé *déterminant* (en ayant à mon avis le tort, soit dit par parenthèse, d'y voir une « nature » au lieu d'une « fonction », mais comme les articles ne peuvent exercer d'autre fonction – prédicative ou complétive – que la fonction déterminative, le mal n'est pas trop grave). Qu'est-ce que déterminer ? C'est, à la lettre, « mettre un terme, une limite ». À quoi ? À l'extension et/ou à l'extensité.

2° L'*extension* désigne l'ensemble des êtres du monde auxquels un nom est applicable tandis que l'*extensité* désigne la quantité d'êtres du monde auxquels un nom est appliqué. Dans le syntagme nominal (SN) *un homme courageux*, l'adjectif *courageux* réduit l'extension du noyau nominal (NN) *homme* (il existe virtuellement moins d'hommes courageux que d'hommes tout court) ; l'article *un* précise l'extensité du groupe nominal (GN) *homme courageux* (sur le sous-ensemble des hommes courageux, il prélève un nombre *x* de spécimens). Le déterminant *un* est dès lors un *quantifiant* (et l'adjectif *courageux* un *qualifiant ;* et les « possessifs » et « démonstratifs » des *quantiqualifiants* : *mon*, *ma*, *mes*, etc. = « le, la, les + à/de moi », *ce*, *cette*, *ces*, etc. = « le, la, les + ici ou là »). Pourquoi *transversal* ? Parce que ces quantifiants, que j'ai longtemps taxés de « bipolaires », sont les seuls capables de traduire une extensité *x* fluctuant d'un maximum à un minimum (les quantifiants *sectoriels* se limitent à un secteur : *tout*, *chaque*, *quelques*, *plusieurs*, *nul*, etc. ; les quantifiants *numéraux* chiffrent une extensité précise : *un* 'one', *deux*, *trois*, *quatre*, *mille*, etc.) : *Un homme courageux aura les qualités souhaitées* = « tout homme courageux » VS *Il nous faudrait un homme courageux* = « un individu de cette trempe ».

3° L'*extensivité* désigne le rapport de l'extensité à l'extension, tantôt d'égalité, tantôt d'infériorité (jamais de supériorité : il ne saurait exister plus d'êtres du monde auxquels un nom est appliqué que d'êtres du monde auxquels un nom est applicable en situation). Les articles *le*, *la*, *les* sont du premier type, les articles *un*, *une* et les articles *de*, *du*, *de la*, *des* du deuxième type, néanmoins capables de monter à l'extensité maximale grâce à l'apport contextuel d'un verbe ou d'un adverbe : le présent « de vérité générale » (et le *toujours*) de *Un enfant est toujours l'ouvrage de sa mère* ou… *Du vin blanc désaltère mieux que du vin rouge*, etc. La double opposition du massif au numératif (*du*, *de la* massifs, *un*, *une* numératifs, *le*, *la*, *les*, *de*, *des* neutres) et du singulier continu au pluriel discontinu (*le*, *la*, *du*, *de la* continus, *les*, *des* discontinus, *de* indifférencié) achèvera la revue.

L'effort est-il vraiment trop intense et le but inaccessible ? Ne croyez-vous pas qu'en sollicitant l'intelligence des élèves, on en arriverait à réveiller leur intérêt pour la langue ?

ARD Je m'y emploie modestement (ou orgueilleusement, allez savoir). Car on bute à chaque pas sur des difficultés imprévues. J'ai pour l'instant un auditoire d'étudiants comprenant des Russes et des Polonais, qui, dans leurs langues, ne possèdent pas l'article. Le défi est de leur enseigner à le mettre, puis, cela fait, de leur apprendre quand et où ne pas en mettre.

MW La notion d'article zéro (non tout à fait entrée encore, je vous l'accorde, dans les grammaires) me paraît à cet égard exploitable.

ARD À quel moment cependant en faire état ? *Avant* les autres articles (Guillaume postulait en 1919 un « article conservateur », somme toute une survivance de la situation latine, solidement ancrée devant les noms de personnes et les noms de villes) ou *après* ? On gagnerait dans la première hypothèse un atout psychologique de valorisation de la langue source.

MW Si vos « instructions » s'en accommodent, tant mieux. L'essentiel sera de ne pas confondre article zéro et « absence d'article » : il n'y a d'article zéro que dans les langues comportant un article (ni en latin ni en russe…). En français moderne, l'article zéro – novateur, non plus conservateur – se dote d'une valeur positive du fait qu'en ne se prononçant pas sur l'extensivité extensive ou partitive du nom il lui dénie son autonomie et favorise en conséquence la cristallisation de locutions, verbales : *avoir faim*, *demander pardon*, *perdre patience*, *prendre parti*, etc., ou adverbiales : *agir avec colère*, *battre comme plâtre*, *rentrer sous terre*, etc. L'intérêt d'un envisagement tardif de l'article zéro serait de montrer que l'égalisation de l'extensité à l'extension, proche de l'indifférenciation de l'extensité et de l'extension, explique l'apparition au sein de certaines locutions des articles *le*, *la*, *les*.

ARD Oui, la balle passe de l'ontologie à l'appréhension qu'ont collectivement de la réalité les sujets parlant français : à côté de *perdre pied* = « sombrer », *perdre la tête* = « divaguer » ; à côté de *prendre feu* = « s'enflammer », *prendre la fuite* = « s'enfuir » ; *avoir la frousse/les chocottes* = « paniquer » à côté de *avoir peur*…

MW Avec parfois des nuances : *parler le français* = « le pratiquer à l'occasion » VS *parler français* = « le pratiquer couramment ». La grammaire permet de comprendre *a posteriori* ces fluctuations, pas nécessairement de les enseigner *a priori* (sinon dans le lexique). Vous devez vous en être rendu compte en traitant des frontières éminemment poreuses de l'indicatif et du subjonctif ou de la place de l'adjectif qualifiant ?

ARD Quelquefois les deux options se complètent. En ce qui concerne le subjonctif justement – le « mode le plus fascinant qui soit » (Nordahl, 1970) peut-être, mais à coup sûr « une des grandes difficultés de l'apprentissage du français » (Gaatone, 2003, p. 57) –, deux applications pédagogiques sont possibles. *Primo*, fournir aux élèves un texte entièrement écrit en leur confiant la tâche de justifier après coup les choix opérés par l'auteur : l'exercice convient au FLM. *Secundo*, plus adapté au FLE, transcrire à l'infinitif tous les verbes d'un texte et charger les élèves d'y substituer s'il y a lieu une forme acceptable.

MW « Une » forme ou « la » forme ? (constatez que je mets en œuvre l'antagonisme du *partitif* et de l'*extensif*).

ARD Ma philosophie personnelle va à la tolérance. Je me hérisse lorsque les manuels de FLE préconisent des conduites que le comportement des francophones de souche dément. « Interdit d'interdire », c'était le titre d'un de mes tout premiers articles (Delbart, 1996). Je ne suis pas la seule : « …l'enseignant se voit obligé d'occulter une partie de la réalité linguistique, ou alors de laisser entendre que pour d'obscurs motifs de style, l'écrivain posséderait des droits que l'apprenant n'aurait pas » (Saussure & Sthioul, 2005, p. 103).

MW Vous ne craignez pas que les « éternels grammairiens » (Berrendonner, 1982) vous accusent de brader le français ? J'ai essuyé en la matière des critiques virulentes. Joseph Hanse, ayant vu un de mes tout premiers articles à moi (Wilmet, 1969), consacré au subjonctif derrière *après que*, que je défendais bec et ongles contre les censeurs, m'a administré une volée de bois vert, accusant les « néo-grammairiens » (sic) laxistes de « corrompre la jeunesse » et assurant que, lui vivant, aucun de ces « petits messieurs » n'entrerait jamais à l'Académie de Belgique. Est-il besoin de préciser que moins de « vingt ans après » le vieux mousquetaire m'y a reçu dans un grand rire cordial ? Et m'illusionné-je – un tour interrogatif désuet que je vous offre – en décelant une ébauche de contrition à la fin de la rubrique *après que* de son *Nouveau dictionnaire des difficultés du français moderne* : « Je continue à recommander l'indicatif, mais je n'accuserai pas d'ignorance ceux qui, influencés par un usage croissant, emploient le subjonctif » (1983, p. 86) ?

ARD En tout état de cause, j'ai franchi le Rubicon dans ma *Petite grammaire instructionnelle*, où j'ose affirmer que l'indicatif suivant *après que*, de règle en français classique et en français moderne, n'est plus aujourd'hui la norme à enseigner, le mode subjonctif apparu vers le début du XXe siècle ayant conquis le terrain malgré les critiques au demeurant mal argumentées des puristes.

MW Je sais : la vieille lune de l'analogie avec *avant que* (pourquoi n'aurait-elle pas joué en sens contraire, du subjonctif vers l'indicatif ? – de *après qu'il sera venu* à *avant qu'il viendra*, etc.) et le fallacieux credo du subjonctif « mode du doute » (le manuel que m'avait prescrit jadis un maître de stage l'exemplifiait entre autres par la phrase *Je regrette que mon frère ait échoué à l'examen* : belle incertitude !). N'empêche, on pourrait nous objecter qu'une faute généralisée, si elle est socialement acceptable, n'en devient pas pour autant linguistiquement pertinente. Un élément perturbateur a dû intervenir au tournant du XIXe et du XXe siècle. Bally avait raison : « Quand un solécisme a la vie dure, quand il fait tache d'huile, il est rare qu'il soit négligeable ; il doit s'expliquer par quelque cause générale » (^{4}1965, p. 25). J'ai suggéré de découvrir le déclencheur dans la disparition concomitante du passé simple en français oral. Dès ce moment, le passé composé, investi du rôle de son rival, aurait occulté sa spécificité aspectuelle – l'enjambement du procès en direction de sa séquelle (*j'ai compris* = « je sais », *j'ai dîné* = « je n'ai plus faim », *j'ai dit* = « je me tais », etc.) –, et forcé la langue à la retrouver dans un mode où elle s'était conservée : le subjonctif.

ARD C'est un genre de spéculation que je réserverais aux *happy few*. Mon bonheur présent se contente de débarrasser le FLE de tout un lot de vieilleries ou de byzantinismes. En vrac :

1° La transitivité et l'intransivité (un summum de circularité et d'infalsifiabilité : les verbes « intransitifs » sont ceux qui n'ont pas – ou ne peuvent pas avoir : le débat n'est pas tranché – de complément « d'objet », sauf à le rebaptiser « complément interne »).

2° Les verbes à auxiliaire *être* facultatif (puisque l'auxiliaire *avoir* est toujours acceptable avec *aboutir*, *alunir*, *amerrir*, *atterrir*, *courir*, *croître*, *débarquer*, *échapper*, *disparaître*, etc., à quoi bon en dresser la liste ?).

3° Les subjonctifs « imparfait » et « plus-que-parfait », ne survivant qu'en littérature ou, en français soutenu, « comme des signes de distinction sociale » (Soutet, 2000, p. 3) qu'arborent à la boutonnière les

« chevaliers du subjonctif » (Paveau, 2005), et, d'une pierre deux coups, la « concordance des temps », une baudruche que Ferdinand Brunot dégonflait d'un coup d'épingle dès 1922 : « Le chapitre de la concordance des temps se résume en une ligne : Il n'y en a pas » (p. 782).

4° Les « variations libres » de Gougenheim (1938), par exemple *Margot ne croit pas que Nicolas réussira/réussisse* ou *Charlotte est la seule/la première/la dernière... qui a/ait remis sa copie*, à réserver à des « oppositions significatives », comme celle-ci, due à David Gaatone : *Il est juste que les profs sont mal payés* = « c'est la vérité » VS *Il est juste que les profs soient mal payés* = « c'est justice », ou, plus subtil, *Qui a vu que Sophie a pleuré ?* = « Sophie a pleuré : quelqu'un a-t-il pris conscience de son chagrin ? » VS *Qui a vu que Sophie ait pleuré ?* = « quelqu'un peut-il témoigner des larmes de Sophie ? ». Quant aux « servitudes grammaticales », elles ne paraissent telles que dans la mesure où le subjonctif y révèle toute sa valeur.

MW Il est bon de donner une image du français moins rébarbative que sa réputation. Le purisme stérilisateur, ces sempiternels ukases des normativistes (« ne dites pas... mais dites »), ces concours de dictées (les grands-messes orthographiques à la Bernard Pivot), ces affres et délices mêlées des accords du participe passé des verbes pronominaux ou des participes passés suivis d'un infinitif (affres pour les élèves, s'entend, délices de certains mentors zélés à la limite du sadisme) font à notre langue un mal fou. Gardons-nous pourtant de jeter le bébé avec l'eau du bain. Je vous demanderais ainsi la grâce du passé simple, bien que les francophones soient parfaitement en droit d'« employer le passé composé partout » (Cohen, 1963, p. 31).

ARD Vous devinez bien que la « littéraire » ne sommeille en moi que d'un œil. Pas de PS « en thème », non, mais, « en version », sensible aux motivations sémantiques, expressives et stylistiques, j'ai trouvé à illustrer le PS avec les autres « temps du passé » dans le corpus complet des chansons de Georges Brassens (un auteur, si je ne m'abuse, que vous ne détestez pas). J'en livre un échantillon à la sagacité de chacun :

> Pour offrir aux filles des fleurs,
> Sans vergogne,
> Nous nous *fîmes* un peu voleurs [...].
> Les sycophantes du pays,
> Sans vergogne,
> Aux gendarmes nous *ont trahis*
> Et l'on *vit* quatre bacheliers
> Qu'on *emmène*, les mains liées... (*Poèmes et chansons*, IX, 5) [chronologie bousculée des formes verbales : 1° le larcin au PS *fîmes*, 2° la délation au PC *ont trahis*, 3° le spectacle postérieur au PS *vit* et 4° l'arrestation au PRES *emmène*].

Avec des pétales de roses,
Un bout de corsage lui *fis*.
La belle n'*était* pas bien grosse :
Une seule rose *a suffi* (*ibid.*, VII, 3) [PS *fis* d'aspect global, IMP *était* d'aspect sécant débordant le PS sur sa gauche, PC *a suffi* prolongeant à droite le résultat]. Etc.

Incidemment, on observera une poignée de PS conjugués à la deuxième personne ou à la première personne du pluriel :

Prince des monte-en-l'air et de la cambriole,
Toi, qui *eus* le bon goût de choisir ma maison,
Cependant que je colportais mes gaudrioles,
En ton honneur j'ai composé cette chanson (*ibid.*, XI, 2).

Un vingt-e-deux septembre, au diable vous *partîtes*,
Et, depuis, chaque année, à la date susdite,
Je mouillais mon mouchoir en souvenir de vous… (*ibid.*, VIII, 5).

Bientôt, par la vertu de quelques facéties,
La veuve se tenait les côtes, Dieu merci !
Ainsi que des bossus tous deux nous *rigolâmes* » (*ibid.*, IX, 3).

Ils s'inscrivent en faux contre le clivage brutal du « discours » et du « récit » chez Benveniste (1959) ou sa réfection en « gesprochene Welt » et « erzählte Welt » par Weinrich (1964), qu'une certaine grammaire textuelle a avalé comme pain bénit.

MW « Grammaire de phrase » VS « grammaire de texte » et/ou « grammaire du discours », de belles joutes en perspective… Hélas ! nous devons impérativement arrêter là les échanges. Souhaitons que la dédicataire de notre « entretien » (Diderot, toujours, vous n'y couperez pas) trouve dans une discipline grammaticale non pénalisante, ludique, alliant l'esprit de finesse et l'esprit de géométrie, l'inspiration d'un futur *Paradoxe sur le grammairien*.

ARD Ou du *Rêve d'une grammairienne…* ?

Bibliographie

Bally, Ch., *Linguistique générale et linguistique française*, Berne, Francke, 1965.

Béguelin, M.-J. (dir.), *De la phrase aux énoncés : grammaire scolaire et descriptions linguistiques*, Bruxelles, De Boeck, 2000.

Benveniste, E., « Les relations de temps dans le verbe français », in *Problèmes de linguistique générale*, Paris, Gallimard, 1966, p. 237-250 [article original de 1959].

Berrendonner, A., *L'éternel grammairien. Étude du discours normatif*, Berne, Peter Lang, 1982.

Cappelle, G. & Gidon, N., *Espaces 1. Méthode de français*, Paris, Hachette, 1990.

Cuq, J.-P. & Gruca, I., *Cours de didactique du français langue étrangère et seconde*, Grenoble, PUG, 2006.

Chervel, A., « Grammaire scolaire et grammaires savantes : la transposition didactique en question », in Colombat, B., Fournier, J.M. & Raby, V. (dir.), *Vers une histoire générale de la grammaire française. Matériaux et perspectives*, Paris, Honoré Champion, 2012, p. 325-350.

Cohen, M., *Nouveaux regards sur la langue française*, Paris, Éditions sociales, 1963.

Damourette, J. & Pichon, É., *Des mots à la pensée. Essai de grammaire de la langue française*, vol. V, Paris, d'Artrey, 1936.

Delbart, A.-R., « Interdit d'interdire. Sur quelques abus d'autorité dans les manuels et les grammaires FLE », *Le Langage et l'Homme*, n° 31, 1996, p. 303-311.

Delbart, A.-R., *Les exilés du langage. Un siècle d'écrivains français venus d'ailleurs (1919-2000)*, Limoges, PULIM, 2005.

Dufays, J.-M., Lebrun, M. & et Simon, J.-P., « Préface », in Béguelin, M.-J. (dir.), *De la phrase aux énoncés : grammaire scolaire et descriptions linguistiques*, Bruxelles, De Boeck, 2000, p. 3-8.

Gaatone, D., « La nature plurielle du subjonctif français », in P. Hadermann, A. Van Slijcke, M. Berré (dir.), *La syntaxe raisonnée*, Bruxelles, De Boeck, 2007, p. 57-78.

Gougenheim, G., *Système grammatical de la langue française*, Paris, d'Artrey, 1938.

Guillaume, G., *Le problème de l'article et sa solution dans la langue française*, Paris, Hachette, 1919.

Guillaume, G., *Langage et science du langage*, Paris-Québec, Nizet-Presses de Laval, 1964.

Hanse, J., *Nouveau dictionnaire des difficultés du français moderne*, Gembloux, Duculot, 1983.

Noailly, M., « Marc Wilmet : Grammaire critique du français », *Modèles Linguistiques*, n° 18, 1997, p. 167-183 [avec « Droit de réponse », *ibid.*, n° 19, 1998, p. 191-193].

Nordhal, H., « Le mode le plus fascinant qui soit », *Revue Romane*, n° 5, 1970, p. 106-119.

Paveau, M.-A., « Les sirènes folkloriques de la nostalgie académique : les chevaliers du subjonctif et autres sauveurs de l'enseignement en détresse », *Le Français Aujourd'hui*, n° 149, 2005, p. 117-124.

Saussure, L. de & Sthioul, B., « Imparfait et enrichissement pragmatique », *Cahiers Chronos*, n° 14, 2005, p. 103-120.

Soutet, O., *Le subjonctif en français*, Paris, Ophrys, 2000.

Vigner, G., *La grammaire en FLE*, Paris, Hachette, 2004.

Weinrich, H., *Tempus. Besprochene und erzählte Welt*, Stuttgart, Kohlhammer, 1964.

Wilmet, M., « Après que suivi du subjonctif », *La Linguistique*, n° 2, 1969, p. 27-39.

Wilmet, M., *Grammaire critique du français*, Bruxelles-Paris, Duculot, 2010.

Pour une linguistique applicable

Vers une refonte du penser et du dire grammaticaux à l'école

Dan Van Raemdonck

Université Libre de Bruxelles/Vrije Universiteit Brussel, LaDisco/Gramm-R

1. Introduction

Les enseignants de français que nous rencontrons depuis plusieurs années maintenant, ressentent et pensent la grammaire comme arbitraire et dogmatique, peu systémique. Leur attitude révèle une certaine insécurité face à la matière à enseigner. À partir de notre expertise et de nos travaux de linguiste, mû par la volonté de remplir le rôle social que nous pensons dévolu à chaque scientifique, nous avons entrepris de rédiger un référentiel grammatical à leur usage. Nous voisinons, chemin faisant, la démarche de nos cousins suisses, pour qui la didactisation de la linguistique ou de la grammaire fait partie des soucis et intérêts constants. Marie-José Béguelin, que nous côtoyons depuis plusieurs années en colloques ou en réunions de délégations de conseils de la langue de nos pays respectifs, ne déroge guère à ce cousinage (voir notamment Béguelin 2000 et 2004). C'est dès lors en proche belge que je lui dédie les lignes qui suivent.

L'appropriabilité du discours grammatical dépend, selon nous, de la réinstauration du sens. En effet, si le savoir a du sens pour l'apprenant, si le système présenté est organisé de manière cohérente et ne se réduit pas à une classification ou à un étiquetage décalés de l'usage et de la construction/interprétation de la signification, la grammaire, qui n'est dès lors plus orthocentrée, apparaitra plus en phase avec la langue telle que l'exploitent les divers usagers. Elle ne sera plus vue comme un discours abstrait et inappropriable car inadapté. Plutôt qu'une parole dogmatique, nous proposons un chemin progressif d'acquisition, comme en spirale.

Dans cette perspective, nous avons interrogé le savoir à transmettre, révisé le discours sur la langue afin de nous assurer de sa justesse – celui-ci ayant trop souvent été constitué en savoir, en paradigme culturel presque en soi –, de sa cohérence et de son appropriabilité, et proposé une « linguistique applicable ». Aujourd'hui, en collaboration avec les Hautes écoles belges (qui forment des formateurs pour des élèves de 6 à 15 ans), nous expérimentons ce nouveau discours en classe. C'est cette démarche et cette expérience, dans toute leur complexité, y compris institutionnelle et administrative, que nous nous proposons d'exposer et d'illustrer dans notre contribution.

2. Les étapes de la recherche

2.1. Première étape (2003-2004)

À partir de la lecture analytique et critique des savoirs et discours grammaticaux transmis, notamment sur la base de documents officiels et des objectifs visés par les socles de compétences, des programmes et du code de terminologie en vigueur en Belgique, nous avons vérifié et discuté la cohérence, la performance et la pertinence des outils pédagogiques proposés (Van Raemdonck *et al.* 2004).

Des pistes ont été proposées, des recommandations faites, les plus concrètes possibles, pour remédier aux incohérences et autres défauts de performance, en fonction des principes qui nous sont chers depuis de nombreuses années : « moins et mieux de grammaire, et plus tard ».

La recherche portait au départ sur le niveau d'enseignement fondamental (pour élèves de 6 à 12 ans), par définition antérieur aux autres. Responsable de la construction des outils grammaticaux, ce niveau doit faire l'objet d'un intérêt particulier : il conditionne en effet tous les discours tenus dans les niveaux ultérieurs.

La rencontre avec les enseignants du fondamental et leurs formateurs a contribué à entamer un dialogue, que l'on souhaite fructueux en la matière, et permis de confronter les pistes proposées aux acteurs du terrain pédagogique.

2.2. Deuxième étape (2004-2005, 2007-2008 et 2008-2009)

Parmi les recommandations proposées à la suite de la recherche effectuée à l'étape précédente, figurait l'élaboration d'un outil pédagogique à l'usage des enseignants, outil qui pourrait figurer en bonne place à côté des outils officiels (socles, programme, code, etc.). Ce référentiel de grammaire est conçu de manière pratique, selon l'optique constructiviste, afin d'aider à la construction en classe des concepts grammaticaux et des règles y afférentes. À partir d'une explicitation et d'une explication que l'on souhaite clarifiante, ce référentiel permet à l'enseignant une réappropriation progressive des éléments de base à faire construire par les élèves et une intégration dans un système qui fasse sens. Ce référentiel-outil semblait réclamé par les enseignants au vu de notre enquête. C'est la raison pour laquelle il nous a semblé nécessaire d'orienter notre recherche vers cet axe majeur.

Le référentiel a donc été construit et élaboré à partir du développement des travaux précédemment menés. Il s'agissait 1°) de construire une cohérence systémique scientifique et exigeante tout en étant accessible, cohérence à partir de laquelle le savoir savant peut être transposé didactiquement en savoir enseigné ; 2°) d'étendre les propositions aux 3 premières années du secondaire (pour les élèves de 12 à 15 ans) de sorte que l'on puisse offrir un référentiel utilisable par les enseignants de tous les cycles tout au long de la scolarité de leurs élèves.

Pour pouvoir rendre compte de la communication, il nous a semblé essentiel de retrouver sous tous les mécanismes grammaticaux les *relations* à l'œuvre entre *apport* et *support* de signification. Après tout, on ne parle pas pour ne rien dire… et la (dé)construction du sens nécessite de démêler, entre autres, les écheveaux sémantico-syntaxiques des relations de ce type à l'œuvre dans les discours. Le discours grammatical que nous proposons reposera dès lors sur ce principe directeur de base.

Ce référentiel à destination des enseignants est divisé en quatre modules : les classes de mots, l'analyse syntaxique de la phrase et de l'énoncé, la conjugaison et l'emploi des modes et des temps, et l'orthographe grammaticale.

Le parallélisme entre classes et fonctions des mots a guidé notre démarche d'analyse et notre trame de progression. En effet, nous avons, proposé l'élaboration d'un système descriptif et explicatif à deux niveaux : un niveau de langue, avec un système de classes de mots organisé tout entier par le critère du mode d'accès à l'extension[1] ; et un niveau de discours, avec un système de fonctions organisé tout entier par le critère de l'incidence (Van Raemdonck, notamment 1998 et 2011).

Pour éviter la lourdeur terminologique, nous nous contentons des termes de glose de *support*, *apport* et *relation*. La typologie des fonctions syntaxiques repose dès lors sur une typologie des relations apports-supports de signification (voir *infra* 2.4.2).

Nous consacrons un troisième module à la conjugaison et à l'emploi des modes et des temps. Nous constatons en effet que le discours traditionnel, qui repose sur des bases théoriques disparates, a inutilement compliqué la description. Nous essayons de proposer, ici encore, un système qui montre l'extraordinaire régularité et l'organisation logique du champ verbal.

1 Nous avons affiné la catégorisation en ajoutant trois autres critères : le type de définition (notionnelle ou catégorielle), le mode de fonctionnement prototypique et les modes de flexion (Van Raemdonck *et al.* 2011).

Le quatrième et dernier module retravaille la logique de l'accord (voir plus loin 2.4.2.). Partant d'une compréhension basique du mécanisme de l'accord, nous revisitons les espaces tant de fois écumés (ah, les dictées, les exercices d'orthographe grammaticale, qui sont si facilement évaluables…) de l'accord de l'adjectif, du verbe et du participe passé.

Le référentiel a fait d'abord l'objet de plusieurs éditions actualisées sous forme de rapport (2008 et 2009) et en version électronique (<http://gramm-r.ulb.ac.be/referentiel>). Une version simplifiée existe également sous la forme électronique d'outils didactiques en ligne (même adresse url). Enfin une version entièrement remaniée et augmentée a été publiée sous forme imprimée en 2011.

2.3. Troisième étape (2009-2010)

Le soutien du Service de pilotage de l'enseignement de la Fédération Wallonie-Bruxelles ainsi que l'accueil positif des inspecteurs – qui ont suivi une formation au discours grammatical du référentiel – nous a encouragés à pousser plus avant les actions préalablement entreprises.

La suite du projet, développée en 2009-2010, s'est centrée sur la transposition didactique, l'évaluation et l'adaptation du référentiel pédagogique construit par le biais de la réalisation d'une recherche-action dans trois implantations scolaires de la Communauté française.

L'expérimentation directe dans les classes constitue en effet une étape incontournable de notre démarche. Elle est la condition *sine qua non* pour obtenir des réponses fiables et valides à nos interrogations visant à déterminer : si nos propositions, contenues dans le référentiel, sont effectivement transposables et si l'on peut en tirer les bénéfices escomptés en termes de représentation de la langue et de la grammaire ; si le discours proposé permet d'appréhender les mécanismes fondamentaux à l'œuvre dans la construction du sens, tant à l'oral qu'à l'écrit ; si l'économie et le rendement supposés en termes d'énergie se réalisent effectivement ; si la méthode permet dans les faits un meilleur encodage et décodage des messages ; si l'économie de discours et du temps passé à maitriser ce qui est devenu, par la force de l'habitude, un véritable objet d'étude en soi encourage à pratiquer d'autres activités qui fassent réellement sens ; si, en d'autres termes, le réinvestissement d'une réflexion grammaticale non dogmatique dans les séquences proposées aboutissent effectivement à un développement des compétences dans le sens du mieux parler, du mieux écrire, du mieux lire et du mieux écouter…

Pour ce faire, l'équipe s'est élargie aux collègues psycholinguistes de l'Université de Mons, Myriam Piccaluga et Bernard Harmegnies, dont l'expérience en matière d'acquisition et de didactique des langues est essentielle. Nous avons pu engager trois chercheurs : deux grammairiens,

Marie Detaille et Lionel Meinertzhagen, et une psycholinguiste, Sarah Brohé.

Pour pouvoir disposer d'un échantillon différencié, nous avons choisi de travailler avec des implantations des différents réseaux. Une implantation d'écoles des villes et communes (en Région de Bruxelles Capitale), une implantation du libre confessionnel (en Province de Namur) et une implantation de la Communauté française (en Province de Hainaut).

La recherche visait essentiellement la charnière entre enseignement primaire et enseignement secondaire, soit la 6e primaire et la 1re secondaire (élèves de 11 à 13 ans), même si toute l'école s'en trouvait évidemment concernée.

À toutes les étapes du processus, nous avons prévu des concertations entre les équipes pédagogiques et l'équipe de recherche, de même que des contacts réguliers avec le service de pilotage, l'inspection et les conseils pédagogiques. L'idée était de créer un espace de dialogue constant, qui permette de faciliter et d'évaluer les séquences didactiques proposées à partir de l'observation en classe et qui procèderaient de la transposition du discours proposé.

Chacun des trois chercheurs a intégré une implantation et a été chargé de la coordination entre les équipes pédagogiques et le projet. La psycholinguiste a agi également en superviseur psycholinguistique des expériences didactiques. Des réunions fréquentes de l'équipe de recherche ont permis l'échange des expériences. Ces réunions ont été ouvertes régulièrement aux équipes pédagogiques qui suivent le projet, à des fins d'évaluation.

Par le biais de l'implication des personnes, nous avons souhaité faciliter l'adhésion au projet et au processus.

Cette étape a confirmé ce que notre enquête de 2003 avait déjà révélé : une insécurité fondamentale des enseignants en quête d'outils ; une appréhension de la grammaire, moins comme un processus de réflexion ou comme un outil visant à mieux écrire ou parler, que comme un objet d'étude en soi dont la maitrise assurerait aujourd'hui la réussite du CEB (Certificat d'Études de Base). Nous avons, par la même occasion, pu observer l'éclatement du public élève, tant sur la question de l'âge (jusqu'à 15 ans en 1re secondaire) que sur celle de la langue première de l'apprenant, qui, pour beaucoup, n'est pas le français. Cela impose une remise en question des évidences quant à la manière de faire de la grammaire en classe, au temps à y consacrer…

Bénéfice de la recherche, la confiance installée durant cette année de travail en commun a permis de mettre au jour les réelles difficultés rencontrées et reconnues par les enseignants : il ne s'agit plus d'occulter la difficulté ressentie, vu que la recherche n'est pas vue comme un instrument de contrôle de l'enseignant. Il s'agit de travailler en collaboration afin de co-construire de nouvelles manières de réfléchir, faire et dire la grammaire en vue d'un mieux parler et d'un mieux écrire.

La charnière 6e primaire-1re secondaire, étudiée en 2009-2010, a permis de rendre compte des difficultés dans le passage d'un niveau à l'autre, eu égard aux attentes des uns et des autres. Cela étant, afin de ne pas bouleverser l'ordre des études et le cursus des élèves, il a été décidé de ne pas provoquer de changement radical dans l'intervention du professeur : les séquences proposées s'inscrivaient dès lors dans le cursus de l'élève, à l'étape où elles devaient intervenir dans la progression actuelle des études. En d'autres termes, notre intervention n'a pas modifié la progression curriculaire. Les propositions de séquences qui ont pu être testées ou discutées ont par ailleurs montré une adhésion à la démarche, tant de la part des élèves que de celle des enseignants.

2.3.1. Propositions

Suite aux observations que nous avons faites dans les classes de sixième primaire et de première secondaire tout au long de cette année, nous avons pu relever les pierres d'achoppement réelles de la grammaire traditionnelle en situation de classe. Ce faisant, nous ne perdions pas de vue l'ensemble théorique innovant que nous avions compilé dans le référentiel, et avons envisagé la rédaction d'Activités d'Enseignement-Apprentissage (A.E.A.)[2] répondant au mieux aux lacunes observées, parce que portant précisément sur les sujets abordés dans les classes de 6e primaire et de 1re secondaire. Dans le prolongement de nos précédents travaux, nous avons ainsi élaboré un portfolio d'A.E.A. variées, en donnant une forme concrète et plus scolaire cette fois à la conception que nous avons de la didactique de la grammaire, c'est-à-dire que nous avons tenté de viser la manière la plus pertinente et la plus efficace à nos yeux de créer et de décoder du sens grâce aux outils de la langue. Dès l'abord de la création de ces A.E.A., nous nous étions donné pour tâche de faire en sorte d'approcher au plus près, et compte tenu du niveau d'enseignement, les objectifs énoncés ci-dessous :

- La simplicité des règles et des explications ;
- La clarté de la théorie sous-jacente ;
- La mise en évidence d'un système global ;
- La dimension réflexive, le regard intérieur et extérieur sur l'objet langue ;
- La progressivité des notions envisagées ;

2 Voir Van Raemdonck, Harmegnies, Piccaluga *et al.* (2010). Toutes nos propositions sont consultables et discutables sur le site <http://gramm-r.ulb.ac.be/scollab>.

- La variété des contextes méthodologiques et des exercices ;
- La proposition de fiches « prérequis » ;
- La gestion des différences interindividuelles (permettre à l'élève d'exprimer sa compréhension, de dresser des synthèses, de comparer…) ;
- La mise à plat des préconceptions erronées ;
- L'économie des termes à utiliser en classe ;
- La représentation visuelle des règles (tableaux, schémas, couleurs, codes…) ;

De cette façon, les A.E.A. que nous proposons, même si elles ne constituent pas un ensemble linéaire et homogène au niveau formel, ont pour visée commune l'atteinte de ces objectifs. En effet, elles ont été rédigées séparément (mais de manière partagée) par les différents chercheurs, qui ont posé sur la matière un regard propre, et proposé une exploitation nécessairement liée à leur conception de l'enseignement. Au final, le portfolio comprend des A.E.A. élaborées selon deux grands axes.

Le premier axe (que l'on reconnaitra à un graphisme riche et travaillé) est profilé vers le travail de la grammaire dans un contexte plus large et souvent transversal d'élaboration d'un blog, ou de regard sur le Moyen Âge par exemple. L'élève est amené en douceur, presque sans s'en rendre compte, à des considérations grammaticales sur l'accord (notamment du participe passé), au service d'une tâche plus vaste. La structuration théorique est volontairement peu formalisée, plus implicite, puisque l'accent est mis sur la compréhension des mécanismes et sur l'utilité du processus au centre de l'apprentissage.

Le second axe de travail (reconnaissable par une présentation plus standard) est davantage focalisé, de manière explicite, sur l'apprentissage grammatical lui-même, la manipulation des notions, les exercices d'apprentissage liés aux bases de la grammaire, etc. L'élève est bien entendu invité de temps à autre à écrire, ou à s'exprimer, mais le gros du travail consiste en une préparation du terrain, via la compréhension profonde des éléments clés sur lesquels repose la compétence d'écriture. Enfin, l'accent est mis sur la mise à plat des préconceptions et la remise à niveau de tous les élèves.

Ainsi, nous avons donc traité la plupart des sujets de leçons observés selon ces deux axes. Le lecteur trouvera donc dans le portfolio plusieurs thèmes dédoublés : l'accord, l'apport d'information au nom, l'apport d'information au verbe, les modes et les temps, la phrase (complexe et multiple), la voix, la ponctuation, la distinction nature/fonction, etc.

Pour chacune des A.E.A. de chaque axe, le lecteur trouvera ladite A.E.A., accompagnée d'une fiche signalétique reprenant le public ciblé, les compétences travaillées, les objectifs visés et les prérequis nécessaires. De plus, un guide pédagogique – auquel renvoient des annotations dans l'A.E.A. – est prévu de manière à expliciter à l'enseignant certaines démarches ou certains choix opérés.

Ces propositions ne sont évidemment qu'un exemple visant à montrer qu'il est possible de travailler le discours grammatical que nous suggérons. Le professeur, s'il entend en faire usage, est vivement invité à les adapter à son projet, sa classe, etc. Autrement dit, il ne s'agit en aucun cas de ressources magiques en mesure de séduire tout public et d'éveiller chez lui le gout du cours de français et de la grammaire. Elles n'ont pas été conçues dans cette optique, mais bien dans celle de montrer une ou deux A.E.A. autour d'un même point grammatical. Si le développement tient compte de nos observations (attentes des élèves, obstacles à l'apprentissage, etc.), il reste, en l'état, inadapté à tous les publics et requiert du professeur qu'il retravaille, s'inspire, s'écarte de ce que nous proposons, qu'il le questionne.

En effet, plusieurs enseignants consultés auront reproché aux A.E.A. de l'axe 1 de trop limiter la grammaire et d'oublier les exercices structuraux. Nous pensons qu'il leur revient de les ajouter, éventuellement en les puisant dans celles de l'axe 2, plus fournies – trop pour certains – en explications et entrainements. Sans doute la plupart des A.E.A. praticables se trouveront-elles à l'intersection des deux axes que nous avons tracés, mais la tâche de trouver le point d'équilibre et de produire, en fonction, sa préparation, revient au professeur et dépend de la situation de classe à laquelle il est confronté.

Rappelons enfin que la recherche à ce stade couvre la charnière entre le primaire et le secondaire et que nos propositions se sont adaptées à cette contrainte. À deux niveaux, nous avons dû nous plier à cette situation. D'une part, il fallait qu'elles soient recevables par un public bercé dans le discours traditionnel (et pour, cette raison, nous avons limité la terminologie à l'essentiel – ce qui assure, par ailleurs, un allègement cognitif). D'autre part, il est évident que si nous étions intervenus dès la première année du primaire, nous aurions construit un cursus basé sur une nouvelle progression. À supposer un passé grammatical différent, certains points auraient été envisagés soit autrement, soit plus tôt, soit plus tard et, dès lors, nos propositions pour les années charnières en auraient sans doute été modifiées.

2.3.2. Bilan et évaluation par les enseignants

Sur les huit enseignants qui ont participé au projet, cinq ont évalué les A.E.A. proposées et ont choisi de donner de leur temps pour tirer leurs propres constats au terme des huit mois de collaboration.

Ces enseignants, actifs dans les échanges et dans la démarche, ont répondu aux questions de ce bilan post-recherche de manière très positive. Ils en retirent la satisfaction d'avoir découvert une nouvelle façon de concevoir la grammaire en classe : simplifiée, assouplie, plus réfléchie, réellement basée sur le sens. Trois enseignants précisent en expliquant que leur conception de la grammaire a été influencée dans le sens d'une plus grande simplification (de méthode, de matière et de terminologie), d'une vision plus ludique et d'un travail au service des productions des élèves. Leur participation à la recherche semble leur avoir permis de donner une nouvelle orientation à leur approche de la grammaire, et cela les encourage à poursuivre dans cette voie. L'un d'eux nuance toutefois en disant que ce changement risque de ne pas convenir aux « autres adultes » (parents d'élève ? collègues ?…). Un quatrième enseignant, quant à lui, ne compte pas changer sa manière d'enseigner du tout au tout, et le cinquième, à une année de la retraite, dit qu'il continuera à donner cours comme avant, faute de temps. Toutefois, au terme de cette recherche-action, ils disent avoir enrichi leur système de référence de nouveaux concepts, relativisé le discours traditionnel, ou les deux, et comptent utiliser les ressources qui leur semblent le plus « adaptées » et « adaptables » aux élèves de leur classe en termes de niveaux et de bagage terminologique, en particulier l'A.E.A. sur l'accord du participe passé (axe 2) qui a pu être testée et qui semble correspondre à leurs attentes. Concernant les rapports avec le chercheur-relais et les autres acteurs du projet, les enseignants se disent majoritairement contents des échanges et des réunions organisées. Ils sont particulièrement satisfaits d'avoir pu exprimer et recevoir d'autres points de vue, d'autres idées et façons de procéder. Enfin, ils se sont dits prêts à participer à la suite éventuelle de la recherche, et à poursuivre en appliquant sur le terrain les propositions faites par les chercheurs. L'un d'eux justifie son engouement notamment par l'intérêt double que la démarche proposée suscite : pour les enseignants d'une part, et pour les élèves d'autre part (motivation, réceptivité, mise en activité, etc.). En outre, « un an, c'est beaucoup, mais trop peu pour balayer l'ensemble », constate un enseignant qui est intéressé par la continuité des apprentissages.

Pour autant, nous ne méconnaissons pas les résistances au changement manifestées devant le renversement de représentation mentale que postule notre approche. La vision de la langue comme amas complexe de faits résistant à la mise en règles et convoquant l'érudition plutôt que l'intelligence (et *ipso facto* conférant à celui qui les maitrise un pouvoir et une capacité d'évaluation non négociables) a, pour d'aucuns, quelque peine à céder le pas à une conception d'orientation résolument scientifique, caractérisée par l'humilité du chercheur devant les faits, visant à unifier les observations par des lois simples et œuvrant, in fine, à faire de l'usager de la langue un meilleur praticien de la communication. Force est néanmoins de constater que nous n'avons pas observé de réticences de ce type dans le chef des enseignants avec qui nous collaborons, mais plutôt chez des personnes n'ayant eu aucun contact direct avec les réalités du terrain où se sont développés nos travaux. C'est la raison pour laquelle nous souhaitons montrer que la collaboration tant avec les enseignants et les équipes pédagogiques des implantations participantes, qu'avec les personnes concernées qui auraient pu s'impliquer plus significativement dans la démarche, permet de lever les réticences. Un travail de plus longue haleine devrait permettre de changer les postures et les représentations des enseignants sur la langue, de la même manière qu'il permettrait de construire de nouvelles manières de réflexion grammaticale, susceptibles de libérer les élèves du joug d'une nomenclature arbitraire pour les faire accéder à l'excitation de la découverte et les initier ainsi aux prémices de la démarche scientifique d'observation, de collection et de catégorisation d'objets, plus conforme aux principes des socles de compétences.

2.4. La suite… à suivre… (2010-2016)

Cela étant, pour avancer davantage, il fallait observer dès le début de l'apprentissage, en 1re primaire, les modes de construction des représentations sur la langue ainsi que les manières de préparer l'élève à recevoir des discours sur la langue. Intervenir dès le début aura pour conséquence de revoir la progression sur l'ensemble du curriculum grammatical de l'élève, à telle enseigne que les propositions faites, lors de nos interventions, pourraient se voir modifier en fonction de la nouvelle progression curriculaire proposée.

Cette nouvelle progression curriculaire sera le résultat tant de l'observation des classes, du dialogue avec les enseignants et de l'évaluation des séquences proposées, que d'une recherche nécessaire et parallèle sur le développement méta-cognitif des élèves afin d'évaluer quel savoir peut être co-construit à quelle étape de l'évolution de l'élève et d'interroger comment la dimension métacognitive, ici appliquée au langage, peut être impliquée dans les actions d'enseignement, les situations d'apprentissage et les processus cognitifs à l'œuvre dans les activités des apprenants. Ceci est d'autant plus crucial que la littérature psycholinguistique, abondante pour ce qui concerne l'acquisition de la grammaire chez le très jeune enfant (0 à 3 ans) est, par contre, hors considérations orthographiques, peu développée en ce qui concerne la poursuite des apprentissages correspondant aux âges préscolaires et scolaires.

Aussi, avons-nous proposé une recherche qui suive les élèves durant leur scolarité de la première année primaire à la troisième année du secondaire, selon des modalités assez proches de celles mises en œuvre en 2009-2010, mais avec à l'esprit la question de la nécessaire progression curriculaire corrélée au développement méta-cognitif de l'élève. Cependant, pour des raisons budgétaires, nous nous limitons à une implantation à Bruxelles, avec un chercheur, Lionel Meinertzhagen.

Notre question de recherche revient à déterminer de la manière la plus claire possible et dans une vision réellement curriculaire comment définir et co-construire avec les enseignants – et les élèves – un système qui permette de développer des outils et des séquences réflexives sur la langue dans une perspective de réinvestissement de la réflexion grammaticale (non dogmatique) en vue de mieux parler, écrire, lire et écouter, pour soi et pour les autres.

Cela devrait contribuer à ce que les élèves perçoivent, se représentent et comprennent mieux leur langue. Cela nécessite un travail de déconstruction-reconstruction des représentations ainsi qu'un réel changement de posture de tous les acteurs de la relation d'enseignement, qui doit conduire à réintroduire une réflexion grammaticale (fût-ce de manière moins formelle) ouverte sur ce qui est, avant de scléroser sur ce qui doit être. Cela nécessite également un regard réel posé sur les pratiques qui ne sont le plus souvent aujourd'hui ni le fruit d'une approche communicative longtemps prônée, ni celui d'une approche transmissive traditionnelle assumée (plus prescriptive que descriptive), ni encore celui d'une vision socio-constructiviste à la base des socles de compétences. En fait, on n'a jamais vraiment abandonné l'activité grammaticale, mais souvent on ne l'a pas très bien organisée ni articulée aux objectifs publiés.

Pour impliquer davantage enseignants et élèves dans cette démarche de changement de posture, une attention particulière est portée à l'oral, à la variation linguistique, ainsi qu'à la question du bilinguisme de certains élèves, à considérer comme un atout plutôt que comme une entrave.

Si le travail avec les enseignants, pétris des réalités de l'action quotidienne, est indispensable, le recours à une réflexion en surplomb, garantissant le nécessaire recul de la conceptualisation pédagogique est néanmoins nécessaire. Nous avons dès lors également prévu de travailler en amont avec les formateurs de formateurs. Il a été donc décidé d'impliquer les Hautes Écoles (une trentaine de collègues se sont déclarés favorables à une implication de leur part), et de proposer des formations tant aux formateurs de formateurs qu'à leurs étudiants. De la même manière, le travail de formation continue sera poursuivi durant toute la période de la recherche.

2.4.1. Exemple d'observation en 3e primaire (année de recherche 2012)

En 2012, nous avons observé la 3e année primaire. Des trente-cinq heures de grammaire observées, à raison d'une ou (souvent) deux heures par semaine, nous pouvons dégager la répartition suivante.

3e primaire

Matière	Nombre d'heures	Proportion / total observé
Phrase (définition)	**6**	**17,14 %**
Nom (+ déterminant)	**6**	**17,14 %**
Types de phrases	4	11,43 %
Genre/nombre (nom+dét.)	**13**	**37,14 %**
Formes de phrases	3	8,57 %
Analyse (sujet-verbe-nom-adjectif)	3	8,57 %
	35	100 %

Même si au niveau du travail en classe il y a des allers-retours entre notions, nous les faisons figurer, ci-dessus, dans leur ordre d'apparition. Outre le nombre d'heures imparties à la question du genre et du nombre – catégories pourtant rapidement intégrées – c'est la progressivité qui pose question, et le cloisonnement entre parties théoriques, comme s'il était impossible de les intégrer l'une à l'autre, de les lier du moins. Où est le sens ? Pourquoi ne pas adapter le nombre d'heures d'enseignement à la compréhension de la classe ? Pourquoi d'emblée chercher à épuiser tel ou tel sujet ?

2.4.2. Proposition pour la 3e primaire

Nous suggérons une entrée en matière qui ne suive pas cet empilement de notions mais prenne la forme d'un fil rouge thématique (devenir citoyen ; entrer en dialogue avec d'autres pour construire des projets citoyens) au service duquel sont convoqués divers savoirs et savoir-faire grammaticaux. Il ne s'agit pas pour autant d'un cours dont le savoir serait en dilution ; en revanche, celui-ci se trouve retranché au rang d'outil, de guide pratique, place qui lui incombe, plutôt que de trajet à suivre.

Notre priorité, à l'image du discours théorique sur lequel repose notre proposition, est de convoquer le sens, tant celui de l'activité elle-même donc, que celui à l'oeuvre dans l'appréhension des phénomènes grammaticaux, des processus et rattachements sémantiques. Nous voulons montrer aux élèves comment la grammaire peut s'inscrire dans des activités qui font sens et développent leurs compétences, comment elle peut les servir, leur servir. Ainsi, si elle peut apparaitre trop diffuse, tout le nécessaire est néanmoins présenté. À l'enseignant toutefois d'adapter – s'il ne veut pas créer – les activités à son projet et sa classe.

Le discours que nous proposons repose donc, on l'a vu, sur un principe directeur élémentaire : la mise en relation d'un apport de signification avec un support de signification.

C'est ainsi que nous voyons cette mise en relation à l'œuvre jusque dans l'orthographe grammaticale où l'apport transmet une information à propos du support, lui confère un élément de signification supplémentaire. En retour, le support transmettra à l'apport les marques morphologiques de ses catégories grammaticales spécifiques (le genre et le nombre pour l'accord de l'adjectif ; la personne et le nombre pour l'accord du verbe…). Toute la grammaire d'accord se résume en fait à la mise en évidence de cette relation entre apport et support, et du marquage qui permet d'indiquer la cohésion de groupe.

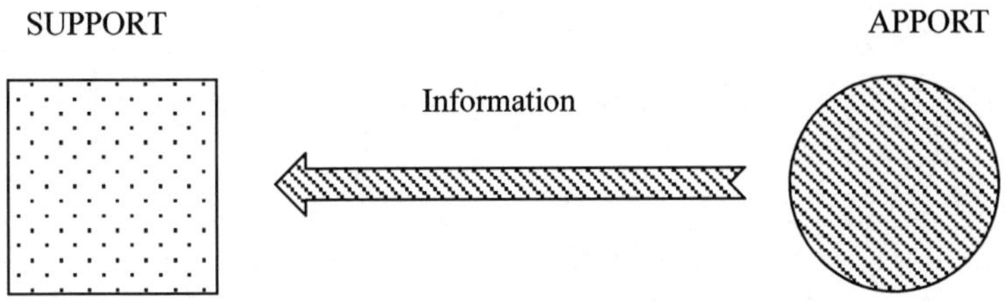

Cette mise en relation, d'abord sémantique, trouve un équivalent syntaxique, et tout repose sur la description de l'interface entre les deux. Les supports d'informations regroupent des éléments de la langue qui, syntaxiquement, seront noyaux de leur groupe : les noms et les pronoms (« pomme », « elle »). Les apports d'informations, quant à eux, regroupent tous les éléments de la langue qui finalement déterminent ou prédiquent ces noyaux : les adjectifs et les verbes (« *une* pomme *verte* », « elle *roule* », apports à un terme) ; les adverbes (« une pomme *très* verte », apports à une relation)[3]. Si l'élève maitrisait cette mécanique, il serait capable de déconstruire et reconstruire le sens de bien des textes qui lui sont couramment soumis, voire de viser plus large. Jusqu'en 5e-6e primaires, il s'agirait d'affiner les descriptions et de multiplier les genres de textes, de puiser dans l'authentique, afin de démêler tous les types de relations apport-support de signification. Ces textes ne seraient plus le prétexte de l'exercice ou de la « découverte » d'une notion grammaticale précise mais livrés à un véritable travail de décodage de la signification et au service d'une autre activité que l'acquisition d'un point grammatical. Bien sûr, il n'est pas question de taire toute observation formelle mais de l'expliquer, de la décrire, en contexte. Ainsi, la question de l'accord, par exemple, et même celle de l'accord du participe passé, pourra être rapidement résolue puisqu'il peut être décrit comme un échange entre l'apport et le support d'information. Le premier donne de l'information

[3] Nous nous permettons ici un raccourci théorique que nous ne nous autorisons pas dans nos propositions. En effet, tout mot, en syntaxe, peut être noyau de son groupe. Les adjectifs, verbes ou adverbes peuvent être d'abord noyau/support d'un groupe déterminatif adjectival, verbal ou adverbial, groupe qui sera lui apport déterminant ou prédicat à un autre support. Dans nos activités, nous montrons bien entendu d'une part, que la distinction porte – sans le nommer – sur le mode d'accès à l'extension, d'autre part, que ce critère n'est pas suffisant pour distinguer les différentes classes de mots.

(« verte » à couleur, maturité, sorte), le second lui apporte ses marques (« pomme » à féminin singulier) pour indiquer la cohésion.

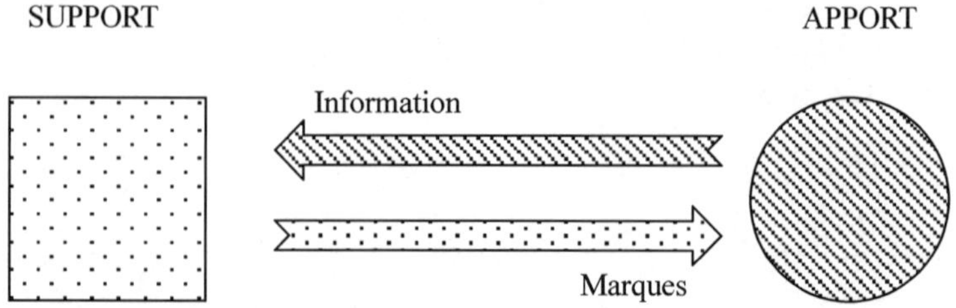

Si on vise une progression curriculaire, on peut imaginer qu'en secondaire (pour les élèves de 12 à 15 ans), à supposer que l'élève sache désormais distinguer les différentes classes de mots et décoder les réseaux de sens, l'accent pourrait davantage être placé sur la formalisation syntaxique et les constructions à énoncé ou énonciation complexes, ainsi que sur la distinction entre les différents mécanismes d'apports d'information (détermination et prédication). Dès lors, syntaxiquement, les termes de « noyau », « déterminant » et « prédicat » pourront remplacer les « supports » et « apports » que l'on avait jugés suffisants jusque là. Il pourra également être montré que la récursivité opère jusqu'à ce niveau, la sous-phrase étant à considérer comme un apport ordinaire à analyser ensuite.

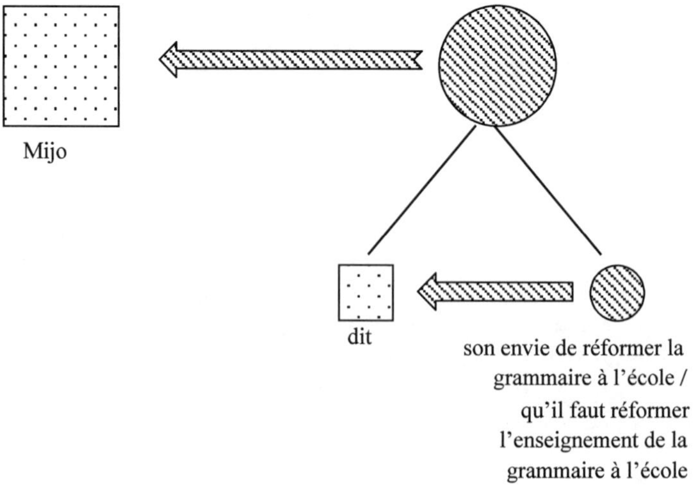

Où « son envie de réformer la grammaire à l'école » sera analysé comme un groupe (déterminatif) nominal déterminant du verbe « dit » et « qu'il faut réformer l'enseignement de la grammaire à l'école » déterminant du verbe « dit », décomposable en 'connecteur « que » + sous-phrase « il faut réformer l'enseignement de la grammaire à l'école »'. Et le groupe (déterminatif) verbal « dit son envie de réformer la grammaire à l'école / qu'il faut réformer l'enseignement de la grammaire à l'école » sera ensuite rapporté au noyau de la phrase, le groupe (déterminatif) nominal « Mijo », par prédication.

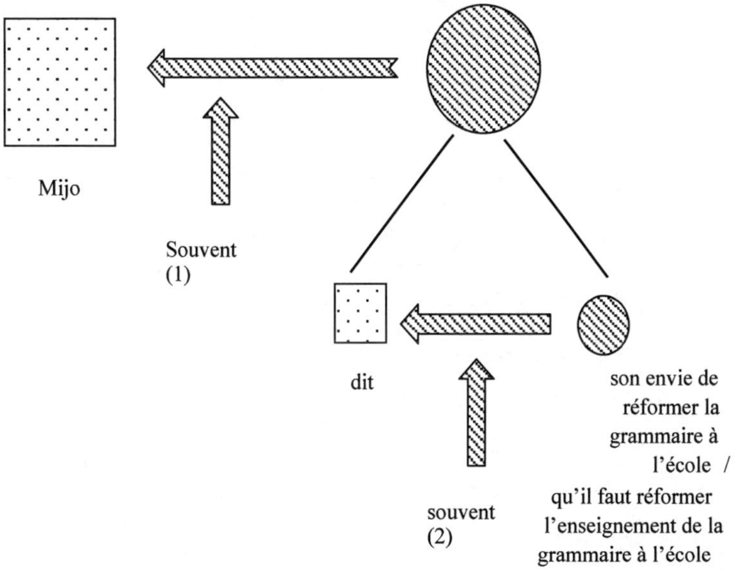

La formalisation est également l'occasion de profiter de la deuxième dimension pour figurer les nuances sémantiques des compléments de relations.

L'approche que nous proposons de développer tient compte de la place des compléments dans la phrase et dans le schéma d'analyse syntaxique. Ainsi, « Souvent » dans « Souvent, Mijo dit son envie de réformer la grammaire à l'école / qu'il faut réformer l'enseignement de la grammaire à l'école » ne signifiera pas exactement la même chose que « Mijo dit souvent son envie de réformer la grammaire à l'école / qu'il faut réformer l'enseignement de la grammaire à l'école », et il est possible de le montrer. Dans le premier cas, la portée de *souvent* est large, sur la relation prédicative, hors de portée de la négation (« Souvent, Mijo ne dit pas son envie de réformer la grammaire à l'école / qu'il faut réformer l'enseignement de la grammaire à l'école ») ; dans le deuxième cas, la portée est étroite, intraprédicative, sous la portée de la négation (« Mijo ne dit pas souvent son envie de réformer la grammaire à l'école / qu'il faut réformer l'enseignement de la grammaire à l'école »).

Il pourrait ensuite être bon, à ce niveau, de considérer le texte et de travailler sur la progression thématique et ses répercussions formelles sur la phrase. Le discours théorique impliqué est prévu pour faciliter cette transition.

3. Création d'un environnement à la recherche

3.1. Le site de collaboration

Pour alimenter nos réflexions et faciliter les échanges et le dialogue avec les formateurs et les formateurs de formateurs, bref, pour appuyer la collaboration et par souci d'ouverture et de diffusion, nous avons développé un site. Dans un premier temps, il était amené à n'héberger que les propositions réalisées ou reçues (et discutées, puis validées). Très rapidement, nous avons voulu profiter pleinement de l'outil pour le transformer en une véritable plateforme invitant à la discussion. Nous avons ouvert un forum de discussions dans lequel se trouve, notamment, un sujet par proposition qui figure sur le site, une page Facebook, pour accueillir les informations et actualités et un compte Twitter pour assurer une totale ouverture.

Site	**<http://gramm-r.ulb.ac.be/scollab>**
Facebook	**<http://www.facebook.com/grammrscollab>**
Twitter	**<http://www.twitter.com/grammrscola>**

3.2. Les capsules

Dans ce souci de multiplier les manières de dire et de diversifier les audiences, nous avons eu l'idée de réaliser des capsules. Les capsules sont de courtes séquences vidéo illustrant un point précis de grammaire. Elles sont une autre porte d'entrée dans le discours théorique qui sous-tend la recherche, une autre manière de figurer un savoir habituellement figé dans les livres.

Sur une série d'une centaine en projet, nous en avons déjà réalisé six : Grammaire ; La relation apport-support ; Les supports (première partie) ; Les supports (deuxième partie) ; L'aspect (première partie) ; L'aspect (deuxième partie) ;

Il faut s'imaginer, à terme, l'ensemble des capsules non comme une liste d'intitulés mais un réseau d'appels mutuels entre elles.

4. Conclusion

Notre recherche visant à réformer le discours grammatical à l'école s'est enrichie au fil des ans d'un référentiel, d'un réseau et d'un site de collaboration multiforme entre collègues, de séquences d'enseignement-apprentissage, de capsules, d'un environnement entier (virtuel et actuel) dédié au dialogue et à la construction d'un nouveau savoir à enseigner. Tout bénéfice pour un passage plus aisé et mieux négocié de la linguistique à la grammaire. Tout bénéfice donc pour une linguistique applicable que nous appelons de nos vœux. Reste à poursuivre l'observation des dernières années, et l'élaboration d'autres séquences, mais surtout à reconsidérer la progression curriculaire en recalculant les degrés de nécessité des matières et contenus envisagés ainsi que les niveaux de leur apprentissage les plus adapté au développement (méta-)cognitif des élèves.

Bibliographie sélective de la recherche

Béguelin, M.-J. (dir.), *De la phrase aux énoncés : grammaire scolaire et descriptions linguistiques*, Bruxelles, De Boeck-Duculot, 2000.

Béguelin, M.-J., « Faut-il simplifier l'accord du participe passé ? », in Béguelin, M.-J., Näf, A. & de Pietro, J.-F. (dir.), *Travaux neuchâtelois de linguistique* (*TRANEL*), n° 37, déc. 2002, p. 163-179.

Siouffi, G. & Van Raemdonck, D., *100 fiches pour comprendre les notions de grammaire*, Paris, Bréal, 2007.

Van Raemdonck D., « Sous mon arbre volait un esthète », in Englebert, A., Pierrard, M., Rosier L. & Van Raemdonck D. (dir.), *La ligne claire. De la linguistique à la grammaire. Mélanges offerts à Marc Wilmet*, Louvain-la-Neuve, Duculot, 1998, p. 237-252.

Van Raemdonck, D., Dehon, C. & Van Gorp, D., *GRAMM-R Fonda. Recherche sur les outils pédagogiques de soutien pour une meilleure maîtrise du fonctionnement de la langue, en vue d'accéder à la maîtrise des compétences Lire-Écrire-Écouter-Parler*, Bruxelles, ULB-HEB, 2004.

Van Raemdonck, D. & Detaille, M., *Le sens grammatical. Référentiel à destination des enseignants*, Document du service de Pilotage du Ministère de l'enseignement de la Communauté française de Belgique, 2008 (2009[2]). Consultable sur : <http://gramm-r.ulb.ac.be/scollab>.

Van Raemdonck, D., Detaille, M. & Meinertzhagen, L., *Le sens grammatical. Outils didactiques à destination des enseignants*, Document du service de Pilotage du Ministère de l'enseignement de la Communauté française de Belgique, 2009. Consultable sur : <http://gramm-r.ulb.ac.be/scollab>.

Van Raemdonck, D., Detaille, M. & Meinertzhagen, L., *Le sens grammatical. Référentiel à l'usage des enseignants*, Bruxelles, PIE Peter Lang, 2011.

Van Raemdonck, D., Harmegnies, B. & Piccaluga, M. *et al.*, *Gramm-R-Scola. Transposition didactique, évaluation et adaptation d'un référentiel de grammaire destiné aux enseignants*. Portfolio d'activités d'enseignement-apprentissage, 2010. Consultable sur : <http://gramm-r.ulb.ac.be/scollab>.

Éloge de la phrase en impression subjective

Louis de Saussure

Université de Neuchâtel

1. Introduction : tragédie phrastique

Commençons par l'anecdote : Cyril, 9 ans, et Zacharie, 10 ans, échangent de verts arguments, sous le regard d'Alice, 11 ans. Il est question de la nature de la *phrase*, et les avis divergent. Pour Cyril, une phrase n'est une phrase que si elle a un sens. Pour Zacharie, au contraire : une phrase n'a pas besoin d'avoir un sens pour être une phrase ; et de convoquer les métaphores poétiques. Cyril, au bord des larmes, va quérir la preuve de ses dires, sous la forme d'un document officiel, imprimé, émanant de l'école.

Une *phrase*, explique ce document, est une suite de mots qui jouit de ces deux propriétés conjointement (dans nos termes) : i) la grammaticalité et ii) le sens. La leçon fut docilement apprise et reproduite. Suit, sur le document, une liste de séquences à classer en « phrases » et en « non-phrases », liste qui comprend des aberrations du genre « chocolat du mange Pierre » mais aussi toutes sortes de suites formellement impeccables mais considérées (parfois étrangement) comme dépourvues de sens, telles que *L'éléphant miaule de joie* (authentique), qu'il convient, pour obtenir une bonne note, de classer parmi les *non-phrases*. Incroyable, mais vrai.

Ce n'est pas une mince affaire que de devoir donner raison à un petit copain contre la maîtresse d'école : non seulement *L'éléphant miaule de joie* est bien évidemment une phrase, mais de plus, même si elle n'avait pas de sens, elle resterait une phrase : une phrase en tant que phrase n'a évidemment pas besoin d'avoir un sens. On peut, ne serait-ce que par jeu, inventer toutes sortes de phrases grammaticalement parfaites mais totalement dépourvues de signification, même si ce n'est pas le cas courant de la conversation.

Derrière l'affirmation scolaire que la phrase implique nécessairement à la fois et en même temps *forme* et *sens* se trouve sans doute l'héritage saussurien, du moins une certaine lecture de la conception saussurienne, extrapolée du signe individuel (biface indissociable signifiant-signifié) vers la phrase, composition de signes. Une phrase, comme un signe, présenterait par la double articulation cette même propriété d'associer solidairement forme et sens.

On comprend bien, en même temps, le point de vue qui voudrait que le sens soit définitoire de la notion de *phrase* : n'ayant pas l'habitude de rencontrer des phrases sans sens, une conclusion hâtive s'impose. Cependant, ce constat empirique est trompeur et ne permet pas de conclure à une solidarité intrinsèque entre forme signifiante et sens signifié au niveau de la phrase. On a longtemps pensé qu'un objet de plus grande masse tombe plus vite qu'un objet de moindre masse, jusqu'à ce qu'on identifie la portance de l'air. Dans la vie courante, il est vrai qu'un boulet tombe plus rapidement qu'une pâquerette, et on ne trouvera jamais le cas contraire. Cependant, l'explication des différences de vitesse constatées ne tient pas à la masse elle-même... S'en tenir à l'observation de l'existant est en réalité une limitation dangereuse alors même qu'une telle démarche a toutes les apparences d'une saine prudence. Et justement, l'hypothèse d'une solidarité intrinsèque *forme-sens* tombe devant la réponse cognitive aux structures dépourvues de sens ; c'est l'argument classique de l'autonomie de la syntaxe. Elle tombe en particulier du fait qu'on ne peut classer des structures grammaticales dépourvues de sens dans le même sac que des structures non grammaticales. Reste évidemment à saisir ce qu'on peut entendre par là.

En outre, *L'éléphant miaule de joie* dispose certainement d'un sens, même si le miaulement n'est pas le fait naturel d'un éléphant. Par ailleurs des phrases aussi improbables que *D'incolores idées vertes dorment furieusement* peuvent, contexte aidant, acquérir au gré d'une plume hardie le statut linguistiquement respectable (mais certes pas aussi littérairement admirable) du rimbaldien *Je me suis baigné dans le poème de la mer* ou de la célèbre *faucille d'or* jetée par les dieux hugoliens *dans le champ des étoiles*.

Revenons un instant à l'anecdote : si l'un souffrait de la déconfiture pédagogique, ressentant confusément quelque implication sur la nécessité d'un esprit critique même à l'école primaire, l'autre se demandait si l'école n'était pas proche ici d'assassiner les poètes, et si, surtout, elle ne faisait pas une grave confusion entre l'aptitude humaine à manipuler des formes abstraites, et l'aptitude, distincte, à construire de la signification. La maîtresse, interpellée en urgence par le papa rongeant son frein, admit son malaise devant le document incriminé, imposé à son scrupule par une administration qui n'en connaissait pas assez, et la chose en resta là, bien qu'elle eût pu aller ailleurs peut-être. Les affaires courantes reprirent et la phrase, comme la non-phrase, attendit des jours meilleurs.

2. Hésitations

La phrase est une unité habituellement comprise comme grammaticalement *maximale* (par exemple, la projection maximale de la flexion verbale, l'unité maximale des solidarités de rection, des dépendances internes, etc.) ; en même temps, les sémanticiens qui utilisent la notion de phrase y voient une structure sémantiquement *minimale* (c'est-à-dire que rien de moins qu'une phrase ne peut faire sens propositionnel). Ainsi, *chien* n'est une phrase ni pour la syntaxe ni pour la sémantique, puisqu'il n'y a pas de projection flexionnelle identifiable dans cette structure, à moins d'une ellipse, et aucune proposition ne peut être attachée à *chien* tout seul (il n'y a aucun sens à se demander à quelles conditions *chien* est vrai ou faux). Cependant, on peut crier « Chien ! » pour prévenir rapidement d'un danger, et c'est là que commencent les problèmes, car alors il y a une proposition, puisque ce chien-là, si l'on peut dire, est bien véridicible (quelqu'un peut répondre « Mais non ! C'est un chat ! »), donc propositionnel, donc prédicatif, donc… phrastique, si, pour faire proposition, il faut aussi faire phrase. On voit donc que le problème est assez épineux et que les critères ébauchés ci-dessus ne sont pas suffisants.

Peut-être aussi que le discours n'est composé ni de propositions ni de phrases, qui seraient autant d'artefacts imaginés par des grammairiens classiques « de fauteuil » ou de tour d'ivoire, ou par des philosophes frégéens éloignés des faits empiriques, des « pratiques réelles » des sujets parlants dans la conversation, parfois vue comme le « milieu naturel » d'existence du langage. Cependant, il existe aussi des faits ou des objets qui ont une existence mais dont la définition peine à être établie par des conditions nécessaires et suffisantes, on le sait bien en sémantique lexicale ; et on sait aussi au moins depuis Wittgenstein que des catégories peuvent être à la fois ontologiquement indispensables mais cependant floues. La phrase est peut-être un bon candidat à un tel indispensable flou, à moins qu'il ne lui faille seulement une définition de spécialiste (nous penchons pour la seconde option, tout en manquant de solution). Le fait est que par *phrase*, nous parlons, sans vraiment le savoir consciemment, non pas d'objets *objectifs* mais d'objets *subjectifs*, à savoir *d'impressions*… lesquelles ont une *réalité* psychologique. Ainsi, serait phrase ce qui suscite un certain « sentiment de phrase ».

Savoir à quelles conditions naît un tel sentiment, et s'il est naturel/inné ou conventionnel/acquis, ou un peu des deux (ce qui reviendrait en fait à le dire fondamentalement naturel), voilà quelles seraient alors les questions définitoires pertinentes pour la phrase.

En effet, de la phrase, on ressent spontanément l'unité fondamentale. Ce ressenti spontané produit l'*effet d'évidence* qu'évoque Marie-José

Béguelin dans l'article important (Béguelin, 2002) qu'elle a consacré à la notion, dans les actes du colloque de Paris en 2000[1]. Par *effet d'évidence*, elle entend quelque chose d'encyclopédique : il nous semble évident que la phrase existe parce que nous l'avons appris. Autorisons-nous cependant à regarder différemment cet *effet d'évidence*.

Elle attribue cet effet à l'exposition des écoliers à la norme, donc à la convention, voire au conformisme social. Une autre possibilité existe : que la notion de *phrase* réponde à une abstraction cognitive fondamentale (ce qui expliquerait bien le crédit reçu par la notion de *phrase* quand elle fut introduite). Cela impliquerait que les locuteurs, *même en dehors de toute scolarisation*, aient un sentiment d'évidence pour certaines unités closes, celles-là que nous appelons *phrases*. Il s'agirait alors d'un effet d'évidence non pas venu d'un enracinement scolaire mais d'une catégorie fondamentale de l'esprit, ou d'une catégorie encore plus fondamentale dont elle serait le représentant le plus complexe, le *syntagme*.

S'il s'agit en outre d'un pur fait de forme (une structure typifiée à l'état abstrait) alors l'effet d'évidence doit exister en tant que tel et donc indépendamment de tout effet sémantique. C'est la prédiction de l'autonomie de la syntaxe. Il y a un observable à ne pas négliger : quelques manipulations linguistiques permettent d'éprouver que l'effet d'évidence se maintient avec des phrases dépourvues de sens.

C'est cette réaction intime à la clôture sur soi, non pas en termes de sens, mais bien en termes purement grammaticaux, qui permet d'observer la disjonction fondamentale qui existe entre la phrase-forme et la phrase-sens malgré leur mariage répété dans la vie courante. Si le pédagogue qui soutint le principe que nous incriminions plus haut (« la phrase a nécessairement un sens ») avait raison, nous serions bien empruntés pour rendre compte de la différence entre *Le triangle joue du chocolat*, qui produit ce « ressenti spontané » d'appartenance à la catégorie abstraite des « phrases » même si nous ne trouvons pas spontanément de « sens » intelligible, et *Train c'est lequel Paul attraper courait* qui pourrait peut-être s'interpréter, mais qui, quoi qu'il en soit, toujours par « effet d'évidence », n'est pas une phrase.

Bien entendu, il peut ne s'agir là que d'une impression subjective, une intuition elle-même produite par la conviction inconsciente, née *a priori*, que ces structures que l'école nous a bien appris à reconnaître nous font réagir. Ce qui serait bien entendu circulaire et stérile, l'intuition vérifiant l'intuition. Il faudrait donc convertir cette impression subjective, ce jugement spontané, en *fait* observable par des outils extérieurs…

Qu'on considère les dislocations, insertions parenthétiques, structures

[1] Colloque *Y a-t-il une syntaxe au-delà de la phrase*, Paris III, septembre 2000.

sans verbe, et plus généralement toutes ces productions orales spontanées qui n'obéissent pas aux normes prescrivant la construction phrastique, et qui pourtant sont le ferment du discours réel : il semble évident que les critères classiques ne fonctionnent pas, comme le rappelle Berrendonner (2002). Ni la maximalité syntaxique (structure de dépendances internes sans dépendances externes), ni la minimalité sémantique, ni la démarcation prosodique ou typographique ne suffisent à discriminer sans hésitation les phrases, si l'on observe le matériau brut réalisé par les sujets parlants. Béguelin (2002) critique les chercheurs qui voient un « seuil entre domaine phrastique et domaine discursif » (p.86) et appelle de ses vœux une redéfinition des « unités pertinentes du rang catégorématique » (*ibid.*), insistant sur le fait que « le seuil entre micro- et macro-syntaxe existe bel et bien, mais il n'est pas congruent avec un marquage graphique ».

La notion de phrase que Béguelin (2000) attaque est en effet fondée sur la ponctuation ; la phrase serait ainsi une entité sous-jacente à une norme graphique :

> Certes, chacun, linguiste ou non linguiste, a le sentiment intime de savoir ce qu'est une phrase : l'entité semble s'incarner, pour ainsi dire, naturellement, dans la séquence orthographique commençant par une majuscule et finissant par un point, structure familière à toute personne scolarisée dans une langue de souche indo-européenne. (Béguelin, 2002, p. 87)

Il semble en effet évident qu'une définition graphique pour un fait de langage serait absurde, et on ne peut que suivre Béguelin sur ce point.

À ce stade, deux options se présentent : soit 1) les critères habituels ne sont pas les bons pour identifier un fait qui existe bel et bien par ailleurs (à savoir : les phrases existent mais nous ne les comprenons pas bien), soit 2) il faut abandonner définitivement la notion archaïque et fumeuse de *phrase*, artifice de logiciens épris d'abstraction et éloignés des faits concrets « empiriques ». Pour nous, c'est la première option qui vaut, alors que Béguelin (2002) suggère au contraire que « la phrase est une notion floue, rétive à toute définition scientifique univoque » (p. 85), et insiste sur son « caractère informel, scientifiquement non fondé » (p 86). Elle prédit ainsi qu'aucune définition satisfaisante ne pourra jamais être produite au sujet de la phrase.

Berrendonner (2002, entre autres) propose de substituer à la phrase d'abord la notion de *clause*, (essentiellement) définie par le critère d'une complétion syntaxique (un îlot de « relations de rection »), mais qui présente l'inconvénient de ne plus rendre compte de l'effet de complétude intuitivement obtenu avec la notion de *phrase*. Pour y remédier, il propose de poser également la *période* qui se situe au double niveau de la prosodie par le marquage intonatif d'une forme de clôture, et au niveau pragmatique ou discursif, la période relevant d'un but atteint ou un programme discursif complet. Au-delà de critiques éventuelles qui ne font pas l'objet de ces lignes (cf. Kleiber, 2003), il faut remarquer l'avantage intuitif de la notion de *période* : elle pose que le couplage pertinent s'opère directement entre une *forme* et un *programme discursif*. Le programme discursif est *pragmatique*, qu'on le conçoive comme acte de langage ou comme vouloir-dire à la Grice. Or, notons-le au passage, c'est exactement la position à la fois du programme minimaliste chomskyen (pour lequel la syntaxe incorpore des éléments minimaux de signification, dans le genre des rôles thématiques, etc.) et de perspectives cognitives comme celle de Sperber & Wilson. C'est une position intéressante car elle considère que la communication langagière articule de la forme syntaxique avec la pragmatique sans qu'il y ait cet étage postulé par la sémantique formelle où le sens littéral est explicité par des relations logiques exponentiellement complexes qui seraient encodées dans la langue.

Mais comment juger de la complétude d'un programme discursif sans le faire soi-même, en dernier recours, par une sorte d'intuition de l'analyste comme sujet parlant ? On peut bien entendu utiliser des tests pour de telles clôtures discursives (par exemple des effets de coréférence anaphorique), mais il y a ce point crucial : jamais nous n'aurons grâce à ces tests une vraie surprise, qui nous ferait nous exclamer sur l'existence d'une terminaison de programme discursif là où nous percevons clairement le contraire, et qui nous ferait nous conformer à la nouvelle découverte en dépit de nos… *intuitions*.

Néanmoins l'argument fondamental de Béguelin (2002) réside en ceci : la vision scolaire de la phrase, courante chez le chercheur, conduit à un biais : « les pratiques non conventionnelles sont trop souvent ignorées ou écartées du débat (…) » (Béguelin 2002, p. 22). On peut répondre que ces pratiques « non conventionnelles » sont en fait archi-récurrentes, et qu'elles sont donc bel et bien conventionnelles au sens habituel que le linguiste donne à ce terme, c'est-à-dire pleinement reçues par la communauté réelle, seul lieu d'observation de qui étudie les faits de langue et non les faits de conformisme social. De la sorte, quelque chose comme la relative de (1) est à la fois non conforme pour certains canons dont le linguiste n'a que faire, et parfaitement conventionnel dans les faits :

(1) Les technocrates, c'est les mecs que, quand tu leur poses une question, une fois qu'ils ont fini de répondre, tu comprends plus la question que t'as posée. (Coluche, *sketch de l'étudiant*, Deulofeu, 2012)

Certes, le propos de Béguelin (2002) concerne la ponctuation, mais on ne peut manquer d'y lire le « rejet du rejet », à savoir la posture qui refuse de réfléchir sur des cas impossibles, forcément imaginaires, pour les contraster avec les possibles de la langue. Le problème est ici méthodologique : la linguistique a pour tradition de contraster des paires où l'on mesure des différences ; cette « méthode linguistique » comparative connaît diverses variantes et peut ou ne peut pas s'appliquer sans certaines adaptations à l'objet étudié, mais l'idée prévaut qu'on identifie ce qui *est*, en linguistique, par contraste avec ce qui *n'est pas*. La démarche linguistique courante consiste donc à contraster des paires où l'on mesure des différences de sens ou d'acceptabilité, ce qui fournit l'heuristique nécessaire à la production d'hypothèses, lesquelles seront mises à l'épreuve de nouvelles paires, etc.

Cette méthode, qui recourt à l'intuition linguistique, est refusée par certaines traditions, avec l'argument que l'intuition linguistique ne serait que le résultat d'introspections hasardeuses reposant sur le sentiment normatif fluctuant des individus, décrétant ici ou là l'acceptabilité ou le rejet selon des impressions instables. Pourtant, pour les linguistes qui prennent l'intuition linguistique au sérieux, il s'agit d'un jugement dans un sens différent, davantage apparenté (bien qu'il soit aussi sujet à l'erreur) à celui que l'on produit spontanément, sans intervention de la conscience, devant une forme (c'est un cercle, c'est un carré), devant un visage (c'est Marie, c'est Pierre), un son (c'est une trompette, c'est un camion), jugements incontrôlables et spontanés, irrépressibles, mais parfois emprunts de doute (est-ce Marie ou Pauline ? est-ce une trompette ou un ronfleur ? un losange ou un carré ou les deux en même temps) ? Notons qu'il n'y a pas besoin d'avoir appris le carré et le cercle, ni d'avoir appris le visage de Pierre et celui de Marie, pour les différencier. De la même manière, il n'est nul besoin de connaître la notion de phrase pour avoir un jugement de grammaticalité, qui est peut-être rien moins qu'un « sentiment de phrase ».

Revenons maintenant au fait que la notion fondamentale en grammaire n'est pas la *phrase* mais le *syntagme*. La syntaxe formelle admet à peu près consensuellement dans ses diverses écoles que la syntaxe est un appareillage cognitif de construction de syntagmes selon des règles de composition, lesquelles se divisent en deux grandes catégories, des lois générales, fondamentales et universelles, et des règles spécifiques aux idiomes, les deuxièmes ne violant pas les premières. Les règles de la syntaxe ainsi conçue sont des règles de construction hiérarchique. Cette hypothèse est la seule à disposition pour rendre compte du fait que la régularité des structures observées n'obéit pas à une dépendance linéaire des éléments linguistiques s'agrégeant les uns à la suite des autres. Les éléments linguistiques se composent non pas, ou non uniquement, selon des principes de rection ou de dépendance (à la Tesnière), mais selon des lois sous-jacentes et abstraites. Hiérarchiquement structuré, le syntagme suppose obligatoirement une planification (bien entendu inconsciente et rapide) avant toute verbalisation, planification qui peut d'ailleurs connaître un changement au cours même de l'énonciation (une « réanalyse »).

L'existence d'un passage par une planification abstraite, donc d'une étape avant verbalisation où le syntagme est envisagé dans sa globalité, s'explique par sa nature hiérarchique, laquelle s'impose face aux données établies par la distinction entre les structures « acceptables » et les structures « mal formées », ou structures « possibles » et « impossibles » d'une langue selon l'*intuition.*

Évidemment, voilà qui est très éloigné de l'idée, par exemple, que la syntaxe se négocie « online » au cours de l'échange interindividuel, idée parfois identifiée sous le terme de « grammaire émergente » (Hopper 1988), qui échoue à rendre compte d'une structuration hiérarchique des constituants. Mais c'est aussi éloigné de la position qui veut qu'on ne puisse pas travailler à partir d'une opposition entre « acceptable » et « mal formé », par principe, dans l'idée que le jugement de mauvaise formation est subjectif, et que de toute manière cela impose de réfléchir sur des exemples forgés. Cela reviendrait à étudier les licornes pour comprendre les chevaux, à passer par l'inexistant pour renseigner l'existant – méthodologie qui serait empiriquement invalide.

C'est qu'il ne faut pas comprendre *mal formé* dans un sens normatif (et encore moins moral, bien sûr). En effet, aucun syntacticien formel – j'imagine – ne suggérera que (1) est mal formé, ou que « Chien ! » est une aberration linguistique. La raison en est qu'il y a des règles précises conduisant à la construction de (1), que leur identification passe par l'intuition et le contraste. L'intuition linguistique est alors vue comme un fait empirique fondamental et non superficiel. À condition de ne pas la confondre avec l'intuition métalinguistique explicative ou l'introspection. L'intuition linguistique est la connaissance non consciente que les sujets parlants ont de leur langue, connaissance très précise et non sujette à l'erreur, qui fait que seules certaines productions surviennent et jamais d'autres, sauf erreurs reconnaissables comme telles. L'intuition métalinguistique est l'explication profane de faits linguistiques ou la recherche de réponses par la réflexion ; l'introspection étant une démarche passant par le sondage de ses sentiments. Or intuition métalinguistique et introspection (qui se recoupent parfois) impliquent toutes deux une étape consciente et n'ont donc aucune valeur pour le chercheur.

3. La phrase syntaxique : norme ou fait ?

L'idée que *la phrase existe* n'a de sens que si, en face, on peut constater des « non-phrases », autrement dit des objets qui pourraient être des phrases, mais qui n'en sont pas. Sans quoi tout est phrase, ou rien n'est phrase, ou il n'y a pas coïncidence entre la phrase théorique et les réalités empiriques, toutes situations qui reviennent au même pour le chercheur, à savoir que, comme le suggère Béguelin (2002), la phrase n'est pas un objet scientifique.

Or, non seulement de telles *non-phrases* sur le plan grammatical s'identifient spontanément par l'effet de l'intuition linguistique, mais en outre, nous classons comme *phrases* avec semblable fulgurance même des séquences de lexèmes inexistants – donc qui ne peuvent vraiment pas avoir le moindre sens (ni, par conséquent, donner lieu à des inférences pragmatiques) – pour autant que les morphèmes grammaticaux soient préservés. Par exemple de (2) :

(2) Le rabitu a foubalé la garulette.

Ainsi, sur un plan strictement grammatical, nous pouvons affirmer que, au moins, la notion de *bonne formation* existe pour l'intuition linguistique et que donc il existe une connaissance intuitive (toujours au sens technique) des règles qui produisent une forme d'une langue. On dira cependant peut-être qu'une structure comme (2) est tellement stéréotypique qu'elle évoque un *pattern* qui, par un effet de ressemblance, suscite l'effet identificatoire de (2) comme *phrase*. Pourtant, la structure de (2) n'est pas si typique du français le plus rencontré dans la vie courante et pragmatique, comme d'ailleurs le montrent les travaux de Béguelin et des spécialistes de l'oral[2] ; telle serait plutôt quelque chose comme (1), ou (3) :

(3) Les pouraneaux, c'est des flibis que, quand tu leur trable une duire, une dulle qu'ils ont rini de frouller, tu soujis plus la zuvale que t'as boilée.

Nous gageons que (3), mise à part sa plus grande complexité, est de toute manière autant jugeable comme « phrase » que (1), et ceci indépendamment à la fois du sens et de la norme. Admettons néanmoins que (3) est trop tarabiscoté pour notre discussion, mais tout ce que nous disons, c'est que les schtroumpfs utilisent des phrases même si ce n'est pas toujours du schtroumpf qui répond aux normes de la grammaire schtroumpf officielle énoncée par le schtroumpf à lunettes ; et comme le schtroumpf est en réalité du français, le lecteur identifie à sa lecture des énonciations du français avec des mots schtroumpf. Bien sûr, le schtroumpf alterne les lexèmes français avec le mot *schtroumpf*, de sorte que le lecteur peut effectivement tirer des inférences, mais l'important ici est que *Le schtroumpf schtroumpfe un schtroumpf* est une structure qui signale sa nature française immanquablement. Le schtroumpf est un dialecte francophone.

2 La navigation entre l'argument du *pattern* pour identifier les phrases canoniques et celui de sa relative rareté empirique impose d'ailleurs une navigation pour le moins dangereuse, puisqu'il faut qu'il soit courant pour qu'il soit *pattern*…

Cependant, tant que nous en restons aux arguments purs, nous faisons des thèses de fauteuil, par une méthode qui a l'air de ressembler aux *gedenkenexperimenten* du philosophe juché solitairement sur sa colonne d'ivoire. De deux choses l'une : soit les thèses linguistiques de fauteuil relèvent de la spéculation intellectuelle sans validité empirique – selon la critique qu'on adresse par poncif à tant de chercheurs –, soit elles relèvent précisément de la validité empirique ; ce serait le cas si les données manipulées par les chercheurs étaient des données réelles, des observables au sens le plus complet de la démarche empirique. Autrement dit, si les faits d'intuition linguistique sont empiriquement valides, alors l'activité du chercheur linguiste enfauteuillé prend une autre allure. Il faudrait pour cela que l'intuition linguistique soit mesurable d'une manière ou d'une autre.

L'intuition linguistique est un fait spontané au sens de la psychologie cognitive, c'est-à-dire qui se situe hors de tout contrôle conscient. Tout-à-l'heure nous l'apparentions à la capacité spontanée de distinguer des formes différentes ou des visages ; il y a en réalité une grande quantité de faits où l'on observe une réaction cognitive spontanée ; inutile de s'appesantir sur ce point évident. Il y a ainsi un type de réaction cognitive spontanée qui porte précisément sur les structures syntaxiques : certains types de structures suscitent une réaction cognitive identifiable par la méthode expérimentale (temps de traitement, pic d'activité des zones concernées par la détection d'anomalies, etc.) qui correspondent en général à ce que les linguistes, sans appareillage expérimental, peuvent classer en termes de naturalité ou non-naturalité. En général, car il y a également des zones grises où la variation diatopique, parfois diastratique, montre des différences d'intuition entre locuteurs. Ce qui n'a rien d'étonnant, puisque chaque locuteur a sa propre syntaxe idiosyncrasique, et même plusieurs strates de syntaxes (on peut considérer que nous avons en même temps plusieurs ensembles de règles correspondant à la langue que nous avons acquise mais aussi à des variantes accumulées au cours de la fenêtre diachronique que nous embrassons comme locuteurs), ce pourquoi on observe un accord syntaxique intuitif sur les faits grammaticaux centraux (mais des désaccords sur des zones spécifiques, particulièrement identifiées par les linguistes qui, bien évidemment, s'intéressent aux cas particuliers).

L'intuition linguistique, ainsi observable, est donc un fait empirique, au même titre que la capacité mentale de discriminer spontanément, sans intervention de la volonté ou de la réflexion, un cercle d'un triangle, ou d'interpréter les mouvements, etc. Et à l'aune de cette réaction spontanée « intuitive » dans ce sens spécifique, l'intuition linguistique constitue une donnée empirique fondamentale, qui identifie directement *Le triangle joue du chocolat* comme une suite du français, et *Train c'est lequel Paul attraper courait* non[3]. L'*intuition linguistique* dans ce sens technique, conduit à étudier la langue non pas telle qu'elle est codifiée dans les grammaires ou listée dans les dictionnaires, mais en tant que système mental[4].

Pour que l'intuition linguistique ainsi entendue dispose valablement d'un statut empirique, il est nécessaire qu'elle soit mesurable de manière externe, c'est-à-dire avec des outils qui ne dépendent pas du bon vouloir du linguiste lui-même, un peu comme l'existence du carré doit pouvoir s'évaluer numériquement et non sur la base de l'intuition du sujet observant. Autrement dit, il faut que le lent mûrissement des réflexions du linguiste en son fauteuil s'articule avec des faits quantifiables. Pour un ensemble d'objets d'étude, un corpus est indispensable ; des enregistrements doivent être étudiés, etc. Mais ceci ne suffit pas pour s'informer sur des questions comme la phrase ou le syntagme. Or l'existence du syntagme – ne disons pas encore la phrase, et ne nous réjouissons pas trop vite – en tant qu'objet identifié par une correspondance avec des *règles* de construction (une grammaire) et discriminé par rapport à des segments linguistiques non grammaticaux, est largement documentée par l'investigation neurolinguistique ; les travaux de l'équipe de Pise qui regroupe linguistes et neurologues sont à cet égard particulièrement éclairants. On trouvera ainsi dans l'article de Musso *et al.* paru dans *Nature Neuroscience* en 2003 un panorama des données expérimentales à disposition, et dans Moro *et al.* (2001) une étude qui montre la réalité grammaticale, sur le plan neurologique, d'une séquence comme (2), par contraste avec des segments qui violent des principes plus profonds. La relation de ces effets avec les étapes naturelles de l'acquisition, qui sont indépendantes des cultures et des normes, est bien connue, mais voir Tettamanti *et al.* (2002)[5].

---

3 Mille questions surgissent ici sur la relation entre intuition syntaxique et intuition sémantique, puis sur la compétence pragmatique (cf. Saussure, 2012), que nous laissons de côté.

4 La tradition chomskyenne va plus loin : c'est donc en recourant au statut empirique de l'intuition linguistique comme réaction mentale spontanée que l'on peut concevoir les langues comme des variantes sur un socle commun et universel cognitif déjà préorganisé à la naissance, affirme-t-elle. On voit donc que le fil de l'intuition linguistique réorganise la pensée linguistique en la faisant basculer de l'idée d'une langue objet collectif et social (« externe ») vers celle d'une langue en quelque sorte neurologique (« interne »). Bien sûr il y a beaucoup à dire sur les relations entre les idiolectes au sein de communautés linguistiques, sur la relation entre syntaxe et sémantique ou pragmatique, etc., et sur l'étendue infinie des variations possibles des langues, et sur la rétroaction des conventions langagières sur la cognition, mais rien de cela n'a directement à voir avec l'intuition linguistique comme fait empirique.

5 La phrase (2), à cette aune, est bien une phrase, mais les signes qui la composent sont des leurres ; il faudrait donc probablement conclure que la transposition du signe saussurien vers la phrase n'est pas légitime, mais ce n'est pas le sujet de cet article.

Ainsi, la réalité d'une réaction neurocognitive à des *types de combinaisons* correspondant à l'intuition linguistique (toujours au sens technique) semble acquise. On pourrait encore dire que le test ne fait que montrer qu'il existe de telles intuitions, sans pour autant montrer que ces intuitions correspondent à autre chose qu'à elles-mêmes, c'est-à-dire correspondent à une réalité linguistique générale. Néanmoins, les tests utilisés, entre autres dans les études citées ici, appliquent les *principes* (universels) de la grammaire générative et sont donc réplicables dans n'importe quelle langue (jusqu'à preuve du contraire). Autrement dit, ces résultats ont une robustesse qui exige une explication, et on ne voit guère comment faire l'économie de principes cognitifs stables sous-jacents aux grammaires variables. L'intuition linguistique produit des *réactions de grammaticalité.*

De la sorte, si la phrase est le fruit d'une réaction de grammaticalité, alors la phrase est un fait empirique et non une sorte de critère normatif. Mais peut-on faire équivaloir la notion de *phrase* avec la notion de *réaction de grammaticalité* ? Pour l'affirmer, il faudrait que la réaction de grammaticalité produite par l'intuition linguistique ait une certaine extension, et qu'on puisse admettre que cette extension est nommable *phrase.*

4. Fuite et fin

Pour avancer, tentons déjà de revenir sur la relation entre *phrase* et *syntagme.* Rien n'est plus délicat que d'affirmer que les phrases sont des syntagmes sans autre forme de précaution. On peut par exemple observer qu'il y a un consensus assez général pour admettre le syntagme nominal ou verbal comme catégorie pertinente, et ceci indépendamment de la question de savoir si en réalité le syntagme nominal – par exemple – est un syntagme déterminatif ou non (que sa tête soit le nom ou le déterminant est indifférent à l'indentification du syntagme lui-même en tant que tel). Qu'un syntagme nominal puisse enchâsser un autre syntagme nominal (par exemple par le truchement d'un syntagme prépositionnel) ne soulève pas de problèmes spécifiques. Et, *a priori*, que la phrase soit ce syntagme particulier qui articule le syntagme à fonction sujet avec un syntagme verbal ne pose pas non plus de problème particulier tant qu'on considère les cas d'apparence canonique. Quant aux autres structures qui présentent une apparence différente tout en suscitant une forme d'impression de clôture, considérons celles qui peuvent s'analyser soit a) bel et bien comme des phrases parfaitement conformes à la langue (même si elles sont condamnées par une norme externe sans intérêt), à l'image de (1) (voir la démonstration de Deulofeu, 2012), soit b) comme des phrases incomplètement réalisées oralement. Ensuite, trouvera-t-on encore des cas de figure échappant à ces deux catégories ?

Il ne faudrait pas oublier que le discours se déroule de manière linéaire et que l'esprit humain, doté de compétences inférentielles, a la capacité de reconstituer des structures complètes sur la base de structures parcellaires ou éclatées. Ainsi, on trouve pléthore de cas, par exemple ceux relevés par Béguelin (2002), où le sujet est disloqué, la phrase interrompue par une structure parenthétique, des structures dont la construction syntaxique évolue au fil de l'énonciation, des bribes, etc., autant de cas qui brisent les prédictions de la syntaxe au sujet de la phrase. Une explication habituelle et assez peu surprenante consiste à admettre soit l'existence successive de plusieurs phrases (ou « projets morphosyntaxiques », la notion de *projet* ne pouvant pas renvoyer à autre chose qu'à un élément cognitif de planification), soit des opérations de reformulation, soit des tentatives corrigées d'ajustement de la forme au sens voulu, soit encore de simples ellipses. Même les cas de « dislocation » ou de clivage n'apparaissent pas de manière aléatoire mais selon des principes stables et généraux. Il est important de remarquer que de telles observations valent également pour le syntagme seul, du moins dans une mesure importante. Il peut être parfaitement naturel dans un contexte quelconque de produire (4), et de laisser l'interlocuteur inférer (5) ; à tout prendre, cela n'empêche pas (4) d'être valablement une *phrase* pour la syntaxe et pour les locuteurs, alors même que le comparatif exige grammaticalement un complément et que, ici, *bleu* est un tenant-lieu de sujet, lequel est en fait élidé et indiqué uniquement par sa propriété saillante (l'adjectif) :

(4) Le bleu me plaît davantage.

(5) Le rideau bleu me plaît davantage que le rideau rouge.

Si je dis (6)

(6) Elle, elle est pas bonne, cette bière.

le sujet se disloque en apparence en trois lieux syntaxiques, et pourrait sembler échapper aux frontières syntagmatiques et à d'autres lois de la grammaire universelle. Néanmoins, quelle que soit la solution ultime, on peut gager que l'expérimentation montrerait que l'intuition linguistique répond positivement à l'appartenance d'une structure comme celle-ci à la grammaire du français (contrairement à quelque chose comme *Elle, bière n'est pas bonne, cette elle*), et que son extension, qui devrait être mesurable aussi, nous signale s'il y a ici plusieurs « effets de clôture », fussent-ils minimaux, ou un seul[6].

[6] Ce n'est pas la question, mais il y a ici probablement *une* phrase à topique disloqué et sujet post-verbal avec pronom résomptif ouvert, toutes choses assez classiques du français (merci à Genoveva Puskas pour ses éclaircissements à ce sujet).

Il faut poser ici un fait qui nous apparaît comme essentiel :

L'intuition linguistique syntaxique ne porte pas au-delà d'unités syntaxiques maximales.

Ainsi, l'intuition syntaxique ne produit aucun résultat sur une différence de cohérence ou de coréférence au niveau du discours. Un enchaînement discursif déficient du point de vue de sa cohérence ou de sa pertinence ne sera pas évaluable comme « n'étant pas du français grammatical », alors que tel sera le cas pour une structure étrangère à la syntaxe du français.

Cela signifie une chose importante qui nous sert de réelle conclusion, avant quelques observations supplémentaires : *la phrase*, voulons-nous poser, *se déduit de l'amplitude maximale de l'intuition syntaxique.* Reste à monter les expériences psycholinguistiques qui traceront les frontières… sachant que cette amplitude est potentiellement infinie sur le plan strictement linéaire (ainsi Proust…).

Il n'est pas toujours évident de distinguer entre le résultat d'une intuition grammaticale et d'une intuition sémantico-pragmatique, du simple fait que l'usage courant du langage consiste à représenter du sens d'une manière ou d'une autre. Néanmoins, il serait naïf de s'y tromper : la séparation empirique entre la compétence grammaticale et la compétence sémantico-pragmatique (cf. également Saussure 2012) s'observe par le fait que des phrases dépourvues de sens (comme (2) ou (3)) restent identifiées en tant que phrases.

La pragmatique a développé une batterie d'études dans lesquelles la notion de phrase n'a aucune place, sinon que la syntaxe produit des structures, qui sont bien entendu des syntagmes, qui peuvent ne pas être complets, mais qui comportent tous les indices nécessaires pour que, confrontés au contexte logique (à la mémoire discursive), l'interlocuteur puisse construire la forme propositionnelle pertinente. C'est à cause d'un fait important : les verbalisations partielles de structures syntaxiques, reformulations, reprises à contretemps, etc., ne sont « rétablies » (en identifiant la structure sous-jacente complète et abstraite) que dans des contextes d'occurrence où de telles structures présentent précisément le potentiel indiciel pour le travail inférentiel de reconstruction du sens. Ainsi, les phrases aberrantes pour une certaine grammaire de la norme bien justement dénoncée par Béguelin ou Berrendonner ne sont vraiment des phrases que parce qu'elles ont un potentiel de sens, lequel est produit par la pragmatique. Voici donc ou le *sens* intervient : une hypothèse sémantique de la part d'un destinataire est indispensable pour combler les trous ouverts et laissés vides par les phrases elliptiques ; dans (7)

(7) Pierre est parti. Parti en courant.

il y a deux phrases ; la deuxième comporte un trou que la première, déjà intégrée à la mémoire discursive (ou à l'*environnement cognitif*), permet de combler par inférence. La relation entre les deux phrases n'est donc pas ici textuelle ou grammaticale – c'est un point de divergence avec d'autres auteurs – mais inférentielle, discursive, pragmatique. Si nous sommes dans le vrai, alors *la double articulation n'est pas un fait de langue, mais un fait d'actualisation pragmatique*[7].

Les cas montrés par l'analyse de l'oral partagent la *naturalité* pour l'interprète, fût-il le linguiste, et la *non-prédictibilité* par les règles données par les grammaires usuelles. Cette disjonction peut conduire à l'idée que la phrase n'est pas une catégorie pertinente ; cependant, tout comme l'*oiseau* a une définition zoologique claire mais technique, la phrase est un syntagme projetant maximalement une tête spécifique – d'ailleurs disputée selon les écoles mais qui est une tête grammaticale (comme la flexion) et non lexicale (si l'on accepte la distinction).

Une définition technique n'est bien entendu pas à donner aux enfants, mais elle a des conséquences : non, la phrase n'a pas forcément un sens. En revanche, une structure elliptique ne peut prétendre au statut de phrase que si elle peut, dans le contexte, donner lieu à une inférence – correspondre à un « projet discursif » (comme le « Chien ! » de tout-à-l'heure).

Si nous disposons d'une aptitude syntaxique, il est alors plausible qu'elle soit une manifestation parmi d'autres d'une aptitude cognitive encore plus essentielle, qui nous distingue d'ailleurs d'autres espèces animales : la capacité à manipuler abstraitement des formes pures indépendamment des contenus. Peut-être est-ce grâce à cette aptitude que nous pouvons échanger, même, des arguments structurés, nous représenter des faits inexistants par la négation ou la modalité, et, enfin, nous prononcer sur des… phrases impossibles. Aptitude indispensable pour faire sens du monde et non seulement des phrases, et, en quelque sorte, aptitude elle-même dépourvue de sens.

Références

Béguelin, M.-J., « Clause, période ou autre ? La phrase graphique et la question des niveaux d'analyse », *Verbum*, n° 24 (1-2), 2002, p. 85-107.

Berrendonner, A., « Les deux syntaxes », *Verbum*, n° 24 (1-2), 2002, p. 23-35.

Deulofeu, J., « Bossuet, Coluche et Cicéron : même combat pour mettre un bonnet rouge aux relatives ? », in Borillo, A., de Saussure, L. & Vuillaume, M.,

[7] Ce qui ne veut aucunement dire que les propositions de Hopper sur la grammaire émergente seraient tenables ; cf. Saussure *et al.* (2012) pour un rappel critique de ces positions.

Grammaire, lexique, référence : regards sur le sens, Berne, Peter Lang, 2012, p. 157-182.

Hopper, P., « Emergent Grammar », in Tomasello, M. (ed.), *The New Psychology of Language*, Mahwah, N.J., Lawrence Erlbaum Associates, Publishers, 1998, p. 155-175.

Hopper, P., « Emergent grammar and temporality in interactional linguistics », in Auer, P. & Pfänder, S. (eds.), *Constructions : Emerging and emergent*, Berlin, Mouton De Gruyter, 2011, p. 22-44.

Kleiber, G., « Faut-il dire adieu à la phrase ? », *L'Information grammaticale*, n° 98 (1), 2003, p. 17-22.

Moro, A., Tettamanti, M., Perani, D., Donati C., Cappa, S.F. & Fazio, F., « Syntax and the brain : disentangling grammar by selective anomalies », *Neuroimage*, n° 13, 2001, p. 110-118.

Musso, M., Moro, A., Glauche, V., Rijntjes, M., Reichenbach, J., Büchel, C. & Weiler, C., « Broca's era and the language instinct », *Nature Neuroscience*, n° 6, 2003, p. 774-781.

Saussure, L. de, « Compétence et contre-performances pragmatiques », *Mémoires de la société de linguistique de Paris* (nouvelle série), n° 21, 2012, p. 135-159.

Saussure, L. de, Borillo, A. & Vuillaume, M., « Kleiber et la référence comme accord intersubjectif », in Borillo, A., de Saussure, L. & Vuillaume, M., *Grammaire, lexique, référence : regards sur le sens*, Berne, Peter Lang, 2012, p. 3-14.

Tettamanti, M., Alkhadi, H., Moro, A., Perani, D., Kollias, S. & Weniger, D., « Neural correlates for the acquisition of natural language syntax », *Neuroimage*, n° 17, 2002, p. 700-709.

Les apports de la linguistique actuelle pour l'enseignement des figures du discours

Marc Bonhomme

Université de Berne

1. Introduction

À la fin des études secondaires, le domaine des figures du discours est accessoirement abordé lors de cours d'initiation à la rhétorique ou en appui à la littérature. Il donne lieu à quelques cours spécifiques dans le cursus universitaire des programmes de Lettres. Malgré cette extension très relative de l'enseignement des figures, il existe de nombreux manuels destinés à leur vulgarisation auprès des élèves et des étudiants. Notre objectif est double dans cette étude. En premier lieu, à partir de huit manuels représentatifs actuellement disponibles[1], nous dresserons un bilan critique sur les choix pédagogiques prévalant de nos jours dans la didactique des figures. Comme nous le verrons, ces choix apparaissent fortement déphasés par rapport aux nouvelles orientations, pourtant déterminantes, insufflées à l'analyse des figures par les chercheurs en linguistique et en rhétorique depuis une cinquantaine d'années. En second lieu, sur la base de ce constat, nous formulerons quelques propositions en vue d'une transposition des acquis de la recherche récente à l'enseignement des figures.

2. Le traitement des figures du discours dans quelques manuels

Dans les huit manuels retenus, qui sont totalement ou partiellement consacrés aux figures, on relève quatre dominantes concernant leur présentation.

---

[1] Ces manuels sont les suivants par ordre chronologique : Bonnard (1983), *Stylistique, rhétorique, poétique. Procédés annexes d'expression* ; Boutet de Monvel (1987), *Les Procédés du discours* ; Peyroutet (1994), *Style et rhétorique* ; Fromilhague (1995), *Les Figures de style* ; Robrieux (1998), *Figures de style et de rhétorique* ; Arcand (2004), *Les Figures de style* ; Beth & Marpeau (2005), *Figures de style* ; Quesemand (2006), *Elles sont tropes ! Figures et tournures de la langue française*. Dans la suite de cet article, nous ne répéterons que les noms des auteurs de ces manuels.

2.1. Une forte dimension pédagogique

Tous ces manuels, au demeurant assez brefs, affichent résolument leur visée pédagogique dans leur péritexte (avant-propos et quatrième de couverture). D'abord, le public ciblé est clairement indiqué : les élèves du secondaire (Bonnard), les étudiants en lettres (Fromilhague) ou les non-spécialistes (Beth & Marpeau). Ensuite, les macro-actes de langage motivant ces manuels sont nettement explicités. Au niveau de leurs auteurs, ils oscillent entre le souci d'informer (Bonnard), la clarification (Arcand) et le conseil (Peyroutet). Au niveau du public visé, il s'agit tantôt pour lui d'acquérir des outils d'analyse textuelle (Robrieux), tantôt de reconnaître les figures et de s'entraîner efficacement (Peyroutet). Ces objectifs pédagogiques se traduisent par un discours de vulgarisation sur les figures qui se manifeste à travers deux perspectives.

2.1.1. Un parti pris de simplification

Les huit manuels considérés se bornent à retenir les figures les plus connues. Ce traitement sélectif est annoncé dès leurs avant-propos : « un catalogue non exhaustif » (Quesemand : 7), « présenter les principales figures » (Robrieux : 8), etc. La simplification qui en résulte par rapport à la richesse du champ figural entraîne une inévitable « économie de nuances » (Beth & Marpeau : 5). Une même simplification, gage d'une compréhension plus aisée pour les apprenants, touche particulièrement la terminologie propre aux figures. En général, les termes techniques sont relégués à l'arrière-plan entre parenthèses : « [L'hypallage] participe d'un autre procédé, l'*alliance de mots* (ou en termes savants l'*oxymore* – du grec *oxus*, aigu, *moron*, émoussé) consistant à rapprocher des mots jugés en contrariété » (Boutet de Monvel : 46). Les termes techniques sont aussi régulièrement traduits en français commun. C'est ainsi qu'Arcand parle d'« autocorrection » (et non d'*épanorthose*), de « double sens » (au lieu de *syllepse*) ou de « juxtaposition » (à la place d'*asyndète*).

Mais la présentation simplifiée des figures ne manque pas de poser des problèmes. D'un côté, elle se traduit par des schématisations réductrices, notamment quand la métaphore est ramenée par Peyroutet (67) à une opération mathématique :

> La métaphore accumule les significations en réalisant l'addition suivante :
>
> *Une part du sens dénoté du comparé*
> *+ Sens dénoté du comparant*
> *+ Connotations du comparant*
> *+ Connotations venues du contexte*
> --
> *= Constellation de significations*

Par ailleurs, la simplification de l'usage des figures conduit à l'établissement de listes qui, par leur généralité, en diluent la pertinence fonctionnelle, comme l'atteste le traitement de l'hyperbole chez Peyroutet (74) :

> *Situations d'emploi.* Courante dans la langue familière, volontiers expressionniste, l'hyperbole convient au discours politique, au pamphlet, à la presse, au lyrisme, à l'épopée, aux textes humoristiques ou caricaturaux. Elle est la manne des énoncés publicitaires !

Plus gênant, ces simplifications produisent des approximations contestables. Entre autres, Quesemand établit une identification entre les figures de style et les tropes. Beth & Marpeau illustrent la métonymie par un exemple caractérisé de synecdoque de la partie. Ou Peyroutet voit en l'euphémisme un cas de litote, alors que ces deux figures engendrent des effets perlocutoires opposés, d'atténuation pour la première et de renforcement pour la seconde.

2.1.2. Une approche pratique

Les manuels examinés se positionnent tous contre une approche scientifique des figures[2]. Ainsi Fromilhague récuse leurs taxinomies savantes ou Robrieux écarte tout pédantisme, en regrettant que les débats actuels des spécialistes se fassent au détriment de la clarté. De fait, en tant qu'outils pédagogiques, les ouvrages analysés se veulent pratiques. Ils recourent massivement à l'exemplification qui constitue l'un des arguments de leur péritexte : « Souhaitant initier sans rebuter, le présent recueil offre un matériel de textes diversifiés » (Boutet de Monvel : 5).

Plusieurs de ces manuels contiennent de surcroît des exercices très conventionnels pour la pratique pédagogique des apprenants. Les uns sont des commentaires faits par les auteurs eux-mêmes, fonctionnant comme des modèles d'analyses figurales dont les étudiants en rhétorique sont invités à s'inspirer. Dans ce but, Quesemand propose un dialogue de neuf pages, intitulé « Fiction », avec l'indication en marge, au fil du texte, des 303 occurrences figurales qu'il renferme. Un autre type d'exercices consiste en des activités de repérage des figures, avec des consignes telles que : « Reconnaissez dans le texte un exemple de chacune des figures de rhétorique suivantes » (Boutet de Monvel : 52). Un troisième type d'exercices sollicite davantage l'initiative des apprenants, avec des activités de substitution (« Remplacez les mots en italique par des synecdoques », Peyroutet : 63) ou de créativité (« Refaites le *Cantique des Cantiques* en utilisant des métaphores modernes », Boutet de Monvel : 72). Mais globalement ces exercices restent sous le contrôle de leurs

---

2 Cela explique que les références bibliographiques y soient élémentaires. Seulement la moitié de ces manuels ont une bibliographie finale.

auteurs. Celui-ci est manifeste lorsque ces auteurs proposent des corrigés directifs, avec des réponses sans choix possible, à leurs exercices en fin de manuel.

2.2. Une orientation esthétique

Les huit manuels évalués se caractérisent en outre par leur orientation esthétique qui apparaît dans leur appellation des figures. À son sujet, six manuels parlent en effet de « figures de style » et seulement deux, ceux de Bonnard et de Boutet de Monvel, de « figures de rhétorique », la dénomination « figures du discours » n'étant pratiquement pas prise en compte. Le choix terminologique privilégié de « figures de style », centré sur leur expressivité qualitative, est motivé par l'objectif de ces manuels qui visent avant tout à fournir des instruments pour le commentaire littéraire, en particulier lors des épreuves de stylistique aux examens de licence et aux concours d'enseignement (CAPES et agrégation).

L'inscription de ces manuels dans la mouvance de l'esthétique littéraire est corroborée par les déclarations de leurs auteurs, comme Beth & Marpeau (6) : « Chercher les figures de style permet d'opérer une lecture approfondie du texte [...], c'est-à-dire d'en découvrir le sens profond et d'en expliciter l'esthétique ». Quant à Arcand (10), excluant de son manuel les « figures-clichés qui ont perdu leur pouvoir de séduction », il affirme ne s'intéresser qu'« aux figures d'invention » à fort potentiel stylistique. La teneur esthétisante de ces manuels se dégage aussi des fonctions qu'ils assignent aux figures lors de leurs analyses. Prenant le cas de Rabelais, Robrieux (37) considère comme de véritables néologismes seulement « les mots qui ont été délibérément inventés par un écrivain dans une intention poétique ou humoristique ». De son côté, Fromilhague mentionne constamment la fonction ornementale des figures, que l'anacoluthe constitue « la marque d'une esthétique baroque » (35) ou que la métaphore et la comparaison soient « au service de la beauté » (88).

L'examen des exemples cités dans ces manuels confirme du reste leur focalisation sur la stylistique littéraire. Si Peyroutet ou Boutet de Monvel ouvrent leur exemplification au langage quotidien, les autres auteurs illustrent essentiellement leurs descriptions des figures à l'aide d'exemples empruntés à la littérature, avec quelques prédilections. Quesemand affiche son penchant pour Queneau, Vian et Tardieu. Fromilhague préfère les romanciers et les poètes des XIXe et XXe siècles. Au total, cette concentration sur les occurrences littéraires donne une vision appauvrie des figures, en laissant dans l'ombre des pans entiers de discours où elles se déploient[3].

[3] Pensons au rôle capital des figures dans des domaines aussi divers que les éditoriaux journalistiques, les énoncés publicitaires ou la néologie technique et scientifique.

2.3. *Une conception traditionnelle de la figuralité*

Davantage problématique, la plupart des manuels que nous avons observés adoptent une conception très conventionnelle des figures, sans véritablement prendre en compte les acquis des recherches sur celles-ci depuis le milieu du XXe siècle. D'une part, la composition de la majorité de ces manuels repose sur la typologie quadripartite des figures en figures de diction (ou de mots), figures de sens (ou tropes), figures de construction et figures de pensées. Ces quatre catégories sont traitées selon une compartimentation stricte, avec peu de relations entre elles[4]. En même temps, la catégorie critiquable des figures de pensée[5] donne lieu à des regroupements hétéroclites entre des figures typiquement référentielles, comme l'euphémisme, des figures énonciatives, comme l'interrogation rhétorique, et des figures d'amplification phrastique, comme la paraphrase. Seul Boutet de Monvel fait preuve d'originalité, en subdivisant les figures en procédés expressionnistes (cas de l'hyperbole), impressionnistes (à l'image de la litote) et symbolistes qui recouvrent les tropes comme la métaphore.

De plus, ces manuels perpétuent les sous-catégorisations tropiques véhiculées par des siècles de tradition rhétorique, comme l'indique leur traitement de la métonymie et de la synecdoque. Pour la première, les ouvrages de Quesemand, de Robrieux et de Bonnard reprennent l'inventaire bien connu : métonymies du contenant, de l'effet, de la cause, du lieu, du signe, du physique et du maître, sans discuter la nature disparate de cette sous-catégorisation qui amalgame des critères variationnels, actantiels et thématiques. Plusieurs de ces manuels, à l'instar de celui de Peyroutet, reprennent aussi telles quelles les sous-catégories classiques de la synecdoque : partie-tout, matière-objet, genre-espèce, singulier-pluriel. Or on sait, après les travaux de Le Guern (1973) ou de Bonhomme (2006), que les transferts genre-espèce ne sont pas tropiques[6] et que les transferts partie-tout sont fortement composites.

Sur un autre plan, on retrouve dans ces manuels les problèmes posés par les définitions conventionnelles de certaines figures. Ainsi, Beth &

Par ailleurs, loin de se limiter à des fonctions esthétiques, les figures peuvent endosser des fonctions argumentatives, affectives ou cognitives selon leur contexte (voir Bonhomme, 2005).

4 Fromilhague mentionne cependant l'imbrication des plans sémantique et syntaxique dans les tropes.

5 Cette catégorie a en effet l'inconvénient d'introduire une terminologie conceptuelle dans le langage, ce qui ne va pas sans difficultés, d'autant plus que toute figure entretient, à des degrés divers, des rapports avec la pensée.

6 Dans le sens où ils relèvent du processus ordinaire de la dénomination et où ils ne présentent pas les ruptures de signification définissant les tropes.

Marpeau, Peyroutet et Arcand limitent l'ironie à l'antiphrase. De même, Boutet de Monvel et Quesemand continuent à voir dans la métaphore une comparaison sous-entendue, malgré les travaux largement diffusés, comme ceux de Ricœur (1975), sur l'irréductibilité des deux processus. Mais le plus contestable est que ces manuels se cantonnent dans une conception substitutive de la figuralité, héritée de la rhétorique de l'Antiquité. La figure y est présentée comme « une formulation qui se substitue à une formulation courante » (Arcand : 9) ou comme une « expression détournée » (Bonnard : 76). Ce détournement est source d'« écarts paradigmatiques » dans le cas des tropes et d'« écarts syntagmatiques » avec des figures comme l'anaphore ou la syllepse (Peyroutet : 21). Ces écarts figuraux confèrent aux énoncés « une plus-value sémantique » et des « connotations supplémentaires » (Beth & Marpeau : 23 et 27). Fromilhague et Robrieux voient bien les dangers d'une telle conception de la figure-écart : difficultés à définir la norme, glissement de la figure vers la déviance et l'artifice… Mais dans leurs analyses, ils entérinent *in fine* cette conception, établissant des paraphrases entre l'expression figurée et la formulation attendue[7].

2.4. Une faible prise en compte du contexte

La conséquence de cette approche substitutive de la figuralité est que les manuels en question se focalisent sur le fragment figural en jeu, en prenant peu en considération son cadre discursif. Cette approche les conduit à privilégier la figure-mot, facilement substituable. Ainsi, selon Arcand, l'euphémisme consiste à éviter certains mots, alors que le fonctionnement de cette figure est beaucoup plus diffus, engageant l'énoncé en entier[8]. Bonnard range son étude des principales figures (métaphore, antithèse, etc.) dans un chapitre intitulé « Les mots ». L'ouvrage de Peyroutet va dans la même direction, puisqu'il classe l'essentiel des figures dans deux sections : « Choix des mots » et « Combinaison des mots ».

Lorsque les manuels intègrent davantage le contexte communicationnel des figures dans leurs descriptions, celui-ci se limite en fait à une matrice stéréotypée axée sur leur producteur : *Producteur engendrer telle figure en vue de tels effets*. La figure est vue comme le résultat des intentions et des habitudes d'un auteur (Robrieux), ou comme une création consciente qui est « le fruit d'un travail parfois exigeant » (Arcand : 11). Ses effets peuvent être variés, à l'exemple des figures jouant sur le signifiant : « Ces

7 Pour une critique plus détaillée de la conception substitutive des figures comme des écarts, voir ci-après en 3.1.

8 Voir les cas où l'euphémisme repose non pas sur une substitution lexicale, mais sur l'ajout d'un accompagnateur au sein d'un énoncé : « Travailler en gériatrie m'a *en quelque sorte* dégoûté » (<http://www.infirmiers.com/forum/>, consulté le 22-06-2012).

figures ont pour effet d'attirer l'œil ou l'oreille [...]. Elles provoquent une attention qui conduit à une certaine expérience esthétique et incite à déduire un sens singulier. Elles favorisent également le souvenir » (Beth & Marpeau : 9). Mais le lien entre figures et effets est assez souvent biunivoque, comme le montre la synthèse d'Arcand (174) intitulée « Des effets aux figures » :

Blâme : Antiphrase
Conflit : Antithèse
Critique : Allégorie
Sensibilité (s'adresser à) : Métaphore [...]

En conclusion, les huit manuels que nous avons évalués donnent lieu à un bilan contrasté. S'ils présentent d'indéniables qualités pédagogiques de simplification et de vulgarisation sur le phénomène complexe de la figuralité, tout en offrant une bonne approche pratique sur celui-ci, ils s'appuient sur une conception traditionnelle des figures, à la fois atomisée, esthétisante et coupée du langage courant. De surcroît, ces manuels (à part ceux de Fromilhague et de Robrieux) réutilisent peu les acquis de la néorhétorique, de la pragmatique et de l'analyse du discours, pourtant bien réels pour les figures.

3. Pour un renouvellement de la didactique des figures à la lumière des recherches récentes en linguistique

Il nous paraît à présent judicieux de faire cinq propositions, à partir des recherches récentes sur la figuralité du langage, pour en améliorer l'enseignement auprès des élèves et des étudiants. Il ne s'agit pas ici d'élaborer un anti-manuel sur les figures, mais simplement de réorienter les aspects les plus problématiques des manuels existants.

3.1. Normaliser la figuralité dans le fonctionnement ordinaire du langage

La plupart des recherches linguistiques actuelles sur les figures s'opposent à leur conception comme écart, fût-il expressif. Si l'on prend la métaphore, sur le plan cognitif, Lakoff & Johnson (1985) établissent qu'elle structure notre représentation du monde et nos expériences quotidiennes. Sur le plan pragmatique, Sperber & Wilson (1989) normalisent les phénomènes métaphoriques avec l'idée qu'ils ne sont en rien des anomalies, mais des exploitations créatives du principe de pertinence. Par-delà la métaphore, les figures forment des « saillances » (Bonhomme, 2005) ou des « configurations » (Gardes Tamine, 2011) qui tirent parti en discours, selon des canevas récurrents, des structures ramifiées articulant la langue. En cela, tout en étant normales, les figures ne sont pas banales.

Cette normalisation de la figuralité peut être facilement transposée dans son enseignement au moyen d'exercices variationnels du type :

a. Le voilier sort du port.
b. Le trimaran sort du port.
c. L'ancre sort du port.
d. « La voile sort du port. » (Gautier)

Autant les exemples a) et b) constituent des variations standardisées par l'usage, autant c) et d) apparaissent comme des variations partitives plus libres permises par le système. Mais alors que c) est jugé peu acceptable dans nos pratiques langagières, d) est considéré comme une variation libre prototypique qui correspond à la synecdoque[9].

3.2. Voir dans les figures des figures « du discours »

La normalisation des figures explique qu'elles se trouvent dans n'importe quelle situation d'emploi, offrant aussi des réalisations très productives dans des domaines non littéraires. C'est pourquoi il convient de « délittérariser » les figures, même si elles sont importantes en littérature, et de ne pas voir seulement en elles des « figures de style », comme le font les manuels examinés précédemment, mais plus globalement des « figures du discours ». Du reste, un certain nombre de recherches linguistiques ont montré l'intérêt des figures dans les corpus les plus divers. En attestent les travaux sur la métonymie dans la presse (Lecolle, 2002), sur l'énallage dans les courriels (Détrie, 2008), ou sur l'euphémisme publicitaire (López Díaz, 2012). De même, des linguistes comme Druetta (2011) commencent à se pencher sur la figuralité de l'oral, telle qu'elle se manifeste dans les litotes des débats télévisés et des conversations quotidiennes.

Les manuels de rhétorique gagneraient à davantage incorporer ces nouveaux corpus figuraux, notamment médiatiques. Cela permettrait une extension de l'enseignement des figures à un autre public que les étudiants en lettres, comme ceux suivant des cursus en sciences de l'information et de la communication. En outre, ces nouveaux corpus fournissent des champs d'investigation facilement accessibles et pouvant alimenter des activités pédagogiques variées. Soit un échantillon de mots-valises qu'on relève dans les titres de la presse :

---

9 Une mise au point s'impose ici sur la différence fondamentale entre la figure-écart et la figure-variation. La figure-écart (par ex. la synecdoque « La voile sort du port ») est évaluée par rapport à une norme de base (« Le voilier sort du port »), selon une hiérarchie privilégiant la norme, avec la conséquence que la figure est considérée comme secondaire, voire superficielle ou anormale. Avec la figure-variation, il n'y a aucune hiérarchie entre les occurrences concurrentes en jeu, qu'elles soient perçues comme standardisées ou libres, mais simplement une gradualité contrastive à travers laquelle chacune de ces occurrences est motivée dans le contexte où elle apparaît.

a. Ça bourge au printemps. (*Le Nouvel Observateur* du 15-03-1990)
b. Le cochonglier pullule en France. (*Le Temps* du 23-02-1999)
c. Le « burkini » fait des vagues. (*La Liberté* du 29-08-2009)

Par sa dimension rhétorique plurielle, ce genre de corpus est à même de nourrir des réflexions pédagogiques croisées. Sur le plan lexicologique, il peut servir de support pour l'étude de la néologie dans le français moderne, surtout lorsqu'elle produit des amalgames extrêmes. Sur le plan syntaxique, de tels mots-valises constituent de bons exemples pour expliquer les structures prédicatives à l'œuvre dans le langage : a) bouge[r] à Bourges → bourge ; b) le cochon qui est un sanglier → cochonglier. Sur le plan textuel, ces mots-valises mettent en lumière la condensation informative et phatique propre au sous-genre des titres de la presse. Sur le plan culturel, les conflits notionnels qui les sous-tendent fréquemment, comme dans « burkini » en c)[10], sont de nature à susciter des discussions fructueuses sur des problèmes de société actuels.

3.3. Intégrer la figuralité dans la totalité de l'espace discursif

Contre la conception de la figure-mot isolée de son contexte, diffusée par les manuels pédagogiques, les recherches insistent depuis plusieurs décennies sur son élaboration dans le processus de la communication. Autrement dit, loin d'obéir à un fonctionnement autonome et fermé, les figures se déploient sur toutes les strates du langage qui participent conjointement à leur émergence à travers les perspectives qu'ils procurent. Ainsi, Black (1962) a montré qu'une figure comme la métaphore est une *structure construite* par l'ensemble de son cadre discursif, selon les orientations sémantiques et les indices inscrits dans ce dernier. Les figures sont en même temps des *structures énoncées*, inséparables de leurs conditions de production. Celles-ci déterminent en particulier les points de vue (Rabatel, 2008) et les investissements argumentatifs (Perelman, 1977) à la source de figures comme l'ironie et l'hyperbole. Les figures sont également des *structures interprétées*, en ce que leur sens dépend de leur réception, conditionnée par les compétences de leurs énonciataires (Kerbrat-Oreccchioni, 1986). Les figures sont enfin des *structures fonctionnelles* (Bonhomme, 2005), comportant des facteurs illocutoires qui les prédisposent à influencer leur contexte de communication.

En somme, toute figure est au cœur d'une rhétorique intégrée qui peut être transposée sans peine dans les manuels d'enseignement. Une telle transposition a le mérite de mettre en évidence le dynamisme des figures,

---

[10] Désignant le maillot de bain islamique, ce mot-valise tente de résoudre le dilemme imposé aux femmes musulmanes : respecter la tradition religieuse, tout en s'adonnant à la natation.

tout en limitant leur approche comme des procédés préconstruits qu'on observe dans les manuels existants. Prenons, en guise d'illustration, un exemple d'oxymore :

> Oh ! tant qu'on verra trôner ce gueux, ce prince,
> Par le pape béni, monarque malandrin, [...]
> Je ne fléchirai pas. (Hugo, *Les Châtiments*)

L'oxymore « monarque malandrin » constitue une construction conflictuelle qui non seulement émerge dans le cadre de son énoncé, mais qui apparaît comme une synthèse de celui-ci, dans la mesure où il est annoncé par l'antithèse préliminaire « ce gueux, ce prince ». Mais cet oxymore ne trouve sa plénitude rhétorique que dans son contexte communicationnel. Au stade de son énonciation, la conflictualité formelle de cet oxymore émane d'un acte de provocation, en ce qu'il présente du donné contradictoire comme évident. Au stade de sa réception, la structure conflictuelle de cet oxymore n'acquiert du sens qu'au prix de calculs interprétatifs qui consistent, pour l'énonciataire, à résorber les contradictions qu'il constate. Ainsi, ses connaissances historiques sur le coup d'État de Napoléon III en 1851 lui donnent la possibilité de dissocier « monarque malandrin » selon les axes opposés, mais compatibles, du statut institutionnel (« monarque ») et de la non-légitimité (« malandrin ») qui s'appliquent à l'instigateur du Second Empire. Mais cet oxymore ne pourra être justifié que par l'évaluation de sa fonctionnalité. Dans le cadre du pamphlet que sont *Les Châtiments*, « monarque malandrin » participe à une stratégie de radicalisation polémique visant à saper le bien-fondé du régime de Napoléon III et à en fustiger la duplicité.

3.4. Revisiter les typologies des figures

On a vu que la plupart des manuels consacrés aux figures en reprenaient les typologies traditionnelles, souvent problématiques. D'un point de vue didactique, les typologies figurales ne sont pas de simples répertoires, mais elles sont nécessaires pour tisser des liens entre les figures, pour en dégager les grandes familles et pour mesurer l'étendue de la figuralité dans le langage. De plus, elles permettent d'y voir plus clair dans la multiplicité des formes du discours, tout en faisant gagner du temps, en balisant par avance les procédés d'expression les plus remarquables. Mais ces typologies doivent être souples, en ne retenant que les faits de discours les plus réguliers. Or la néorhétorique et la linguistique moderne ont reconsidéré les classements des figures selon une meilleure cohérence et une plus grande motivation qui ne peuvent que profiter à leur enseignement.

La figuralité du langage a bénéficié d'une description systématique de la part du Groupe Mu (1970). Celui-ci a harmonisé les classements de la tradition rhétorique en subdivisant les figures en quatre catégories, deux affectant le niveau de l'expression (les « métaplasmes » sur la configuration des mots et les « métataxes » sur l'agencement des phrases) et les deux autres celui du contenu (les « métasémèmes » sur le sémantisme des mots et les « métalogismes » sur la référence au monde). Entre autres avantages pédagogiques, cette terminologie unifiée rénove certaines dénominations contestables, comme celle de « figure de pensée », tout en relativisant l'importance accordée par beaucoup aux tropes, reformulés en « métasémèmes ». De son côté, en subdivisant le champ figural en « figures microstructurales » et en « figures macrostructurales », Molinié (1992) fournit des critères efficaces pour distinguer les figures localisées sur un segment discursif, tel le symbole, des figures plus générales, peu marquées dans les énoncés, à l'image de la prétérition.

Les recherches linguistiques récentes ont aussi porté sur les sous-catégorisations de certaines figures. Elles peuvent trouver des transpositions didactiques selon deux voies. D'abord, celle d'une plus grande précision, comme le montre l'ironie, couramment limitée à l'antiphrase par les manuels. Or au moins deux autres procédés ironiques ont été mis en évidence par les chercheurs : la mention en écho du point de vue adverse (Sperber & Wilson, 1978) et l'ironie syntagmatique qui souligne des incompatibilités dans le déroulement du discours (Hamon, 1996). Cette diversification des procédés ironiques permet de mieux cibler l'ironie pratiquée par les auteurs : si Voltaire recourt volontiers à l'ironie syntagmatique[11], Flaubert privilégie l'ironie par mention critique du point de vue adverse[12]. Les sous-catégorisations internes à d'autres figures ont été revues dans le sens d'une meilleure continuité. C'est le cas pour la métonymie dont la typologie chaotique a été complètement repensée par les approches fonctionnelles modernes fondées sur les transferts de rôles au sein d'une isotopie[13]. Ainsi, Bonhomme (1998) a élaboré un schéma très pédagogique par lequel on peut expliquer la plupart des métonymies :

11 Comme dans cet énoncé de *Candide* : « Monsieur le baron était un des plus puissants seigneurs de la Westphalie, car son château avait une porte et des fenêtres ».

12 En particulier, l'ironie par mention prédomine dans *Le Dictionnaire des idées reçues* : « *Argent* : Cause de tout le mal », etc.

13 Ou encore : la métonymie opère des décalages de fonctions entre deux ou plusieurs termes contigus à l'intérieur d'un domaine notionnel. En cela, elle forme une figure isotopique et elle s'oppose à la métaphore qui constitue une figure allotopique ouverte sur plusieurs domaines notionnels.

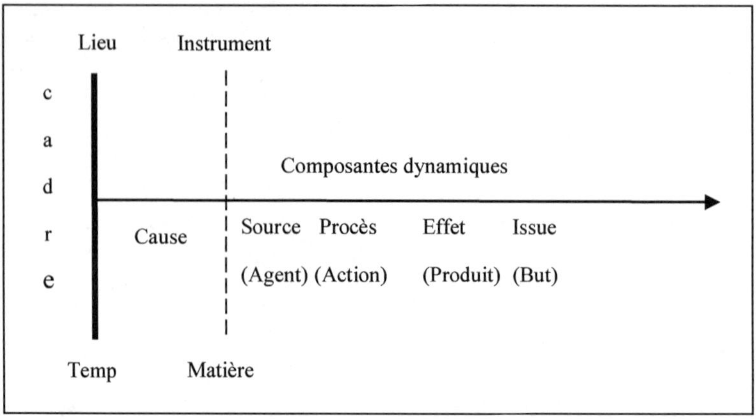

Les différents sous-types de métonymies constituent autant de parcours – que l'on peut dessiner par des flèches – entre les rôles isotopiques figurant sur ce schéma : par exemple, de l'agent au produit (*lire Balzac*), du lieu au produit (*boire du champagne*) ou de l'effet à la source (*les marchands de mort*).

3.5. Relativiser les figures elles-mêmes

Comme on l'a entrevu dans la première section, les manuels en circulation tendent à considérer que les figures sont des entités délimitées et rigides, avec pour conséquence qu'il y a figure ou non figure. Cette approche est certes rassurante pour l'enseignement de la rhétorique, mais elle est loin de correspondre à la réalité. En effet, plusieurs recherches récentes ont montré que les figures sont des constructions malléables, ouvertes au flou et à l'imprécision. En particulier, l'ouvrage collectif sur la syllepse, édité par Chevalier & Wahl (2006), insiste sur l'ambiguïté contextuelle de celle-ci, suivant la lecture que l'on en fait. Salvan (2013) remarque que les figures de construction sont tiraillées entre grammaire, rhétorique et énonciation. Ou encore, un numéro du *Français moderne* consacré aux « figures de l'à-peu-près » (2011) met en exergue le statut foncièrement fluctuant de procédés comme le mot-valise, l'ironie et la métaphore.

La prise en compte de la relativité de la figuralité du langage offre un triple intérêt au niveau de son enseignement : elle dédramatise les problèmes de catégorisation posés par les figures ; elle va à l'encontre de l'idée qu'il y a une interprétation « juste » de celles-ci ; elle conforte le bien-fondé de leur lecture plurielle, dans les bornes de la fidélité au discours ou au texte qui les renferme. Concrètement, les manuels pédagogiques sur les figures pourraient s'inspirer des trois données suivantes :

3.5.1. Une même occurrence peut être figurale ou non figurale

Soit la déclaration de Chimène à Rodrigue dans *Le Cid* de Corneille, regardée comme un cas exemplaire de litote par plusieurs manuels : « Va, je ne te hais point ». Sans doute, on est libre de voir dans cette occurrence une assertion « en-deçà » à effet renforçant (pour signifier /je t'aime beaucoup/), et donc une énonciation litotique de la part de Chimène, désireuse de suggérer son amour à Rodrigue, tout en préservant les bienséances. Mais on peut aussi penser que Chimène a simplement voulu déclarer son absence de ressentiment envers Rodrigue après le meurtre de son père, « Je ne te hais point » étant alors interprété comme une énonciation littérale.

3.5.2. Une même occurrence peut être perçue comme figurale ou fautive

Ce type d'ambiguïté est lié aux différentes idéologies que l'on a sur la langue, comme en témoigne l'inversion qui sous-tend le schème de l'hyperbate dont voici deux exemples : « Treize ans elle avait » – « Albe le veut, et Rome » (Corneille). Quand on examine les commentaires des théoriciens sur ce genre d'inversions, on note deux appréciations contradictoires à leur propos. Elles sont des figures pour les uns, tel Batteux (1774), qui sont sensibles à leur expressivité stylistique dans le discours. Mais elles constituent des antifigures pour d'autres commentateurs (voir Crevier, 1767), quand l'hyperbate est décrite comme une déficience de style dont il faut se méfier.

3.5.3. Une même occurrence peut cumuler plusieurs figures

Ce cas est celui de certaines structures qui hybrident plusieurs schèmes figuraux – entre lesquels il est difficile de décider – dans un même segment de discours. Prenons le début de la tirade de Cyrano décrivant la proéminence de son nez dans *Cyrano de Bergerac* de Rostand :

> C'est un roc !... C'est un pic !... C'est un cap !...
> Que dis-je, c'est un cap ? C'est une péninsule.

Avons-nous ici une métaphore, sur la base de l'analogie Nez // Géographie côtière ? Ou bien une gradation, comme le laisse supposer la séquence amplifiante développée ? Ou une hyperbole, décelable à partir du discours exagéré de Cyrano par rapport à son objet ? Il est sans doute plus vraisemblable de penser que cette occurrence combine les trois figures.

4. Conclusion

L'examen de manuels actuellement sur le marché et destinés à la vulgarisation des figures a fait ressortir un paradoxe : en général, ces manuels en restent à une vision de la rhétorique figurale figée sur les conceptions du XIXe siècle, telles qu'on les trouve chez Fontanier (1821)[14]. Pourtant, les recherches linguistiques et néorhétoriques depuis une cinquantaine d'années ont profondément rénové l'analyse de la figuralité du langage. Nous avons proposé – en vue d'un manuel modernisé encore à écrire – que les acquis les plus profitables de ces recherches soient intégrés dans l'enseignement des figures, aussi bien à la fin de l'enseignement secondaire que dans les cursus universitaires. Cette intégration permettrait d'en finir avec une pédagogie du « tout-prêt », symptomatique dans les répertoires et les descriptions-recettes des manuels en question. En diffusant l'idée que les figures sont des processus en acte dans les productions les plus diverses, cette intégration favoriserait à l'inverse une pédagogie de la découverte, ce qui rejoint les tendances pédagogiques les plus modernes. Ce rôle accordé à l'initiative des apprenants en rhétorique ne nuirait pas à la rigueur dans l'étude des figures, tout en étant très formateur.

Bibliographie

Arcand, R., *Les Figures de style*, Québec, Les Éditions de l'Homme, 2004.

Batteux, Ch., *Principes de la littérature*, Paris, Saillant et Desaint, 1774.

Beth, A. & Marpeau, E., *Figures de style*, Paris, Librio, 2005.

Black, M., *Models and Metaphor*, Ithaca, Cornell University Press, 1962.

Bonhomme, M., *Les Figures clés du discours*, Paris, Seuil, 1998.

Bonhomme, M., *Pragmatique des figures du discours*, Paris, Champion, 2005.

Bonhomme, M., « La synecdoque de la partie pour le tout : une notion problématique », in Kleiber, G., Schnedecker, C. & Theissen, A. (dir.), *La Relation Partie-Tout*, Louvain, Peeters, 2006, p. 687-701.

Bonnard, H., *Stylistique, rhétorique, poétique. Procédés annexes d'expression*, Paris, Magnard, 1983.

Boutet de Monvel, M., *Les Procédés du discours*, Paris, Magnard, 1987.

Chevalier, Y. & Wahl, Ph. (dir.), *La Syllepse. Figure stylistique*, Lyon, PUL, 2006.

Crevier, J.-B., *Rhétorique française*, Paris, Saillant et Desaint, 1767.

Détrie, C., « L'énallage : une opération de commutation grammaticale et/ou de disjonction énonciative ? », *Langue française*, n° 160, Paris, 2008, p. 89-104.

[14] Par exemple, Robrieux reprend *in extenso* ses définitions de l'allégorie, de la métalepse ou de la personnification.

Druetta, R., « Ça va sans dire ou ça va mieux en le disant ? Balisage et absence de balisage de la litote à l'oral », in Horak, A. (dir.), *La Litote*, Berne, Peter Lang, 2011, p. 171-197.

Fontanier, P., *Les Figures du discours*, Paris, Flammarion, 1968 [1821].

Fromilhague, C., *Les Figures de style*, Paris, Nathan, 1995.

Gardes Tamine, J., *Pour une nouvelle théorie des figures*, Paris, PUF, 2011.

Groupe Mu, *Rhétorique générale*, Paris, Larousse, 1970.

Hamon, Ph., *L'Ironie littéraire*, Paris, Hachette, 1996.

Kerbrat-Orecchioni, C., *L'Implicite*, Paris, Armand Colin, 1986.

Lakoff, G. & Johnson, M., *Les Métaphores dans la vie quotidienne*, Paris, Minuit, 1985.

Lecolle, M., « Personnifications et métonymies dans la presse écrite : comment les différencier ? », *Semen*, n° 15, Besançon, 2002, p. 97-112.

Le Français moderne, n° 1, « Figures de l'à-peu-près » (dir. A. Rabatel), Paris, 2011.

Le Guern, M., *Sémantique de la métaphore et de la métonymie*, Paris, Larousse, 1973.

López Díaz, M., « Dire pour masquer ou la stratégie de l'euphémisme publicitaire », in Bonhomme, M., de La Torre, M. & Horak, A. (dir.), *Études pragmatico-discursives sur l'euphémisme*, Frankfurt am Main, Peter Lang, 2012, p. 193-208.

Molinié, G., *Dictionnaire de rhétorique*, Paris, Le Livre de Poche, 1992.

Perelman, Ch., *L'Empire rhétorique*, Paris, Vrin, 1977.

Peyroutet, Cl., *Style et rhétorique*, Paris, Nathan, 1994.

Quesemand, A., *Elles sont tropes ! Figures et tournures de la langue française*, Paris, Éditions Alternatives, 2006.

Rabatel, A., « Introduction : figures et points de vue en confrontation », *Langue française*, n° 160, Paris, 2008, p. 3-19.

Ricœur, P., *La Métaphore vive*, Paris, Seuil, 1975.

Robrieux, J.-J., *Les Figures de style et de rhétorique*, Paris, Dunod, 1998.

Salvan, G., « Les figures de construction à la lumière de l'énonciation », *L'Information grammaticale*, n° 137, Louvain, 2013, p. 43-49.

Sperber, D. & Wilson, D., « Les ironies comme mentions », *Poétique*, n° 36, Paris, 1978, p. 399-412.

Sperber, D. & Wilson, D., *La Pertinence*, Paris, Minuit, 1989.

Faut-il vraiment former les (futurs) enseignants de français en linguistique ?

Marinette Matthey

Université Grenoble Alpes, LIDILEM, F38040, Grenoble

1. Introduction

La linguistique a rarement bonne presse auprès des futurs enseignants de français. Considérée comme une discipline inutilement technique, transmettant des savoirs sans rapport direct avec la langue objet d'enseignement à l'école, elle apparait souvent aux yeux des étudiants, qui étudient le français parce qu'ils aiment la littérature, comme un passage obligé, une matière qu'on s'empressera d'oublier une fois l'examen passé, un peu comme le « latin fondamental » dont les cours restent obligatoires pour étudier le français à l'Université de Neuchâtel.

La question de la formation en linguistique des étudiants de français préoccupe beaucoup Marie-José Béguelin, comme le titre de ce volume d'hommage en témoigne. Pour avoir rédigé sous sa direction, et en collaboration avec Jean-Paul Bronckart et Sandra Trévisi, un certain nombre de chapitres de l'ouvrage *De la phrase aux énoncés* (Béguelin, 2000), et participé dans la foulée aux réunions durant lesquelles les premières versions étaient évaluées par des enseignants de français de Suisse romande constitués en comité de lecture, j'ai essuyé un certain nombre de critiques dont certaines étaient très virulentes. Se référant à un best-seller des Montagnes neuchâteloises des années 1960[1], un professeur de français m'avait lancé amicalement, quoiqu'un peu brutalement, lors d'une de ces réunions de conciliation : « Ce livre pourrait s'appeler *À foutre dans la caisse à bois*, on ne peut rien en faire ». Le fait que cet ouvrage soit aujourd'hui épuisé dément heureusement ces propos abrupts, mais l'anecdote signale bien le conflit latent entre toutes celles et ceux qui se considèrent comme des experts de la langue, tout en ayant des conceptions fort différentes de celle-ci.

[1] Jean-Marie Nussbaum, *À foutre dans la caisse à bois : buches chaux-de-fonnières et jurassiennes*, La Chaux-de-Fonds, Typoffset, 1969.

Dans cet hommage à Marie-José Béguelin, j'aimerais donc revenir sur cette question de la formation linguistique des étudiants de français à l'Université, en posant quatre questions auxquelles je répondrai dans le désordre tout au long du texte :

I. Faut-il vraiment acculturer les étudiants de français aux savoirs issus de la linguistique ?
II. Si oui, lesquels et dans quels buts ?
III. La formation en linguistique inscrite dans les curricula universitaires des études littéraires est-elle autre chose qu'un héritage du XXe siècle, âge d'or des linguistes où le structuralisme s'imposait par sa légitimité scientifique incontestée ?
IV. Que signifie « linguistique » en 2014, finalement ?

Comme un texte d'hommage n'est pas un récit à suspens, je tiens à rassurer immédiatement la profession (c'est-à-dire toutes celles et tous ceux qui se reconnaissent sous l'étiquette hyperonyme de *linguiste*) : je crois i) qu'il est absolument nécessaire, à l'Université, de proposer une conception de la langue autre que celle de la grammaire scolaire ; et je crois aussi ii) qu'il revient à la formation universitaire d'interroger de manière critique les multiples enjeux des discours sur la langue, à commencer par le discours normatif qui renvoie aux processus de catégorisation sociale (le jugement linguistique sur telle ou telle forme est inséparable du jugement social porté sur le locuteur qui l'énonce (Berrendonner, 1982)) et aux formes de pouvoir que ce discours révèle et performe (Heller, 2002).

Mais venons-en à la question I, à laquelle je commencerai par répondre par la négative, en me faisant le porte-voix de l'argumentation de nombreux enseignants.

2. Non

L'argument que j'ai entendu le plus souvent dans le discours des principaux concernés (étudiants ou professeurs de français en formation continue) pour contester la pertinence d'une formation en linguistique est celui d'un savoir inutilement technique sur la langue et surtout « beaucoup trop compliqué pour les élèves ». Cet argument est généralement illustré par les derniers avatars de la grammaire scolaire, qui tente depuis les années 1970 du siècle dernier d'intégrer des savoirs académiques de référence (de l'analyse distributionnelle aux premiers modèles de la grammaire générative transformationnelle) pour décrire les structures de la langue (c'est-à-dire pour construire un objet d'enseignement, que l'on peut appeler, avec Bourdieu (2001), la « langue légitime »[2]).

[2] « En effet, le paradoxe de toute pédagogie institutionnalisée réside dans le fait qu'elle vise à instituer comme schèmes fonctionnant à l'état pratique des règles que le travail

J'avoue être sensible à cet argument et avoir quelque peu frémi en parcourant la grammaire vaudoise d'Eric Genevay[3] qui devait devenir le mémento grammatical des enseignants de français du pays de Vaud à la fin du siècle passé, et qui a été saluée par des compte rendus élogieux (Paret, 1995 ; Fisher, 1995). Même si cette grammaire thématise des notions du domaine de l'énonciation et de la grammaire de texte, et qu'elle est en cela très complète, elle fournit avant tout un catalogue, sur plusieurs dizaines de pages, de l'ensemble des structures identifiées de la langue légitime, construites par transformations autour de la « phrase P » et illustrées par des schémas mêlant des arbres, des flèches, des constituants siglaisés, des types de transformation, etc. Ce type d'approche grammaticale ne peut éviter de donner une impression générale d'extrême complexité, même si elle est proposée par des passionnés qui ont envie de communiquer leur engouement pour la réflexion métalinguistique grammaticale tout en la simplifiant. L'existence de ce type de grammaire tentant de scolariser certains savoirs linguistiques de référence historiquement situés a certainement été un facteur favorisant le retour à la grammaire traditionnelle, celle qui est censée exister depuis toujours et réunir les têtes blondes et grises autour des notions patrimoniales de « complément d'objet direct », « complément d'objet indirect » et des différents types de « compléments circonstanciels ».

Ainsi, et pour répondre très clairement à la première question : non, il n'est pas nécessaire d'avoir recours aux descriptions syntaxiques des linguistes pour amener les élèves à réfléchir sur la langue ; il ne vaut pas la peine de mourir pour défendre les notions de *complément de verbe* et *complément de phrase*, même si elles sont syntaxiquement plus « justes » que celles de COD, COI et autres CC qui refont leur apparition dans les grammaires romandes, après avoir été mises de côté pendant un quart de siècle environ en raison de leur manque évident de cohérence théorique. Tant pis si les savoirs grammaticaux transmis aux élèves sont faux du point de vue *linguistique*, du moment qu'ils permettent aux élèves de distinguer les catégories et les fonctions des constituants, afin de mettre des *e*, des *s* et des *ent* à la bonne place. Les notions de la grammaire scolaire traditionnelle ont une fonction *didactique* indéniable pour la transmission de l'orthographe. Comme le notait déjà Chervel (1977/1981), la grammaire scolaire est en effet formatée par et pour l'orthographe du français. On peut le regretter (et je le regrette, bien évidemment, étant partisane, comme Chervel, d'une réforme en profondeur de l'orthographe), mais c'est ainsi. Il est probable que les discours alarmistes

des grammairiens dégage de la pratique des professionnels de l'expression écrite (du passé) par un travail d'explicitation et de codification rétrospectives » (Bourdieu, 2001 : 93).

[3] E. Genevay, *Ouvrir la grammaire*, Lausanne, Éditions L.E.P, 1994.

sur la baisse de niveau en orthographe, et les constats indéniables d'un retard de deux années scolaires des générations actuelles par rapport à celles des années 1980 (Manesse & Cogis, 2007) ont favorisé le retour des conceptions traditionnelles, mais cela ne changera pas grand-chose pour le développement langagier des élèves.

3. Et oui

Cette reconnaissance de la validité des savoirs purement scolaires hérités de la tradition ne signifie pas pour autant que le futur enseignant puisse se contenter de partager ce savoir avec ses élèves. Un professeur de français qui n'aurait jamais eu l'occasion de mettre en cause des représentations qu'il croit solides depuis sa plus tendre enfance (par exemple, qu'on parle en alignant des *mots* qui forment des *phrases*) est-il à même de mener des activités d'*hétérostructuration*[4] de la langue des élèves ? Il me semble que non. Mener une activité réflexive critique sur des catégories de perception de la langue trop familières pour les anciens élèves que nous sommes est une nécessité pour se former comme spécialiste de l'enseignement des langues, et notamment lorsqu'il s'agit de s'appuyer sur la langue de la socialisation première[5] pour accompagner les élèves dans leur apprentissage de l'écrit. Les notions de *mot* et de *phrase* sont des unités pratiques qui révèlent l'acculturation à l'écrit de notre société, mais qui montrent leurs limites dès qu'on s'intéresse à la langue orale, notamment dans la conversation. Nous avons montré dans *De la phrase aux énoncés* que les premiers découpages opérés par les scripteurs débutants sont plutôt basés sur la syllabe, qui semble être une catégorie plus opératoire pour découper la chaine parlée que celle de mot. De même, la notion de phrase est impensée dans beaucoup de théories linguistiques, elle est prise comme un donné alors que c'est une construction historiquement datée (Marchello-Nizia, 1979 ; Seguin, 1993) et non une unité fonctionnelle de description des énoncés de la langue.

Ainsi, indéniablement, il est légitime de répondre oui à la première question posée ci-dessus, en précisant toutefois quelque peu les contours de ce savoir et ses finalités. Le point qui suit est une réponse à la question II, ainsi reformulée :

---

4 Par hétérostructuration, j'entends toutes les remarques ou corrections que le professeur de français est amené à produire dans le cadre de son activité professionnelle sur le discours des élèves, qu'il soit oral ou écrit.

5 Le fait qu'une grande partie de la population scolaire n'ait pas le français comme seule langue de socialisation première devrait être pris en compte, mais ce n'est pas le propos de cette contribution.

4. Quels savoirs et pour quelle activité ?

En tant que spécialistes de la transmission linguistique en situation d'enseignement formel, les enseignants devraient pouvoir disposer d'éléments théoriques et d'un métalangage leur permettant de faire le lien entre les énoncés tout venant qu'ils vont rencontrer dans les discours ou les récits (oraux et écrits) des élèves et les formes macro et microtextuelles qu'ils visent à faire utiliser dans et par leur enseignement. Lorsqu'il s'agit d'intervenir sur des textes produits par les élèves, la linguistique de l'énonciation et « la grammaire de texte » permettent de traiter des problèmes pratiques liés à la « cohésion textuelle » (ancrage énonciatif, maintien de la référence, cohérence argumentative, etc.), et la connaissance des structures dialogiques et orales de la langue permet également de repérer les problèmes pour les expliquer d'une manière qui soit utile au scripteur apprenant.

Marie-José Béguelin a beaucoup contribué à cette réflexion en partant d'extraits de copies d'élèves ou d'étudiants jugés problématiques ([Reichler-]Béguelin *et al.*, 1988 ; ([Reichler-]Béguelin, 1995).

Dans [Reichler-]Béguelin (1995), elle montre qu'un texte à première vue largement incompréhensible, et en tout cas fortement déviant du point de vue de la syntaxe attendue à l'écrit, retrouve sa cohérence si on restitue un contexte dialogique approprié. Soit les deux passages ci-dessous extraits d'un corpus de textes de jeunes adultes en grande difficulté avec l'écrit :

(1) … et il se prépare chez
lui la coiffure. de beauté Assez
costeau et sportif se qui veut faire
comme sport du fool contact

(2) Mon santé bien je fume pas.

Dans (1), Marie-José Béguelin propose de restituer une question implicite qui pourrait être « de quel genre de beauté est-il ? » pour expliquer la pertinence du constituant détaché à caractère thématique écrit sur deux lignes : « de beauté assez costaud et sportif ». Elle considère également que « ce qui veut faire comme sport du full contact » contient l'écho d'une question telle que « que veut-il faire comme sport ?». Ce sont ces questions non formulées, mais peut-être présentes dans une consigne, qui permettent à l'auteur d'organiser et de développer son texte.

Il en va de même dans (2), où cette « phrase » qui n'en est pas une devient un énoncé parfaitement compréhensible si on le situe dans un contexte dialogal en adaptant la morphologie et la ponctuation :

(3) [- Comment va votre santé ? ou : – Et votre santé ?]
- Ma santé ? Bien, je ne fume pas.

Marie-José Béguelin pointe le fait que pour pouvoir hétérostructurer ce type d'énoncés passablement déviants du point de vue de la norme, il faut partir de leurs particularités syntaxiques concrètes. Ces échantillons témoignent d'une compétence acquise, celle de la syntaxe dans et pour l'interaction, et sur laquelle il faut pouvoir se baser pour aider les élèves à développer un autre type de syntaxe, qui repose moins sur des informations partagées implicitement avec un interlocuteur dans un contexte particulier, et davantage sur une image du lecteur qui a besoin qu'on lui en dise beaucoup plus pour comprendre ce qu'il lit. Du point de vue pédagogique, il est certain qu'une correction du type de celle illustrée en (3) respecte mieux la face de l'élève qu'un gros trait rouge barrant l'énoncé reproduit en (2).

5. « C'est quoi la linguistique en generale[6] ? »

Pour résumer la question des liens entre grammaire scolaire et linguistique, il me semble que cette dernière a réussi à incorporer un certain nombre de notions relevant du structuralisme à son corps de doctrine (notamment la notion de *groupe* pour *syntagme*, celle de *déterminant* qui unifie la catégorie hétéroclite contenant des *articles* et des *adjectifs possessifs*, etc.) et qu'elle a, grâce à cela, quelque peu gagné en cohérence et régularité descriptive. Elle conserve toutefois son statut d'objet sacré propre à la culture francophone. Patrimoine matériel et immatériel transmis par l'école, elle est censée faire sortir les élèves du statut peu envié d'illettrés ou d'analphabètes tout en alimentant un juteux marché de manuels, de fiches et autres ouvrages permettant d'améliorer son français.

Il me semble que dans la formation des étudiants de français, la question grammaticale gagnerait à être abordée d'un point de vue historique, anthropologique, sociologique, voire économique et non plus seulement du point de vue linguistique au sens strict. On peut, par exemple, se poser la question de savoir comment l'enseignement de la grammaire est envisagé dans les systèmes éducatifs anglophones, ce qui procure une expérience intéressante de décentration car la grammaire n'est pas une discipline scolaire inscrite au programme, comme c'est le cas pour la langue française, partout où elle est enseignée comme langue de scolarisation[7].

Cet élargissement du domaine disciplinaire nous amène à la question IV. Que faut-il entendre par « linguistique » aujourd'hui ? Au bon vieux temps du structuralisme, la réponse à cette question était relativement

---

6 Question posée anonymement sur le site experts-univers.com le 29 avril 2011. Orthographe originale. Aucune personne n'a répondu à ce jour (5 mai 2014).

7 Voir Wyse (2001) pour une revue de la littérature et des études empiriques sur ce sujet en Angleterre et aux États-Unis.

facile : la linguistique étudie la langue hors contexte, comme un système, c'est-à-dire comme les possibilités d'expression d'une toile faite de structures dont on hypertrophie la stabilité et l'homogénéité, à tous les niveaux – phonologique, morphologique, syntaxique et lexicosémantique. Les critiques notables contre cette notion de système « où tout se tient » apparaissent dans les années 1980 : le système devient collection de *micro-systèmes* chez Gentilhomme (1985) ; certains parlent de *précodage* et de *néocodage* pour interroger la notion de code (Alber & Py, 1985) ; la grammaire *polylectale*, comme son nom l'indique, envisage un certain nombre de structures linguistiques comme de petits ensembles de lectes en concurrence (Berrendonner *et al.*, 1983), puisqu'il est impossible de parler du système « en général ». Cette vision renouvelée du système linguistique permet de traiter sur un pied d'égalité les énoncés standard et non standard (Béguelin, 1993).

À la même époque, l'ethnographie de la communication diffuse les notions de *répertoire* et de *ressources* qui permettent d'envisager le système non plus comme une structure rigide, comme un code, mais comme un ensemble de formes à disposition, susceptibles de varier selon différents paramètres (l'espace, la situation, le temps, l'activité déployée), et pouvant relever de plusieurs langues. Parmi ces formes, certaines peuvent être préfabriquées et retenues en mémoire alors que d'autres seront construites dans l'acte même de la parole (lire Bachmann *et al.*, 1981 pour une bonne présentation de ce changement de conception). Enfin, les notions de contexte, de multimodalité de la communication et de séquences conversationnelles captent l'attention d'un nombre toujours plus grand de linguistes qui minimisent le poids du système dans l'explication du fait linguistique. Les conceptions de la langue comme activité, comme pratique conversationnelle, ou comme discours ont multiplié les paradigmes de ce qu'on appelle maintenant les sciences du langage, et font de plus en plus apparaitre la linguistique du système comme un produit intellectuel typique du XXe siècle, qui doit s'effacer devant des conceptions qui (re)mettent au premier plan la langue comme *energeia* et non comme *ergon*, comme le faisait Humboldt au XVIIIe (Voss, 1974)[8]. Ce mouvement de balancier des hégémonies théoriques est bien connu dans les sciences humaines et sociales.

8 Il faut toutefois se garder d'accentuer les ressemblances entre la pensée d'Humboldt et les courants cités. Si son affirmation « En réalité, le langage est quelque chose qui passe constamment et même à chaque instant » (cité par Voss, 1974, p. 485) est parfaitement compatible avec la notion très contemporaine d'*émergence* de la syntaxe dans l'interaction (Thompson & Couper-Kuhlen, 2005 ; Pekarek *et al.*, 2010), les connotations vitalistes de *energeia* et surtout l'absence totale de l'idée que cette activité pourrait ne pas être propre à un individu mais construite et partagée dans l'interaction limitent cette comparaison.

En conclusion, il me semble que la linguistique est intéressante pour des étudiants en littérature française, dont un certain nombre deviendra (par envie ou par résignation) enseignant de français, dans la mesure où elle élargit et diversifie les représentations de la langue en s'appuyant (un peu, quand même) sur ce qu'on pourrait appeler les acquis du structuralisme (notions de phonème, morphème, constituant, etc.), mais aussi sur l'ethnographie (de la communication), la sociologie (du langage) et l'histoire (de la grammaire, des idées linguistiques).

Ce n'est qu'à cette condition, me semble-t-il, qu'on pourra répondre gaiment (et heureusement !) oui à la question III.

Bibliographie

Alber, J.-L. & Py, B., « Interlangue et conversation exolingue », *Cahiers du Département des langues et des sciences du langage*, n° 1, Université de Lausanne, 1985, p. 30-47.

Bachmann, Ch., Lindenfeld, J. & Simonin, J., *Langage et communications sociales*, Paris, Hatier, LAL, 1981.

Béguelin, M.-J. (dir.), *De la phrase aux énoncés : grammaire scolaire et descriptions linguistiques*, Bruxelles, Éditions De Boeck Duculot, 2000.

[Reichler-]Béguelin, M.-J., « Déficits dans la maitrise des procédés de cohésion », in Anis, J. & Cusin-Berche, F. (dir.), *Difficultés linguistiques des jeunes en formation professionnelle courte. Diagnostic et propositions de remédiation. De la langue ordinaire au technolecte*, Actes du Colloque international de Paris-X Nanterre, 19-21 décembre 1994, numéro spécial de LINX, vol. 2, Université Paris X-Nanterre, 1995, p. 405-422.

[Reichler-]Béguelin, M.-J. (dir.), *Le traitement des données linguistiques non standard*, Actes des Rencontres Besançon- Neuchâtel, Neuchâtel, 29-30 janvier 1993, TRANEL, n° 20, Centre Tesnière, Université de Franche-Comté, et Institut de Linguistique, Université de Neuchâtel, décembre 1993.

[Reichler-]Béguelin, M.-J., « Faits déviants et tri des observables », in volume cité ci-dessus, p. 89-109.

[Reichler-]Béguelin, M.-J., Denervaud, M. & Jespersen, J., *Écrire en français. Cohésion textuelle et apprentissage de l'expression écrite*, Neuchâtel, Paris, Delachaux & Niestlé, 1988.

Berrendonner, A., *L'éternel grammairien*, Berne, Peter Lang, 1982.

Berrendonner, A., Le Guern, M. & Puech, G., *Principes de grammaire polylectale*, Lyon, PUL, 1983.

Bourdieu, P., « La production et la reproduction de la langue légitime », in Bourdieu, P., *Langage et pouvoir symbolique*, Paris, Points (Essais), 2001, p. 67-98.

Chervel A., *Et il fallut apprendre à écrire à tous les petits Français, Histoire de la grammaire scolaire*, Paris, Payot, 1977 (réédition sous le titre *Histoire de la grammaire scolaire*, Petite Bibliothèque Payot, 1981).

Fisher, C., « De la linguistique à la grammaire scolaire. Réflexions en marge de *Ouvrir la grammaire* de Éric Genevay », *Dialangue*, Bulletin de linguistique de l'Université du Québec à Chicoutimi, vol. 6, 1995, p. 20-28.

Heller, M., *Éléments d'une sociolinguistique critique*, Paris, Didier, 2002.

Gentilhomme, Y., *Essai d'approche microsystématique. Théorie et pratique. Application dans le domaine des sciences du langage*, Berne, Peter Lang, 1985.

Manesse, D. & Cogis, D., *Orthographe, à qui la faute ?*, Paris, ESF, 2007.

Marchello-Nizia, C., « La notion de 'phrase' dans la grammaire », *Langue française*, n° 41, 1979, p. 35-48.

Paret, M.-C., « Une grammaire pas comme les autres », *Québec français*, n° 99, 1995, p. 47-48.

Pekarek-Doehler, S., De Stefani, E., Horlacher, A.-S., Jullien, S. & Müller, G., « Configurations paratactiques et grammaire-dans-l'interaction », in Béguelin, M.-J., Avanzi, M. & Corminboeuf, G. (dir.), *La Parataxe. Structures, marquages et exploitations discursives*, Berne, Peter Lang, 2010, p. 387-409.

Seguin J.-P., *L'invention de la phrase au XVIIIe siècle*, Louvain, Peeters, Bibliothèque de l'Information grammaticale, 1993.

Thompson, S. A. & Couper-Kuhlen, E., « The clause as a locus of grammar and interaction », *Discourse Studies*, 2005, vol. 7 (n° 4-5), p. 481-505.

Voss, J., « Aristote et la théorie énergétique du langage de Wilhelm von Humboldt », *Revue Philosophique de Louvain*, Quatrième série, tome 72, n° 15, 1974, p. 482-508.

Wyse, D., « Grammar. For Writing ? A Critical Review of Empirical Evidence », *British Journal of Educational Studies*, vol. 49, n° 4, 2001, p. 411-427.

2. L'enseignement du français langue étrangère

Io vado n'est pas *je vais*

Aller, un verbe « intransitif » pour les apprenants de FLE

Alain KAMBER & Maud DUBOIS

Université de Neuchâtel, Institut de langue et civilisation françaises

1. Introduction

Le numéro 37 des *Travaux neuchâtelois de linguistique (TRANEL)*, édité en 2002 sous la direction de Marie-José Béguelin, Anton Näf et Jean-François de Pietro, posait la question des savoirs nécessaires à la fois à l'enseignant et à l'élève en matière de complémentation verbale. Nous nous proposons ici de poursuivre cette réflexion en nous intéressant aux savoirs indispensables à un apprenant allophone : les besoins de ce dernier sont en effet différents de ceux d'un élève natif, qui sait d'instinct si un type de complémentation est possible ou non. Nous nous interrogerons plus précisément sur les constructions du verbe *aller* et sur la pertinence de le catégoriser comme verbe intransitif.

Durant leur apprentissage du français langue étrangère, les apprenants allophones sont amenés à consulter des ressources telles que les dictionnaires monolingues ou des manuels de conjugaison, même si de tels outils ne leur sont *a priori* pas destinés et s'adressent avant tout à un public francophone. Si un apprenant du français cherche des informations dans un tel document, il se trouvera confronté à des indications potentiellement problématiques, comme celle d'« intransitif ». Cette étiquette est notamment attribuée au verbe *aller* dans le *Petit Robert*, ou sur des sites Internet présentant la conjugaison des verbes comme « Bescherelle »[1] [verbe intransitif (3e groupe)]. Quant aux ressources conçues pour des apprenants de FLE, si certaines méthodes ne se positionnent pas par

1 <http://www.bescherelle.com/>. D'autres ressources ne mentionnent pas cette propriété, comme « Le conjugueur » (leconjugueur.lefigaro.fr/), qui se contente d'une indication « Verbe du troisième groupe / Verbe se conjuguant avec l'auxiliaire *être* ».

rapport à la supposée intransitivité du verbe *aller*[2], un ouvrage tel que la *Grammaire pour l'enseignement / apprentissage du FLE* le classe parmi les verbes intransitifs, au même titre que *naître*, *mourir*, *partir* ou *tomber*[3].

De son côté, l'enseignant de langue vivante se voit confronté à une double contrainte : d'une part, il s'agit d'enseigner les constructions fréquentes ou typiques, de renoncer au marginal ou à l'exotique pour éviter la surcharge cognitive et diminuer les risques de confusion chez l'apprenant ; d'autre part, il faut tenir compte dans la mesure du possible des caractéristiques de la L1 pour cibler le propos et rendre l'apprenant attentif aux « pièges », « faux amis » et « calques » qui ne manqueront pas de l'induire en erreur, particulièrement si sa L1 est proche du français[4].

Les dictionnaires et même les sites Internet dédiés à la complémentation des verbes se veulent souvent exhaustifs. Ce souci de précision certes légitime pour le linguiste ou l'utilisateur confirmé peut toutefois se révéler problématique pour un apprenant qui peinera à trier les informations. Ainsi, Florea & Fuchs (2010) présentent 16 constructions différentes pour le verbe *aller*, emplois pronominaux et impersonnels compris, et on en trouve autant sur le site *Wiktionnaire*[5]. La structure de ces articles ne semblant toutefois tenir compte ni de la fréquence d'utilisation ni de la typicité des différentes formes de complémentation, ils ne permettent guère à l'enseignant de procéder à un choix pour définir les constructions qui « valent la peine » d'être enseignées. Celui-ci sera donc contraint de recourir à l'introspection, ou se tournera vers d'autres outils de recherche.

La linguistique de corpus peut contribuer sinon à corriger de fond en comble ces représentations, du moins à les préciser et à en pointer les éléments principaux. Elle offre le moyen d'arriver à un savoir « empiriquement adéquat » et « adapté aux besoins didactiques » (Berrendonner, 2002, p. 37). Grâce à l'observation des contextes d'apparition du verbe *aller* dans un vaste corpus (*Corpus français*[6]), il

2 Dans la *Nouvelle Grammaire du français*, la *Grammaire progressive du français* ou *Les Verbes et leurs prépositions*, *aller* est présenté comme un verbe suivi d'un complément de lieu ou d'un infinitif. Il est intéressant de remarquer que la *Grammaire progressive* évite complètement la notion d'intransitivité quand il s'agit de présenter l'auxiliaire de verbes tels qu'*aller*, *mourir*, *monter* ou *rester* : l'utilisation de l'auxiliaire *être* est justifiée par le fait que ces verbes « décrivent des activités fondamentales de l''être vivant' » (2002, p. 172), une idée qui rappelle la « sphère personnelle » évoquée par Benveniste dès 1965 (Benveniste, 1980).

3 Cf. *Grammaire pour l'enseignement / apprentissage du FLE* (1996, p. 138-139).

4 Voir à ce sujet Dubois, Kamber & Skupien Dekens (2014).

5 <http://fr.wiktionary.org/wiki/aller>.

6 Faisant partie de la base de données *Leipzig Corpora Collection* regroupant 230 corpus de langues différentes et élaborée par le groupe de recherche TAL de l'Université de Leipzig, *Corpus français* est composé de près de 37 millions de phrases, soit

sera en effet possible de mettre en évidence les usages principaux et ainsi permettre une transmission du savoir plus efficace et ajustée aux besoins des apprenants, en tenant compte notamment des constructions du verbe correspondant dans leur L1.

2. Transitif – intransitif : un choix exclusif ?

Bien que « la question des compléments de la sphère verbale [soit] sans doute l'une des plus chaotiques et des plus controversées de la grammaire française » (Béguelin, 1999, p. 149), les grammaires et manuels s'accordent traditionnellement sur le fait que la transitivité, directe ou indirecte, est une propriété des verbes qui désigne leur aptitude à accepter un complément d'objet. Cette notion est souvent convoquée pour expliquer le choix de l'auxiliaire utilisé dans les formes composées ; ainsi, selon cette distribution, on affirme que les verbes transitifs se conjuguent avec *avoir* en précisant que les verbes pronominaux font exception, ainsi qu'un certain nombre de verbes intransitifs[7]. On ajoute également que les – ou du moins certains – verbes transitifs peuvent être utilisés sans complément d'objet quand celui-ci est connu par le contexte (*Elle a arrêté de fumer* ; *Nous mangeons*), parlant d'emploi intransitif d'un verbe transitif. Les verbes intransitifs quant à eux sont désignés comme des verbes qui n'ont jamais de compléments direct ou indirect[8], et qui ne s'emploient – nécessairement ou facultativement ? – qu'avec des compléments circonstanciels.

À notre sens, deux éléments font problème dans cette présentation. Tout d'abord, le fait que l'intransitivité serait une propriété intrinsèque du verbe, non liée au contexte d'utilisation, alors que pour les verbes transitifs on admet des emplois intransitifs ou « absolus »[9]. Ensuite, le fait que l'on opère une distinction selon des critères uniquement sémantiques entre complément d'objet indirect et complément circonstanciel.

---

environ 700 millions de mots. Il est constitué de trois sous-corpus : journaux francophones (plus de 19 millions de phrases), pages web (plus de 11 millions de phrases) et Wikipédia (près de 6 millions de phrases), collectés entre 2005 et 2011. <http://wortschatz.uni-leipzig.de/ws_fra/>.

7 C'est sur ce critère du choix de l'auxiliaire que se fonde Benveniste pour classer *aller* parmi les verbes intransitifs (Benveniste, 1980).

8 On trouve cependant une remarque intéressante sous <http://fr.wiktionary.org/wiki/Catégorie:Verbes_intransitifs_en_français> : « en français, *les verbes intransitifs ont souvent des emplois transitifs* et les verbes transitifs ont quasiment toujours des emplois intransitifs. » (nos italiques).

9 Cette « nature » intransitive ou transitive est remise en cause par le *Code de terminologie grammaticale* belge de 1965 : « On a préféré s'inspirer des réalités concrètes et variables du langage et constater l'emploi du verbe dans le texte considéré, au lieu de lui attribuer une *nature* transitive ou intransitive. » (cité dans Wilmet, 1997, p. 476). Wilmet remarque que des verbes réputés intransitifs par la grammaire traditionnelle acceptent un complément, à l'instar de l'expression *aller son chemin* (cf. Wilmet, 1997, p. 478).

Ce deuxième problème a fait l'objet de nombreuses analyses. Par exemple, alors que certains auteurs veulent distinguer deux types de compléments circonstanciels : un complément circonstanciel intégré pour le complément de verbe et un complément circonstanciel adjoint pour un complément de phrase déplaçable (Denis & Sancier-Château, 1997, p. 88ss.), on lit dans la *Grammaire méthodique* (2011, p. 267-268) :

> Aussi bien chaque fois qu'un constituant de la phrase joue l'un des rôles sémantiques qui constituent le catalogue de circonstances où s'effectue un procès verbal (lieu, temps, instrument, but, etc.), ce constituant se trouve-t-il *ipso facto* étiqueté complément circonstanciel. Du coup, on s'interdit de distinguer entre le complément d'objet indirect du verbe *aller* dans *Cet enfant va à l'école* et le complément circonstanciel dans *Cet enfant travaille bien à l'école* sous le prétexte que les deux constituants jouent le rôle sémantique de lieu dans les deux phrases et qu'ils répondent à la question *où ?*

Ce qui est certain, c'est qu'en français le verbe *aller* régit un complément, quel que soit le nom qu'on lui attribuera[10] : complément circonstanciel de lieu se rattachant à la catégorie des compléments de verbe (et distinct du complément de phrase), complément locatif (Riegel *et al.*, 2011, p. 403) ou directionnel (comme le décrit notamment Engel (1994, p. 161) pour l'allemand[11]), complément de verbe comme le fait la grammaire scolaire en Suisse romande.

Ce constat renvoie à la question énoncée ci-dessus : comment se fait-il que, dans la grammaire française, un verbe intransitif « par essence » commande des compléments – obligatoires dans le cas du verbe *aller* – et surtout, cette description est-elle cohérente et compréhensible pour un apprenant du FLE de niveau B1[12] germanophone, anglophone, italophone ou hispanophone par exemple ?

3. *Aller* en Europe : quels savoirs pour l'enseignant ?

Pour obtenir quelques éléments de réponse, nous avons consulté les corpus comparables[13] de quatre langues européennes dans la banque de données *Leipzig Corpora Collection* : l'allemand (*gehen*), l'anglais

---

10 Le Goffic classe très clairement *aller* dans la catégorie des verbes pour lesquels les compléments sont « obligatoires », l'énoncé *ça va* étant lui-même un cas où le complément est sous-entendu (= *ça va bien*) (Le Goffic, 1993, p. 332).

11 Pour désigner ce type de compléments en allemand, une langue où le verbe *gehen* peut être utilisé sans complément d'aucun type, Engel utilise les termes *Direktivergänzung* et *Situativergänzung*.

12 Pour rappel, de tels apprenants ont, à l'écrit, « un bon contrôle grammatical malgré de nettes influences de la langue maternelle » (CECR).

13 Sur la comparabilité de données statistiques en linguistique, voir Quasthoff & Eckart (2011).

(*go*), l'italien (*andare*) et l'espagnol (*ir*)[14]. Ces corpus n'étant pas dotés de lemmatiseur et ne permettant le travail qu'avec un terme de recherche précis, nous avons sélectionné, selon les langues, une ou deux formes.

3.1. Allemand : gehen

Pour l'allemand, le terme de recherche *gehen* est hautement homonymique (infinitif, 1re et 3e personnes du pluriel de l'indicatif, 1re et 3e personnes du pluriel du subjonctif présent) et livre 146 045 occurrences.

Nous ne retiendrons pour les besoins de cette étude que les cooccurrents suivant immédiatement la forme *gehen* (ou voisins de droite), c'est-à-dire les signes ayant le plus d'affinité avec le terme de recherche selon des critères statistiques et non seulement de fréquence absolue. Pour chaque langue présente dans la banque de données, les résultats sont indiqués sous la forme suivante (entre parenthèses l'indice statistique d'affinité) :

Signifikante rechte Nachbarn von *gehen*:
. (58457.9), davon (29534.6), (15292.6), wir (7915.04), ? (4951.57), kann (4930.58), soll (4391.76), lassen (4117.41), können (4059.4), würde (2564.29), die (2503.94), Sie (2435.51), ! (2420.9), und (2169.83), müssen (1946.75), will (1923.98), könnte (1678.2), sollte (1660.95), muss (1612.34), weiter (1570.94), sie (1412.64), wird (1329.68), wollen (1064.19), musste (976.13), konnte (710.91), möchte (708.4), an die (703.98), auseinander (601.17), sollen (583.94), wollte (566.63), oder (545.93), würden (518.61), dürfen (469.41), darf (463.53), an (456.55), Hand in Hand (452.14), - (438.54), leer (419.43), zurück (411.26), konnten (403.12), könnten (397.33), wollten (370.86), auf (338.78), – (338.56), auf die Barrikaden (338.18), getrennte (321.95), auf die Straße (320.61), weit (300.59), jedoch (295.05), mussten (281.87), könne (279.87), jetzt (259.25), ins (257.85), an das (248.44), werde (235.22), und dann (228.39), mit gutem Beispiel (226.83), » (226.74), " (223.08), aber (216.21), viele (215.84), laut (214.71), wolle (210.94), an den (210.16), derzeit (206.6), nun (206.11), sogar (196.79), ins Geld (194.64), dabei (191.97), noch einen Schritt weiter (187.23), zur Neige (187.21), zulasten (183.66), verloren (178.76), auf Distanz (175.45), durfte (167.73), unvermindert (163.95), lieber (163.13), nach (163.11), deshalb (158.89), inzwischen (158.31)

Figure 1. *Voisins de droite significatifs de* gehen *(par ordre d'affinité décroissant).*

On constate bien entendu la présence, parmi les voisins de droite significatifs, de prépositions marquant le mouvement, comme *an*, *auf*, *in*, *nach* et *zu* (certaines apparaissant dans des locutions à verbe support telles que *auf Distanz gehen* et *zur Neige gehen*) :

[14] Comme *Corpus français*, ces quatre corpus sont composés de trois sous-parties : journaux, pages web et Wikipédia. <http://corpora.informatik.uni-leipzig.de/>.

(1) Wir gehen **nach Trincomalee**, im Osten.

(2) Die Antworten gehen **in zwei Richtungen**.

(3) Die Nahrungsmittel gehen **zur Neige**, an Medikamenten haben wir kaum mehr als Hustensaft.

Le second élément particulièrement remarquable est la présence de nombreux signes de ponctuation parmi les partenaires privilégiés, le point étant même le premier cooccurrent de la forme verbale. Bien sûr, cette position de *gehen* en tant que dernier mot de la phrase peut s'expliquer en grande partie par l'ordre centripète de la phrase allemande (rejet du verbe à la fin dans les subordonnées (4), parenthèse verbale, notamment en relation avec des verbes de modalité (5)), mais elle est également l'expression d'une utilisation intransitive du verbe *gehen* dans une phrase déclarative (6).

(4) Offiziell gehören BA und Iberia aber erst zusammen, **wenn** die Aktien der neuen International Airline Group (IAG) Ende Januar an der Börse in den Handel **gehen**.

(5) Persönliche Animositäten **dürfen** jetzt nicht zulasten des großen Ganzen **gehen**.

(6) Es gibt keine "Doppelspitze" mehr, Oberstadtdirektor Dieter Diekmann muss **gehen**.

3.2. Anglais : go

Dans la mesure où elle correspond à un grand nombre de formes – infinitif et la presque totalité de la conjugaison au présent –, seule la forme *go* a été retenue pour l'anglais, avec un total de 578 996 occurrences.

Les voisins de droite qui présentent la plus grande affinité avec ce verbe sont les suivants :

- préposition *to*, qui introduit un complément de direction, d'attribution ou autre (7-8)[15],
- autres prépositions comme *toward* ou *from* (9),
- particules qui entrent dans la formation de *phrasal verbs*, nombreux avec *go*, du type *go back*, *go through* ou *go ahead* (10),
- adjectifs ou participes adjectivés comme *unpunished*, *unnoticed* ou *crazy* (11),
- adverbes ou adverbiaux tels *far*, *wrong* ou *anywhere*, *somewhere* (12),
- signes de ponctuation tels que les points d'interrogation et d'exclamation, mais aussi le point et la virgule (13-14). Si l'affinité

[15] Si la forme retenue ici – *go* – ne permet pas de prendre en considération la construction exprimant le futur (*going to* + infinitif), il faut remarquer qu'elle nécessite elle aussi cette préposition.

est moins marquée que pour l'allemand, ce résultat montre clairement que le verbe peut apparaître sans complément d'aucune sorte.

(7) Several players said they were anxious to go **to their more spacious homes** and sleep on more comfortable beds.

(8) Free goodie bags and people treats will go **to the first 250 people registered**.

(9) The Millers then got the winner with three minutes to go **from Drewe Broughton**.

(10) But don't hesitate to go **back** for more, as the judging can be tough.

(11) "We're not trying to exempt companies or suggest that fraudulent behavior in overseas contracts should go **unpunished**," Chvotkin said in an interview this week.

(12) But the Council of Mortgage Lenders said the move did not go **far** enough.

(13) Ronaldo then finished the game the way he started it, by scoring a free kick past and poorly set up wall with two minutes to **go**.

(14) "If he would **go**, the power of house churches in China would grow," Li said.

3.3. Italien : andare

Pour l'italien, nous avons utilisé deux termes de recherche, l'infinitif *andare* (83 258 occurrences) et la première personne du présent de l'indicatif *vado* (6 440).

Plusieurs éléments sont remarquables parmi les voisins de droite de ce verbe :

- préposition *a* uniquement sous cette forme, qui précède un infinitif (15),
- prépositions marquant la direction, comme *a* (avec ses différentes formes amalgamées comme *al*, *ad*, *alla*, *all*, *alle*, *allo*, *ai*, *agli*), *in* (*negli*, *nella*), *da* (*dal*, *dai*) ou *su* (*sul*) (16),
- particule verbale *avanti*, mais aussi *via*, *oltre* ou *incontro* (17),
- adverbes, comme *bene* / *meglio* ou *male* / *peggio*, *forte* / *fortissimo* (18),
- adjectifs, comme *orgoglioso*, *fiero*, *errato*, *pazzo*, *matto*, etc. (19),
- participes présents, comme *dicendo*, *ripetendo*, *convincendo*, *sbattendo*, etc. (20).

Contrairement aux deux langues germaniques qui précèdent, l'italien ne compte pas de signe de ponctuation parmi ses cooccurrents de droite privilégiés, mais les exemples présentés dans la banque de données contiennent un nombre important de cas d'emploi intransitif (non pronominaux), comme (21) et (22).

(15) L'uomo è uscito di casa, intorno a mezzogiorno, per andare **a lavorare**, ma da allora il suo telefono cellulare risulta spento e non si hanno più notizie.

(16) C'è la forza, c'è la volontà per andare **in questa necessaria direzione** ?

(17) A scuola quanto potrò andare **avanti** ?

(18) Anche a potenza vado **bene**, ma devo ancora dimostrarlo ad alto livello.

(19) Ammetto di essere una madre che grida e non ne vado **fiera**.

(20) Certo è che ci sono profili piuttosto delicati, lo vado **ripetendo** da tempo e molti fanno orecchie da mercante.

(21) Fatti i miei conti, **vado**.

(22) Non posso dire se **vado** o resto.

3.4. Espagnol : ir

Nous avons sélectionné les deux mêmes termes de recherche pour l'espagnol, soit l'infinitif *ir* (67 365 occurrences) et la première personne du présent de l'indicatif *voy* (37 264).

Ici aussi, on peut relever un certain nombre d'informations relatives aux utilisations typiques du verbe en fonction de ses voisins de droite :

- préposition *a* précédant un infinitif, avec notion de mouvement (23) ou non (24),
- prépositions marquant la direction, comme *a* (ou *al*), *hacia* ou *hasta* (25),
- adverbes, comme *bien* ou *mal*, avec le verbe impersonnel (26),
- adjectifs, comme *contento*, *tranquilo*, *feliz* ou *triste*, avec le verbe pronominal (27),
- participes passés comme *acompañado*, *junto*, etc. (28),
- participes présents, comme *mejorando*, *encontrando*, *viendo*, *ganando*, *dando*, etc., cette dernière catégorie étant, parmi toutes celles présentes dans la liste, très largement la plus représentée (29).

Comme l'italien, l'espagnol ne compte pas de signe de ponctuation parmi ses cooccurrents de droite privilégiés. La banque de données montre néanmoins que des emplois intransitifs (non pronominaux), comme (30) et (31), sont possibles :

(23) Sagradamente, todas las mañanas me pasaba a tomar un cafecito en Retiro antes de ir **a trabajar**.

(24) Yo voy **a terminar** mi mandato sin haber almorzado con ningún dueño de diario, con ningún dueño de un canal de televisión, con ningún dueño de revista.

(25) Los niños reciben una ración de leche y pan antes de ir **a la escuela**.

(26) « Estoy feliz, sé que me va a ir **bien** y voy a trabajar para que me vaya bien. »

(27) **Me voy contento**, jugamos bien, metimos tres goles, pero claro, hay que seguir corrigiendo detalles.

(28) Yo creo que eso tiene que ir **acompañado** de un tratado de integración beneficioso para Bolivia y para Chile.

(29) « Este es apenas el inicio de la temporada y esperamos alcanzar muchos victorias e ir **mejorando** en cada válida » comentó La Rocca.

(30) Cuando allanaron mi casa primero tocaron la puerta y cuando vi que era la policía les dije : « Me cambio y **voy** ».

(31) Ha venido gente… yo hoy decía : si no fuera fanático no **voy**.

3.5. Résumé

Comme le montre le sondage réalisé ci-dessus, les correspondants du verbe *aller* dans les L1 retenues présentent à la fois des similitudes et des différences dans leur utilisation. Dans chacune de ces langues, il fonctionne comme verbe de déplacement permettant un complément, qui est toutefois facultatif. Il peut donc apparaître dans un usage strictement intransitif. On remarquera également que pour l'italien et l'espagnol, la construction infinitive après le verbe demande une préposition, ce qui n'est pas le cas en français.

4. Contextes d'utilisation du verbe *aller* en français : quels savoirs pour l'apprenant ?

Pour observer quels sont les contextes d'utilisation récurrents du verbe *aller* en français, nous avons consulté, dans *Corpus français*, le sous-corpus de journaux francophones (plus de 19 millions de phrases, soit un peu plus de 350 millions de mots). Nous y avons utilisé 5 mots-clés : *aller* (79'551 occurrences), *vais* (24'936), *va* (237'039), *allaient* (8'477) et *allés* (3'953). Ce choix permet de comparer les résultats de deux formes non conjuguées (infinitif et participe passé) avec ceux de formes conjuguées, mais également de tenir compte d'éventuels usages liés au temps (présent, imparfait et passé composé), à la personne (la troisième personne du singulier *va*, notamment, susceptible d'être utilisée avec des pronoms comme *ça*) ou au nombre. On obtient ainsi un échantillon que l'on pourra qualifier *grosso modo* de représentatif des emplois du verbe.

4.1. Aller + infinitif

Parmi les 80 voisins de droite de chacun des termes de recherche, ce sont les infinitifs qui sont les plus représentés (45 pour *aller* ; 57 pour *vais* ; 54 pour *va* ; 64 pour *allaient* et 53 pour *allés*). Parmi ces infinitifs, 31 verbes présentent une affinité statistique avec au moins 3 formes verbales :

	verbe	aller	vais	va	allaient	allés
1	chercher	X	X	X	X	X
2	faire	X	X	X	X	X
3	prendre	X	X	X	X	X
4	voir	X	X	X	X	X
5	gagner	X		X	X	X
6	jouer	X		X	X	X
7	passer	X		X	X	X
8	travailler	X	X		X	X
9	voter	X	X		X	X
10	demander		X	X	X	X
11	avoir		X	X	X	
12	changer		X	X	X	
13	commencer		X	X	X	
14	continuer		X	X	X	
15	devenir		X	X	X	
16	devoir		X	X	X	
17	être		X	X	X	
18	finir		X	X	X	
19	mettre		X	X	X	
20	pouvoir		X	X	X	
21	proposer		X	X	X	
22	quitter		X	X	X	
23	reprendre		X	X	X	
24	rester		X	X	X	
25	revenir		X	X	X	
26	rencontrer	X	X			X
27	vivre	X	X			X
28	déposer	X			X	X
29	donner		X	X		X
30	perdre			X	X	X
31	rejoindre	X		X		X

Figure 2. *Verbes cooccurrents de droite du verbe* aller.

La figure 2 nous permet d'observer que les 4 verbes *chercher*, *faire*, *prendre* et *voir* (l. 1 à 4) sont présents dans les cinq colonnes et peuvent donc être considérés comme des partenaires privilégiés du verbe indépendamment de la forme de celui-ci[16] :

(32) Dommage, j'aurais bien aimé qu'ils soient plus présents dans l'action, d'autant plus qu'ils sont allés **chercher** Chan pour incarner l'un d'eux.

(33) Quant à Greg Brown, « donnons-lui six mois pour voir ce qu'il va **faire** », ajoute M. Dulaney.

(34) Avec l'accord des autorités égyptiennes, ils sont allés **faire** leurs courses et s'approvisionner pour contourner le blocus imposé par Israël à la bande de Gaza.

(35) « Je vais **prendre** la meilleure décision pour l'équipe. »

(36) Le chef du gouvernement italien s'est échappé du sommet européen, pour aller **voir** l'ourson blanc qui fait la une des médias internationaux.

Parmi les exemples ci-dessus, (33) et (34) s'avèrent particulièrement intéressants, car ils illustrent les deux utilisations différentes du verbe *aller* devant un même infinitif ; en effet, si le premier est à considérer comme un semi-auxiliaire de conjugaison dans un futur analytique, le second en revanche exprime un déplacement ('aller à un endroit pour y faire quelque chose'), comme c'est le cas également dans (32) et (36)[17].

On constate en outre que 6 verbes apparaissent dans quatre colonnes et 21 dans trois, mais ce qui frappe, c'est le fait que pas moins de 15 verbes (l. 11 à 25) figurent parmi les partenaires privilégiés des formes conjuguées uniquement. En passant en revue les exemples, on constate que dans tous ces cas le verbe *aller* assume la fonction de semi-auxiliaire[18] :

(37) Ce n'est pas au nom de l'appartenance à une minorité, à un groupe, parce qu'on est d'une certaine race ou d'une certaine ethnie que l'on **va avoir** un emploi ou une place dans telle ou telle école.

(38) « Imaginer que je **vais changer** sur le fond serait utopique et malhonnête. »

(39) Les États-Unis ont immédiatement annoncé qu'ils **allaient commencer** le processus pour lever les sanctions frappant le pays, l'un des plus secrets de la planète.

---

16 Ces résultats rejoignent ceux auxquels parviennent Labbé & Labbé (2010, p. 21-22) lorsqu'ils examinent quelles sont les modalités verbales les plus fréquentes dans le discours politique et en littérature.

17 Selon Riegel *et al.* (2011, p. 17), la progressive apparition d'un emploi non lexical du verbe *aller* suivi de l'infinitif à côté de l'emploi lexical avec mouvement peut conduire à des énoncés ambigus.

18 Cette observation rejoint la remarque de Riegel *et al.* (2011, p. 452), selon laquelle le verbe *aller* dans la fonction de semi-auxiliaire ne s'utilise qu'au présent et à l'imparfait.

4.2. Aller + adverbe

La deuxième classe de mots présentant une affinité forte avec *aller* sont les adverbes (12 pour *aller* ; 11 pour *vais* ; 17 pour *va* ; 11 pour *allaient* et 12 pour *allés*). Ces adverbes sont de différentes natures : manière (*bien, mal, mieux*), lieu (*là-bas, loin, jusque-là*), temps (*bientôt, enfin*), doute (*probablement, certainement, peut-être*), intensificateurs (*très, trop, beaucoup*) ou encore négation (*[ne]... pas, [ne]... plus*). Parmi ces adverbes, 21 sont présents en relation avec au moins 2 formes différentes :

	verbe	**aller**	**vais**	**va**	**allaient**	**allés**
1	bien		X	X	X	
2	bientôt		X	X	X	
3	enfin		X	X	X	
4	pas		X	X	X	
5	probablement		X	X	X	
6	encore		X	X		X
7	vite	X	X	X		
8	crescendo	X				X
9	directement	X				X
10	là-bas	X				X
11	loin	X				X
12	plus	X				X
13	très	X				X
14	trop	X				X
15	mieux	X		X		
16	certainement		X	X		
17	peut-être		X	X		
18	sûrement		X	X		
19	désormais			X	X	
20	aussi			X		X
21	bon [train]				X	X

Figure 3. *Adverbes cooccurrents de droite du verbe* aller.

La première remarque qui s'impose est qu'aucun adverbe n'apparaît dans plus de 3 colonnes. On constate par ailleurs, comme pour les infinitifs, une véritable distribution des adverbes en fonction des formes du verbe *aller*. Ainsi, les 5 premiers adverbes (l. 1 à 5), représentant 4 catégories sémantiques différentes, n'ont des affinités qu'avec les formes conjuguées (40-41), alors que 7 autres (l. 8 à 14) au contraire ne se trouvent qu'en relation avec l'infinitif et le participe passé (42-43). Il semble toutefois difficile de donner des raisons fonctionnelles à cette distribution. La deuxième remarque qui s'impose est que seuls les adverbes de manière et de lieu constituent réellement des compléments du verbe *aller*[19].

(40) Si tout **va bien**, ce capteur sera disponible dans certains téléphones Samsung d'ici la fin de l'année.

(41) « Toute la famille Moder **va bien** », annonce son agent.

(42) Pourtant, les besoins, eux, sont **allés crescendo** ces dernières années.

(43) « Il faut **aller loin**, le plus loin possible », a estimé le ministre.

Si les exemples (40) et (41) illustrent tous deux la présence du voisin de droite *bien* avec la forme *va*, le premier est tout à fait remarquable. En effet, parmi toutes les occurrences consultées, la moitié environ présente la protase « si tout va bien ». Les exemples (42) et (43) illustrent l'affinité de ces adverbes avec l'infinitif et le participe passé ; il va de soi que des combinaisons telles que *va crescendo* sont non seulement envisageables, mais qu'on en trouve des occurrences dans le corpus. Rappelons toutefois que les cooccurrents présentés ici le sont en fonction d'affinités (de préférences) statistiques et non de simples indications de fréquence.

4.3. Aller + préposition

C'est en relation avec un complément introduit par une préposition que le verbe *aller* fonctionne comme un véritable verbe de déplacement, au sens concret ou figuré[20]. Or, ces prépositions ne constituent, selon leur affinité, que la troisième catégorie de mots voisins de droite du verbe *aller* et se répartissent inégalement en fonction des formes du verbe (15 pour *aller* et 10 pour *allés ;* mais une seule pour *va* et aucune pour *vais* et *allaient*) :

	verbe	**aller**	**vais**	**va**	**allaient**	**allés**
1	à / au / aux	X				X
2	chez	X				X
3	contre	X				
4	dans	X				X
5	de	X				
6	devant	X				

19 Il faut toutefois noter ici que l'adverbe de négation [*ne*]… *pas* n'est ni plus ni moins que le premier cooccurrent de *vais*. Dans la quasi-totalité des cas où il apparaît, *vais* est alors utilisé comme semi-auxiliaire de conjugaison.

20 Le Goffic indique que le verbe *aller* fait partie des verbes qui peuvent être suivis d'une gamme plus ou moins étendue de prépositions différentes (Le Goffic 1993, p. 348). Le rôle prépondérant de la préposition *à* apparaît néanmoins dans des variantes telles que *aller au coiffeur / médecin*, mentionnées chez Wilmet (1997, p. 14).

	verbe	aller	vais	va	allaient	allés
7	en	X				X
8	jusqu'	X				X
9	jusque	X				
10	sur	X				X
11	vers	X				X
12	au-delà [de]	X		X		X
13	au-devant [de]	X				

Figure 4. *Prépositions cooccurrentes de droite du verbe* aller.

Il est frappant de constater que ce sont les formes non-conjuguées qui présentent une affinité marquée avec les prépositions et locutions prépositionnelles : des phrases telles que *Je vais à Paris* ou *Elle va chez son grand-père* ne sont pas représentatives des préférences lexicales des formes verbales concernées.

Parmi ces prépositions, c'est *à* (avec ses amalgames *au* et *aux*) qui arrive nettement en tête (44-45), précédant *au-delà [de]*, seul élément du tableau qui présente une affinité marquée également avec une forme conjuguée (46). Suivent *vers*, *en* et *dans* (47-50) :

(44) L'avion avait déjà atterri, il roulait pour **aller au parking** quand nous avons entendu la première détonation.

(45) Tous les coups sont permis pour **aller à la Maison Blanche**.

(46) « Surtout, l'investissement des entreprises est très correct, +1,6 %, et devrait atteindre +4 % sur l'ensemble de l'année, ce qui **va au-delà de nos prévisions** », a-t-il dit.

(47) C'est une raison de plus pour **aller vers ces petits PC**.

(48) Maintenant on est aux Championnats de France et en demi-finale du 100m dos, il ne faut pas non plus faire un exploit pour **aller en finale**.

(49) « Décision fut prise alors d'**aller en justice** pour le contraindre à reconnaître l'empiètement caractérisé sur notre propriété », se désole Abdelkader.

(50) On ne peut pas continuer à laisser cette institution **aller dans le mur**.

On notera la grande hétérogénéité des exemples ci-dessus. Si (44) exprime sans le moindre doute un déplacement physique en direction d'un lieu (l'avion se rend au parking), il n'en va pas de même des autres occurrences : ainsi, dans (45), il s'agit de *gagner* la Maison Blanche (l'élection présidentielle), de devenir le président des États-Unis ; dans (46), les résultats *dépassent* les prévisions ; dans (47), la technologie *évolue* vers les petits PC ; dans (48), on veut *atteindre* la finale ; dans

(49), la locution à verbe support exprime la décision d'entamer une procédure judiciaire ; enfin, dans (50), la locution idiomatique exprime que l'institution va vers un échec, court à la catastrophe.

4.4. *Aller intransitif*

Parmi les 80 voisins de droite présentant une affinité avec chacun des termes de recherche ne figure aucun signe de ponctuation hormis la parenthèse (*aller*) et les guillemets (*allaient*). Le verbe *aller* n'apparaît jamais sans complément.

4.5. *Pronom + aller*

Pour compléter ce tableau de présentation des usages d'*aller*, nous avons également observé les voisins de gauche significatifs des cinq formes retenues. On constate ainsi que les pronoms *y* (avec *aller*, *vais*, *va* et *allaient*) et *en* (avec *vais* et *va*) constituent des partenaires privilégiés :

(51) « On nous a dirigés vers l'hôpital général, et depuis on n'arrête pas d'**y aller** », raconte Mustapha.

(52) La centrale syndicale **y va** aussi **de sa proposition** concernant les recettes de la taxe sur le CO2 qui frappe les combustibles fossiles depuis le 1er janvier 2008.

(53) Mais pour faciliter l'adaptation de tout le monde, on **y va de façon graduelle**, explique Carole Brousseau, porte-parole du RTC.

(54) **Il en va** ainsi **de certaines automobiles**, compétentes, efficaces et fiables, mais incapables de séduire.

(55) « Mais si je **m'en vais** d'ici, ce sera pour rejoindre un club du même niveau que le Real Madrid. »

L'examen des exemples permet de mettre en évidence trois emplois différents avec le pronom *y* et deux avec *en*. Ces emplois sont présentés dans l'ordre décroissant de fréquence ci-dessus. Ainsi, le pronom *y* est utilisé plus fréquemment en remplacement d'un syntagme complément directionnel ['se rendre à un endroit'] (51) que dans la formule *y aller de qqch.* ['avancer, présenter qqch.'] (52) et *y aller + adverbe* ['agir, procéder (doucement)'] (53)[21].

Enfin, les utilisations du verbe *aller* avec le pronom *en* révèlent une surprise. En effet, pour le terme de recherche *va*, les occurrences de la

---

21 La locution impersonnelle *il y va de* ['ce qui est en jeu, c'est'] n'apparaît pas dans les nombreux exemples que nous avons consultés, ni la construction *y aller de* + substantif ['miser au jeu'].

forme impersonnelle *il en va (ainsi) de* ['c'est (ainsi) pour'] (54) sont nettement plus nombreuses dans *Corpus français* que celles du verbe pronominal *il s'en va* (55).

4.6. Résumé

Il apparaît dans les résultats exposés ci-dessus que le verbe *aller* – comme verbe de déplacement ou semi-auxiliaire de conjugaison – est surtout utilisé avec un verbe à l'infinitif qui le suit immédiatement (sans préposition). *Aller* présente en outre de fortes affinités avec des adverbes, notamment de manière ou de lieu. Il fonctionne également comme verbe de mouvement avec un complément prépositionnel obligatoire (parfois repris sous sa forme pronominale *y*), l'utilisation intransitive, absente de *Corpus français*, restant purement anecdotique[22].

5. Conclusion

Grâce aux observations ci-dessus à propos du fonctionnement du verbe *aller* dans des écrits journalistiques contemporains, on peut mettre au jour ses constructions typiques et les comparer à celles des L1 des apprenants, en en pointant à la fois les similitudes et les différences. Dans une perspective didactique, la mise en évidence des régularités du français et de ses spécificités permet de procéder à une sélection parmi les multiples constructions possibles avec *aller* et par là de répondre aux besoins des apprenants de FLE.

Ainsi, nous proposons la présentation suivante du verbe *aller*, telle qu'elle pourrait figurer dans un manuel de constructions verbales ou autre document conçu pour des étudiants allophones :

aller

1. aller + infinitif

a. [se rendre à un endroit pour y faire quelque chose]
Ils sont allés faire leurs courses en Egypte.

b. [semi-auxiliaire du futur]
Je vais prendre une décision. ¦ *Ils allaient commencer le processus.*

2. aller + adverbe

a. [se rendre à un endroit] (adverbe de lieu)
Il faut aller loin.

b. [se passer ; se porter] (adverbe de manière)
Si tout va bien, il sera disponible d'ici la fin de l'année. ¦
Toute la famille va bien. ¦ *Je vais mal.*

22 Il est bien entendu possible d'en trouver un exemple comme « Je suis une force qui va ! » (Victor Hugo, *Hernani*, 1830).

3. aller + syntagme prépositionnel
  a. [se rendre à un endroit]
     Il roulait pour aller au parking. ¦ *Ils sont allés chez le général.*
  b. [dépasser]
     Ça va au-delà de nos prévisions.
  c. [évoluer vers]
     Il faut aller vers cette technologie.

4. *y* aller
  a. [se rendre à un endroit]
     À l'hôpital, on n'arrête pas d'y aller.
  b. [avec *de* : avancer ; présenter]
     Chacun y va de sa proposition.
  c. [avec un adverbe : agir, procéder d'une certaine façon]
     On y va de façon graduelle.

5. *il en va* (adverbe) *de* (verbe impersonnel)
  a. [c'est (ainsi) pour]
     Il en va ainsi de certaines automobiles.

6. *s'en aller* (verbe pronominal)
  a. [partir]
     Je m'en vais d'ici.

7. locutions
  aller dans le mur [courir à la catastrophe]
  aller en justice [entamer une procédure judiciaire]

Une telle présentation nous semble offrir un certain nombre d'avantages dans la perspective de l'enseignement du FLE.

Elle tient compte, en filigrane, des L1 des apprenants et permet de pointer à la fois les structures identiques (*aller* + SP) et – surtout – différentes (*aller* + infinitif non précédé d'une préposition, information importante pour les locuteurs de langues romanes). Elle permet ainsi de « pré-traiter » (Béguelin, 1999, p. 152) les difficultés qui pourraient être liées à la L1.

Ensuite, elle résiste à la tentation de l'exhaustivité : en épurant l'information, en ne présentant que les constructions les plus typiques du verbe à des apprenants de niveau B1, on leur fournit les bases sur lesquelles ils pourront développer leurs connaissances langagières.

Mais c'est probablement sur le plan de la terminologie grammaticale qu'elle s'avère la plus bénéfique ; en effet, elle montre que, loin d'être un verbe que l'on peut qualifier d'intransitif – à l'instar de ses équivalents allemand, anglais, italien et espagnol – *aller* a des « atomes crochus » (Tesnière, 1959, p. 238) avec un certain nombre de constituants, qu'il est donc bien un verbe à complément en même temps qu'un verbe modal[23]. Les résultats obtenus nous amènent à nous interroger sur la « *fossilisation* des représentations liées à certains termes » (Béguelin *et al.*, 1999, p. 6) et à rejeter en fin de compte l'étiquette « verbe intransitif » dont le verbe *aller* est encore souvent affublé.

Si l'on s'interroge sur le rapport entre linguistique et enseignement du français et l'apport que l'une peut constituer pour l'autre, il nous semble évident que les outils développés par la linguistique de corpus sont particulièrement pertinents pour l'enseignement / apprentissage du FLE. Dans le domaine de la complémentation verbale, notamment, l'approche quantitative que cette discipline propose permet de mettre au jour les régularités structurelles de la langue et de sélectionner, pour un niveau donné, les constructions typiques à enseigner. L'approche qualitative, qui fait partie intégrante de ce type de recherches, permet quant à elle de mettre à la disposition des apprenants des exemples authentiques prototypiques. La linguistique de corpus offre ainsi la possibilité de réduire la discordance qui existe encore souvent entre le matériel d'enseignement et la terminologie utilisés, d'une part, et la réalité de la structure et du fonctionnement de la langue, d'autre part. Par ailleurs, la présente étude montre que les corpus offrent aux enseignants un accès relativement aisé aux L1 des apprenants et une meilleure connaissance de celles-ci sur un sujet donné. Cet apport n'est pas moindre si l'on considère que la prise en compte de la L1 d'un étudiant constitue un élément important dans son apprentissage d'une autre langue.

Bibliographie

Béguelin, M.-J., « 'De la phrase aux énoncés' : bilan et perspectives », *TRANEL*, n° 31, 1999, p. 143-153.

Béguelin, M.-J., Näf, A. & de Pietro, J.-F. (dir.), *La terminologie linguistique à l'école romande : perspectives interlinguistiques*, Actes du Colloque de Neuchâtel, nov. 1998, *TRANEL*, n° 31, 1999.

Béguelin, M.-J., Näf, A. & de Pietro, J.-F. (dir.), *La complémentation verbale. Quels savoirs pour l'enseignant ? Quels savoirs pour l'élève ?*, Actes du Colloque de Neuchâtel, avril 2001, *TRANEL*, n° 37, 2002.

Benveniste, E., « Structure des relations d'auxiliarité », in *Problèmes de linguistique générale 2*, Paris, Gallimard, 1980, p. 177-193.

Berrendonner, A., « Et si on remettait la grammaire aux régimes? », *TRANEL*, n° 37, 2002, p. 31-45.

Blanche-Benveniste, C., « La complémentation verbale : petite introduction aux valences verbales », *TRANEL*, n° 37, 2002, p. 47-73.

[23] Cf. Blanche-Benveniste (2002, p. 67).

Chollet, I. & Robert, J.-M., *Les verbes et leurs prépositions*, Paris, CLE international, 2007.

Delatour, Y., Jennepin, D. *et al.*, *Nouvelle Grammaire du français, Cours de civilisation de la Sorbonne*, Paris, Hachette, 2004.

Denis, D. & Sancier-Château A., *Grammaire du français*, Guides de la langue française, Paris, LGF, 1997.

De Salins, G.-D., *Grammaire pour l'enseignement / apprentissage du FLE*, Paris, Didier / Hatier, 1996.

Dubois, M., Kamber, A. & Skupien Dekens, C., « A Quantitative and Qualitative Analysis of French L2 Students' Spelling Problems: the Case of Adjective Agreement », in Tyne, H. *et al.* (eds.) : *French through Corpora. Ecological and Data-Driven Perspectives in French Language Studies*, Cambridge, Cambridge Scholar Publishing, 2014.

Engel, U., *Syntax der deutschen Gegenwartssprache*, Berlin, Erich Schmidt Verlag, ^{3}1994.

Florea, L. S. & Fuchs, C., *Dictionnaire des verbes du français actuel. Constructions, emplois, synonymes*, Paris, Ophrys, 2010.

Grégoire, M. & Thiévenaz, O., *Grammaire progressive du français*, Paris, CLE international, 2002.

Labbé, C. & Labbé, D., « La modalité verbale en français contemporain. Les hommes politiques et les autres », *Les nouvelles journées de l'ERLA*, n° 11, 2010, <http://hal.archives-ouvertes.fr/hal-00547466>.

Le Goffic, P., *Grammaire de la phrase française*, Paris, Hachette, 1993.

Quasthoff, U. & Eckart, T., « Vergleichbarkeit von sprachstatistischen Messungen », *TRANEL*, n° 55, 2011, p. 45-57.

Riegel, M., Pellat, J.-Ch. & Rioul, R., *Grammaire méthodique du français*, PUF, ^{4}2011.

Tesnière, L., *Éléments de syntaxe structurale*, Paris, Klincksieck, 1959.

Wilmet, M., *Grammaire critique du français*, Paris, Hachette, 1997.

Note sur la difficulté d'enseigner le passé composé aux étudiants polonais[1]

Małgorzata Nowakowska

Université pédagogique de Cracovie

1. Système aspectuo-temporel du français et du polonais

Le système aspectuo-temporel du polonais diffère considérablement de celui du français. Le français oppose morphologiquement le parfait (formes verbales composées) à l'aoriste (formes verbales simples) (cf. Benveniste, 1959). Il oppose aussi le perfectif à l'imperfectif mais cette opposition ne concerne que le passé et elle se résume au contraste entre passé simple et imparfait. Ce système se complique par la double valeur des temps composés : celle de parfait (leur valeur d'origine) et celle d'aoriste (valeur diachroniquement ultérieure).

À l'instar d'autres langues slaves, le polonais ne connaît pas l'opposition parfait vs aoriste[2]. En revanche, les marques morphologiques de l'opposition perfectif vs imperfectif sont présentes dans quasiment toutes les formes verbales : formes du passé, du futur, infinitifs, participes, gérondifs et même nominalisations déverbales. Seules les formes verbales du présent restent exemptes de cette opposition : elles sont par définition imperfectives. La perfectivité et l'imperfectivité sont marquées par des affixes (préfixes et suffixes), ou encore par l'opposition de bases verbales supplétives.

L'opposition perfectif vs imperfectif a été beaucoup étudiée pour le russe et les polonistes se sont beaucoup inspirés de ces études. Bien qu'il y ait plusieurs conceptions de cette opposition, la définition de la perfectivité est toujours formulée de façon positive, et celle de l'imperfectivité de

1 Nous tenons à remercier vivement Denis Apothéloz (Université de Lorraine) pour ses nombreuses remarques et pour la révision linguistique du présent article.

2 Cette opposition existe toutefois en bulgare (cf. Guentchéva, 1990). Il existe par ailleurs en polonais une construction qui exprime la résultativité, mais elle n'apparaît que dans le parler non formel. Cette construction se compose du verbe *mieć* (*avoir*) suivi du participe passé qui s'accorde avec l'objet. Elle est donc analogue à la construction qui est à l'origine du passé composé français et du *Present Perfect* anglais.

façon négative. Les polonistes considèrent généralement que les formes perfectives sont employées pour désigner une situation qui aboutit à son terme, ce qui implique qu'il y a un changement, alors que les formes imperfectives désignent une situation qui n'implique pas de changement (cf. Laskowski, 1998 ; Nagórko, 2010). La définition de l'imperfectivité implique donc un éventail d'emplois différents, dont les plus standards sont le progressif, l'itératif et le duratif. Cette définition s'accorde bien avec l'idée de Jakobson (1984), selon laquelle l'imperfectif est le terme non marqué de cette opposition, et le perfectif le terme marqué. Dans le présent article nous décrirons un emploi de l'imperfectif polonais moins standard que le progressif, l'itératif et le duratif, mais aussi plus difficile à identifier.

Dans la description de cet emploi nous prendrons en considération aussi bien l'aspect lexical (véhiculé par le lexème verbal) que l'aspect grammatical (véhiculé par différentes marques dans les deux langues). L'aspect grammatical se résume aux deux oppositions mentionnées plus haut : perfectif vs imperfectif et résultatif vs aoristique. En revanche, pour décrire l'aspect lexical, nous utiliserons les deux couples conceptuels duratif vs momentané et borné[3] vs non borné. Cela dit, certains de ces concepts peuvent être exprimés aussi, au moins en polonais, par des marques grammaticales. Nous admettons après Karolak (1993) que les morphèmes de perfectif peuvent servir de bornage d'une situation ou de marque de momentanéité et les morphèmes d'imperfectif, de marque d'absence de bornage et donc de durativité.

2. Le passé composé et ses correspondants polonais

Il existe un nombre considérable d'études consacrées au passé composé (désormais PC) (cf. par exemple Benveniste, 1959 ; de Both-Diez, 1985 ; Waugh, 1987 ; Franckel, 1989 ; Vet, 1992, 2001 ; Luscher & Sthioul, 1996 ; Ritz, 2002 ; Desclés & Guentchéva, 2003 ; Bres, 2010 ; Apothéloz & Nowakowska, 2010 ; Nowakowska 2010 ; Górnikiewicz, 2012). Nous considérerons classiquement ici que ce temps a deux emplois principaux : résultatif[4] et aoristique. Le premier représente un état simultané au

3 Nous identifions le terme *verbe transitionnel* avec celui de *verbe borné*. Il s'agit d'un verbe qui implique une borne à l'intervalle couvert par la situation exprimée par le verbe. Par exemple, des verbes comme *apparaître (x)* ('l'intervalle couvert par la présence de x a une borne initiale') ou *détruire* ('l'intervalle couvert par la situation produite par x sur y a une borne finale') sont bornés, alors que *crier* ou *rencontrer* ne le sont pas. Il se peut que la borne ne soit pas donnée par le verbe. Ainsi, *écrire* est non borné mais peut le devenir avec un objet direct comme *écrire un article*. Par ailleurs, au terme d'*action* nous préférons celui de *situation*, qui s'applique à tout état de choses : état, action, événement, ou autre.

4 Nous préférons le terme de *résultatif* à celui de *parfait*, à cause de l'utilisation ambiguë de ce dernier. Par exemple, pour Benveniste (1959), le parfait représentait, nous

moment de l'énonciation, état qui résulte d'une situation passée non localisée dans le temps. Le second désigne une situation passée localisée dans le temps. Les extraits suivants, accompagnés de leur traduction en polonais[5], illustrent ces deux emplois :

(1) – C'est tout à fait comme ça que je le voulais ! Crois-tu qu'il faille beaucoup d'herbe à ce mouton ?
– Pourquoi ?
– Parce que chez moi c'est tout petit...
– Ça suffira sûrement. Je t'*ai donné* un tout petit mouton. (Saint-Exupéry, *Le Petit Prince*, p. 16)

(1a) – Ależ właśnie o to mi chodziło! Powiedz mi, czy będę potrzebował dla niego dużo siana?
– Dlaczego?
– No, bo wiesz. Mam tak mało miejsca...
– Wystarczy z całą pewnością. *Dałem*[PF] ci całkiem maluśkiego baranka. (Saint-Exupéry, *Mały Książę*, p. 12)[6]

(2) J'*ai sauté* sur mes pieds comme si j'avais été frappé par la foudre. J'*ai* bien *frotté* mes jeux. J'*ai* bien *regardé*. Et j'*ai vu* un petit bonhomme tout à fait extraordinaire qui me considérait gravement. (Saint-Exupéry, *Le Petit Prince*, p. 12)

(2a) *Skoczyłem*[PF] na równe nogi, jakby trafiony piorunem. *Przetarłem*[PF] oczy. *Rozejrzałem się*[PF]. I *zauważyłem*[PF] zupełnie nadzwyczajnego małego człowieczka, który przyglądał mi się z powagą. (Saint-Exupéry, *Mały Książę*, p. 9)

Dans (1), la forme *je t'ai donné* désigne l'état actuel suivant : le Petit Prince est en possession d'un petit mouton, qui a été dessiné par le narrateur. En revanche, dans (2), les verbes au PC désignent une succession de situations localisées dans le passé. Chaque situation est localisée dans le temps grâce au repère temporel offert par le texte. Souvent, les textes narratifs se passent de compléments de localisation temporelle, ce qui est le cas ici.

Dans la version polonaise, ces PC sont tous traduits par le passé perfectif – aussi bien le PC résultatif de (1) que les PC aoristiques de (2). Mais, comme nous allons le voir, cela ne signifie pas que les PC français

semble-t-il, aussi bien la forme composée que sa valeur résultative. Traditionnellement, on utilise aussi le terme d'accompli, mais son usage est souvent restreint à certains types de verbes.

5 La traduction du *Petit Prince* utilisée est due à Ewa Łozińska-Małkiewicz (*Mały Książę. Z akwarelami autora*, 1997, Toruń, Algo).

6 Nous utiliserons les sigles *PF* et *IMP* pour marquer les aspects perfectif et imperfectif des verbes polonais.

correspondent toujours en polonais à des formes perfectives. Dans le présent article, nous nous attacherons à étudier un cas (parmi d'autres) où le PC aoristique, contrairement à ce qu'on observe dans (2), doit être traduit en polonais par un passé imperfectif[7]. Le choix de ce cas a été dicté, entre autres, par l'observation des fautes faites par les apprenants polonais. De façon générale, ces fautes consistent en un certain « abus » de l'imparfait. Cela signifie que les apprenants polonais calquent l'imparfait sur l'imperfectif passé polonais. Examinons un exemple d'une telle faute, provenant de copies d'étudiants polonais du niveau B1. Le test consiste à vérifier la connaissance des temps passés et l'étudiant doit mettre la forme convenable à la place de l'infinitif du verbe :

(3) [Sophie vient d'entrer dans un magasin pour acheter un ordinateur] Elle (*connaître*) *connaissait* le vendeur depuis longtemps : ils (*se rencontrer*) *s'étaient rencontrés* au cours d'allemand trois ans plus tôt. Dans le magasin, Sophie (*lire*) **lisait* les prix sur les étiquettes, (*vérifier*) **vérifiait* les performances des ordinateurs en vente, puis elle (*se décider*) *s'est décidée*[8].

Observons la dernière phrase de cet extrait : contrairement aux verbes *lire* (*les prix sur les étiquettes*) et *vérifier* (*les performances des ordinateurs en vente*), le verbe *se décider* a été mis correctement au PC. Il est évident que ce verbe diffère des deux précédents par l'aspect lexical : *se décider* est un verbe momentané, alors que *lire* (*qqch.*) et *vérifier* (*qqch.*) sont des verbes duratifs. Notons aussi que ces deux verbes peuvent être considérés comme des verbes d'accomplissement quand ils s'accompagnent de leurs compléments d'objet et comme des verbes d'activité quand ils s'emploient de façon absolue (cf. Vendler, 1967).

Pour essayer de trouver l'origine de l'imparfait erroné chez les apprenants polonais, traduisons le texte (3) en polonais.

(3a) *Znała*^{IMP} sprzedawcę od dawna : *poznali się*^{PF} na kursie niemieckiego trzy lata temu. W sklepie, Sophie *czytała*^{IMP} ceny na etykietkach, *sprawdzała*^{IMP} możliwości techniczne wystawionych na sprzedaż komputerów, potem *się zdecydowała*^{PF}.

On constate qu'en effet, il est naturel de traduire les deux verbes duratifs par la forme imperfective : *czytać*^{IMP} (*lire*) et *sprawdzać*^{IMP} (*vérifier*). Cela confirme que dans (3) nous avons affaire à un calque consistant à identifier l'imperfectif polonais et l'imparfait français. Ajoutons qu'il serait impossible

---

7 Le PC résultatif ne correspond pas toujours non plus au passé perfectif polonais (cf. Apothéloz & Nowakowska, 2010 ; Nowakowska, 2005, 2008)

8 Pour la clarté de l'exposé, nous n'avons pas relevé des fautes de plus-que-parfait dans ce test. L'emploi de ce temps verbal est particulièrement difficile pour un apprenant polonais, vu que le système aspectuo-temporel polonais ne dispose pas de formes correspondantes.

de traduire le verbe momentané *se décider* par une forme imperfective. Ce fait étaie l'idée que chez les Polonais, le caractère duratif du lexème verbal implique spontanément l'emploi de la forme imperfective du verbe.

En confrontant les formes verbales passées de (3) et (3a), il faut considérer encore un autre facteur. Les objets directs des verbes *lire* (*czytać*[IMP]) et *vérifier* (*sprawdzać*[IMP]) sont des syntagmes nominaux au pluriel. Cela signifie que les situations exprimées par ces verbes, en s'appliquant à un ensemble d'objets, présentent un caractère « multiplicatif », ce qui contribue à renforcer leur caractère duratif. Rappelons qu'aussi bien le duratif que l'itératif sont des emplois canoniques de l'imperfectif polonais.

Une question se pose encore : les verbes *lire* et *vérifier* de (3) peuvent-ils être traduits par des passés perfectifs en polonais ? Cela n'est pas exclu, mais les verbes qui sont mis au passé perfectif expriment « un parcours complet » effectué sur l'objet direct (cf. Wierzbicka, 1967). Ainsi, si l'on employait les formes perfectives *przeczytać*[PF] (*écrire*) et *sprawdzić*[PF] (*vérifier*) dans la traduction polonaise, le texte signifierait que Sophie a regardé, sans exception, les prix et vérifié les performances de tous les ordinateurs qui se trouvaient en vente dans le magasin. Le polonais étant une langue sans article, l'imperfectif du verbe combiné avec un objet direct désignant un ensemble d'objets signifie que la situation exprimée par cette expression verbale ne concerne pas nécessairement tous les objets de l'ensemble. Donc, suivant la version polonaise du texte, Sophie n'a pas forcément regardé les prix ni vérifié les performances de tous les ordinateurs, ce qui résulte sans doute de (3). L'imperfectif polonais se montre donc moins déterminé sémantiquement que le perfectif[9]. Bref, aux yeux d'un apprenant polonais, ce qui paraît le plus important pour concevoir des verbes comme *lire* et *vérifier* en (3), c'est leur caractère duratif. Probablement, chez les étudiants polonais, le caractère duratif des verbes prévaut sur d'autres critères. Dans cet exemple, ils ne saisissent pas le passage de l'arrière-plan au premier plan et / ou ils ne savent pas quels temps verbaux marquent chacun des deux plans (cf. *infra*).

3. Emploi limitatif

Nous venons de voir un cas particulièrement délicat pour les apprenants polonais, qui est le suivant : exprimer en français une situation durative qui couvre un intervalle fermé à droite, mais sans que cette fermeture signifie

9 Comme l'écrit Wierzbicka (1967), le perfectif passé implique l'exhaustivité de l'ensemble désigné par le complément d'objet direct. Ce phénomène est sans doute strictement lié à l'absence d'article dans la langue polonaise : à l'instar de l'article défini pluriel, le perfectif polonais implique que l'expression correspondant à l'objet direct pluriel désigne un ensemble d'objets clos.

que la situation aboutit à son terme. Cette difficulté concerne aussi bien les verbes bornés que non-bornés. Dans cet article, nous nous occuperons uniquement de verbes duratifs non bornés. Quand ils sont mis au PC, ces verbes ont pour correspondant polonais l'imperfectif passé. Nous appellerons ce cas *emploi limitatif*. À la suite de Karolak (2007), nous décrirons cet emploi pour le français de la façon suivante : le morphème de PC a pour rôle de borner à droite l'intervalle que couvre la situation durative exprimée par le lexème verbal. Ici, il s'agira toujours d'un PC aoristique qui se distinguera par son aspect lexical (duratif, non borné) et son environnement linguistique. Nous décrirons cet environnement pour les deux langues.

Illustrons cet emploi par un exemple extrait de [Reichler-]Béguelin *et al.* (1990, p. 102). Cet exemple montre la fonction narrative du PC : les deux verbes font progresser la narration, à l'instar du passé simple :

(4) Il *a marché* trente jours. Il *est arrivé* par un temps superbe.

Il n'est pas surprenant que le verbe momentané *arriver* soit apte à avoir cette fonction textuelle. Mais on remarque que le verbe duratif *marcher* en est aussi capable. Cela est dû au morphème de PC qui permet de fermer l'intervalle que couvre la situation de marcher. Le complément de quantification temporelle *trente jours* a ici le même rôle que le PC : celui de délimiter un intervalle de cette situation. Il le fait de façon différente du PC, dans la mesure où il indique également la borne gauche de l'intervalle. Bref, le verbe *marcher* au PC représente un emploi limitatif.

Quand on considère l'emploi limitatif du PC du point de vue de la langue polonaise, on constate tout de suite que c'est le passé imperfectif et non perfectif qui lui correspond :

(4a) *Szedł*^{IMP} (**poszedł*^{PF}) trzydzieści dni. Przybył^{PF} na miejsce w ładną pogodę.

En effet, il est impossible de combiner la forme perfective du verbe polonais avec *trzydzieści dni* (*trente jours*). En polonais c'est le complément de quantification temporelle qui exprime la limitativité, non le verbe à l'imperfectif passé. Cette forme verbale ne donne qu'une information relativement générale : la situation a eu lieu au passé et elle est durative. En confrontant le polonais avec le français, on constate, après Karolak (2007), qu'il y a un double marquage de limitativité en français : par le morphème de PC, et par un complément de quantification temporelle. En revanche, en polonais le marquage n'est fait que par le complément de quantification temporelle.

Cette différence est sans doute à l'origine de nombreuses fautes de la part des polonophones. Sous l'influence de leur langue maternelle, ils peuvent produire spontanément un énoncé comme *Il marchait trente jours*. Dans cet énoncé, l'imparfait reproduit l'imperfectif passé polonais.

3.1. Emploi limitatif en français et en polonais

En vue d'approfondir les caractéristiques de cet emploi dans les deux langues, considérons encore deux exemples, choisis cette fois-ci dans des extraits de textes :

(5) Dawid na pewno nie jest łotrem. Zanim moi rodzice wyrazili zgodę na nasz ślub, *czekał*[IMP] na mnie aż *siedem lat*… (Ligocka, *Dziewczynka w czerwonym płaszczyku*, p. 74)

(5a) David n'est certainement pas une canaille. Il m'*a attendue pendant sept ans*, jusqu'à ce que mes parents donnent enfin l'autorisation de nous marier… (Ligocka, *La petite fille au manteau rouge*, p. 65[10])

(6) J'*ai* donc *vécu* seul, sans personne avec qui parler véritablement, *jusqu'à une panne dans le désert du Sahara*, il y a six ans. (Saint-Exupéry, *Le Petit Prince*, p. 12)

(6a) Tak więc *żyłem*[IMP] samolubnie, nie mając nikogo, z kim mógłbym porozmawiać, *aż do kraksy na Pustyni Saharze*, sześć lat temu. (Saint-Exupéry, *Mały Książę*, p. 9).

Les verbes *czekać* (*attendre*) et *żyć* (*vivre*) sont duratifs et non bornés. Ils se combinent avec des compléments de quantification temporelle, que nous avons mis en italiques. Le complément de quantification temporelle de (5) indique un intervalle borné des deux côtés (*siedem lat / pendant sept ans*), alors que celui de (6) n'indique que la borne finale (*jusqu'à une panne dans le désert du Sahara / aż do kraksy na Pustyni Saharze*). Quant à (5) et (5a), la différence de forme des compléments n'est pas pertinente, étant donné qu'en polonais il n'est pas exclu d'ajouter la préposition *przez*, correspondant de *pendant ;* réciproquement, en français on peut enlever *pendant*.

Mais souvent, pour qu'un PC puisse être interprété comme limitatif, il faut qu'il se combine avec un complément de quantification temporelle. Voici comment se présente ce type de construction en français et en polonais :

Emploi limitatif :
– en français : verbe non borné au PC + (*pendant*) X temps / *jusque* + loc. temp.
– en polonais : verbe non borné à l'IMP passé + (*przez*) X temps / *aż do* + loc. temp.

[10] La traduction française de *Dziewczynka w czerwonym płaszczyku* utilisée est due à Olivier Mannoni (*La petite fille au manteau rouge*, 2005, Calmann-Lévy).

Ce schéma montre que les compléments temporels ont un rôle important dans l'emploi limitatif. Il faudrait donc expliquer ce rôle dans la création de l'intervalle. Nous avons trouvé, dans le manuel de français de [Reichler-]Béguelin *et al.* (1990, p. 122), des fautes qui concernent exactement le problème de l'interprétation de ces compléments. Voici deux exemples relevés dans des copies d'étudiants de français avancé :

(7) Le jeune homme assis près de la fenêtre sauta, effrayé par la voix du haut-parleur. *Pour un moment*, il **avait* l'air d'être complètement bouleversé. (ex. 7.2.8)

(8) Cela faisait déjà un bon moment que Pierre Bertin cherchait désespérément la chambre. *Voilà vingt minutes* qu'il **erra* (*errait*) dans les couloirs de l'Hôtel de la Paix de Genève. (ex. 7.2.5)

Le premier exemple comprend un complément qui délimite un intervalle des deux côtés et le second, uniquement du côté gauche. Dans le premier exemple l'étudiant a employé l'imparfait et non le passé simple, qui a ici un rôle textuel identique à celui du PC aoristique. Ce qui paraît clair, c'est que l'étudiant a interprété la situation exprimée par *avoir l'air complètement bouleversé* comme un état, c'est-à-dire une situation non bornée. Il n'était pas conscient que le complément *pour un moment* peut justement servir à borner cet état[11].

Dans (8), inversement, l'étudiant a sans doute pris le complément *voilà vingt minutes que* pour une vraie quantification temporelle[12], c'est-à-dire indiquant soit les deux bornes de l'intervalle soit sa borne finale. En réalité, il n'indique que la borne initiale de l'intervalle couvert par la situation d'errer et ne donne aucune information quant à l'autre borne. Il s'identifie donc avec des compléments du type *DEPUIS + X TEMPS* (*il errait depuis vingt minutes*). Dans (8), le calcul de la durée se fait à partir d'un repère anaphorique : le moment où est arrivé le cours de la narration. Ce type de complément exige en français plutôt l'emploi de l'imparfait et non celui du passé simple, ni du PC.

3.2. Compléments de quantification temporelle

Comme nous l'avons vu, l'analyse des fautes de temps, et surtout celles concernant le choix du PC et de l'imparfait, révèle la nécessité

[11] Cet exemple illustre une autre source d'erreur, si l'on admet que le texte a été produit par un apprenant polonais. Le verbe *mieć* (*avoir*) est défectif : il n'existe que sous la forme imperfective (c'est un « imperfectiva tantum »). Il en est de même de verbes comme *być* (*être*), *musieć* (*devoir*), *móc* (*pouvoir*), *chcieć* (*vouloir*), etc.

[12] Le complément *voilà vingt minutes que* est particulièrement difficile pour un apprenant à cause de sa structure régissante et de l'absence de préposition devant le complément.

d'une classification des compléments temporels. Malgré les travaux, pionniers dans ce domaine, de Borillo (1988, 1998), il n'existe pas à notre connaissance de classification qui prenne systématiquement en considération la combinatoire des compléments temporels et des temps verbaux. Pour ce qui est du problème examiné ici, nous nous occuperons seulement de compléments de quantification temporelle, en laissant de côté les compléments de localisation temporelle. Dans le groupe des compléments de quantification temporelle, il faudrait distinguer les trois types suivants[13] :

1) les *compléments d'intervalle*, qui indiquent les bornes initiale et finale de l'intervalle que couvre la situation exprimée par le verbe (*du lundi au vendredi, pendant trois jours*, etc.) ;

2) les *compléments de fermeture*, qui indiquent seulement la borne finale de l'intervalle (*jusqu'à son mariage*, etc.) ;

3) les *compléments d'ouverture*, qui indiquent seulement la borne initiale de l'intervalle (*depuis 8 heures, dès le matin*, etc.)[14].

Comme nous l'avons constaté avec les analyses ci-dessus, les deux premiers se combinent généralement avec un verbe au PC, et le troisième avec un verbe à l'imparfait. Ce qui permet d'ajouter la caractéristique suivante aux emplois limitatifs du PC :

Emploi limitatif :
verbe non borné au PC + complément de quantification temporelle d'intervalle ou de fermeture

Notons qu'il n'est pas exclu que le PC puisse se combiner avec un complément d'ouverture. Mais, dans ce cas, il ne s'agit pas de l'emploi limitatif :

(9) Il *est parti* depuis deux heures.

Ici, *depuis deux heures* ne quantifie pas la situation véhiculée par le verbe, mais l'état qui en résulte. Bien entendu, nous avons affaire ici au PC résultatif (cf. Apothéloz, 2008).

3.3. Absence de complément de quantification temporelle

Dans la description de l'emploi limitatif, il faut signaler une difficulté d'interprétation qui apparaît quand le PC et, surtout, l'imperfectif passé

---

[13] Nous nous sommes inspirée de la classification de Bertinetto (2001, p. 17), faite pour l'italien.

[14] Borillo (1998) traite ces compléments comme adverbes de référence temporelle et elle les met dans le groupe des duratifs. Il est tout à fait juste de dire qu'ils servent à localiser directement ou indirectement la situation dans le temps. Néanmoins, ce fait n'est pas pertinent pour l'analyse de l'emploi limitatif du PC.

polonais, ne sont accompagnés d'aucun complément de quantification temporelle. Observons les verbes *se loger* (*ukrywać się*^IMP) et *réfléchir* (*zastanawiać się*^IMP) au PC dans les extraits suivants :

(10) Piwnica jest ciemna i wilgotna, jak ta czarna dziura, w której *się ukrywałyśmy*^IMP. W kącie leży góra węgla, o ścianę opiera się rama łóżka. (Ligocka, *Dziewczynka w czerwonym płaszczyku*, p. 56)

(10a) La cave est obscure et humide, comme le trou noir où nous *avons logé*. Dans le coin s'élève une montagne de charbon ; un sommier est adossé contre le mur. (Ligocka, *La petite fille au manteau rouge*, p. 52)

(11) J'*ai* alors beaucoup *réfléchi* sur les aventures de la jungle et, à mon tour, j'ai réussi, avec un crayon de couleur, à tracer mon premier dessin. (Saint-Exupéry, *Le Petit Prince*, p. 9-10)

(11a) W owych czasach wiele *zastanawiałem się*^IMP nad przygodami w dżungli i udało mi się kolorową kredką samodzielnie narysować mój pierwszy rysunek. (Saint-Exupéry, *Mały Książę*, p. 7).

En français, malgré l'absence de complément de quantification temporelle, l'emploi limitatif est reconnaissable. Le morphème du PC implique la délimitation d'un intervalle pour les deux situations duratives non bornées (*être logé* et *réfléchir*). En polonais, étant donné la forme imperfective des verbes, il faut un certain effort interprétatif pour se représenter ces deux situations comme limitées temporellement. L'unique indice permettant d'inférer un intervalle fermé à droite est que les deux situations exprimées par les verbes sont localisées dans le passé et mises en contraste avec celles qui ont lieu actuellement. Dans (10) et (10a), il s'agit d'une situation antérieure à celle actuellement racontée (le narrateur se trouve dans une cave avec sa mère) ; et dans (11) et (11a), c'est *alors* (*w owych czasach*) qui localise la situation en question dans le passé. Par ailleurs, on trouvera certainement des arguments pour traiter l'adverbe *beaucoup* (*wiele*) comme un complément d'intervalle.

3.4. Emploi limitatif dans la narration

Comme nous l'avons dit *supra*, le PC dans un emploi limitatif conserve toutes les caractéristiques d'un PC aoristique. Il est donc utilisé dans des textes narratifs : le verbe au PC réfère à des situations localisées dans le passé. Sa fonction textuelle ne diffère donc pas des autres PC aoristiques, comme nous l'avons vu dans l'exemple déjà cité :

(4) Il *a marché* trente jours. Il *est arrivé* par un temps superbe.

Il va de soi que le verbe *marcher* dans son emploi limitatif, ainsi que le verbe *arriver* au PC, font partie du premier plan de la narration. Tous deux représentent des situations qui se succèdent. Rappelons que le verbe *marcher* correspond au passé imperfectif en polonais :

(4a) *Szedł*^{IMP} trzydzieści dni. *Przybył*^{PF} na miejsce w ładną pogodę.

Cela signifie que c'est le complément d'intervalle qui permet d'interpréter la construction *szedł*^{IMP} *trzydzieści dni* comme faisant partie du premier plan. Seul, l'imperfectif passé s'approprie difficilement cette fonction, étant donné qu'il est systématiquement utilisé pour marquer l'arrière-plan[15]. Bref, les passés perfectifs constituent le premier plan, mais les passés imperfectifs y apparaissent chaque fois qu'il faut désigner une situation durative limitée à droite.

Cette répartition des formes perfectives et imperfectives dans les textes narratifs polonais accroît sans doute la difficulté qu'ont les Polonais apprenant le français à saisir le contraste entre premier plan et arrière-plan. Examinons à ce propos les fautes d'étudiants polonais du niveau B1 dans un test :

(12) Madame Langlois est partie de chez elle un peu plus tard que d'habitude. Heureusement, on (*circuler*) *circulait* bien dans la ville. Plusieurs feux rouges (*obliger*) **l'obligeaient* cependant à s'arrêter et lui (*faire*) **faisaient* perdre du temps.

La « faute » consiste ici, d'une part à ne pas avoir saisi le passage de l'arrière-plan (*Heureusement, on circulait bien dans la ville*) au premier plan (*Plusieurs faux rouges* l'ont *obligée cependant…*), dont *cependant* est ici un indice ; d'autre part à ne pas voir qu'en français les temps verbaux permettent précisément de marquer l'opposition des deux plans. Pour l'exemple (12), cela est probablement dû à la conception erronée du verbe *obliger* : les étudiants le comprennent sans doute comme désignant un état plutôt qu'une situation dynamique. Ils doivent connaître des expressions comme *être obligé* ou *avoir une obligation*, et ils ont du mal à comprendre qu'il est ici presque synonyme du verbe suivant, *faire* factitif.

Cet exemple nous montre comment la compréhension de la distinction des deux plans est liée au sens des verbes. Malheureusement, il y a un certain nombre de verbes pour lesquels il est difficile de se faire une représentation. On peut très bien se représenter quelqu'un qui est en train de dessiner un cercle, ou qui a fini de le dessiner ; mais il est beaucoup plus difficile de se représenter des verbes comme *obliger* et *faire* factitifs. Cependant, pour faciliter cette représentation, on peut imaginer diverses stratégies : par exemple, associer l'analyse de ces deux verbes à celle des verbes qui les suivent :

---

15 Bien entendu, nous simplifions considérablement en associant le PC au premier plan, et l'imparfait à l'arrière-plan. Cette simplification est néanmoins nécessaire dans l'enseignement du FLE, sauf à un niveau élevé.

(12a) Plusieurs feux rouges l'*ont obligée à s'arrêter* / Plusieurs feux rouges lui *ont fait perdre* du temps.

Comme on le voit, ils forment une structure dont le second verbe (*s'arrêter* / *perdre*) est primordial pour saisir le sens de toute la structure. Les verbes *obliger* et *faire* factitifs ne font ici qu'apporter un sens causal. Après réflexion, les étudiants peuvent tirer eux-mêmes la conclusion ou la reformulation suivante : « Madame Langlois s'est arrêtée plusieurs fois et elle a perdu du temps à cause des feux rouges ». Nous pensons que les étudiants mettront beaucoup plus volontiers les deux verbes au PC, dans cette reformulation, parce que ce sont des verbes momentanés. Une stratégie analogue a été proposée pour les structures à verbes modaux : ainsi, Courtillon (1981) explique la différence entre *x pouvait le faire* et *x a pu le faire* par le fait que cette dernière structure implique que « x l'a fait ».

Pour revenir à l'emploi limitatif, on constate que pour considérer une construction verbale comme appartenant au premier plan, il faudra la représenter comme une situation limitée temporellement par un intervalle borné au moins à droite. Toute la difficulté des apprenants polonais vient probablement d'une mauvaise identification de ce type de constructions. Cette difficulté est due, comme nous l'avons dit plus haut, à l'intuition des apprenants selon laquelle le caractère duratif de la situation est un indice suffisant pour mettre à l'imparfait le verbe qui exprime cette situation. Notons que dans (12), l'idée de la durativité est encore renforcée par l'itération de la situation « s'arrêter à plusieurs feux rouges » (cf. aussi l'exemple (3) *supra*). En polonais, contrairement au français, tout verbe qui désigne une situation itérée peut être mis à l'imperfectif, même un verbe qui se combine avec un complément de fréquence désignant un nombre déterminé de fois, comme *pięć razy* (*cinq fois*).

En confrontant les deux langues, on constate donc que le marquage du premier plan est moins univoque en polonais qu'en français. En français le premier plan est marqué par le PC (ou le PS) et ce marquage ne dépend pas – ou ne dépend que très peu – de l'aspect lexical des verbes qui entrent en jeu, ce que nous avons vu dans (4). En polonais, en revanche, le premier plan est signalé, outre par le passé perfectif, par le passé imperfectif qui s'emploie toujours quand il faut désigner une situation durative limitée. Les textes polonais exigent donc un certain effort interprétatif pour distinguer un imperfectif de premier plan d'un imperfectif d'arrière-plan.

4. Pour conclure

Le présent article avait pour objectif d'analyser certaines des difficultés que rencontrent les apprenants polonais dans la maîtrise du PC. Ces apprenants ont tendance à identifier passé perfectif polonais et PC, et passé imperfectif polonais et imparfait. D'où vient cette identification erronée ? Aussi bien les apprenants que les enseignants projettent inconsciemment sur le français leur représentation du fonctionnement des formes perfectives et imperfectives polonaises. Or, cette représentation ne peut être adéquate. Par ailleurs l'enseignement de la grammaire à l'école se limite généralement à quelques notions de morphologie verbale et, concernant les emplois, à quelques remarques normatives et souvent caricaturales. Cet enseignement s'avère très insuffisant pour comprendre l'environnement textuel et pragmatique des verbes perfectifs et imperfectifs. Les enseignants du français, à leur tour, ont pour formation les études de langue et de culture françaises, dont le programme prévoit une *full immersion* dans la culture française et jamais l'étude du polonais.

Cet article s'inscrit dans le cadre d'une recherche contrastive ayant pour objectif de comprendre le fonctionnement du PC et de ses correspondants polonais. Nous n'avons présenté ici qu'un seul des multiples emplois du PC qui posent problème aux apprenants du français. Il s'agit de l'emploi limitatif, qui correspond en polonais au passé imperfectif. Bien entendu, si l'on imaginait un manuel des temps verbaux destiné aux apprenants polonais, on devrait examiner d'autres emplois du PC. Il nous paraît intéressant de noter ici que ces emplois ne sont pas directement saisissables pour le linguiste français travaillant exclusivement sur le français : c'est là précisément tout l'intérêt des recherches contrastives.

Bien entendu, nous partons de l'idée qu'un enseignant devrait être suffisamment formé pour pouvoir expliquer aux apprenants un problème aussi complexe que l'emploi des temps verbaux. À cet égard, on ne peut que regretter le manque de manuels qui comprennent une partie théorique importante, une partie pratique et des corrigés, accompagnés de vrais commentaires. Nous pensons que le manuel de Marie-José [Reichler-] Béguelin, Monique Denervaud et Janine Jespersen intitulé *Écrire en français. Cohésion textuelle et apprentissage de l'expression écrite* (1990) constitue un excellent modèle d'un tel manuel.

Pour finir, notons que notre article soulève indirectement le problème de la terminologie linguistique, problème posé autrefois par Marie-José Béguelin (2000). À partir du moment où l'enseignant est suffisamment formé dans le domaine de la linguistique, il doit éviter deux écueils : ne pas introduire trop de termes techniques dans ses explications (ce risque est particulièrement grand, s'agissant des temps verbaux !) ; ne pas simplifier à l'excès la réalité du système. Selon nous, certaines notions se prêtent tout à fait à une présentation didactique : situation durative vs situation momentanée, situation qui couvre un intervalle borné à droite ou à gauche, premier plan et arrière-plan narratif, etc. Pour qu'il soit convaincant, il faudrait que l'enseignant adopte dans ses explications le principe suivant : les formes finies des verbes ne sont pas employées pour refléter une réalité, mais pour donner une certaine représentation de la réalité. L'idée selon laquelle le discours n'est pas un reflet du monde ne peut qu'améliorer la compréhension du fonctionnement des temps verbaux. Cette idée permet d'éviter de faire certaines observations sur la réalité physique et de tenir des propos comme le suivant : le verbe *exploser* n'a pas de durée, c'est-à-dire que son début coïncide avec sa fin.

Bibliographie

Apothéloz, D., « *Entrer quelques instants* vs *arriver quelques instants* : le problème de la spécification de la durée de l'état résultant », *Verbum*, n° 30, 2-3, 2008, p. 199-219.

Apothéloz, D., Nowakowska, M., « La résultativité et la valeur de parfait en français et en polonais », *Cahiers Chronos*, n° 21, 2010, p. 1-23. (=Moline, E. & Vetters, C. (dir.), *Temps, aspect et modalité en français*, Amsterdam & New York, Rodopi, 2010).

Benveniste, E., « Les relations de temps dans le verbe français », *Bull. de la Soc. de Ling.*, LIV, fasc. 1, 1959 (Repris dans *Problèmes de linguistique générale, 1*, Paris, Gallimard, 1966, p. 237-250.)

Béguelin, M.-J. (dir.), *De la phrase aux énoncés : grammaire scolaire et descriptions linguistiques*, Bruxelles, Éditions de Boeck Duculot, 2000.

Bertinetto, P.M., « Il verbo », in Renzi, L., Salvi, G. & Cardinaletti, A. (eds.), *Grande grammatica italiana di consultazione*, vol. II, Bologna, Il Mulino, 2001, p. 13-161.

Borillo, A., « Durée et fréquence en français », in Tersis, N., Kihm, A. (dir.), *Temps et aspects, Actes du colloque CNRS, Paris, 24-25 octobre 1985*, Louvain, Peeters, Paris, SELAF, 1988, p. 149-162.

Borillo, A., « Les adverbes de référence temporelle comme connecteurs temporels de discours », in Vogeleer, Sv., Borillo, A., Vettres, C., Vuillaume, M. (dir.), *Temps et discours*, Louvain-La-Neuve, Peeters, 1998, p. 131-143.

Both-Diez, A.-M. de, « L'aspect et ses implications dans le fonctionnement de l'imparfait, du passé simple et du passé composé au niveau textuel », *Langue française*, n° 67, 1985, p. 5-21.

Bres, J., « Polysémie ou monosémie du passé composé ? Actualisation, interaction, effets de sens produits », in Flaux, N., Stosic, D., Vet, C. (dir.), *Interpréter les temps verbaux*, Berne, Peter Lang, 2010, p. 161-179.

Courtillon, J., « Approches de la compétence dans le domaine des temps du passé », *Le français dans le monde*, n° 163, 1981, p. 59-66.

Desclés, J.-P., Guentchéva Z., « Comment déterminer les significations du passé composé par une exploration textuelle ? », *Langue française*, n° 138, 2003, p. 48-60.

Franckel, J.-J., *Étude de quelques marqueurs aspectuels du français*, Genève-Paris, Droz, 1989.

Guentchéva, Z., *Temps et aspect : l'exemple du bulgare contemporain*, Paris, Editions du CNRS, 1990.

Górnikiewicz, J., « *Le chien est sorti. Pies wyszedł / wychodził / był...* Mais finalement où est-il ? Quelques remarques sur l'expression de la résultativité en français et en polonais », *Romanica Cracoviensia*, n° 12, 2012, p. 90-103.

Jakobson, R., *Russian and Slavic Grammar, Studies 1931-1981*, Berlin-New York-Amsterdam, Mouton Publishers, 1984.

Karolak, S., « Arguments sémantiques contre la distinction : aspect / modalité d'action », *SILTA* (*Studi italiani di linguistica teorica a applicata*), anno XXII, n° 2, 1993, p. 255-284.

Karolak, S., *Składnia francuska o podstawach semantycznych* 1, Kraków, Collegium Columbinum, 2007.

Laskowski, R., « Kategorie morfologiczne – charakterystyka funkcjonalna », in Grzegorczykowa R., Laskowski R., Wróbel H. (eds.), *Gramatyka współczesnego języka polskiego. Morfologia*, Warszawa, Wydawnictwo Naukowe PWN, 1998, p. 147-172.

Luscher, J.-M., Sthioul, B., « Emplois et interprétations du Passé Composé », *CLF*, n° 18, 1996, p. 187–217.

Nagórko, A., *Podręczna gramatyka języka polskiego*, Warszawa, Wydawnictwo Naukowe PWN, 2010.

Nowakowska, M., « Non-correspondance entre le passé composé français et le passé imperfectif polonais : contexte de l'adverbe *toujours* », *Synergies Pologne*, n° 2, tome II, 2005, p. 105-111.

Nowakowska, M., « L'emploi *paradoxal* de l'imperfectif passé polonais et ses correspondants en français », *Verbum*, n° 30.2-3, 2008, p. 147-180.

Nowakowska, M., « La valeur d'antériorité du passé composé », in Dutka-Mańkowska, A. & Giermak-Zielińska T. (dir.), *Des mots et du texte aux conceptions de la description linguistique*, Wydawnictwo Uniwersytetu Warszawskiego, 2010, p. 343-351.

[Reichler-]Béguelin, M.-J., Denervaud, M., Jespersen, J., *Écrire en français. Cohésion textuelle et apprentissage de l'expression écrite*, Neuchâtel-Paris, Delachaux & Niestlé, 1990.

Ritz, M.-E., « The semantics of passé composé in contemporary French : towards an unified representation », *Cahiers Chronos*, n° 9, 2002, p. 31-50.

Vendler, Z., « Verbs and Time », in *Linguistics in philosophy*, Ithaca-New York, Cornell University Press, 1967, p. 97-121.

Vet, C., « Le passé composé : contexte d'emploi et interprétation », *Cahiers de praxématique « Le passé composé »*, n° 19, 1992, p. 37-59.

Vet, C., « Deux cas de polysémie : le passé composé et le futur périphrastique », in Kronning H. *et al.* (dir.), *Langage et référence. Mélanges offerts à Kerstin Jonasson à l'occasion de ses soixante ans*, Uppsala, Elanders Gotab, 2001, p. 679-686.

Waugh, L.R., « Marking time with the passé composé: toward a theory of the perfect », *Linguisticae Investigationes*, n° 11.1, 1987, p. 1-47.

Wierzbicka, A., « On the Semantics of the Verbal Aspect in Polish », in *To Honor Roman Jakobson. Essays on the Occasion of His Seventieth Birthday*, The Hague-Paris, Mouton, 1967, p. 2231-2249.

Place et usage du discours rapporté dans la pratique du résumé

Examen de quelques manuels d'enseignement FLE

Janine JESPERSEN & Françoise ZAY

Université de Genève

« Apprendre et penser sont d'ailleurs une seule et même chose, de sorte qu'il est faux de considérer l'apprentissage comme inférieur à la maîtrise. »

Jean-François Billeter, *Un paradigme.*

1. Préambule

« Résumez le texte en le ramenant à un quart » ; « Après avoir lu le document et répondu aux questions, vous en résumerez le contenu en quelques phrases » ; « Écoutez l'extrait sonore deux fois, puis faites-en un bref résumé » : que ce soit pour vérifier la compréhension, pour activer des compétences de production orale ou écrite, pour susciter la prise de parole ou solliciter la reformulation, *résumer* est une activité communément proposée dans l'enseignement, en langue maternelle tout comme en langue seconde.

Pendant longtemps, il a paru naturel de considérer que, du moment qu'un contenu était compris, pouvoir le restituer allait de soi et qu'il suffisait de spécifier les dimensions de la contraction exigée : à l'écrit, le processus de translation du texte-source au texte-résumé relevait du domaine obscur des compétences rédactionnelles personnelles. Dès la fin des années 1980, deux éléments pouvaient cependant contribuer à modifier quelque peu la situation : du côté théorique, les avancées de la linguistique dans le domaine de la pragmatique textuelle, notamment pour tout ce qui concerne la situation d'énonciation ; du côté didactique, le souci de proposer un apprentissage des outils ou des techniques de l'écrit, dans des genres ou des types de textes ciblés. La nécessité de la prise en compte des paramètres énonciatifs a effectivement émergé dans le Cadre Européen Commun de Référence pour les Langues (CECRL) et les outils notionnels liés à la situation de communication sont désormais communément utilisés tant dans les objectifs de plans d'étude que dans des consignes ponctuelles. Et il existe aussi, parallèlement à la pléthore de « méthodes FLE », divers manuels proposant, dans le domaine de la production écrite en français langue seconde ou étrangère, une « initiation », un « entraînement », une « méthodologie progressive » visant à l'acquisition de cette compétence rédactionnelle précise : résumer ou synthétiser une information[1].

Or on s'aperçoit que tant les consignes que les critères d'évaluation du *produit* de l'activité résumante sont loin d'avoir réellement intégré le cadre notionnel de la linguistique énonciative. Par ailleurs, si l'acquisition des compétences rédactionnelles à un niveau avancé doit déboucher sur la production d'écrits « universitaires », il faut bien avouer que la plupart de ces consignes semblent, *in fine*, plutôt pernicieuses, tant elles désavouent les principes mêmes de la situation dans laquelle est placé l'étudiant : traiter dans son texte d'un texte « autre ». Si, dans les sciences humaines surtout, le travail scientifique se fait à partir de la lecture de textes antérieurs, la capacité à gérer la polyphonie des discours est un élément crucial dans l'écriture. Repérer, reformuler et citer des propos d'autrui nous paraît être une compétence essentielle à exercer, tant pour des raisons d'efficacité argumentative que de déontologie.

Nous avons examiné cinq manuels consacrés entièrement ou partiellement à enseigner le résumé, en ne prenant en compte, parmi les multiples publications disponibles sur le sujet, que celles adressées spécifiquement à un public non francophone[2]. L'examen de ces ressources « papier » a été complété par une revue rapide de sites internet accessibles depuis le portail « lepointdufle.net » et qui consacrent quelques pages à la technique du résumé : les ressources FLE du *Web pédagogique* ainsi que celles du site *Didafle*. Nous avons en outre pris en compte les deux modules « résumé » et « compte rendu » du site *Cybermétho*, développé dans le cadre des études en sciences sociales à l'université d'Ottawa et destiné aux étudiants appartenant à « la Francophonie »[3]. À titre comparatif, nous nous sommes finalement intéressées aux conseils donnés sur un portail

---

1 Notons que dans le CECRL, la capacité à résumer et à synthétiser (en production orale et écrite) est décrite à partir du niveau B1 et, réduction narrative mise à part, est associée dès le niveau B2 à une activité argumentative : il s'agit de résumer en commentant, en discutant, en critiquant (cf. CECRL, 2001, p. 77). Il est frappant de constater que cette dimension disparaît dans la plupart des manuels examinés.

2 En ce qui concerne la définition de l'objet « résumé », les ressources FLE ne se distinguent pas des guides et manuels destinés aux natifs. Cf. l'ouvrage de Cotentin-Rey (1992), référencé explicitement sur le site *lewebpedagogique.com*.

3 Cf. <*http://aix1.uottawa.ca/~fgingras/cybermetho/apropos.html*>.

belge conçu pour des lycéens (le site *Fralica*), concernant la production de textes dits « fonctionnels ».

La place manquant pour une analyse détaillée de chacun des manuels et sites examinés, nous exemplifierons d'abord les diverses conceptions du produit *résumé* qui en ressortent et nous synthétiserons les principes méthodologiques communément partagés. Nous y examinerons la place accordée au discours rapporté et aux procédés citationnels, qu'il nous paraît essentiel de faire acquérir à nos étudiants. Nous terminerons en proposant quelques pistes élaborées autour de notre propre pratique d'enseignantes[4].

2. « Le » résumé

Il faut souligner d'emblée que la fonction du résumé écrit, tel qu'il est généralement enseigné, n'est pensée qu'en termes d'évaluation, ce qu'explicitent Causa & Mègre (2008, p. 20) :

> Le résumé va permettre à votre enseignant ou à un jury d'examen d'évaluer vos capacités à :
>
> – respecter la structure du texte ;
> – vous approprier la pensée de l'auteur ;
> – faire preuve d'esprit de synthèse ;
> – faire preuve d'objectivité ;
> – organiser et articuler les idées que vous exposez ;
> – soigner la qualité linguistique de votre français.

C'est en ce sens qu'il faut comprendre les *Instructions ministérielles* régulant l'épreuve au baccalauréat de français[5], qui seront généralement reprises sous la forme de « règles générales » dans l'ensemble de nos manuels FLE (voir par exemple Causa & Mègre, 2008, p. 21), et qui font de cet exercice décontextualisé une « institution » comparable à celle de la dictée. De la volonté d'évaluer strictement les capacités lexicales et syntaxiques des élèves découle l'interdiction de recopier et de citer des phrases, des passages voire des mots du texte-source[6] ; l'objectif d'en évaluer la totale compréhension entraîne l'obligation d'en donner une restitution abrégée mais complète et fidèle.

---

[4] À l'université de Genève, notre public est formé d'étudiants non francophones dont le niveau de compétence à l'écrit se situe entre B1 et C1 selon le CECRL.

[5] Celles du *Bulletin Officiel* du 7 juillet 1983 sont citées par Guyot-Clément (2012, p. 34).

[6] Notons que les « Instructions officielles » du baccalauréat français prévoient des exceptions : « Il [le candidat] peut cependant, lorsqu'il s'agit de mots clés, qu'il serait absurde de remplacer par de mauvais équivalents, reprendre les mots du texte et, par exception, citer entre guillemets une formule particulière significative » (cité in Guyot-Clément 2012, p. 34). Or ces exceptions ont disparu de nos manuels.

Cette notion de « fidélité » du résumé au texte-source se manifeste alors par une triple exigence : outre le respect évident du sens des propos qui place le résumé dans une forme de paraphrase sémantique, la fidélité à la structure ou au plan du texte premier se traduit dans la plupart des manuels, par l'instruction spécifique de « [respecter] scrupuleusement le plan initial du document déclencheur » (Causa & Mègre, 2008, p. 20), de suivre ou de conserver « l'ordre du texte » (Guyot-Clément, 2012, p. 35 ; Charnet & Robin-Nipi, 1997, p. 10), de reformuler l'essentiel du contenu « dans les termes et selon le plan du texte authentique donné » (Chovelon & Morsel, 2002, p. 10). Ce respect absolu du texte-source s'étend enfin à l'énonciation même du résumé : s'il faut « tenir compte de la situation d'énonciation » c'est uniquement de celle du document-source, et ce afin de conserver le même système des pronoms (résumer à la première personne si le texte est à la première personne notamment, Chovelon & Morsel, 2002, p. 10), « garder le système de l'énonciation (*Je*...) » (Charnet & Robin-Nipi, 1997, p. 10), faire en sorte que « le résumé puisse se lire comme s'il venait de la plume même de l'auteur » (Cybermétho). Comme le disent encore Causa & Mègre, « l'étudiant doit se mettre à la place de l'auteur [...]. Il est lui-même l'auteur » (2008, p. 20), sous prétexte de conserver une absolue « objectivité »[7] et une « réception neutre » (Guyot-Clément, 2012, p. 35). Si l'on en croit les consignes concernant le résumé sur le site du *Web pédagogique*, recourir au discours rapporté reviendrait en effet à faire entrer subrepticement une forme de commentaire dans le résumé[8] :

> Beaucoup d'élèves écrivent des phrases telles que : « l'auteur affirme que... », « dans le texte il y a... ». En français, c'est rigoureusement interdit ! Les opinions personnelles ne sont pas admises.

En somme, si la prise en compte de la situation d'énonciation est préconisée par tous les manuels dans la phase d'analyse du texte-source, les consignes de rédaction du résumé continuent à le concevoir comme un texte échappant aux circonstances de sa production et à toute finalité autre que scolaire – comme le dit Veck (1991, p. 93), il s'agit du produit codifié d'un « contrat disciplinaire ». Dès lors, rien ne permet d'identifier comme tel un résumé rédigé selon les instructions énoncées ci-dessus sinon le rapport établi *in absentia* avec le texte-source[9].

---

7 Cette objectivité est une pure fiction, comme le rappellent Charolles & Petitjean : « L'activité de résumer ne peut être limitée à une série d'opérations techniques de réduction quantitative de l'information : ces actes sont surdéterminés par les enjeux communicationnels liés à la situation d'interaction dans laquelle est placé le résumeur » (1992, p. 8).

8 Quand bien même la conception la plus répandue du discours rapporté en fait un procédé de « déresponsabilisation » du rapporteur (cf. Maingueneau, 1994, p. 145)!

9 Alors que, selon le site internet *Fralica*, un résumé « perd tout intérêt s'il oblige à recourir à la source » et doit être pensé en fonction d'un destinataire fictif (qui n'est surtout pas l'enseignant), censé ignorer cette source.

Les critiques adressées à l'enseignement d'un tel résumé scolaire, arbitraire et décontextualisé, sont déjà anciennes et parfois virulentes (cf. Bain, 1992) : elles concernent principalement la prétendue identification du résumeur au contexte énonciatif-source, l'absence de réflexion concernant l'usage des activités résumantes hors du contexte scolaire, la non prise en compte de la situation de communication[10] : il nous paraît inutile d'y revenir. Soulignons cependant le contraste entre la conception « traditionnelle » du résumé que l'on trouve dans les manuels FLE et une conception plus novatrice, à la source de matériel pédagogique développé dans les années 1980 déjà pour les dernières années de la scolarité obligatoire dans le canton de Vaud :

> [...] à propos du résumé, les moyens vaudois (Genevay *et al.*, 1985 ; 1986) prennent en considération la situation de communication pour déterminer la longueur, le ton, le contenu du résumé. Dans le cas du texte informatif, les résumés peuvent alors être très divers. Dans ce sens, le résumé perd son caractère absolu que lui confère le recours à des règles de rédaction prototypiques, utilisables quel que soit le texte source à résumer.
>
> Le texte cible devient alors différent du texte source, en particulier parce que l'énonciateur prend une distance par rapport à ce dernier en fonction des contraintes de la situation de production. Selon les cas, il peut même être conduit à évaluer le texte source, voire à l'interpréter. (Wirthner, 2009, p. 25)

Paradoxalement, c'est le manuel le plus ancien de notre corpus, celui de Catherine Descayrac (1993), qui semble intégrer cette conception en s'affranchissant partiellement de la posture « conservatrice », du fait qu'il établit une distinction entre deux formes de résumés. Le « résumé-exercice », correspondant au résumé traditionnel, est donné avec les mêmes consignes officielles mais est secondaire dans l'ouvrage. L'auteure s'intéresse en effet d'abord à ce qu'elle appelle le « résumé-communicatif », qui n'est pas à proprement parler un texte en soi, mais le produit d'une activité résumante dans lequel la reformulation revient à « utiliser ce que d'autres ont déjà dit pour en faire un nouvel événement de la communication » (1993, p. 3) – par exemple une lettre à un ami, une missive au courrier des lecteurs, un dossier pour un journal d'étudiants. Ainsi, « dans une situation d'écriture donnée, on intègre un résumé partiel ou intégral [d'un] article, pour argumenter, expliquer ou exemplifier son propre discours » (*ibid.*). Il s'agit alors de produire *des* résumés « sélectifs » (1993, p. 35), plus exactement des *séquences résumantes*[11], dépendant d'une situation communicative donnée et dont la rédaction sera autant liée aux exigences du texte-cible englobant qu'au contenu du texte-source.

[10] Cf. Charolles (1991) et Charolles & Petitjean (1992).

[11] Nous reprenons ici la notion de séquence à Adam (2005, p. 136-137).

Dans de telles tâches, l'identification à l'auteur ne tient évidemment plus et le texte devrait devenir fondamentalement dialogique. Nulle consigne cependant concernant l'usage du discours rapporté chez Descayrac, aucune activité spécifique destinée à gérer explicitement la polyphonie du texte-cible.

Le constat est clair : dans les manuels FLE consultés, *discours rapporté* et *résumé* sont d'avance irréconciliés au profit d'une appropriation du contenu informatif par le résumeur. Or il nous importe de souligner, dans le contexte académique où nous enseignons, la totale incongruité de l'injonction faite au résumeur de s'identifier à l'auteur du texte-source : comment l'apprentissage d'une telle technique pourrait-elle être la première étape vers l'écriture de travaux universitaires ? Ne faut-il pas voir dans cette pratique la porte ouverte à une forme de plagiat plus qu'autre chose ?

Il est certain que, à leur corps défendant parfois, les enseignants sont bien obligés de préparer leurs étudiants aux épreuves certificatives telles qu'elles sont édictées. Par ailleurs, on nous objectera peut-être que le résumé a essentiellement une vocation « interne », et qu'en se centrant sur le texte-source il répond à une fonction mémorielle : l'étudiant appréhende finement un contenu pour le comprendre et l'apprendre. Enfin, on pourrait nous faire remarquer qu'il est inutile de reprocher au résumé de ne pas faire ce qui est enseigné dans un autre texte résumant : le *compte rendu*. Voyons alors de plus près ce qu'en disent nos manuels.

3. Résumé *vs* compte rendu *vs* synthèse

Considérés couramment comme synonymes, les termes de *résumé*, *compte rendu* et *synthèse* sont utilisés dans certains manuels comme décrivant trois produits différents d'une activité de contraction textuelle. Ils se différencient d'abord par le nombre de sources : résumé et compte rendu s'élaborent sur la base d'un seul document alors que la synthèse en utilise plusieurs. Ils se différencient ensuite par le degré de « fidélité » au document originel : le résumé est censé représenter le degré zéro de l'écart, compte rendu et synthèse pouvant ou devant, selon les auteurs, admettre que la logique et l'énonciation du résumeur priment sur celles de l'auteur premier, même s'il lui est toujours demandé de rester objectif (jamais de prise de position personnelle).

Cela dit, cette tripartition n'est pas un standard commun : Causa & Mègre (2008), tout comme Guyot-Clément (2012) n'utilisent pas la notion de « compte rendu ». C'est également le cas des deux sites FLE. Et si Chovelon & Morsel cherchent à ratifier les trois types de réduction de texte dans leur manuel de 2002, la notion de résumé disparaît dans leur tome 2 (2005) au profit de celle de compte rendu. Par ailleurs, contrairement à Charnet & Robin-Nipi (1997) ou au site *Cybermétho*, qui fondent la définition du compte rendu essentiellement sur l'usage licite du discours rapporté – alors que pour le résumé il est strictement interdit –, Chovelon & Morsel n'y voient qu'un traitement différencié concernant le lexique et la planification. Dans leurs consignes méthodologiques en effet, le résumé est une reformulation « dans les termes et selon le plan du texte authentique donné », alors que le compte rendu doit être rédigé « avec [ses] propres mots et non avec ceux du texte » sans qu'il y ait obligation de « suivre l'ordre du texte » (2002, p. 10). Tel qu'il est défini, le « résumé » pourrait alors n'être qu'une réduction par simple effacement, tandis que le « compte rendu » impliquerait reformulation et réorganisation. Mais les exemples proposés dans les corrigés du manuel de 2002 n'élucident guère le distinguo[12]... En témoignent les deux réductions ci-dessous, proposées sur la base du même texte (un reportage sur le marché de Carpentras, paru dans le *Courrier de l'Unesco* en 1996 ; nous ne donnons que les deux premiers paragraphes de chacun de ces textes, qui suffisent à illustrer notre propos) :

> *Proposition de compte rendu :*
>
> Le vendredi matin s'installe à Carpentras le marché où s'assemblent les commerçants habituels et d'autres marchands forains.
>
> Des touristes et des clients d'origines sociales et ethniques diverses s'y pressent, non vraiment pour y entreprendre des affaires mais pour le plaisir de se promener dans ces ruelles, de marchander, de converser avec d'autres personnes connues ou non. [...] (p. 128-129)
>
> *Proposition de résumé :*
>
> Le vendredi matin s'installe à Carpentras le marché, rassemblement habituel des commerçants et marchands forains.
>
> Touristes et clients d'origines diverses s'y pressent, non pour faire leurs achats mais pour le simple plaisir de se promener, de marchander, de converser. [...] (p. 129)

Voici *a contrario* deux exemples illustrant la conception de Charnet & Robin-Nipi (1997, p. 10-11), proposés à partir d'un bref extrait d'un ouvrage de Jean Rostand intitulé *Ce que je crois* (la mise en gras est celle des auteures) :

> *Résumé :*
>
> **Je crois que** l'humanité habitera la terre encore longtemps, défiant les famines ou le manque de ressources car les dangers la rendront solidaire. Toute forme d'intolérance disparaîtra : la démocratie vaincra car elle est juste.

---

12 Et on ne peut que regretter le fossé qui apparaît entre le travail souvent minutieux et exemplaire sur le texte-source (travail sur la compréhension et la réception du texte) et les résumés fournis comme exemples.

Compte rendu :

Jean Rostand nous fait part de sa confiance dans l'humanité. Devant les dangers de la famine ou du manque de ressource, elle sera forte et vaincra. C'est la démocratie qui l'aidera à triompher de toutes les intolérances et à apporter plus de justice.

À noter encore que le « résumé-communicatif » de Descayrac (1993) se rapproche de ce type de « compte rendu » sans y être assimilable : du fait, rappelons-le, qu'il est toujours rédigé *pour* un contexte précis (un destinataire et une situation de communication particulière), il engage à une sélection et à une réorganisation des informations, sans bénéficier toutefois d'instructions particulières concernant les procédés de distanciation.

Causa & Mègre travaillent pour leur part soit le *résumé* (un seul document-source, fidélité au plan originel et identification à l'énonciateur du texte-source), soit la *synthèse* (plusieurs documents-sources avec pour objectif de dégager une problématique commune en réorganisant les informations de manière à ne pas « mettre trois résumés bout à bout » (2008, p. 33). Cependant, à la différence de Charnet & Robin-Nipi, la non identification à l'énonciateur premier dans la synthèse ne débouche pas sur la consigne explicite d'utiliser des formules telles que « *l'auteur pense que*..., *affirme que*... » mais sur celle de « trouver des formules impersonnelles, indirectes, ou d'entrer directement dans le vif du sujet » (*ibid.*). L'attribution des informations et opinions synthétisées n'est donc pas systématique, même si le discours rapporté est utilisé à deux reprises dans la seule synthèse proposée dans le corrigé des activités (c'est nous qui soulignons) :

Synthèse de trois documents :

Trois journalistes de *L'Express* et de *L'Expansion* abordent, dans des articles publiés en 2006 et 2007, la situation, en France, de l'activité des seniors.

On est en droit de se demander, dans un premier temps, à quel âge devient-on senior. [...]

J. Rémy présente, non sans humour, les activités proposées aux seniors dans notre société actuelle. Cela va des passe-temps traditionnels aux activités les plus extravagantes sans oublier la maîtrise des nouvelles technologies qui devient même un enjeu pour le gouvernement.

Même dans le monde du travail, les entreprises et les syndicats, de plus en plus, tentent de redynamiser la carrière des employés qui, dès 55 ans, sont susceptibles de partir en préretraite. [...]

Enfin, les politiques ont bien saisi l'ampleur du problème, au-delà même de la volonté d'occuper les seniors. [...] (p. 105)

Cet exemple nous permet de mettre en évidence que, vu le caractère *intra muros* de l'exercice, le seul fait de mentionner les paramètres de contextualisation au début suffit : par convention, l'intégralité du texte sera interprétée sous la dépendance de l'instance ou des instances de discours mentionnées. Cependant, hors de ce cadrage scolaire, le « on » de la deuxième phrase peut très bien renvoyer à l'énonciateur second, et la totalité du paragraphe être interprétée comme un commentaire de sa part. On voit bien ici que « rendre à César ce qui revient à César », en d'autres termes assurer sans ambiguïtés la délimitation des discours, n'est pas une compétence triviale. Et c'est à cela qu'un enseignement visant à préparer les étudiants au fond dialogique des écrits académiques devrait s'attacher.

4. Contraction de texte et discours rapporté

4.1. Primauté du discours rapporté

On l'aura compris, enseigner *à résumer* ne passe pas du tout, à notre sens, par l'enseignement *du résumé* et, pour rompre avec une tradition inutile – quand elle n'est pas nocive –, il nous paraît souhaitable d'adopter résolument la perspective du « compte rendu ». Si l'on aborde les contractions de textes dans leur portée pragmatique et discursive, avec pour objectif final de rendre les étudiants aptes à intégrer des propos « autres » à leur argumentation – pour les approuver, les réfuter, les expliquer, les commenter, etc. –, le rôle du discours rapporté[13] s'impose alors comme une évidence. Et le DR peut être abordé assez tôt dans les cursus d'apprentissage, pour peu qu'on abandonne les exercices « superflus, artificiels, conçus *in abstracto* » par les grammaires scolaires ([Reichler-] Béguelin, 1992, p. 205), qui proposent des transpositions alambiquées de pronoms ou se focalisent sur des problèmes de concordance des temps au passé. Dans les textes résumants, l'emploi du DR au présent et dans un rapport assez simple du « je » au « il » peut s'appuyer sur des compétences acquises très tôt – et permettre par ailleurs de fécondes activités transversales entre tâches orales et écrites.

Ce changement de perspective n'implique pas que toute contraction de texte réclame l'usage du DR mais que, sans DR, elle ne peut raisonnablement s'exercer que sur des productions personnelles, avec des consignes demandant aux étudiants de rédiger, puis de réduire leur texte initial[14].

---

13 Nous utiliserons désormais l'abréviation DR pour le discours rapporté en général et, pour les différents types de discours rapporté mentionnés : DD (discours direct), DI (discours indirect), DIL (discours indirect libre), DN (discours narrativisé). Cf. Authier-Revuz (1978).

14 Il serait bon aussi de ne pas associer systématiquement écriture et principe d'économie maximale, débouchant parfois sur un usage excessif de nominalisations, et exercer

Contrairement aux idées reçues, l'emploi du DR s'inscrit dans une démarche qui se veut résolument facilitante : à notre avis, les résumés décontextualisés (texte-source et texte-cible sont sous ce rapport à la même enseigne), qui n'indiquent pas dans quel but condenser et qui ne donnent aux rédacteurs que des injonctions sur le nombre et le choix des mots, ainsi que des conseils programmatiques sur le repérage des idées *importantes* ou sur celui des *mots-clés*, sont par nature inhibants et contre-productifs pour des apprenants livrés à leur seule expérience.

Or, dès le stade de la lecture, l'usage du DR facilite l'analyse des textes en obligeant le lecteur à repérer l'intention argumentative globale de l'auteur et ses principales visées illocutoires, par des questions ciblées sur le texte : « *Quand X dit ça, qu'est-ce qu'il fait : il explique, justifie, critique, reproche... ?* ». La plupart des manuels consultés font bien un travail de repérage sur les intentions énonciatives de l'auteur-source mais ne le réinvestissent pas ensuite en production. L'effort reste donc assez vain et c'est bien dommage, car focaliser sur l'usage du DR a également plusieurs effets positifs au stade de l'écriture.

Tout d'abord, il dédramatise la situation de l'étudiant placé devant un défi impossible : dire la même chose avec d'autres mots tout en parlant « à la place de » l'auteur premier. Voici, en guise d'illustration, un extrait de résumé donné comme modèle et sa contrepartie réécrite avec usage du DR : cette dernière témoigne du côté stéréotypé d'une entrée en matière indiquant la situation d'énonciation – qui parle, à quel titre, où, quand, de quoi –, mais qui nous paraît être pour cette raison même une réelle plus-value pour les étudiants.

(1) Voyager, c'est se déplacer non seulement dans l'espace et dans le temps mais aussi sur l'échelle sociale[15].

(1') Dans un passage de son essai autobiographique *Tristes Tropiques* publié en 1955, Claude Lévi-Strauss **redéfinit** le voyage comme un déplacement dans l'espace certes, mais aussi dans la hiérarchie sociale et dans le temps.

Ensuite, même en l'absence de connecteurs, le DR assure une bonne textualisation des comptes rendus : la progression à thème constant par la reprise du sujet-thème (*il* définit, *il* explique, *il* note...) crée une cohésion initiale forte[16]. Le procédé risque certes de lasser lorsque le rédacteur choisit systématiquement les constructions à complétives pour rester sur le terrain connu d'un enseignement grammatical antérieur.

---

aussi des procédés d'amplification et de « dé-densification ».

15 Phrase initiale du résumé proposé par Guyot-Clément (2012, p. 59).

16 Même si ce type de progression est stylistiquement mal jugé, cf. [Reichler-]Béguelin, Denervaud & Jespersen (1988, p. 142-143).

D'où l'importance de travailler la variété des types de DR ainsi que les anaphores résomptives associées[17] – *ces observations, ce constat, ces objections* –, ce qui implique un travail sur la syntaxe et le lexique fécond dans l'apprentissage de la langue. Ce qui fera aussi des verbes indiquant les principaux actes de langage un bon guidage pour la lecture, de nature à souligner les articulations du texte et la visée argumentative des énoncés délimités.

Et enfin, soulignons encore que reformuler en DR apprend à se distancier du texte-source et à ne pas s'approprier subrepticement des idées qu'on n'a fait que transcrire avec « ses propres mots ». En effet, incités à se mettre à la place de l'auteur dans les résumés « traditionnels », c'est-à-dire à conserver l'énonciation du document initial tout en le reformulant, les étudiants auront tendance, après ce travail de réécriture décontextualisé, à s'attribuer le contenu du texte (glissements dont ne sont pas exempts d'ailleurs les manuels eux-mêmes lorsqu'ils conseillent au résumeur de veiller à exposer clairement « ses » idées). Il nous paraît important, dans le contexte actuel peut-être plus qu'autrefois, que l'enseignement de l'écrit s'inscrive dans une logique qui exclue l'appropriation par les étudiants des textes qu'ils lisent, mais qui valorise cette réelle compétence consistant à orchestrer les voix d'autrui dans son propre texte et surtout, qui en fournisse les clés.

4.2. Pour des exercices progressifs

Le but de notre article n'étant pas de présenter la totalité d'une séquence didactique[18], nous nous bornerons à proposer quelques activités qui découlent directement de la démarche adoptée. Elles sont fondées sur le souci de proposer un apprentissage progressif de procédés et de techniques d'écriture et associent aussi bien lecture et analyse que production. En cela d'ailleurs, nous continuons à nous inspirer de la méthodologie et des activités proposées dans *Écrire en français* ([Reichler-]Béguelin, 1988).

4.2.1. Repérage des actes de langage

Dans l'étape de lecture active d'un document-source, il est possible de proposer d'emblée quelques verbes exprimant des actes de langage pertinents pour le texte et de demander aux étudiants de repérer les passages concernés. Ces verbes seront proposés dans l'ordre du texte d'abord, puis dans le désordre. Cet exercice d'association peut bien sûr déboucher sur des exercices de reformulation des passages concernés.

---

[17] Voir Descombes & Jespersen (1992).

[18] Pour une séquence didactique fondée sur les actes illocutoires et la fonction résomptive du DR, voir Jespersen & Béguelin (1997, p. 106-112).

4.2.2. Reformulation sur amorces

Il s'agit par exemple de demander aux étudiants de reformuler le même extrait d'interview en variant les amorces proposées. Certaines offriront la possibilité d'un DI (*Pivot se demande s'il n'a pas eu tort d'abandonner son émission littéraire*), d'autres initieront plutôt un DN (*Pivot doute de sa décision*), un DD ou un DIL (*Pivot émet quelques doutes : n'a-t-il pas eu tort d'abandonner son émission littéraire ?*). Faisons remarquer que la citation directe et les îlots textuels (ces quelques mots intégrés syntaxiquement dans le discours citant, dont seule la mise entre guillemets signale le caractère énonciatif hétérogène) sont proscrits dans la plupart des manuels. Nous encourageons pourtant les étudiants à maîtriser ces procédés pour deux raisons : d'une part certains propos sont difficilement reformulables, alors que les reproduire en discours direct donne du relief à un texte sinon trop abstrait. D'autre part, incorporer une citation directe est loin d'être une facilité (en particulier, il est extrêmement rare de pouvoir utiliser une citation directe introduite *ex abrupto* par un simple verbe comme *il dit* : « ... »). On pourra encore faire comparer utilement le DIL au DI (dont il conserve les repères situationnels) et au DD (dont il peut garder les modalités énonciatives et reproduire la dynamique communicative). Mentionnons enfin que ce type d'exercices peut déboucher sur des analyses d'erreurs et des observations intéressantes des productions d'étudiants, de même que sur la mémorisation de formules stéréotypées, tant pour introduire des propos au DN que pour reclasser *a posteriori* un énoncé ou un passage de plus ou moins grande ampleur en tant que DIL (*Telle est l'analyse que X propose / C'est ainsi que X réagit à* / etc.).

4.2.3. Observation de « textes-cibles » variés

Centrées le plus souvent sur les textes-sources, les activités d'analyse se porteront également avec profit sur plusieurs réductions issues du même document mais qui utilisent divers procédés résumants : effacement seul, reformulation avec identification à l'énonciateur-source, reformulation avec utilisation du DR, reformulation orientée par un changement de titre, séquence intégrée dans un autre texte.

4.2.4. Rédaction de comptes rendus « orientés »

Un même texte-source peut être saisi dans sa globalité mais la consigne d'écriture proposera de placer le compte rendu sous « l'éclairage » d'un intitulé choisi parmi deux ou trois titres nettement contrastés : indicateurs de thèmes, ils guideront la sélection des informations pertinentes et la planification du texte final.

On l'aura compris, *résumer* est un savoir-faire et une pratique que l'usage du DR permet d'entraîner sur de nombreux textes, ce qui n'empêche pas d'étudier les routines inhérentes à certains *genres de résumés* prototypiques, comme les abstracts placés en introduction à des articles ou les paragraphes de synthèse aux articulations des chapitres de mémoires ou de thèses, qui sont rédigés par l'auteur et qui ne requièrent évidemment pas, comme signalé plus haut, de transposer au DR.

5. Conclusion

Dans un article consacré au discours indirect libre, Marie-José Béguelin remarquait que, si on voulait échapper aux exercices transformationalistes de la grammaire traditionnelle, « trouver des activités d'application adéquates pour entraîner le DR [n'était] pas aussi facile qu'on pourrait le penser à première vue » (1992, p. 205). Or les comptes rendus ou les séquences résumantes, qui suscitent la réorganisation et la reformulation du sens en fonction des critères variables posés par une nouvelle situation d'énonciation, offrent aux étudiants une magnifique occasion de pratiquer en texte tous les types de DR et aux enseignants celle de construire des exercices innovants.

Bibliographie

Corpus

Causa, M. & Mègre, B., *Production écrite. Niveaux C1/C2 du Cadre européen commun de référence*, Paris, Didier, coll. Atelier FLE, 2008.

Charnet, C. & Robin-Nipi, J., *Rédiger un résumé, un compte rendu, une synthèse*, Paris, Hachette Livre, coll. FLE, 1997.

Chovelon, B. & Morsel, M.-H., *Le résumé, le compte rendu, la synthèse. Guide d'entraînement aux examens et concours*, Grenoble, PUG, coll. « FLE », 2002.

Chovelon, B. & Morsel, M.-H., *Lire la presse. Le compte rendu, la synthèse, tome 2*, Grenoble, PUG, 2005a.

Chovelon, B. & Morsel, M.-H., *Lire la presse. Le compte rendu, la synthèse, tome 2. Corrigé des exercices*, Grenoble, PUG, 2005b.

Cybermétho (dernière consultation le 30 mars 2013). <http://aix1.uottawa.ca/~fgingras/cybermetho/modules/resume.html>, <http://aix1.uottawa.ca/~fgingras/cybermetho/modules/compterendu.html>.

Descayrac, C. (1993). *Lire la presse pour... résumer, commenter et débattre, niveau avancé*, Paris, Clé international, coll. « Entraînez-vous ».

Didafle (dernière consultation le 30 mars 2013). <http://www.didafle.com/techniques-expression/resume.html>.

Fralica (dernière consultation le 30 mars 2013). <http://users.skynet.be/fralica/refer/theorie/theocom/produire/6modprod.htm>.

Guyot-Clément, C., *Apprendre la langue de l'argumentation : du texte à la disssertation*, Paris, Belin, coll. « Langues », FLE, 2012.

Le web pédagogique (dernière consultation le 30 mars 2013). <http://lewebpedagogique.com/ressources-fle/production-ecrite/le-resume>.

Références citées

Adam, J.-M., *La linguistique textuelle. Introduction à l'analyse textuelle des discours*, Paris, Armand Colin, 2005.

Authier-Revuz, J., « Les formes du discours rapporté. Remarques syntaxiques et sémantiques à partir des traitements proposés », *DRLAV*, n° 17, 2005, p. 1-78.

Bain, D., « Et si le résumé n'existait pas ? », in Charolles, M. & Petitjean, A. (dir.), *L'activité résumante*, Metz, Centre d'analyse syntaxique de l'université de Metz, 1992, p. 139-157.

[Reichler-]Béguelin, M.-J., « Comment exercer le discours indirect libre en production ? L'apport de la didactique du français langue seconde », *TRANEL*, n° 18, 1992, p. 201-221.

[Reichler-]Béguelin, M.-J., avec M. Denervaud & J. Jespersen, *Écrire en français. Cohésion textuelle et apprentissage de l'expression écrite*, Neuchâtel-Paris, Delachaux et Niestlé, 1988.

Charolles, M., « Le résumé de texte scolaire. Fonctions et principes d'élaboration », *Pratiques*, n° 72, 1991, p. 7-32.

Charolles, M. & Petitjean, A. (dir.), *L'activité résumante*, Metz, Université de Metz, coll. « Didactique des textes », 1992.

Cotentin-Rey, G., *Le résumé*, Paris, Clé international, 1992.

Descombes, M. & Jespersen, J., « L'anaphore conceptuelle dans l'argumentation écrite », *Pratiques*, n° 73, 1992, p. 79-95.

Jespersen, J. & [Reichler-]Béguelin, M.-J., « Argumentation et discours rapporté : présentation d'une séquence didactique », *Pratiques*, n° 96, 1997, p. 101-124.

Maingueneau, D., *L'énonciation en linguistique française*, Paris, Hachette, 1994.

Veck, B., « Réduire/traduire : l'épreuve du résumé », *Pratiques*, n° 72, 1991, p. 91-104.

Wirthner, M., « L'enseignement du résumé écrit à l'école secondaire : que disent les documents officiels ? Que font les enseignants ? », *Spirale, revue de recherches en éducation*, n° 43, 2009, p. 21-40.

Simplification et réécriture des textes littéraires

Quels apports pour une didactique de la littératie en français ?

Thérèse JEANNERET

Université de Lausanne, École de français langue étrangère

1. Des textes, mais quels textes pour apprendre une langue ?

Dans cet article, je vais mener une réflexion sur les textes littéraires que l'on utilise en classes de langues étrangères, à différents niveaux. Je proposerai une pratique de lecture de ces textes, qui devrait pouvoir s'adapter à l'enseignement de n'importe quelle langue étrangère, bien que les exemples soient en français et que l'article s'appuie sur mon expérience d'enseignante de français langue étrangère.

D'une manière générale et relativement indépendamment des méthodologies, approches ou perspectives en cours, on peut dire que l'enseignement des langues étrangères à l'école donne priorité à la production sur la compréhension, surtout à l'écrit. Comme le fait très justement remarquer Courtillon (2003), on peut lier cet accent mis sur la production au détriment de la compréhension et l'importance donnée en classe de langue aux activités grammaticales centrées sur la phrase graphique : se centrer sur la production peut effectivement impliquer de mettre l'accent sur les unités de base à assembler. Au contraire, en mettant l'accent sur la compréhension, on pourrait habituer les apprenantes[1] à appréhender la langue notamment à travers la lecture (ou l'écoute) et proposer, une fois le stade débutant dépassé, la fréquentation répétée de textes écrits ou oraux, sans forcément que l'attention porte de manière restrictive sur les unités syntaxiques[2]. De plus, il faut noter qu'il y aurait là une cohérence avec les didactiques de la production de textes qui ne peuvent pas s'appuyer sur

[1] La mixité des classes de langues se marque dans cet article par une utilisation aléatoire du masculin ou du féminin pour désigner les personnes impliquées.

[2] Dans les termes de Volochinov (1977), il s'agirait de se focaliser plutôt sur des phénomènes de composition.

une conception de la phrase comme unité de production écrite, comme le montre très bien Campana (2002) par exemple.

Dans cette perspective, je m'efforcerai de montrer rapidement dans la dernière partie de cet article, en m'inspirant des propositions de Roubaud (2005), comment la littérature peut se concevoir en tant que mode d'écriture et devenir ainsi une ressource pour l'enseignement de l'écriture. Dans ce sens, en recourant à une conception unifiée des compétences liées à l'écrit à la fois dans la ou les langues premières et dans la ou les langues secondes et/ou étrangères, cet article se veut une petite contribution à une didactique de la littératie[3] dans une perspective plurilingue.

Mais une fois admise l'idée d'abandonner les unités de base de la syntaxe pour approcher les textes, l'enseignant peut se trouver alors devant la difficulté de déterminer sur quel niveau des textes faire porter l'attention pour développer les compétences de lecture de ces textes.

Je présenterai ici la comparaison entre textes liés par un processus de réécriture comme une manière de répondre à cette question. À la suite de Grize (1990), je considère les différentes réécritures d'un même texte comme autant de schématisations discursives d'un même univers. La comparaison entre ces schématisations permet de mettre en évidence certains de leurs aspects discursifs, tels que les postures énonciatives, l'importance ou non de certains éléments pour l'intrigue, les choix lexicaux, etc. Il s'agira ainsi que la comparaison soit l'aune de l'analyse en mettant en évidence au cas par cas tel ou tel aspect du texte pertinent pour élaborer des hypothèses de signification.

2. Par exemple, des textes littéraires ?

Pour mettre en œuvre en classe de langue la perspective défendue par Courtillon et adoptée ci-dessus, il faudrait d'abord partir de l'expérience des textes que se sont forgée les étudiants grâce à leur lecture, dans la première langue de scolarisation et dans une autre (ou d'autres), tant à l'école qu'en dehors. Il s'agirait alors de s'inspirer de la conception que Vandendorpe (1992) défend de l'interprétation comme « terrain du jeu libre de l'intelligence et de la subjectivité », dégagée de « l'illusion d'une compréhension totale », et d'entraîner les étudiantes à une lecture-interprétation. De cette manière, on partirait des capacités chez les étudiantes à dépasser, au moins dans un premier temps, les difficultés causées par certains usages du lexique et par certaines constructions syntaxiques pour s'exercer à formuler des

[3] Gagné *et al.* (1989) définissent la littératie comme « la familiarisation ou le degré de familiarisation à l'écrit (lecture, écriture) dans ses aspects linguistiques et pragmatiques (fonctionnels, sociaux, etc.) ».

hypothèses interprétatives, à les éprouver au long du texte, le cas échéant à les abandonner et à en inventer d'autres, etc. Ce n'est que dans un second temps, à propos par exemple d'empans de textes plus limités, que l'on travaillerait à la compréhension, c'est-à-dire qu'on exigerait des étudiants « la saisie d'un sens déterminé » (Vandendorpe, 1992, p. 161). Et, pour ne pas promouvoir l'interprétation comme une création du lecteur indépendamment du texte, il s'agirait d'amener les étudiants à mettre en commun leurs interprétations, à les objectiver et à prendre conscience progressivement des contraintes qui s'exercent effectivement sur l'interprétation.

Si l'on prend ce petit programme au sérieux, deux conséquences s'imposent : d'abord on ne peut apprendre à interpréter que sur des textes qui posent des problèmes d'interprétation. C'est pourquoi il faudra proposer des textes impliquant des démarches de résolution de problèmes : il s'agira ainsi de textes relevant d'une certaine complexité, tels que des textes littéraires, des textes journalistiques élaborés, des textes de vulgarisation scientifique, etc. Ensuite, la lecture, en tant que posture(s) impliquée(s) par le texte (Cicurel, 1991)[4], devient une activité primordiale dans l'ensemble des langues enseignées. Elle est une activité permettant la construction des compétences et doit être abordée tôt dans l'apprentissage des langues étrangères. Quand elle relève d'une démarche d'attention au texte, suivant Gervais (1992), elle devrait être considérée comme « une situation d'apprentissage, un mandat de lecture, une approche du texte ».

Moyennant quoi, grâce à cette distinction entre interprétation et compréhension, les étudiants pourraient mettre en œuvre ces deux modes de saisie du sens soit en alternance, soit en concomitance. Quand leur attention serait portée à la compréhension, elle serait plus locale dans les textes étudiés et pourrait mener à des activités réflexives susceptibles de conduire à l'appropriation de fonctionnements langagiers. Dans les situations de lecture-interprétation, au contraire, ils chercheraient à donner un sens plus général et plus personnel à l'intrigue, au propos, etc.

Un des intérêts de cette conception exigeante des textes et de la lecture est également qu'elle permet de trouver une solution à l'infantilisation, fréquemment évoquée dans des témoignages d'apprenantes portant sur leur biographie langagière, et souvent liée aux pratiques d'expression dans une langue étrangère (même maîtrisée à un niveau défini comme seuil), en rendant justice à l'adulte caché dans l'apprenant. Dans ce sens, elle s'appuie sur la conception de Kramsch (2009) d'un apprenant qui, en développant ses compétences dans une langue nouvelle, se (re)construit progressivement comme sujet symbolique dans le contexte des différentes pratiques langagières qu'il expérimente.

4 Ce que Barthélémy (1999) désigne, dans une conception très différente de la lecture, par la notion de lecture-en-action.

Si la définition de la lecture dite littéraire ne se réduit pas à la lecture de la littérature, c'est pourtant à cela que je me limiterai ici, dans la ligne de Bemporad & Jeanneret (2007), qui insistent sur l'importance de la lecture d'œuvres littéraires pour l'appropriation, notamment à travers le travail constant de re-création des actions humaines qu'effectue la littérature. Ainsi qu'elles le montrent, la diversité des formes langagières qui accompagnent et/ou créent cet agir humain avec les intentions qui les voient surgir et les interprétations qu'elles suscitent offre à l'apprenant un accès riche et divers à la langue qu'il apprend (Bronckart, 1999). J'adopterai donc l'hypothèse que la littérature peut permettre de pénétrer une grande diversité de contextes sociaux et culturels dans lesquels peut baigner l'action humaine et de découvrir ce qu'ils peuvent avoir de commun, les principes essentiels qui les sous-tendent et qui forment la culture liée à une langue, à un lieu et à un moment donnés. La littérature permet l'accès, à travers la construction de mondes fictifs, aux valeurs qui sont cruciales pour une société. Dans ce sens, lire de la littérature c'est aussi apprendre à se mouvoir dans des discussions et évaluations des activités humaines et de leurs conséquences.

Reste la difficulté, souvent soulignée, de la lecture de nombre de textes littéraires en langue étrangère. Comment alors mettre en place une didactique de la lecture littéraire qui réponde à la question de la difficulté des textes et qui permette à l'apprenante de développer des savoir-faire, lui offrant la possibilité d'utiliser les pratiques de lecture mises en place pour l'ensemble des langues étrangères apprises à la fois à l'école et en dehors de celle-ci ? L'enjeu est ainsi la constitution progressive par l'apprenant d'une bibliothèque intérieure plurilingue (Bemporad, 2012) qui lui donne les ressources nécessaires pour construire ses compétences plurilingues et pluriculturelles.

3. Des textes simples, simplifiés ?

En tant qu'enseignante de français langue étrangère, j'ai longtemps partagé la conviction de Francine Cicurel, concernant les versions simplifiées des « grandes œuvres de la littérature française », que résume le propos suivant : « Les textes en français facile [sont] expurgés des difficultés mais aussi de toute authenticité. Que lit alors le lecteur : de la littérature ? ou un *remake* fastidieux ? » (Cicurel, 1991 p. 32). Néanmoins, dans cet article, je proposerai l'utilisation de versions simplifiées en tant qu'*outils de médiation* permettant une réflexion sur la langue, sur le discours mis en œuvre et, ainsi que dit précédemment, cette médiation servira également, par la comparaison entre deux (ou plus) schématisations discursives, de révélateur de la pertinence de certains niveaux d'analyse. Aussi la comparaison entre texte original et version simplifiée permettra-t-elle de mettre en place, en classe de langue, les postures de lecture favorisant l'attention aux modes de création du sens.

Par simplification, je désignerai donc une *relation* entre deux textes, c'est-à-dire entre deux textualisations. Il est vrai que certains usages simplificateurs se sont fixés, institutionnalisés en des formes discursives descriptibles en tant que telles : c'est ainsi que le discours s'adressant à des alloglottes est dénommé *Foreigner talk* (Ferguson, 1977) et étudié en tant que tel, comme le *Baby talk*, discours s'adressant aux petits enfants (Brown, 1977). Ces formes discursives sont à la fois assez spécifiques pour relever d'une étude globale mais en même temps trop dépendantes des contextualisations particulières dans lesquelles elles se déploient pour pouvoir être caractérisées en elles-mêmes, indépendamment des lieux dans lesquels elles surviennent. C'est pourquoi, comme il reste difficile de caractériser un discours en tant qu'il serait un discours simplifié, la simplification est considérée ici non pas comme une forme de discours mais comme une dimension intervenant dans différents discours, sur différents plans. J'en énumérerai trois qui sont pertinents pour expliquer mon approche comparative :

– d'abord la simplification peut s'appréhender comme une des composantes de l'opération de réécriture qui, s'appliquant à un texte source, le déconstruit et le reconstruit en un texte cible, agissant à la fois sur la linéarité du texte et sur son épaisseur ;

– ensuite la simplification est une composante de genres de discours fixés et bien institutionnalisés comme la *vulgarisation scientifique* et la *transposition didactique* ;

– enfin, la simplification est une composante de *formations discursives* dans la conception qu'en propose Foucault (1969) d'un ensemble de discours qui peuvent se saisir en tant que formant un système (quelle que soit la manière dont pourrait se justifier leur réunion en un même système : par de mêmes choix thématiques, par de mêmes concepts, par de mêmes modes d'énonciation, etc.).

L'ensemble de ces discours envisagés sur ces trois plans a en commun d'être lié à la simplification alors que diffère notamment le texte source à simplifier. En tant qu'elle est une activité de dé-construction, la simplification peut être liée à la *traduction ;* si la simplification opère sur des textes scientifiques pour les rendre accessibles à un public plus large, elle s'appelle *vulgarisation scientifique* (voir Authier (1982) pour une étude des principes énonciatifs caractéristiques de ces textes), si elle concerne des contenus d'enseignement et s'inscrit dans une situation de transmission de connaissances, elle s'appelle *transposition didactique* (Chevillard, 1991) ; si elle comprend également une opération de réduction, elle renvoie au *résumé ;* si elle opère sur un énoncé et en donne une reformulation elle s'appelle *paraphrase*, telle qu'elle est abordée par Fuchs (1994). Enfin l'opération de simplification peut transformer un texte pour adultes en texte pour les enfants ou en un texte plus facile pour alloglottes. C'est à ce niveau que la simplification intervient dans la *littérature pour enfants* (je suis Soriano (1975) à la fois dans sa réflexion sur l'inadéquation de l'appellation et dans sa décision d'utiliser néanmoins le terme) et la *littérature pour alloglottes*.

La littérature pour enfants est en effet une formation discursive dont les différents termes (i.e. les textes qui s'y rattachent) sont apparentés en fonction d'une certaine régularité de choix thématiques (récits d'aventure, etc.) et d'autres impératifs liés aux représentations que nous avons de ce qui est à la portée cognitive, affective, etc. des enfants.

La littérature pour alloglottes de son côté semble s'instituer en tant que formation discursive à travers une conception de la culture française et des phénomènes de patrimonialisation des auteurs français (Chartier, 1996), qui contribuent ainsi à former un ensemble d'œuvres qu'un alloglotte se doit de connaître, ne serait-ce que par des versions simplifiées.

Dans cette conception, la simplification est un processus qui fait du texte de départ *une ressource sociodiscursive* à partir de laquelle une nouvelle schématisation textuelle va pouvoir s'élaborer, grâce à un processus d'interprétation du texte source et un processus de production d'un autre texte. La simplification s'apparente là à une pratique interdiscursive. En ceci, la simplification peut faire partie de la *transposition* telle qu'elle a été proposée par Genette (1982) pour aborder la relation d'hypertextualité particulière qui unit deux textes, un *hypotexte*, texte source et un *hypertexte*, texte second. Lui-même distingue des transpositions qu'il appelle « purement formelles » et d'autres plus « thématiques ».

Notons que cette opération de transposition intervient sur différents plans : ainsi par exemple le projet textuel déclaré de Gaston Leroux dans *Rouletabille. Le mystère de la chambre jaune* était-il d'imaginer un meurtre commis dans une pièce fermée de l'intérieur. Le pacte de lecture est bien constitutivement dépendant de ce projet de l'écrivain. Or la version simplifiée pour alloglottes[5], par suite des simplifications formelles et thématiques, devient un simple roman policier. L'enjeu n'est plus de comprendre *comment* le meurtre a pu être commis mais, plus classiquement, *par qui* il a été commis. L'ensemble des processus de simplification produit ainsi une décontextualisation du texte qui modifie profondément son sens[6].

---

[5] *Le mystère de la chambre jaune*, Gaston Leroux, adapté en français facile par B. Faucard-Martinez, Paris, Ed. CLE international, 1500 mots.

[6] Cette conception de la simplification devrait nous permettre de dépasser les jugements de valeur portant sur la version simplifiée, tels qu'ils sont tenus en général et en particulier par Genette dans *Palimpsestes* au sujet de *Vendredi ou la vie sauvage* ou par Cicurel, tels que cités ci-dessus.

Pour faire de la simplification un objet pertinent pour la didactique de la lecture littéraire, j'approcherai donc la simplification à travers la comparaison de deux textes (au moins). Le choix du corpus des textes étudiés pourrait être plus ou moins représentatif des différentes situations discursives pouvant donner lieu à des simplifications. En effet, les causes et les finalités des activités de simplification textuelle sont très diverses ; avant de me limiter à un seul exemple, je vais les énumérer ici brièvement pour donner une idée des différentes possibilités existantes :

– il y a le cas d'auteurs comme Michel Tournier[7] ou Lewis Caroll[8] qui ont procédé à la simplification eux-mêmes pour élargir vers les plus jeunes leur cercle de lecteurs ;

– il y a le cas d'auteurs prolixes comme Jules Verne[9] dont les textes sont abrégés pour pouvoir figurer dans des collections[10] pour enfants. Dans cette catégorie, on retrouve *Les aventures de Robinson Crusoé*, dans la version de Defoe qui a donné lieu à de multiples versions abrégées ;

– il y a le cas des contes de Grimm, de Perrault ou d'Andersen (entre autres) qui ont été adaptés à de nombreuses reprises pour figurer dans de nombreuses collections[11] de contes pour enfants ;

– il y a le cas d'auteurs classiques de la littérature française dont les œuvres considérées comme les plus significatives sont simplifiées pour qu'elles puissent être lues par des lecteurs non francophones[12] ;

---

7 De *Vendredi ou les limbes du pacifique* à *Vendredi ou la vie sauvage* ou de *Gaspar, Melchior & Balthazar* aux *Rois mages.*

8 D'*Alice au pays des merveilles* à *Alice racontée aux petits.* Le travail sur la simplification pourrait donc ici être lié également à un travail sur la traduction.

9 Par exemple pour *Vingt mille lieues sous les mers*. Voici ce qu'en dit Genette (1982, p. 324) : « Il faudrait toute une vie pour seulement parcourir le champ de ces 'éditions' – en fait versions – ad usum delphini dont se composent fort couramment (quoique non toujours ouvertement) les collections de littérature 'pour la jeunesse' : Don Quichotte allégé de ses discours, digressions et nouvelles rapportées, Walter Scott ou Fenimore Cooper de leurs détails historiques, Jules Verne de ses tartines descriptives et didactiques, autant d'œuvres réduites à leur trame narrative, succession ou enchaînement d''aventures'. La notion même de 'roman d'aventure' est en grande partie un artefact éditorial, un effet d'élagage. » Sur ce sujet voir aussi Soriano (1975).

10 Telles que Nathan « Pleine Lune », par exemple, qui est destinée aux huit-douze ans. Choisie parce que la simplification y est assumée : chaque volume de la collection est précédé d'un avertissement signalant l'élagage ou la réécriture de certains passages et l'auteur de la simplification est indiqué.

11 Par exemple *Le petit Chaperon rouge*, dans la collection « Les petits cailloux », « Contes en images » et « Gallimard », voir Jeanneret (2003).

12 Telles que celles présentées dans les collections Hachette « Lecture facile. Grandes œuvres » ou CLE International « Lectures CLE en français facile », subdivisées en trois niveaux de langue.

– il y a le cas des textes-CD qui nécessitent une adaptation (souvent un raccourcissement) du texte qui sous-tend des processus de simplification[13].

4. Dispositifs énonciatifs et pratiques de lecture

Comme je pars du principe que la lecture littéraire – qu'elle prenne pour objet des textes émanant de journaux ou des textes littéraires – est essentielle pour l'appropriation de la langue en tant qu'elle implique de la part des étudiantes un engagement et un investissement (pour une élaboration de ces notions dans une perspective plurilingue, voir Bemporad, 2012), je chercherai donc à montrer comment exploiter en classe de langue les ressources sociodiscursives constituées par la comparaison entre deux schématisations discursives comparables. Je me limiterai néanmoins à examiner, grâce à la comparaison des deux versions de *Vendredi*[14], un seul aspect essentiel de construction du sens susceptible de donner lieu à des lectures différenciées et, partant, à mettre en évidence pour les étudiants des pratiques de lecture différentes : la question du dispositif d'énonciation en vigueur dans les deux versions. Dans ce sens, je m'inspire des conceptions de Baroni (2007) pour faire le lien entre poétique et production du récit (poïétique).

Si, dans les deux versions, le récit est pris en charge par un narrateur, dans *Vendredi ou les limbes du Pacifique* – à travers le journal (appelé *log-book* ou *scolie* pour les commentaires des articles de la charte et du code pénal de l'île) que tient Robinson – le discours du narrateur est doublé d'un discours à la première personne, qui apparaît en un texte typographiquement en retrait et prend en charge les réflexions et les commentaires qui permettent à Robinson de s'instituer comme première personne malgré l'absence d'interlocuteur, ainsi que l'illustre l'exemple suivant[15] :

[13] Dans les quelques adaptations-lecture à haute voix du *Petit Prince* de Saint-Exupéry que j'ai étudiées, des coupures du texte sont effectuées (de manière différente). Sont particulièrement intéressants, alors, les énoncés servant de raccord, saisissant en quelques propositions le pan de texte supprimé.

[14] À noter que du point de vue de la transposition, l'hypotexte est constitué de l'original de l'histoire de *Robinson Crusoé* de Daniel Defoe.

[15] Les exemples sont présentés systématiquement selon le schéma suivant : version *Vendredi ou les limbes du Pacifique* (plus loin *Les limbes*), à gauche, version *Vendredi ou la vie sauvage* (plus loin *La vie sauvage*), à droite.

Extrait 1

Article 2 : Les habitants sont tenus, pour autant qu'ils pensent, de le faire à haute et intelligible voix. *Scolie.* – Perdre la faculté de la parole par défaut d'usage est l'une des plus humiliantes calamités qui me menacent. Déjà j'éprouve, quand je tente de discourir à haute voix, un certain embarras de la langue, comme après un excès de vin. Il importe donc désormais que le discours intérieur que nous nous tenons…	Article 2 : Les habitants de l'île sont tenus de penser à haute voix. (En effet, parce qu'il n'avait personne à qui parler, Robinson craignait de perdre l'usage de la parole. Déjà il éprouvait quand il voulait parler un embarras de la langue, comme s'il avait bu un peu trop de vin. Désormais, il avait l'obligation de parler sans arrêt, aux arbres, aux pierres, aux nuages, mais bien entendu aussi aux chèvres et à Tenn.)

Michel Tournier, *Vendredi ou les limbes du Pacifique*, Folio, p. 71-72.
Michel Tournier, *Vendredi ou la vie sauvage*, Folio junior, p. 40.

Dans la version pour enfants, ce journal est mentionné mais n'est jamais représenté : le *je* n'est utilisé que dans le dialogue entre Robinson et Vendredi et encore n'apparaît-il qu'après que l'explosion a détruit la civilisation construite par Robinson, au moment où Robinson considère Vendredi comme un interlocuteur avec lequel il parle et même s'amuse à changer d'identité.

Bien que cette différence dans les dispositifs énonciatifs entraîne une transposition fondamentale, supportant des simplifications tant au niveau lexical que syntaxique (voir Béguin-Jeanneret (1986) et ci-dessus le passage de *comme après un excès de vin* et sa reformulation en *comme s'il avait bu trop de vin*), je me limiterai ici à ne mettre en évidence que certains effets sur les pratiques de lecture auxquelles les deux textes invitent.

La réflexion prise en charge par le log-book dans *Les Limbes* est souvent rapportée dans *La vie sauvage* sous la forme de *conceptualisations*, au sens de Vigner (1991), le narrateur catégorisant *in fine* ce qui était laissé moins précis dans *Les limbes.*

Dans l'exemple ci-dessous, les raisons au comportement de Robinson sont plus indéterminées et moins explicitement négatives dans *Les limbes* :

Extrait 2

Log-book. – Je me faisais une fête de ce premier pain qui sortirait de la terre de Speranza, de mon four, de mes mains. Ce sera pour plus tard… Que de promesses dans ces deux simples mots ! […] J'obéirai désormais la règle suivante : toute production est création, et donc bonne. Toute consommation est destruction, et donc mauvaise. En vérité, ma situation ici est assez semblable à celle de mes compatriotes qui débarquent chaque jour par navires entiers sur les côtes du Nouveau Monde. Eux aussi doivent se plier à une morale de l'accumulation. Pour eux aussi perdre son temps est un crime, thésauriser du temps est la vertu cardinale. Thésauriser ! […]	C'est alors qu'il prit soudain la décision de ne pas faire encore de pain et de consacrer toute sa récolte au prochain ensemencement de ses terres. En se privant ainsi de pain, il croyait accomplir un acte méritoire et raisonnable. En réalité, il obéissait à un nouveau penchant, l'*avarice*, qui allait lui faire beaucoup de mal.

Michel Tournier, *Vendredi ou les limbes du Pacifique*, Folio, p. 60.
Michel Tournier, *Vendredi ou la vie sauvage*, Folio junior, p. 36.

Ainsi cette conceptualisation a-t-elle une conséquence sur la lecture à laquelle ces deux versions invitent : la première requiert un travail d'interprétation alors que la seconde en « étiquetant » le comportement de Robinson réduit les hypothèses que les formulations *ne pas faire encore de pain*, *consacrer toute sa récolte au prochain ensemencement de ses terres*, et *se priver de pain* auraient pu permettre de faire.

La comparaison entre les deux textes permet de mettre en évidence de nombreuses occurrences de ce même phénomène qui fait de la version de *La vie sauvage* une version plus explicite, permettant moins d'hypothèses de signification, réduisant les incertitudes interprétatives, ainsi que l'illustre à nouveau l'exemple ci-dessous :

Extrait 3

Était-il possible que les cérémonies expiatoires araucaniennes fassent plus d'une victime ? Il y eut flottement parmi les hommes. Enfin l'un d'eux se dirigea, une machette à la main, vers le coupable désigné que ses deux voisins avaient soulevé et projeté sur le sol. La machette s'abattit une première fois et le pagne de cuir vola dans les airs. Elle allait retomber sur le corps nu, quand le malheureux bondit sur ses pieds et s'élança en avant vers la forêt. Dans la longue vue de Robinson, il paraissait sauter sur place, poursuivi par deux Indiens. En réalité il courait droit vers Robinson avec une rapidité extraordinaire. Pas plus grand que les autres, il était beaucoup plus svelte et comme taillé pour la course. Il paraissait de peau plus sombre, de type négroïde, sensiblement différent de ses congénères – et peut-être cela avait-il contribué à le faire désigner comme victime.	Ainsi il y aurait une seconde victime ce jour-là ! Visiblement les hommes hésitaient. Finalement l'un d'eux se dirigea, une machette à la main, vers le coupable désigné que ses deux voisins avaient soulevé et projeté sur le sol. La machette s'abattit une première fois et le pagne de cuir vola en l'air. Elle allait retomber sur le corps nu, quand le malheureux bondit sur ses pieds et s'élança en avant vers la forêt. Dans la longue vue de Robinson, il paraissait sauter sur place, poursuivi par deux Indiens. En réalité il courait droit vers Robinson avec une rapidité extraordinaire. Pas plus grand que les autres, il était beaucoup plus mince et taillé vraiment pour la course. Il paraissait de peau plus sombre et ressemblait plus à un nègre qu'à un Indien. C'est peut-être cela qui l'avait fait désigner comme coupable, parce que dans un groupe d'hommes, celui qui ne ressemble pas aux autres est toujours détesté.

Michel Tournier, *Vendredi ou les limbes du Pacifique*, Folio, p. 142.
Michel Tournier, *Vendredi ou la vie sauvage*, Folio junior, p. 66-67.

Cette fois, l'explicitation qui apparaît quand on compare la dernière phrase des deux versions donne lieu à une *généralisation* (Vigner 1991). Singulière dans *Les limbes*, l'explication est attribuée à une cause générale dans *La vie sauvage* : *celui qui ne ressemble pas aux autres est toujours détesté.*

Dans ce dernier exemple, on peut ainsi considérer que la version simplifiée propose une forme de développement. Yano *et al.* (1994) parlent d'*élaboration* pour dénommer cette pratique également appréhendée dans un contexte conversationnel par la notion de *séquence analytique* chez Krafft & Dausendschön-Gay (1993).

Ainsi, tant la conceptualisation que la généralisation contribuent à limiter les potentialités interprétatives d'un texte. Les procédés de catégorisation ou d'étiquetage que sous-tend la conceptualisation, ceux d'élaboration ou d'analyse qui sont induits par la généralisation, en proposant une interprétation des événements ou des motifs des actions, réduisent le travail de la lecture. *Les limbes* invitent ainsi, grâce à la réflexion induite par le log-book, à une *distanciation* tandis que *La vie sauvage* suscite la *participation*[16] (Dufays *et al.*, 2005).

La comparaison des versions permet donc bien de mettre en évidence des segments textuels qui se révèlent cruciaux pour donner sens aux différents épisodes. Plus globalement, le roman dans son ensemble prend évidemment un sens différent en fonction aussi de la connaissance que l'on peut avoir de l'œuvre de Defoe et de l'histoire de la colonisation, notamment. De ce point de vue, l'extrait 4 permet au lecteur de faire des hypothèses très différentes sur les relations entre Robinson et Vendredi, en fonction de la version choisie : *La vie sauvage* donnant une clé qui explique la soumission de Vendredi à Robinson dans le cadre de l'expérience narrée, tandis que la version des *Limbes* ouvre sur une plus grande variété d'interprétations liées à des cadres sociaux et historiques bien plus larges et dépassant l'intrigue du roman.

Extrait 4

À quelques mètres de là, dans un massif de fougères arborescentes, un homme noir et nu, l'esprit dévasté par la panique, inclinait son front jusqu'au sol, et sa main cherchait pour le poser sur sa nuque le pied d'un homme blanc et barbu, hérissé d'armes, vêtu de peux de biques, la tête couverte d'un bonnet de fourrure et farcie par trois millénaires de civilisation occidentale.	À quelques mètres de là, dans un massif de palmiers nains, l'Indien rescapé inclinait son front jusqu'au sol et cherchait à tâtons de la main le pied de Robinson pour le poser en signe de soumission sur sa nuque.

Michel Tournier, *Vendredi ou les limbes du Pacifique*, Folio, p. 143-144.
Michel Tournier, *Vendredi ou la vie sauvage*, Folio junior, p. 69.

Dans ce sens, la version pour enfants est effectivement plus simple. Le texte étant plus explicite, laissant moins de place aux virtualités interprétatives, il paraît adapté à une lecture en classe de langue.

5. Quelques propositions pour une didactique de la littératie, le cas échéant, plurilingue

En revanche, en admettant que l'on s'adresse à un public d'adolescents ou d'adultes alloglottes déjà expérimentés dans la lecture littéraire, dans – au moins – une autre langue, on peut, à mon sens, faire l'hypothèse que les ouvertures interprétatives des *Limbes*, la relative

[16] Il faudrait prendre en compte également les illustrations qui figurent dans *La Vie sauvage*.

indécision du sens construit peuvent permettre à des interprétations de s'effectuer alors que la précision de la version pour enfants peut causer des blocages parce qu'elle impose une maîtrise plus littérale de la construction du sens et qu'elle contraint ainsi plus la lecture.

Dans *Les limbes*, en effet, les motifs aux actions de Robinson pour l'extrait 2 ou des Araucaniens pour l'extrait 3 peuvent être élaborés de manière plus personnelle. Si l'on parvient à cette conclusion à propos d'une œuvre qui est une réécriture littéraire, on peut à plus forte raison, mener le même raisonnement à propos des versions simplifiées destinées à un public alloglotte. Il ne s'agit donc ici ni de renoncer aux versions simplifiées, ni d'en proposer l'utilisation pour elles-mêmes, mais bien d'utiliser les versions simplifiées comme *outils de médiations* pour révéler des segments de l'œuvre originale particulièrement pertinents, à l'image des extraits 1 à 4. Dans cette perspective, les extraits présentés plus haut mettent en évidence des portions du texte au sujet desquels il faudrait mettre en œuvre un mode de lecture analytique, c'est-à-dire « soumise au droit du texte » (Dufays *et al.*, 2005) ce qui implique de la part de la lectrice une attention aux manières dont se crée le sens.

Il s'agirait ainsi de proposer aux étudiants de lire la version des *Limbes* et de recourir à la version de *La Vie sauvage* pour sélectionner certains passages à propos desquels un vrai travail d'interprétation peut être fait en se risquant à des hypothèses sur ce que peuvent signifier les actions des personnages : pourquoi Robinson se prive-t-il de pain ? pourquoi les Indiens s'unissent-ils pour désigner comme coupable l'un d'entre eux ? Pourquoi Vendredi est-il soumis à Robinson ? La version de *La Vie sauvage* donne connaissance de la lecture privilégiée par Michel Tournier dans ce deuxième roman. Mais cela n'invalide évidemment pas les autres lectures imaginées, qui permettraient, si elles étaient partagées en classe, par exemple, d'insister sur la diversité des interprétations possibles des actions humaines narrées dans ce récit.

Pour conclure, bien que cet article s'inscrive plutôt dans la perspective de l'interprétation et de la lecture, il faut souligner que l'écriture peut avec profit s'exercer dans ce contexte de lecture comparée (voir sur ce point Roubaud (2005) pour un travail avec des élèves plus jeunes). Une fois que le travail de lecture a mis en évidence les différents procédés de réécriture utilisés et les effets de sens portés par ces différentes sémiotisations, on pourrait demander aux étudiants de se lancer eux-mêmes dans un travail de réécriture. Des activités de réécriture par expansion ou par réduction à partir de l'une ou l'autre version pourraient être proposées. Comme pour les interprétations, l'examen des solutions trouvées par Tournier (ou par les auteurs des versions pour alloglottes des classiques de la littérature) ne devraient pas être prises comme prescription mais plutôt être traitées au sein d'un ensemble de sémiotisations possibles avec celles proposées par les étudiants, chacune d'entre elles devant être évaluée du point de vue du sens qu'elle permet de construire. Avec des étudiantes alloglottes, on peut enrichir encore la comparaison en proposant des comparaisons interlinguistiques : les deux versions d'*Alice au pays des merveilles* présentent par exemple la possibilité d'opérer des lectures comparées à la fois en anglais et en français. En définitive, il s'agit donc bien de faire des versions simplifiées un instrument de médiation pour la lecture des œuvres. En ce sens, il y a détournement de ces versions simplifiées de leurs propos originaux.

Dans cet article, on a fait usage de la comparaison intertextuelle pour repérer certains éléments pertinents ancrant la compréhension puis l'interprétation. En partant d'un problème didactique (quel texte pour quelles lectures dans les classes de français langue étrangère ?), on a proposé une pratique de la version simplifiée. Une fois dégagées les propriétés médiatrices du texte simplifié, il faudrait élargir son domaine d'application. Rien n'oblige à ne l'utiliser que dans le cadre de la lecture-écriture. Une grande diversité de phénomènes langagiers peuvent être présentés en classe grâce à la comparaison intertextuelle.

Ainsi, dans l'exemple suivant, tiré de Joseph Joffo, *Un sac de billes* (au moment où la mère du narrateur vient de coudre l'étoile jaune au revers de la veste de son fils), la simplification de la version destinée aux alloglottes opère sur un procédé de structuration syntaxique du type pseudo-clivée *il n'y a plus grand chose que l'on peut faire* et le transforme, en supprimant un niveau d'enchâssement : *on ne peut plus faire grand chose.*

Extrait 5

Quand on a ça il n'y a plus grand chose que l'on peut faire : on n'entre plus dans les cinémas, ni dans les trains, peut-être qu'on n'aura plus le droit de jouer aux billes non plus, peut-être aussi qu'on n'aura plus le droit d'aller à l'école. Ça serait pas mal comme loi raciale, ça.	Quand on a ça, on ne peut plus faire grand chose : on n'entre plus dans les cafés, ni dans les cinémas, ni dans les trains. Peut-être qu'on n'a plus le droit d'aller à l'école. Ça ne serait pas mal comme loi raciale, ça.

Joseph Joffo, *Un sac de billes*, Le Livre de poche, p. 21
Joseph Joffo, *Un sac de billes*. Version abrégée, Klett, p. 7.

On voit ainsi qu'une construction syntaxique peut être illustrée et ses effets discursifs discutés à la lumière de sa suppression dans un texte simplifié : la pseudo-clivée sert-elle à mettre en évidence l'étendue des interdits imposés par le port de l'étoile jaune ? Permet-elle le renvoi dialogique à l'expression préfabriquée *il n'y a plus rien à faire* ? Grâce au contraste entre deux schématisations discursives, un effet de loupe est induit sur une sémiotisation. La simplification peut ainsi être exploitée pour présenter bon nombre des phénomènes linguistiques étudiés en linguistique française. Je gage qu'il serait possible, sans trop de problème, d'y trouver les matériaux nécessaires pour illustrer une introduction à la linguistique française !

Bibliographie

Authier, J., « La mise en scène de la communication dans des discours de vulgarisation scientifique », *Langue française*, n° 53, 1982, p. 34-47.

Baroni, R., *La tension narrative*, Paris, Seuil, 2007.

Barthélémy, M., « La lecture-en-action : entre le présupposé d'un monde objectif et son accomplissement situé », *Langage et société*, n° 89, 1999, p. 95-121.

Béguin-Jeanneret, T., « À toi la Vie sauvage, à moi les Limbes. Étude sur la simplification dans la littérature pour enfants », *TRANEL*, n° 10, 1986, p. 141-152.

Bemporad, C., *Lectures littéraires d'étudiant.e.s plurilingues et appropriations langagières*, thèse de doctorat, Université de Lausanne, 2012.

Bemporad, C. & Jeanneret, T., *Lectures littéraires et appropriation des langues étrangères*, Lausanne, Études de lettres, 2007.

Bronckart, J.-P. « De la didactique de la langue à la didactique de la littérature », in J.-P. Bronckart, J. Cardinet, M. Crahay, A. Giordan, A. Gretler, A. Grisay, Ph. Perrenoud & J. Weiss, *Voyage dans un espace multidimensionnel. Textes réunis en l'honneur de Daniel BAIN. Contributions sur la recherche en éducation (didactique, évaluation, enquêtes internationales)*, Genève, Service de la recherche en éducation, Cahier 6, 1999, p. 71-89.

Brown, R., « Introduction », in R. Brown, *Talking to Children*, Cambridge, Cambridge University Press, 1977, p. 1-27.

Campana, M., *Une grammaire pour mieux écrire*, Champigny-sur-Marne, CRDP de Créteil, 2002.

Chartier, R., *Culture écrite et société. L'ordre des livres (XIVe-XVIIIe siècle)*, Paris, Albin Michel, 1996.

Chevillard, Y., *La transposition didactique. Du savoir savant au savoir enseigné*, Grenoble, Éditions de la pensée sauvage, 1991.

Cicurel, F., *Lectures interactives en langue étrangère*, Paris, Hachette, 1991.

Courtillon, J., *Élaborer un cours de FLE*, Paris, Hachette, 2003.

Dufays, J.-L., Gemenne, L. & Ledur, L., *Pour une lecture littéraire*, Bruxelles, De Boeck, 2005.

Ferguson, C.A., « Baby Talk as a simplified register », in Snow, C. E. & Ferguson, C.A. (eds.), *Talking to Children*, Cambridge, Cambridge University Press, 1977, p. 209-235.

Foucault, M., *L'archéologie du savoir*, Paris, Gallimard, 1969.

Fuchs, C., *Paraphrase et énonciation*, Paris, Ophrys, 1994.

Gagné, G., Lazure, R., Sprenger-Charolles, L. & Ropé, F., *Recherches en didactique et acquisition du français langue maternelle*, Bruxelles, De Boeck, 1989.

Genette, G., *Palimpsestes. La littérature au second degré*, Paris, Seuil, 1982.

Gervais, B., « Les régies de la lecture littéraire », *Tangence*, n° 36, 1992, p. 8-18.

Grize, J.-B., *Logique et langage*, Gap, Paris, Ophrys, 1990.

Jeanneret, T., « Une approche linguistique de la simplicité du texte », *Langage et pratiques*, n° 31, 2003, p. 22-35.

Krafft, U. & Dausendschön-Gay, U., « La séquence analytique », *Bulletin CILA*, n° 57, 1993, p. 137-156.

Kramsch, C., *The multilingual subject*, Oxford, Oxford University Press, 2009.

Roubaud, M.-N., « Affronter la complexité d'un texte : la langue mise en scène », *Caractères*, n° 19, 2005, p. 5-11.

Soriano, M., *Guide de littérature pour la jeunesse*, Paris, Flammarion, 1975.

Vandendorpe, C., « Comprendre et interpréter », in Préfontaine, C. & Lebrun, M. (dir.), *La lecture et l'écriture*, Montréal, Éditions logiques, 1992, p. 159-181.

Vigner, G., « Réduction de l'information et généralisation : aspects cognitifs et linguistiques de l'activité de résumé », *Pratiques*, n° 72, 1991, p. 33-54.

Volochinov, V., *Le marxisme et la philosophie du langage*, Paris, Gallimard, 1977.

Yano, Y., Long, M. H. & Ross, S., « The effects of Simplified and Elaborated Texts on Foreign Language Reading Comprehension », *Language Learning*, n° 44 (2), 1994, p. 189-219.

Plurilinguisme et FLE

Entre étrangéité et étrangeté

Laurent Gajo

Université de Genève

1. Introduction

Depuis une trentaine d'années, les études sur le bi-plurilinguisme se sont progressivement structurées et ont investi les champs traditionnels de la linguistique. Le domaine du français langue étrangère (FLE), lui aussi, a intégré cette évolution et développé des outils en provenance du plurilinguisme. Plus que de nouveaux outils, il s'agit d'un repositionnement du domaine. Le FLE se situant à l'articulation entre la description de la langue et ses conditions d'enseignement/apprentissage, la posture nouvelle touche aussi bien le linguiste que l'enseignant.

Dans cette contribution, nous montrerons en quoi la situation de contact de langues pousse à problématiser le « E » de « FLE ». Nous nous arrêterons alors sur les notions d'**étrangéité** et d'**étrangeté** et sur leur pertinence sociolinguistique et cognitive. Ceci nous amènera à poser l'un et l'autre, en l'occurrence la L1 et la L2, et l'entre-deux. Nous pourrons alors nous pencher sur un double mouvement, celui qui va du plurilinguisme au FLE et celui qui parcourt le chemin inverse. En effet, si le premier invite à voir le français à travers le plurilinguisme et son apprentissage comme le développement d'un répertoire pluriel, le second permet de montrer qu'une langue gagne aussi à conserver sa légitimité propre et à offrir, d'une certaine manière, sa position d'altérité.

2. FLE et contact de langues

La dénomination « français langue étrangère » se comprend mieux avec l'ajout de la préposition « comme », à l'instar des variantes allemande (« Französisch als Fremdsprache ») ou anglaise (« French as a foreign language »). Il s'agit bien de regarder le français comme langue étrangère, ce qui suppose l'existence préalable et/ou parallèle d'une autre langue au moins du point de vue du locuteur ou de l'apprenant. De ce fait, il devient difficile de penser le FLE sans réfléchir à la situation de contact interlinguistique. En effet, aborder une langue en tant que langue étrangère nous place d'emblée dans une perspective où les frontières linguistiques sont à la fois perceptibles et poreuses, où le contact de langues et les traces qu'il laisse (emprunts, interférences, alternances de codes, etc.) ne restent pas en périphérie du corpus. Ceci concerne aussi bien le chercheur et l'enseignant que le locuteur-apprenant. Pourtant, il n'est pas dit que le français comme langue étrangère soit envisagé à partir de la situation de contact. Souvent, le FLE se construit sur une dichotomie prédéterminée entre langue « maternelle » (L1) et langue étrangère (L2) et, plus fondamentalement, sur la « relation même entre *étranger* et *langue française* » (Cuq & Gruca, 2005, p. 16). Interroger cette étrangéité conduira progressivement la recherche au cœur de la notion de contact.

Un premier pas a été accompli avec la distinction entre FLE et FLS (français langue seconde ; voir Cuq, 1991). D'une certaine manière, la notion de FLS rend compte de situations sociales où le français est moins étranger que ne le supposerait la désignation de FLE. Il s'agit notamment de contextes où le français jouit d'un statut au niveau national ou régional, et de contextes migratoires. Dans le premier cas, nous pouvons évoquer, par exemple, le français pour la communauté anglophone du Canada, le deuxième recouvrant toute situation où un locuteur non francophone est confronté, par la migration, au français comme nouvelle langue majoritaire de l'environnement socio-institutionnel. Une langue seconde est donc une langue étrangère bénéficiant d'un statut particulier, d'une légitimité dans le contexte en question. Ceci exerce évidemment une forme de contrainte sur les pratiques des individus, mais de manière assez variable. Si l'on raisonne au niveau des pratiques essentiellement, le français conserve, dans plusieurs anciennes colonies, un statut de FLS. C'est le cas du Maroc, de l'Algérie et de la Tunisie, par exemple, mais, aujourd'hui, le français se range officiellement dans ces pays parmi les langues étrangères. Cuq (1991) ajoute un critère supplémentaire pour identifier le FLS. Ce critère, cognitif, prévoit qu'une langue seconde joue un rôle dans le développement cognitif d'un enfant et participe aux capacités d'information d'un adulte.

La question est de savoir, pour nous, comment la langue intervient au niveau cognitif et dans l'accès aux informations. Intervient-elle parce qu'elle est moins étrangère ou, au contraire, dans son étrangéité ? Intervient-elle en tant que telle ou dans ses relations avec les autres langues ? Pour le Maghreb, la question se pose aussi au niveau de la L1, l'arabe, qui se manifeste sous des formes dialectales et sous un standard lettré. Quels rôles joue dans ce cas chacune des variétés dans l'accès aux informations, dans le développement cognitif et dans la construction de l'identité ?

Si la L1 mène de manière évidente à l'information, c'est qu'elle intervient comme vecteur privilégié de communication. Toutefois, c'est aussi parce que, dans l'esprit du locuteur, elle ne fait pas obstacle à l'information et est donc considérée comme un vecteur seulement, caractérisé par sa transparence. Pour la L2, c'est l'inverse. On la rencontre dans des situations sociales moins nombreuses et moins diversifiées, elle complique l'accès à l'information et présente donc une certaine opacité (Gajo, 2003). Dans une telle perspective, enseigner une langue étrangère (L2) suppose de réduire l'effet d'opacité et de rendre moins problématique la communication de façon à faciliter l'accès à l'information. La question se pose dans des termes sensiblement différents pour une langue seconde.

Plutôt que de se focaliser sur les spécificités de L1 et de L2, il se révèle intéressant de travailler sur leur dialectique, sur ce que la position d'étrangéité nous apprend. « Observons d'abord que, traditionnellement, l'étranger (voire, dans l'Antiquité, le barbare) est celui qui ne partage pas le même idiome, et cela peut aller, par degrés plus ou moins sensibles, du patois du village voisin à la langue la plus exotique » (Cuq & Gruca, 2005, p. 14). Selon cette citation, il existe une variation de degrés entre la position d'un patois voisin et celle d'une langue étrangère très éloignée. Certes, mais dans un cas comme dans l'autre, on définit toujours une frontière entre une L1 et des L2, la première ne présentant aucune étrangéité. Or, les études acquisitionnistes nous ont montré que, même dans le cas de la L1, une distance doit s'installer entre la langue et le locuteur pour permettre l'apprentissage. On parlera alors d'étrangeté (Py, 1992, convoque la notion d'altérité), versant psychologique de la notion d'étrangéité, définie au niveau social. Nancy Houston, en parlant de la création littéraire, nous donne une définition intéressante de l'étrangeté :

> Ma « venue à l'écriture » est intrinsèquement liée à la langue française. Non pas que je la trouve plus belle ni plus expressive que la langue anglaise, mais, étrangère, elle est suffisamment étrange pour stimuler ma curiosité. (Nancy Huston, *Autopsie de l'exil*, 1986)

L'étrangeté perçue de la langue stimule ainsi la réflexion par une mise en évidence de l'opacité, considérée ici comme ressource. Ne retrouve-t-on pas là le propre du travail de tout écrivain, pour qui la langue, même L1, résiste et ne devient intéressante que dans cette résistance ? Evidemment, tout locuteur n'est pas écrivain, mais chaque sujet parlant est un inventeur de langue.

L'étrangeté intervient alors dans le processus de communication et d'apprentissage, en lien plus ou moins étroit avec l'étrangéité. Dans le champ en plein développement de l'intercompréhension en langues voisines, on pourra ainsi introduire une distinction entre « proximité » et « proximalité » (Gajo, 2012b). La première se réfère à l'étrangéité et indique de manière objective le rapport de distance sociotypologique entre L2 et L1. La seconde renvoie à la notion d'étrangeté et à un travail plus explicite, à partir du contact de langues, sur les propriétés de chaque système et sur les règles de passage de l'un à l'autre. Il s'agit d'une posture d'interrogation sur la langue, plus ou moins indépendante de la distance effective – pour autant qu'il soit possible de la définir – entre L2 et L1. Une telle posture peut se manifester au sein de variétés d'une même langue. Par exemple, indépendamment de la proximité/distance **admise** et/ou décrite entre allemand standard et dialectes alémaniques, on pourra engager une réflexion sur les zones **perçues** de continuité et de discontinuité et s'appuyer variablement sur elles à des fins de communication ou d'apprentissage.

3. Dialectique de l'un et de l'autre, et de l'entre-deux...

En quelque sorte, L1 et L2 constituent deux points de comparaison plus ou moins proches mais permettant un regard sur l'épaisseur linguistique, pendant de l'opacité prêtée à la position de L2 (voir ci-dessus). La définition de ces points mérite elle-même un questionnement. Dans le domaine de l'intercompréhension en langues romanes par exemple, on met en évidence le continuum entre les différentes langues. L'entre-deux est ainsi valorisé, et les points de comparaison relativisés. Et pourtant, l'existence de ces points reste importante. On parle du catalan et de l'occitan, par exemple, et c'est précisément la constitution de ces deux langues qui permet d'aborder le double processus d'étrangeté et de proximalité. Or, du point de vue sociolinguistique, on sait que toute langue admet des variétés. C'est le cas pour l'occitan, qui recouvre le gascon, le languedocien, l'auvergnat et d'autres dialectes. Du côté du catalan, on pourra évoquer la question du valencien, donnant parfois lieu à des controverses quant aux rapports hiérarchiques entre l'un et l'autre. Sur le plan sociolinguistique, des choix sont opérés et établissent des zones de rupture dans et entre les aires linguistiques. La désignation même des langues et des variétés – et son lien avec des territoires politiques plus que linguistiques (voir les exemples de dialectes occitans cités précédemment) – en constitue une trace. Sur le plan psycholinguistique, une forme de tension entre la L2 – entendue cette fois comme la langue cible – et la L1 doit exister, mais son réglage dépendra du projet d'apprentissage. Fondamentalement, c'est la prise d'appui sur le contact interlinguistique qui permettra un travail sur le contraste (voir Borel, 2012), les discontinuités entre langues. Cet entre-deux est capital aussi bien pour la L2 que pour la L1, qui devient à son tour cible et donc objet d'apprentissage.

4. Le FLE vu par le plurilinguisme

Regarder les langues à partir de leurs contacts revient à mettre le plurilinguisme au centre, ce qui change considérablement la perspective. En parlant du développement de l'enfant bilingue, Meisel (2004, p. 92) affirme que « monolingualism can be regarded as resulting from an impoverished environment where an opportunity to exhaust the potential of the language faculty is not fully developed ». Le potentiel langagier devrait donc se réaliser préférentiellement sous la forme d'un plurilinguisme, mais ceci dépend étroitement de l'environnement. S'il est vrai que les politiques ont tendance à homogénéiser les territoires et à assécher la diversité, celle-ci se développe constamment au plus profond des pratiques langagières. On pensera, notamment, aux registres de langues et aux variantes de contact. En tant que tel, l'environnement est donc rarement pauvre, mais le regard porté sur celui-ci peut se montrer plus ou moins homogénéisant et tend à réduire la diversité. Le plurilinguisme devient alors non seulement un fait mais une posture et une loupe pour percevoir chaque langue.

En FLE comme en didactique des langues, le paradigme du plurilinguisme amène à un changement de regard qui passe notamment par la critique de notions fondamentales et la proposition de nouvelles entrées. Nous en évoquons quelques-unes (voir aussi Gajo, 2012a).

Tout d'abord, nous pouvons revenir au rapport entre opacité et transparence. Si cette dernière ne se prête pas à la L2, elle ne caractérise pas non plus la L1, mais fonctionne en quelque sorte comme une illusion pratique, permettant à la communication de se dérouler dans un certain confort (postulat d'évidence de la L1). Toutefois, pour évoluer, une langue doit être interrogée, ajustée et donc s'afficher dans son étrangeté, en lien avec sa complexité.

Ensuite, nous tenons à mentionner le passage progressif, à partir des années 1980, de la notion de maitrise à celle de répertoire et de compétence, en passant par celle d'usage. Définir la maitrise d'une L2 suppose de pouvoir décrire quels ingrédients la composent et, surtout, quel en est le point d'aboutissement. Souvent, un parallèle est établi avec la L1, considérée comme référence mais dont la « maitrise » n'a pas donné lieu à un cadre de description explicite et consensuel. La maitrise demeure ainsi un idéal et donc une abstraction. Dans les études sur le plurilinguisme, on a renoncé à cette notion pour privilégier celle de répertoire plurilingue (voir, par exemple, Coste & Simon, 2009) ou pluriel. Celui-ci renferme des ressources langagières (voir notamment Lüdi & Py, 2009) mobilisables dans diverses situations et inégalement développées en fonction, précisément, de ces situations d'usage. L'articulation et la mobilisation de ces ressources s'opèrent à travers une compétence plurilingue (voir Castellotti & Moore, 2011, pour une discussion récente) que l'on peut définir comme suit :

> « On désignera par compétence plurilingue et pluriculturelle, la compétence à communiquer langagièrement et à interagir culturellement possédée par un acteur qui maitrise, à des degrés divers, plusieurs langues et a, à des degrés divers, l'expérience de plusieurs cultures, tout en étant à même de gérer l'ensemble de ce capital langagier et culturel. L'option majeure est de considérer qu'il n'y a pas là superposition ou juxtaposition de compétences toujours distinctes, mais bien existence d'une compétence plurielle, complexe [...] » (Coste, Moore & Zarate, 1998, p. 12)

Enfin, la notion de locuteur natif, en général idéalisé et pris comme point de référence pour projeter l'aboutissement de la maitrise linguistique, cède le pas à celle d'acteur social mobilisant son répertoire et ses ressources de manière variable en fonction du contexte. De ce point de vue, un francophone est d'abord une personne qui agit en français dans des situations données. Il est incarné et situé. Un bilingue peut compter sur des ressources développées dans deux langues, mais de manière inégale. Il ne se définit pas comme deux monolingues dans la même personne (Grosjean, 1989), mais comme celui qui articule plus qu'il ne juxtapose ses ressources.

En didactique, le renversement de perspective est tellement important qu'un glissement doit s'opérer de la didactique des langues étrangères ou secondes vers la didactique du plurilinguisme (voir notamment Moore, 2006). Ce nouveau paradigme rend compte d'approches qui, toutes, mettent au centre la situation de contact de langues. Les modalités de travail changent et, selon les priorités, pourront s'orienter selon au moins trois directions : des démarches de sensibilisation ou d'éveil, qui se dirigent vers le contact et s'en servent comme appui pour stimuler la conscience de la diversité linguistique et, surtout, pour mettre à distance la L1 ; des démarches de comparaison, qui se servent du contact pour solliciter des processus de grammaticalisation plurielle et d'intercompréhension ; des démarches d'alternance, qui mettent les langues en contact de manière plus ou moins planifiée et sollicitent le recours aux ressources plurilingues dans le déroulement même de la communication. La didactique du plurilinguisme trouve sans doute des signes avant-coureurs dans la pédagogie de la variation langagière, que Marcellesi, Romian & Treignier (1985, p. 1) définissent comme suit : « Il s'agit donc de passer d'une politique hégémonique de la langue, fondée sur une pédagogie de l'unicité, à une dialectique de l'un et du multiple, du commun et de la variation ». Si la perspective du plurilinguisme nous aide à voir l'un à partir du multiple, le mouvement inverse, à l'intérieur de cette dialectique, conserve, comme nous allons l'esquisser, une certaine pertinence.

5. Le plurilinguisme vu par le FLE

La didactique du plurilinguisme se positionne clairement comme une sociodidactique où interviennent des considérations tenant à la sociolinguistique, à la linguistique et à la didactique des langues. Un regard plus nuancé sur des situations d'apprentissage nécessairement complexes conduit à envisager les modalités de contacts interlinguistiques et à proposer une description plus fine de la position « L2 » (voir, ci-dessus, la distinction entre langue étrangère et langue seconde) et, plus récemment, de la position « L1 ». On pensera en particulier à l'avènement de la notion de langue de scolarisation, mise en évidence dans les travaux du Conseil de l'Europe. Cette dernière résout, partiellement, le problème de l'amalgame entre la langue de l'élève, celle du milieu social et celle de l'École. Ainsi, enseigner le « français langue maternelle » à Genève ne signifie pas s'adresser à un public monolingue francophone – même pour celui-ci, d'ailleurs, la langue de l'École ne correspond pas forcément aux usages familiaux et peut donner lieu à un rapport d'étrangeté.

Les travaux en FLE, en didactique des langues et en didactique du plurilinguisme ont donc contribué à nuancer les « positions L1/ L2 ». Toutefois, ces positions sont toujours occupées par des langues particulières dans des contextes spécifiques. Ainsi, même si l'on regarde le français à travers ses variétés ou par le prisme du plurilinguisme, son existence en tant qu'unité linguistique identifiée semble incontournable. Cela engendre deux effets, l'un cognitif, l'autre sociolinguistique.

D'un point de vue cognitif, on l'a déjà évoqué, apprendre suppose des mises en tension et en contraste et, ajouterons-nous, la mise en relation d'items particuliers (par exemple, « maisonnette ») avec des catégories de référence (dans le même exemple, les diminutifs en français). Un travail interlinguistique, notamment en langues romanes, pourra certes prendre tout son sens et indiquer à la fois des correspondances (par exemple, « casetta » en italien et, dans une moindre mesure, « casinha » en portugais) et des différences dans le recours aux formes altérées dans la morphologie (par exemple, l'augmentatif « -one » en italien ou « -ona » en espagnol, que l'on retrouve dans « La Casona », résidence présidentielle au Vénézuela). Néanmoins, le français constitue dans ce travail un point de repère et de comparaison, un corpus en soi dont on part et vers lequel on revient.

D'un point de vue sociolinguistique maintenant, il faut souligner que la question du contact de langues s'envisage toujours par rapport à des situations spécifiques, où les langues, à la fois, se présentent sous un jour particulier (donc variable d'une situation à l'autre) et se réifient (stabilisation, cristallisation en lien avec des représentations socialement situées). Dans certaines situations, le français sera majoritaire ou minoritaire, ou encore, comme le dit Meune (2007), « mijoritaire » – majoritaire au niveau local mais minoritaire au niveau national (c'est le cas du français dans le canton de Fribourg en Suisse, alors que l'allemand y est « manoritaire »). Depuis quelques années, la recherche met volontiers la notion de plurilinguisme au pluriel. Parler de « plurilinguismes » oblige à regarder les situations de contact dans leur variabilité, mais conduit au constat que les régulations sociales se passent difficilement de points de repère plus ou moins stabilisés dont les langues font partie.

6. Conclusion

Comprendre le FLE aujourd'hui nécessite l'articulation de considérations linguistiques, sociolinguistiques et didactiques, dont le questionnement permet une problématisation du « E ». La distinction entre « étrangéité » et « étrangeté » amène ainsi sa contribution au débat en prenant appui sur la notion de contact de langues. Cette dernière marque non seulement un rapport mais une zone de travail imprégnée par la réalité du plurilinguisme.

Regarder les langues à partir du plurilinguisme change la perspective et demande l'élaboration de nouveaux outils pour leur description et leur enseignement/apprentissage. Toutefois, si le rapport d'étrangeté sert de levier, les éléments mis en rapport pèsent dans la balance et se cristallisent (réification) en lien avec des contextes particuliers et les représentations qui y circulent. Les langues se présentent alors sous des formes d'irréductibilité qui, en situation de contact, engendrent des tensions potentiellement utiles pour l'apprentissage. Il faudra donc affiner les notions de L1 et L2 et les envisager à la fois comme des positions (dont le rapport importe plus que les éléments eux-mêmes), comme des points de repère (dans un continuum linguistique, une famille de langues) ou comme des références en soi (voir Py, 1992), dont on ne peut être que plus ou moins éloigné.

Bibliographie

Borel, S., *Langues en contact – langues en contraste. Typologie, plurilinguismes et apprentissages*, Berne, Peter Lang, 2012.

Castellotti, V. & Moore, D., « La compétence plurilingue et pluriculturelle. Genèses et évolutions », in Blanchet, Ph. & Chardenet, P. (dir.), *Guide pour la recherche en didactique des langues et des cultures. Approches contextualisées*, Paris, Éditions des archives contemporaines, 2011.

Coste, D. & Simon, D.-L., « The plurilingual social actor. Language, citizenship and education », *International Journal of Multilingualism*, n° 6/2, 2009, p. 168-185.

Coste, D., Moore, D. & Zarate, G., « Compétence plurilingue et pluriculturelle », *Le Français dans le monde, Recherches et applications*, n° spécial, 1998.

Cuq, J.-P., *Le français, langue seconde : origines d'une notion et implications didactiques*, Paris, Hachette, coll. « Références », 1991.

Cuq, J.-P. & Gruca, I., *Cours de didactique du français langue étrangère et seconde*, Grenoble, PUG, 2005.

Gajo, L., « Pratiques langagières, pratiques plurilingues : quelles spécificités ? quels outils d'analyse ? Regards sur l'opacité du discours », *Travaux neuchâtelois de linguistique*, n° 38, 2003, p. 49-62.

Gajo, L., « Le plurilinguisme : point de départ ou ligne d'arrivée de l'enseignement ? », in Durussel, C., Corbaz, E., Raimondi, E. & Schaller, M. (dir.), *Pages d'accueil*, 2012a, p. 187-195.

Gajo, L., « Vers l'enseignement bilingue d'une langue minoritaire ou régionale : l'exemple de l'occitan », in *Actes de la Conférence annuelle sur l'activité scientifique du Centre d'Études francoprovençales « René Willien », St-Nicolas, 17 décembre 2011*, Région autonome de la Vallée d'Aoste, Bureau régional pour l'ethnologie et la linguistique, 2012b, p. 39-49.

Grosjean, F., « Neurolinguists, beware! The bilingual is not two monolinguals in one person », *Brain and Language*, n° 36, 1989, p. 3-15.

Lüdi, G. & Py, B., « To be or not to be… a plurilingual speaker » *International Journal of Multilingualism*, n° 6/2, 2009, p. 154-167.

Marcellesi, Ch., Romian, H. & Treignier, J., « Vers des pratiques pédagogiques plurinormalistes », *Repères*, n° 67, 1985, p. 1-2.

Meisel, J., « The Bilingual Child », in T. K. Bhatia & W. C. Ritchie (eds.), *The Handbook of Bilingualism*, Blackwell Publishing, 2004, p. 91-113.

Meune, M., « Les politiques linguistiques de la Suisse : raisons et rançons d'un succès », in Werner, M. (dir.), *Politiques et usages de la langue en Europe*, Éditions de la Maison des sciences de l'homme, 2007, p. 187-302.

Moore, D., *Plurilinguismes et École*, Paris, Didier, coll. « LAL », 2006.

Py, B., « Acquisition d'une langue étrangère et altérité », *Cahiers de l'Institut de linguistique et des sciences du langage de l'Université de Lausanne*, n° 2, 1992, p. 113-126.

3. La didactique de la grammaire

Grammaire de texte et grammaire de phrase

Les avatars d'une didactisation

Michel CHAROLLES, Bernard COMBETTES
& Caroline MASSERON

Université Paris 3-Sorbonne, LATTICE
Université de Lorraine, UMR-ATILF
Université de Lorraine, CREM

L'introduction de la grammaire de texte dans le champ de l'enseignement du français s'est faite – en France – avec des résultats mitigés. On peut expliquer partiellement le phénomène en retraçant les voies de cette introduction, les notions qu'elle a permis de travailler mais aussi les réticences à reconfigurer la grammaire de la phrase qui l'ont accompagnée. Après un rappel qui situe la grammaire de texte dans les sciences du langage des années 1970 jusqu'au début des années 2000 et, presque simultanément, en didactique du français (première partie), nous faisons le point sur la période qui va de 2000 à aujourd'hui (deuxième partie). Pour finir nous soulèverons diverses questions qui, notamment inspirées des travaux de Marie-José Béguelin, pourraient sensiblement réorienter l'enseignement « grammatical ».

1. L'émergence de la « grammaire de texte » et de l'« analyse du discours » dans les sciences du langage et dans l'enseignement du français langue maternelle (1970-2000)

1.1. « Grammaire de texte » et « analyse du discours » dans les sciences du langage

L'appellation « grammaire de texte » vient d'un courant qui s'est développé en Allemagne et dans les pays scandinaves à la fin des années 1960. Ce courant, très actif jusqu'au milieu des années 1970, visait à étendre au-delà de la phrase les principes et les méthodes de la grammaire générative naissante. Partant de l'hypothèse que les sujets natifs étaient à même de différencier des séquences de phrases constituant des textes acceptables de celles qui ne formaient pas des textes acceptables, les chercheurs se réclamant de ce courant se proposaient d'expliciter les règles sous-jacentes à cette compétence, lesquelles règles devaient être suffisamment formelles pour s'inscrire dans une théorie générale du langage, supposée rendre compte des capacités linguistiques des sujets parlants.

Durant la même période, se sont développés, en France, dans le sillage des analyses de Benveniste et de Culioli, toute une série de travaux sur l'énonciation. Ce courant, qui a donné naissance à ce que l'on a appelé l'« École française d'analyse du discours », a suscité une grande quantité d'études sur les marques de subjectivité, les modalisateurs, les temps verbaux, les discours rapportés, la polyphonie, etc. Ces travaux, enseignés à l'université, ainsi que les analyses structurales du récit et d'autres types de texte qui étaient également florissantes à la même époque, ont profondément influencé, via notamment la revue *Pratiques*, les recherches en didactique du français contemporain.

L'intégration, dans les cursus de linguistique, de cours consacrés au discours et, plus généralement, à ce qui se passait au-delà de la phrase a suscité toutes sortes de discussions et de débats (pour des synthèses détaillées sur cette période, cf. Adam (2010) et Combettes (2010)). Quoi qu'il en soit du détail de ces discussions, il en est resté, en France, depuis ces années, l'idée qu'il fallait différencier les « analyses du discours » des « grammaires de texte » (bien qu'au sens propre les études se réclamant des « text grammar » aient considérablement diminué, pour ne pas dire disparu, dans les années 1980). Ce distinguo a contribué à accréditer l'idée, toujours plus ou moins admise, qu'il y aurait d'un côté des approches textuelles plus grammaticales, plus théoriques, plus formelles, moins soucieuses de ce qui se passe dans les situations d'énonciation, et plutôt limitées à l'écrit, et, de l'autre, des analyses privilégiant les interactions, plus ouvertes sur la langue parlée, plus attentives aux variations sociolinguistiques et à la circulation des discours.

Si les travaux de grammaire de texte avaient au début des années 1970 attiré l'attention des linguistes et même, assez paradoxalement, des didacticiens de la langue maternelle, c'est parce qu'ils portaient l'attention sur les problèmes de cohérence. Cette notion parlait en effet immédiatement aux enseignants qui, dans leurs pratiques de tous les jours, étaient confrontés non seulement aux maladresses orthographiques, morphologiques, lexicales, syntaxiques et sémantiques de leurs élèves, mais aussi aux difficultés que ces derniers pouvaient rencontrer lorsqu'il s'agissait de rédiger des textes suivis.

La diffusion des travaux de Grice (1979, traduction française) et de Searle (1979, traduction française) sur la coopérativité et la pertinence à partir du milieu des années 1970 a eu pour conséquence que les phénomènes de cohérence ont été versés dans le champ de la pragmatique en plein essor. La notion s'est précisée et l'idée s'est imposée, avec les travaux de Sperber & Wilson (1979 ; 1989, trad.), qu'il s'agissait, dans tous les cas, d'évaluer l'ajustement des énoncés au contexte, que ce soit à l'occasion de la production d'un énoncé isolé dans une situation d'énonciation donnée ou d'un énoncé faisant suite à d'autres. Le problème n'était donc ni spécifiquement textuel, ni propre à l'écrit, ce qui remettait déjà en cause le distinguo entre « grammaire de texte » et « analyse du discours ».

Cependant les linguistes s'intéressant à ce qui se passe au-delà de la phrase ne sont pas forcément armés pour étudier les processus inférentiels requis pour ajuster les énoncés au contexte dans lequel ils apparaissent ; ils se sont donc naturellement « repliés » vers l'étude des formes d'expression à même de guider les auditeurs/lecteurs dans la compréhension des phrases et des séquences de phrases, et se sont tournés vers les modèles ou grammaires intégrant ces phénomènes, comme les travaux du Cercle de Prague sur la perspective fonctionnelle de la phrase ou la grammaire systémique de Halliday (Halliday & Hasan, 1976).

Dans le prolongement des travaux des grammaires de texte, Lundquist (1980) envisage la cohérence textuelle sous trois aspects (thématique, sémantique et pragmatique) et met ensuite l'accent sur les anaphores et les connecteurs. La place accordée à ces marqueurs de cohésion illustre une tendance générale qui s'est confirmée par la suite pour les études sur le français où les travaux se sont adossés aux études de sémantique et de pragmatique sur les anaphores et les chaînes de référence initiées par Kleiber (1981), Martin (1983), Corblin (1987), etc. ainsi que, pour les connecteurs, sur les études de Ducrot (1980) et de Nølke (1993) qui ont joué un rôle moteur et pionnier.

Les travaux plus spécialement orientés vers le discours, comme ceux de Roulet et de son école (1983 ; 1985) accordent une place importante à la délimitation des unités de composition des discours (notamment des échanges conversationnels), à leur hiérarchisation et à leur assemblage dans des structures émergentes au fur et à mesure de leur apparition. Le lien avec les modèles nord-américains comme la « Rhetorical Strucure Theory » initiée par Mann & Thompson (1988) et la « Segmented Discourse Representation Theory » élaborée par Asher (1993), qui allaient dans le même sens et se sont développés durant la même période, s'est donc fait assez naturellement, avec, là aussi, beaucoup de discussions et des adaptations en fonction des attaches des chercheurs.

Avec la diffusion de ces modèles, les études abordant les connecteurs et les anaphores dans une perspective discursive se sont progressivement différenciées des analyses sémantiques et pragmatiques. D'autant que d'autres expressions (comme les adverbiaux dits cadratifs) et d'autres constructions (comme les dislocations, les clivées, les constructions détachées, classiquement intégrées dans les approches fonctionnelles) et les marqueurs aspecto-temporels ont été intégrés (ou ré-intégrés) dans les approches discursives.

Le tableau de ces études, tel qu'il ressort globalement à la fin des années 1990, est en gros celui d'une communauté attachée, au sein des sciences du langage, à décrire toutes les formes d'expression à même de peser sur l'interprétation des séquences d'énoncés, à l'écrit et à l'oral. Le discours apparaît dans ces études comme un niveau où l'on pourrait accumuler toutes les études (de quelque inspiration qu'elles soient) consacrées à ces formes d'expression, et où l'on pourrait et devrait, dans l'idéal, arriver à comprendre comment elles peuvent conjointement concourir à la compréhension (et par voie de conséquence à la production) des séquences d'énoncés.

1.2. Le statut et la nature de la grammaire de texte dans l'enseignement du français : un terrain favorable à son introduction

Les apports de la linguistique théorique trouvent un terrain relativement favorable dans la didactique du français langue maternelle, en particulier au niveau du Collège[1], qu'il s'agisse des textes officiels, des manuels, ou des activités de formation. La combinaison de plusieurs facteurs peut expliquer l'introduction, assez rapide, qu'il s'agisse de la dichotomie grammaire de phrase / grammaire de texte et de certaines notions de ce qui était considéré comme une nouvelle approche de l'enseignement de la langue. Nous évoquerons très rapidement le premier de ces facteurs, dans la mesure où il n'est en rien spécifique à la période qui nous intéresse ici, mais se présente toujours, de façon plus ou moins explicite, avec plus ou moins d'acuité. Il s'agit de la constatation de l'échec de l'enseignement traditionnel de la grammaire, alors majoritairement pratiqué dans les classes. Traditionnelle dans sa forme et dans ses contenus, fondée essentiellement sur des activités d'analyse, cette discipline est surtout critiquée pour son manque de liaison avec les autres activités de français.

On peut relever par ailleurs une certaine déception devant les propositions – et la mise en pratique – du « Plan de rénovation » (1971), qui

[1] En France, le Collège correspond à un cycle d'enseignement de quatre années, intermédiaire entre l'École élémentaire et le Lycée.

ne concernait en principe que l'École élémentaire, mais qui connaissait, par l'intermédiaire des groupes de travail de l'INRP (Institut National de Recherche Pédagogique), des essais de prolongement dans le secondaire. Si l'accent mis sur le changement, relativement important, du contenu de l'enseignement de la morphosyntaxe, avec un appui sur les méthodes du distributionalisme, était généralement accepté et considéré comme une innovation souhaitable, se posait toutefois la question des activités estimées nécessaires à l'acquisition des nouvelles notions. L'importance accordée à la « grammaire intuitive », qui se traduisait par la pratique généralisée d'exercices structuraux ne mettant en œuvre que des phrases isolées, entraînait le sentiment, tout à fait justifié par ailleurs, d'une non prise en compte du contexte, qu'il s'agisse du contexte linguistique ou du contexte de situation. La grammaire de texte apparaissait ainsi comme un moyen de rapprocher des situations réelles de compréhension et de production l'étude de la langue et les activités qu'elle implique.

Il faut enfin remarquer que l'importance accordée à la typologie textuelle a trouvé un accueil favorable, en particulier auprès des corps d'inspection, car cet aspect des nouveaux contenus a semblé ouvrir la possibilité de refonder sur de nouvelles bases l'étude stylistique, jusque-là quelque peu délaissée. Ainsi a-t-on vu dans la grammaire textuelle un cadre utile pour une approche linguistique du texte littéraire, dans la mesure où elle semblait fournir des outils permettant d'échapper aux critiques visant la « subjectivité » des explications et des commentaires de texte traditionnels. Ceci explique sans doute en grande partie le choix des notions qui figurent dans les textes officiels et leur mise en pratique dans les manuels. Dès les *Programmes* de 1985 pour le Collège, la subdivision « Texte » comprend la stylistique et la rhétorique, et c'est d'ailleurs sous ces rubriques que se trouve placée l'étude sur l'ordre des mots :

> Le texte
>
> – Les types de textes : narratif, descriptif, documentaire, argumentatif, etc.
> – Formes littéraires [...]
> – Stylistique et rhétorique. Le choix des mots. L'ordre des mots dans la phrase. Structure et longueur de la phrase, du paragraphe [...]. (*Programmes et Instructions pour les Collèges*, p. 43 sq.).

Et dès les *Programmes et Instructions* de 1985, où apparaissent pour la première fois les notions qui nous intéressent ici, une séparation très forte, encouragée, il est vrai, par certains écrits théoriques, est établie entre les deux types de « grammaire » qui se trouvent nettement isolés dans des parties bien distinctes du document officiel.

Cette distinction sans doute trop tranchée entre les deux domaines pouvait laisser attendre, pour chacun des domaines, non seulement des notions particulières, mais également une approche spécifique. Force est de constater qu'il n'en est rien et que cette homogénéité entre les sous-disciplines conduit en fait, dès ces premières propositions, à ce qui peut être considéré comme deux dérives, qui expliquent en grande partie les échecs de la didactisation.

La première de ces dérives, qui aurait pu être évitée, a consisté à donner au terme de « grammaire » la même signification dans les deux expressions, *grammaire de phrase* et *grammaire de texte*, et, en considérant que la grammaire – confondue avec le système de la langue – est une et indivisible, à réduire l'opposition à une différence de terrain d'observation : ainsi la grammaire du texte devient-elle la grammaire dans les textes. Seul change le corpus, changement tout à fait en accord avec le mot d'ordre fréquemment exprimé à l'époque : « Plus de grammaire pour la grammaire, mais une grammaire pour l'expression ». Une grammaire pour l'expression, donc une grammaire dans les textes. Ce changement de terrain permettait, du moins l'espérait-on, d'échapper à la stérilité de l'analyse de la phrase, aux exercices structuraux, aux activités hors contexte. Force est de constater que, pour l'essentiel, le recours à la dimension textuelle ne modifie pas fondamentalement les activités proposées aux élèves et il est très fréquent que le texte ne soit qu'un réservoir d'exemples traités ensuite dans une analyse phrastique au contenu plus ou moins modernisé. Ce glissement, qui apparaît surtout dans les manuels et dans les pratiques, est beaucoup moins sensible dans les textes officiels. On peut toutefois relever, dans les *Programmes* de 1985 (p. 28), un passage comme :

> Une leçon de grammaire ou de vocabulaire ne saurait se dispenser d'une analyse d'exemples ou de textes, ni du réemploi des éléments étudiés. [... il faut] favoriser la connaissance de la diversité des types de discours.

dans lequel l'expression « une leçon de grammaire » semble renvoyer à l'idée de la grammaire une et indivisible que nous évoquions plus haut, le texte étant considéré comme un lieu d'observation au même titre que la phrase ou que des « exemples ». Il est par ailleurs significatif que la partie « Grammaire de texte » de ces mêmes programmes soit intitulée « La phrase et le texte » (p. 38), comme si la phrase était bien le lieu privilégié de l'étude de la grammaire, le texte ne constituant qu'une unité plus pertinente que la phrase pour l'observation du fonctionnement de certaines formes linguistiques.

La deuxième dérive, conséquence en quelque sorte de la précédente, consiste à réduire la distinction entre les deux grammaires à une simple répartition des faits de langue en séparant ce qui relève de la phrase de ce qui relève du texte. Ici encore, la grammaire est considérée comme un ensemble dont les éléments peuvent fonctionner dans des unités de dimension différente, position qui masque le fait qu'il ne s'agit pas de domaines d'ordre identique et que le marquage de la cohérence textuelle ne peut être confondu avec l'expression de la grammaticalité. Mettre ainsi l'accent sur les unités et sur leur classement conduit à ne pas repenser en profondeur la dichotomie phrase / texte et, surtout, à ne pas s'intéresser aux opérations que traduisent les divers marqueurs. Les *Programmes*, en 1985 comme en 1999, de même d'ailleurs que la *Terminologie grammaticale* de 1997, sont un reflet de cette importance accordée aux notions et à leur répartition, mais l'énumération des concepts qui doivent être abordés se présente d'une manière identique à celle qui concerne les catégories de la grammaire de phrase. Les *Instructions* de 1999 présentent une innovation qui pourrait sembler importante, mais qui, en réalité, ne bouleverse guère les tendances que nous venons de constater. Une place fondamentale est en effet donnée à la « grammaire du discours », qui est considérée comme celle qui détermine le niveau de la phrase et celui du texte. On retrouve ici, dans cette priorité accordée au discours, le souci, évoqué plus haut, de prendre en compte le contexte de situation, les conditions de production des textes (p. 48) :

> Le type de discours détermine les modes d'organisation du texte (schémas narratifs et descriptifs pour la classe de 6e) et rend fréquent le recours, dans la phrase, à des fonctions grammaticales particulières, comme les diverses formes d'expansion du nom dans le descriptif, les compléments circonstanciels de temps dans le narratif.

Cette tripartition, en plaçant sous la dépendance du niveau discursif la grammaire de texte, fait de cette dernière une sorte de variante de la grammaire de phrase ; les unités soumises à l'observation sont certes distinctes, la notion de « cohérence du texte » notamment, est mentionnée (p. 46), mais la démarche demeure la même, qu'il s'agisse du texte ou de la phrase : étudier comment des marques linguistiques sont mises en œuvre en fonction d'un type de discours particulier. Certaines formulations montrent bien que la grammaire de texte n'est pas à considérer comme un ensemble particulier doté de concepts et d'une méthodologie qui lui seraient propres :

> La grammaire de texte ne réclame pas une grande théorisation mais, beaucoup plus, une attention régulièrement portée, dans les domaines de la lecture et de l'écriture, sur des faits linguistiques simples et directement porteurs de sens. (*Programmes et Instructions*, 1999, p. 47)

Ces « glissements » successifs, qui aboutissent à ne pas accorder à la grammaire de texte la spécificité qui la caractérise, ont évidemment des conséquences dans le choix des faits de langue qui sont placés, dans les textes officiels, sous la rubrique « texte ». Ainsi la dichotomie phrase / texte, réduite à une différence d'unités, a pour résultat que la notion de cohérence, plusieurs fois mentionnée dans les *Instructions*, se trouve limitée, de façon très étroite, à la problématique des enchaînements de phrases, leur réservant les deux premières macro-règles de cohérence, la répétition et la progression (Charolles, 1978) :

> La grammaire du texte s'attache à définir les conditions essentielles de la cohérence du texte, selon un double principe de répétition et de progression (p. 46)
>
> L'étude du texte se préoccupe quant à elle d'organisation, d'architecture et de structure, selon un double principe de répétition et de progression. (p. 191)

Dans une telle perspective, les aspects sémantiques sont finalement très peu pris en compte et on s'attache essentiellement à trois grands points : les connecteurs (au sens large), les anaphores (les « mots de reprise ») et l'articulation thème / rhème :

> L'enchaînement des phrases et la cohérence des textes : mots de liaison (adverbes, conjonctions), mots de reprise (pronoms, déterminants, substituts lexicaux), éléments repris et éléments nouveaux d'une phrase à l'autre (thème et développement) (*Instructions Officielles*, 1985, p. 43)
>
> Le texte
>
> - Thème / propos (thématisation, progressions thématiques)
> - Les mots de reprise, les mots d'annonce (substituts, substituts grammaticaux, substituts lexicaux ; anaphore ; coréférence)
> - Mots de liaison ; connecteurs (connecteurs logiques ; indicateurs temporels, spatiaux) (*Nomenclature grammaticale*, 1997)

On remarquera que les notions de la perspective fonctionnelle de la phrase ne sont en fait exploitées que par l'étude des progressions thématiques, ce qui est finalement attendu si on met en avant les enchaînements de phrases et si, par ailleurs, on vise toujours, de façon plus ou moins explicite, l'objectif de procéder à des études d'ordre stylistique. Cette limitation conduit à passer sous silence les relations qu'il convient d'établir entre le niveau syntaxique, le niveau sémantique et le niveau informatif, objectif visé par le fonctionnalisme pragois. Le dynamisme communicatif, s'il obéit à des contraintes contextuelles, n'en a pas moins un rôle fondamental dans la structuration même de l'énoncé. Il y aurait eu là une possibilité de repenser en partie la grammaire de phrase et de dépasser un approche distributionnelle sentie comme relativement stérile.

Un deuxième grand ensemble de notions est constitué par le domaine énonciatif, où sont réunies, justifiées par l'étude de la situation de communication, des questions comme la personne, la deixis, l'opposition récit / discours et le discours rapporté. Ainsi, dans les *Instructions* de 1985, pour les classes de 6e et de 5e (p. 38 et *sq*) :

Le discours et l'énonciation :

- La situation de discours : l'auteur et le destinataire du message
- Les trois personnes ; l'emploi des pronoms personnels, des possessifs, des démonstratifs
- L'emploi des temps du verbe ; discours et récit
- Style direct, style indirect, style indirect libre

ou encore, dans la *Terminologie grammaticale* :

Le discours

- Situation de communication
- Énonciation et discours (modalités, modalisateurs ; déictiques ; discours rapporté ; expression du temps et de la durée ; implicite, explicite, présupposé, sous-entendu)

Dans l'ensemble, qu'il s'agisse des textes de 1985 ou de ceux de 1999, tout se passe en fait comme si le souci principal était de partir des catégories habituelles, ou du moins de certaines d'entre elles (pronoms, temps verbaux, circonstants, etc.) et de les replacer dans la dimension textuelle. L'accent mis sur cette activité de classement, qui ne se veut cependant pas exhaustive, dans la mesure où quelques-unes de ces listes se poursuivent par des points de suspension, fait que rien, ni dans les notions ni dans les activités des *Documents d'accompagnement des Programmes*, n'est suggéré sur le fonctionnement des différents marqueurs : sont ainsi passées sous silence la question de la portée, pourtant fondamentale lorsqu'il s'agit des connecteurs ou des cadratifs, ou la question de la coréférence, indispensable dans la problématique de l'anaphore, pour laquelle on se contente de proposer une énumération de diverses expressions. Une telle démarche ne pouvait donc que renforcer chez les enseignants l'idée, évoquée plus haut, que grammaire de texte et grammaire de phrase n'étaient que deux aspects, liés à une différence d'unité d'observation, d'une même grammaire et qu'il suffisait d'opérer une répartition de notions dont l'étude était finalement identique, le texte apportant des explications plus satisfaisantes pour des faits dont on ne pouvait rendre compte au simple niveau phrastique.

2. La situation actuelle

2.1. L'évolution dans le champ théorique

Avec le développement et la diffusion des travaux sur le français parlé initiés par C. Blanche Benveniste (1990), M-A. Morel & L. Danon-Boileau (1998), A. Berrendonner et M-J. Béguelin (1989), l'idée que la phrase puisse être l'unité de base la plus adéquate pour analyser les phénomènes proprement discursifs a été progressivement remise en cause. La contestation, allant du rejet pur et simple de la notion et à son remplacement par d'autres unités, comme la clause et la période, a eu notamment pour effet de ramener les discussions sur ce qui constitue le cœur de la syntaxe à savoir le prédicat et ses arguments, cœur sur lequel peuvent se greffer des ajouts (adverbes, groupes nominaux et prépositionnels adjoints et prédications secondes). De quelque manière qu'on le dénomme, cet assemblage composé d'un noyau autour duquel gravitent des satellites plus ou moins intégrés syntaxiquement (selon qu'ils sont effaçables, déplaçables, niables, interrogeables, modifiables, etc.) demeure essentiel pour l'étude de ce qui peut se passer linguistiquement au-delà. Si donc, pour simplifier, on veut bien considérer que la phrase (entendue et étendue ainsi qu'on vient de le dire) est l'unité de base dont on a besoin pour analyser les phénomènes de discours, la question se pose de savoir ce que ce format permet et ne permet pas (ou moins facilement) de communiquer.

Certaines situations, du fait de leur complexité (Charolles & Combettes, 1999), peuvent difficilement s'exprimer dans le format d'une phrase : leur assemblage implique de passer à une autre unité. Pour s'en rendre compte, il suffit de considérer une séquence comme :

(1) Paul monta sur la terrasse. Le vent soufflait.

Dans (1), la seconde phrase est comprise comme décrivant ce que constate Paul, autrement dit, comme exprimant un compte rendu de perception qu'on impute au sujet de la première phrase. Ce compte rendu, proche du discours indirect libre, est très difficilement intégrable dans une phrase telle que définie ci-dessus. On le voit bien quand on compare (1) avec (1a) et (1b) qui n'ont pas le même sens :

(1a) Le vent soufflant, Paul monta sur la terrasse
(1b) Paul monta sur la terrasse où le vent soufflait

Avec (1a) on comprend que Paul sachant ou voyant que le vent soufflait de l'endroit où il était, s'est rendu sur la terrasse pour profiter du grand air ou pour s'en protéger. Avec (1b) on infère que Paul, sachant que le vent, soufflant sur la terrasse, s'y est rendu pour cette raison. Cette interprétation causative se retrouve avec (1), sauf qu'elle ne joue pas de la même façon : Paul accomplit une certaine action qui lui permet de constater que le vent souffle, situation dont il n'avait préalablement aucune connaissance. Le simple fait qu'il n'ait aucune accointance préalable avec la situation dénotée par la seconde phrase, le fait que celle-ci lui échappe, empêche son intégration dans la phrase (voir Charolles & Combettes (1999) ainsi que Charolles & Lamiroy (2002) pour d'autres exemples).

Si le passage au discours s'impose pour exprimer certaines situations, il faut bien voir aussi que les frontières entre phrases sont assez poreuses, certains compléments non essentiels pouvant passer de l'une à l'autre. Dans l'extrait suivant, la première phrase comporte une participiale qui est un ajout :

(2) « La vente se fait au porte à porte, **les prix ayant beaucoup baissé vu l'afflux de poissons**. On se procure aujourd'hui du saumon de l'Adour aux environs de 50F le kilo pour peu qu'on le paye en espèces et de la main à la main. » (extrait du *Chasseur Français*, 11/92)

Cette participiale, comme tous les ajouts, pourrait être supprimée sans que la construction en souffre. Elle pourrait également être déplacée en tête de la phrase qui l'accueille mais aussi, ce qui est plus remarquable, en tête de la phrase suivante, sans que le sens d'ensemble soit modifié considérablement :

(2a) La vente se fait au porte à porte. **Les prix ayant beaucoup baissé vu l'afflux de poissons,** on se procure aujourd'hui du saumon de l'Adour aux environs de 50F le kilo pour peu qu'on le paye en espèces et de la main à la main.

Le fait que ce déplacement soit possible montre que certains ajouts sont tellement peu soudés à leur phrase hôte qu'ils peuvent émigrer dans la phrase suivante. Les cas de ce type sont relativement rares, suffisamment en tout cas pour que l'on examine dans quel contexte ils peuvent apparaître. Dans la version originale de (2), la participiale est comprise comme justifiant que la vente des poissons se fasse de porte à porte, ce qui, au regard des connaissances du monde communément associées au domaine dont il est question, ne coule pas de source. La version (2a) semble, de ce point de vue, plus satisfaisante, la participiale justifiant effectivement que, pour des raisons fiscales, la vente se fasse au porte à porte. Si l'empaquetage original a été choisi c'est parce qu'il y a une intrication causale entre les situations évoquées : les prix des saumons de l'Adour ayant beaucoup baissé, on peut désormais se les procurer à bas-prix, ce qui explique que leur vente se fasse au porte à porte. Le placement de l'ajout temporel « aujourd'hui » n'est également pas négligeable : (2a), tel quel, serait compris comme justifiant que la vente du saumon de l'Adour se fasse, depuis toujours, au porte à porte, ce qui n'est pas le cas. Partant, une meilleure disposition serait :

(2b) La vente se fait **aujourd'hui** au porte à porte. **En effet, les prix ayant beaucoup baissé vu l'afflux de poissons,** on se procure du saumon de l'Adour aux environs de 50F le kilo pour peu qu'on le paye en espèces et de la main à la main.

Il ne s'agit pas, disant cela, de fustiger certaines maladresses d'expression mais, tout simplement, d'enregistrer que la version originale est possible. Les situations dénotées sont suffisamment reliées pour que l'interprétation de (2) ne soulève pas de problèmes majeurs. Le choix de cette version n'est sans doute pas aussi charitable pour le lecteur que celui de (2b), mais le fait que (2) soit attesté suffit à montrer que les ajouts peuvent migrer d'une phrase à une autre. Il n'est pas sans intérêt de remarquer également, à propos de cet exemple, que l'antéposition de la participiale aurait facilité l'interprétation de (2), dans la mesure où l'on aurait compris que l'ensemble des situations mentionnées dans l'extrait découlaient du fait dénoté par la participiale :

(2c) **Les prix ayant beaucoup baissé vu l'afflux de poissons,** la vente se fait au porte à porte. On se procure aujourd'hui du saumon de l'Adour aux environs de 50F le kilo pour peu qu'on le paye en espèces et de la main à la main.

Cette observation suggère que la position des ajouts dans leur phrase d'accueil joue un rôle pour l'interprétation des phrases subséquentes. Ce point est assez facile à illustrer avec les adverbiaux spatiaux et temporels, dits scéniques, qui sont très souvent exploités pour structurer les informations textuelles, du fait qu'ils peuvent indexer une ou plusieurs phrases faisant suite à celle en tête de laquelle ils sont placés. Dans le résumé de film suivant *ailleurs* est employé à deux reprises dans des positions différentes :

(3) Cet été-là, François, 11 ans, croit à l'imminence de la fin du monde. Il pressent les orages, devine les chagrins, tente de les conjurer par une prière étrange sur une plage d'Afrique du Nord. Mais la mer ne semble pas l'entendre… **Ailleurs**, sur une route, un homme et une femme roulent. La radio annonce de mauvaises nouvelles : attentats de terroristes et de contre-terroristes… Il va falloir quitter le pays de leur bonheur et aller **ailleurs**, en France. Dommage pour François… (Présentation du film *L'été de tous les chagrins*, magazine TV)

Dans les deux cas, *ailleurs*, adverbe de localisation spatiale, est employé anaphoriquement. Le calcul du lieu auquel il fait référence se fait par le truchement du texte précédent et de la représentation des situations dénotées en cours au moment où l'adverbe est employé. *Ailleurs* peut être argument d'un verbe, ce qui est le cas avec la deuxième occurrence de cet adverbe dans (3) où il est appelé et régi par l'infinitif *aller*. Dans ce cas, il n'est ni supprimable, ni déplaçable. Le *ailleurs* qui précède est par contre un ajout. *Ailleurs* est spécifié par le groupe prépositionnel qui lui est adjoint (*sur une route*) et les deux locatifs pourraient être déplacés à la fin de la phrase : *Un homme et une femme roulent, ailleurs, sur une route*. Dans la version originale où *ailleurs* et son adjoint sont antéposés, la transition entre les situations est un peu rude du fait que la phrase introduit deux personnages nouveaux. La transition serait encore plus brutale si *ailleurs, sur une route* étaient postposé. Cette différence s'explique assez bien. Dans la version originale, *ailleurs, sur une route*, antéposés, sont compris comme indexant toutes les situations mentionnées dans la suite. Comme *ailleurs*, anaphorique, fait le lien avec les situations précédentes, on infère que celles évoquées après se situent dans le prolongement du récit, quoique ne se déroulant pas au même endroit. Cette inférence facilite l'enchaînement : le lecteur est enclin à anticiper que les personnages mentionnés doivent entretenir des relations, ce qui effectivement se confirme dans la suite. Cette anticipation ne s'imposerait pas dans la version avec *ailleurs, sur une route* en fin de phrase : les deux compléments de lieu se contenteraient de préciser l'endroit où roulent les deux personnages nouveaux. Le lien avec le contexte précédent se ferait moins bien, et l'incohérence l'emporterait sur la cohérence.

Les observations qui précèdent montrent que les ajouts ne sont pas interprétés de même façon quand ils sont antéposés et quand ils sont postposés. Quand ils sont antéposés, ils facilitent les liens avec le discours précédent et suivant et contribuent à la cohérence du discours, ce qui n'est pas le cas quand ils sont postposés ou régis. Ce fait n'a rien d'étonnant. Les ajouts étant mobiles dans leur phrase d'accueil, on comprend bien que leur placement initial soit exploité pour faire le lien entre la phrase dans laquelle ils figurent et celles qui précèdent, surtout s'ils ont une valeur anaphorique, comme c'est le cas avec ailleurs. Si l'on ajoute à cela le fait que, dans cette position, ils peuvent porter non seulement sur leur phrase hôte mais aussi sur d'autres apparaissant dans la suite, on voit bien dans quel sens ils peuvent contribuer à l'organisation des informations véhiculées par le discours.

Dans (3), le placement en tête de phrase de ailleurs n'affecte pas sa valeur locative et anaphorique qui reste inchangée, sauf que celle-ci est exploitée pour structurer le discours. Les cas de ce type sont très courants, mais avec d'autres adverbes le changement est beaucoup plus important. Si on prend un adverbe comme *autrement* qui qualifie la manière (*Tu devrais t'habiller autrement*) et a un sens comparatif (*autrement que tu ne l'es*), on a tôt fait de s'apercevoir que quand il est détaché du verbe, et en position initiale, il peut prendre une valeur bien différente dans laquelle il fonctionne comme un connecteur d'hypothèse négative (4) ou, à l'oral, comme un marqueur de discours signalant un changement de topique (5) :

(4) Range tes affaires. *Autrement* tu seras privé de télé

(5) Je me suis surtout reposé. *Autrement*, j'ai visité quelques monuments.

Le même phénomène peut s'observer avec des adverbes comme *seulement* et *simplement* (Charolles & Lamiroy, 2007), ou *parallèlement* (Sarda & Charolles, 2012) qui quand ils sont employés en tête de phrase, finissent par fonctionner comme des expressions lexicalisées, des mots outils, encodant une relation de discours. Le processus de grammaticalisation qui les conduit à passer des fonctions phrastiques à des fonctions discursives est graduel et très sélectif. Par exemple *uniquement* dont le sens est proche de *seulement* n'a pas connu la même évolution que *autrement* et reste un adverbe scalaire. *Seulement* et *simplement*, adverbes peuvent, au contraire de *uniquement*, prendre une valeur de connecteur d'opposition (*Cette voiture est très bien. Seulement/ simplement/*Uniquement elle consomme beaucoup trop*), mais *seulement* est allé plus loin sur le chemin de la grammaticalisation (en l'occurrence de la pragmaticalisation) du fait qu'il peut marquer, à l'oral, la subjectification (*Amène-toi là seulement*), au contraire de *simplement*, qui n'est pas attesté avec ce genre de valeur.

Nombre d'adverbiaux prépositionnels présentent des évolutions comparables. *En effet* (Charolles & Fagard, 2012) et *en vérité* (Combettes & Kuyumcuyan, 2007), qui étaient, dans l'ancienne langue, des compléments verbaux, se sont progressivement lexicalisés et grammaticalisés et sont devenus des marqueurs de discours. *En réalité*, qui se prête à des emplois locatifs (où il est proche de *dans la réalité*) est surtout employé aujourd'hui comme marqueur de discours (Charolles & Pietrandrea, 2012). Le même phénomène peut s'observer avec *ailleurs* (cf. ci-avant) qui a donné lieu très tôt à *d'ailleurs* puis, au début du XXe siècle, à *par ailleurs*, qui sont le plus souvent employés respectivement comme des connecteurs, ou comme des marqueurs de changement de topique de discours.

Dans les travaux de ce type, les marqueurs de discours sont abordés au travers de leur évolution diachronique, dans le but de reconstituer les étapes leur ayant permis d'acquérir progressivement cette fonction. Lorsqu'ils se prêtent encore, en français contemporain, à des emplois dans lesquels ils sont intégrés syntaxiquement, l'objectif est le même, il s'agit de reconstituer ce qui, au plan sémantique et notionnel, a pu favoriser leur évolution vers des fonctions textuelles, ou interpersonnelles.

Cette façon d'aborder les phénomènes de discours s'est considérablement développée depuis les années 2000 avec la mise à disposition de larges corpus numérisés, d'ancien et de moyen français et bien sûr de français contemporain (écrits et oraux). Beaucoup d'études ont déjà été menées dans cet esprit, beaucoup d'autres restent à mener, mais il apparaît qu'il est impossible de comprendre ce qui peut se passer au-delà de la phrase en ignorant ce qui se passe et a pu se passer dans la phrase. Au total, il semble donc que la phrase (de quelque façon qu'on l'appelle) ne soit jamais qu'un palier, au demeurant assez large, d'organisation du continuum discursif. Comme par ailleurs les usages les plus récurrents à l'échelle du discours tendent à se lexicaliser puis à se grammaticaliser, rien ne s'oppose à ce que l'on considère en même temps que la phrase est l'unité de base de composition du discours, et que le discours est le creuset où les contraintes qui caractérisent ce palier d'organisation trouvent leur source.

2.2. L'évolution dans le champ didactique

La situation est aujourd'hui relativement confuse, sous l'effet d'influences partiellement contradictoires issues des domaines des programmes, de la formation et de la recherche. Nous illustrerons succinctement notre propos à l'aide d'extraits d'ouvrages récents. Nous avons limité nos exemples à la question des « substituts ».

Les programmes d'enseignement de la grammaire pour l'école élémentaire ont fait l'objet d'une volte-face entre 2002 (*Observation réfléchie de la langue*) et 2008 qui se caractérise par un retour à « la leçon de grammaire », qui est également recommandée par les nouveaux programmes de collège de 2009 et qui s'accompagne d'un « recloisonnement » si l'on peut dire de la discipline (vocabulaire, grammaire, orthographe, conjugaison). La coupure entre l'oral et l'écrit s'en trouve renforcée, exclusivement envisagée sous l'entrée de l'« expression » (l'expression écrite ; l'expression orale ; pour l'oral, les « activités de langage » en maternelle, et les « débats littéraires » dans les classes de l'élémentaire). Parallèlement, les faits de langue analysés en « grammaire » sont des faits d'écrit ; et, même si l'enseignement du dialogue de fiction nécessite un enseignement, celui-ci se limite le plus souvent à un rappel de la « ponctuation du dialogue ». Les programmes de 2008 et de 2009 marquent le retour à « l'enseignement de la grammaire », entendu dans ses contenus les plus traditionnels sur la nature et la fonction des groupes constituants. Il s'ensuit une confusion des traitements et l'embarras des manuels. Voici par exemple ce qu'on peut lire sous l'entrée « Les substituts du nom » d'un manuel de CM2 (*Étude de la langue*, 2008, p. 64) :

> Les substituts du groupe nominal évitent les répétitions. Ils permettent :
>
> – d'enchaîner le COD ou le COI de la fin d'une phrase par le sujet de la phrase suivante, quand il désigne la même personne, le même animal ou le même objet : *J'ai rencontré ma cousine* (COD). *Elle* (sujet) *m'a promis de venir me voir.*
>
> – de remplacer un groupe nominal COD par un pronom COD de même genre et de même nombre : *Ma tante tricote des pulls* (GN COD). *Elle les* (pronom COD) *offre pour Noël.*
>
> – de remplacer un complément circonstanciel de lieu, un complément indirect ou un complément d'objet direct partitif par les pronoms *y* ou *en : Ils vont à la piscine* (CCL) *le samedi, mais nous y* (pronom, substitut du CCL) *allons le mercredi.*

L'extrait est assez représentatif de la tendance générale : les pronoms permettent d'« éviter les répétitions » (l'enchaînement des phrases pour former un texte) et sont dotés d'une fonction grammaticale (phrase). La confusion des angles d'analyse n'en demeure pas moins quand les fonctions grammaticales laissent place à la variété stylistique des substituts nominaux ; en témoigne ce commentaire stylistique de « La Chèvre de Monsieur Seguin » dans l'un des ouvrages consultés (*Quelle grammaire enseigner ?*, 2009, p. 196) :

> Dans l'extrait de Daudet, l'héroïne est successivement *une brave chevrette*, *une gourmande*, *une simple chèvre*, *une pauvre bête* puis *une petite chèvre* : la valeur du personnage (son *ethos*), qui est positive au début du passage, se dégrade peu à peu. En allant vers sa fin, le personnage de Blanquette se désincarne et devient anonyme.

Un dernier exemple, de 2002, montre les difficultés didactiques rencontrées par les concepteurs de manuels dans l'appréhension des phénomènes de reprise. Toute la question est de savoir « ce qu'il faut enseigner ». L'exemple est emprunté à un manuel qui s'inspire du décloisonnement de l'enseignement de la langue, tel qu'il a été préconisé par les Instructions de 2002 (*Mon manuel de Français. Lire, dire, écrire dans toutes les disciplines*). Dans un chapitre d'histoire portant sur Louis XIV et destiné à des enfants de 9-10 ans (CM1), il est demandé aux élèves de « relever tous les mots ou groupes de mots qui désignent Louis XIV » dans le portrait qu'en dresse un ambassadeur vénitien en 1683, et qui est le suivant (p. 101-102, nous soulignons) :

> Âgé de quarante-six ans, *le Roi* conserve encore sa robuste constitution avec plus de majesté (…). *Sa Majesté* cultive par l'exercice le privilège de la santé, qui est la condition de tous les autres biens de la vie. *Elle* se promène presque quotidiennement et va à la chasse fréquemment. Ses manières sont nobles, courtoises, obligeantes ; *Elle* accorde ses grâces avec tant de politesse qu'*Elle* en multiplie le prix.

La consigne vise probablement à faire remarquer aux élèves que le genre de la personne (le roi Louis XIV) et le genre du pronom personnel (*Elle*) sont dissemblables ; mais ceci au détriment de la cohésion de l'enchaînement référentiel : *? le Roi... sa Majesté*. Le même chapitre, toujours sous la rubrique « Observation réfléchie de la langue » (p. 107), pose cette question :

> *Un monarque*, *un souverain*, *Sire :* sous quel mot-titre peut-on regrouper ces trois noms ?

Les extraits cités sur les « substituts » et leur enseignement à l'école élémentaire témoignent de perspectives difficiles à concilier et dont le 'grain de focale' est pour le moins variable (des fonctions au style, jusqu'à l'interdisciplinarité). On a sans doute minimisé la nouveauté des voies ouvertes par la linguistique textuelle, au profit, le plus souvent, d'un raisonnement grammatical « à l'ancienne » qui cherche finalement à réduire la part de complexité de données et de méthodes renouvelées. C'est ainsi que l'exercice sur les substituts de *roi* est incomplet ou ambigu. S'agit-il de faire retrouver par les élèves le référent « roi », de traiter de la synonymie, de sensibiliser aux contextes d'usage et aux collocations respectives de *monarque* et *souverain* ou du genre de *sa majesté* ?

Concernant le domaine de la formation, la situation ne paraît pas plus claire et l'on peut déplorer que la question posée par « les substituts » se résolve trop vite en un classement des types d'anaphores (*fidèle* vs *infidèle ; pronominale* vs *lexicale*, etc.), lesquelles sont répertoriées à partir d'exemples trop souvent forgés (limités à l'enchaînement artificiel de deux phrases : *le facteur est passé. Il a apporté un paquet ;* ou cet enchaînement : *J'aime beaucoup Picasso. Ce peintre a des audaces étonnantes* emprunté à Gardes-Tamine, 1998, p. 149-161) ou de textes d'auteurs (*supra*, La chèvre de Monsieur Seguin ou Louis XIV), ce qui a pour effet malencontreux de réduire les problèmes soulevés à un nouveau débat terminologique ou de cantonner leur portée à une discussion stylistique peu rentable.

Plus largement, on relève que divers ouvrages parus ces vingt dernières années et qui poursuivent des objectifs de formation des (futurs) maîtres, ont volontiers associé la grammaire de texte à la « production d'écrit ». C'est le cas par exemple de celui cité sur Louis XIV : en l'occurrence, les exercices mentionnés visent l'activité de prise de notes. Il faut cependant distinguer deux cas ; dans le cadre de la formation des futurs enseignants du secondaire, l'écrit est envisagé en réception et les objectifs sont surtout de préparer les étudiants (les futurs enseignants) à l'analyse stylistique des concours de recrutement ; en revanche quand la formation vise les maîtres du primaire, l'écrit est entendu comme objet d'une production rédactionnelle et l'étude s'attachera aux diverses opérations de mise en texte et de correction (insertion, effacement, déplacement, commutation). Deux ouvrages publiés par J. Gardes-Tamine sont représentatifs de ces enjeux divergents. Le premier, publié en 1998 avec Antoinette Pellizza, s'intitule *La construction du texte. De la grammaire au style*, le second (2004), *La grammaire de l'écrit*.

Pourtant, la recherche en linguistique a livré des travaux précurseurs mais qui sont demeurés sans effet si l'on s'en tient aux programmes d'enseignement. Citons pour mémoire les recherches conduites sur la production – par de jeunes scripteurs – des expressions référentielles en contexte ambigu (Charolles 1988) ou, en production d'écrit toujours, la corrélation des anaphores avec d'autres descripteurs comme ceux de la séquentialité du texte (Schneuwly 1988), la mémoire discursive ([Reichler-]Béguelin 1988) ou la sélection des temps verbaux (de Weck 1991).

Ces recherches ont plus de vingt ans. On regrettera qu'elles n'aient pas eu, au plan didactique, tous les effets qu'on pouvait en attendre : l'extension des travaux (en didactique et en linguistique) sur la psychogenèse des formes de reprise, en compréhension et en production, de manière à concevoir des progressions et un programme ; la différenciation (didactique) dans le domaine de l'écrit entre des écrits d'apprentissage (brièveté de l'exercice, situation-problème, focalisation sur une question et enseignement afférent) et des écrits plus longs et complexes (formes et genres de discours, imitation des écrits littéraires, travail du brouillon) ; enfin, un réexamen des phénomènes observés (la reprise, la référence, la progression thématique) et des faits de langue qui encodent ces phénomènes, pour repenser les frontières phrase/texte, les domaines de l'enseignement de la langue et de la grammaire (syntaxe, sémantique, lexique, dynamisme informationnel, pragmatique) et doter ces domaines de méthodes et d'objectifs d'apprentissage plus clairs.

3. Quelle grammaire enseigner pour quelle « langue » ?

La situation décrite concerne assez étroitement la France où, par exemple, pour des raisons complexes mais sans doute institutionnelles et culturelles, l'ouvrage publié (en Belgique) sous la direction de M.-J. Béguelin (2000) n'a pas eu tous les retentissements – sur la formation des maîtres et les contenus de programme – que l'on en aurait espérés. Il y avait pourtant lieu de s'appuyer sur une matière aussi homogène, complète et finement argumentée, que l'est le contenu de ce livre pour refonder un enseignement de la grammaire.

Sur trois aspects au moins l'ouvrage cité est remarquable : les liens entre les choix terminologiques et les approches distinctes des faits de langue, la référence faite aux productions langagières effectives des élèves (Béguelin, 1988 ; 1992) et la prise en compte des spécificités du français parlé. Ce dernier point – les propriétés de l'oral – converge avec l'observation que l'enseignement français avait déjà négligé à l'époque les travaux de C. Blanche-Benveniste (1990), d'où n'étaient pourtant pas absentes les préoccupations didactiques.

On peut certes déplorer ce constat et l'imputer à une prégnance des normes de l'écrit littéraire sur toute autre considération. Les effets néfastes s'aggravent si l'on s'accorde à penser que s'est creusé aujourd'hui l'écart entre l'écrit soutenu et les pratiques ordinaires du français parlé. Mais il faut surtout s'employer à combler le retard et envisager diverses propositions qui aideront à repenser la question. Nous nous contentons pour conclure d'en énoncer trois qui prennent en quelque sorte le contrepied des méfaits observés lors de la didactisation hâtive et sans recul de la grammaire de texte.

a. La langue parlée doit être instaurée comme objet d'étude à part entière, et pas comme simple ersatz liminaire de l'écrit, y compris dans ses spécificités interactionnelles, intonatives, prosodiques, lexicales et syntaxiques.
b. Les unités (et les plans afférents) de l'analyse grammaticale doivent être circonscrites avec plus de netteté et les finalités et méthodes mieux définies. Les catégories grammaticales, les « phrases », le « texte » ou le « discours » ne sont pas des objets analogues auxquels conviendrait un seul corps de concepts et de méthodes. On devrait se ressaisir des objectifs et de la perspective fonctionnelle des grammairiens du texte quand ils s'attachent à dissocier les plans syntaxique, sémantique et informationnel.
c. Les phénomènes de cohésion et de rupture de l'enchaînement et du contenu de sens d'un discours donné ne nécessitent pas que l'on sache les nommer selon une conformité terminologique (théorique), mais plutôt que l'on parvienne à identifier (paraphraser, tester) les opérations qui les sous-tendent.

Bibliographie

Adam, J.-M., « L'émergence de la linguistique textuelle en France (1975-2010). Parcours bibliographique en 100 titres », *Verbum*, XXXII, n° 2, 2010, p. 237-261.

Ariel, M., *Accessing Noun-Phrase Antecedents*, London, Routledge, 1990.

Asher, N., *Reference to Abstract Objects in Discourse*, Dordrecht-Boston-London, Kluwer, 1993.

[Reichler-]Béguelin, M.-J., « Anaphore, cataphore et mémoire discursive », *Pratiques*, n° 57, 1988, p. 15-43.

[Reichler-]Béguelin, M.-J., « L'approche des 'anomalies' argumentatives », *Pratiques*, n° 73, 1992, p. 51-78.

[Reichler-]Béguelin, M.-J., « L'encodage du texte écrit. Normes et déviances dans les processus référentiels et dans le marquage de la cohésion », in Verhoeven, L. & Teberosky, A. (eds.), *Proceedings of the Workshop "Understanding early literacy in a developmental and cross-linguistic approach"*, Network on Written Language and Literacy, Strasbourg, European Science Foundation, 1994, p. 175-204.

[Reichler-]Béguelin, M.-J., « Les problèmes d'emploi du gérondif et des participiales en français contemporain », in K. Zaleska et A. Cataldi, (dir.),

Le Français Langue Étrangère à l'Université : théorie et pratique, Actes du Colloque de Varsovie, 25-26 novembre 1993, Varsovie, Uniwerytet Warszawski, Instytut Romanistyki, 1995, p. 243-260.

[Reichler-]Béguelin, M.-J., « Alternatives et décisions lexicales dans l'emploi des expressions démonstratives », *Pratiques*, n° 85, 1995, p. 53-87.

Béguelin, M.-J., « De la phrase aux énoncés : bilan et perspectives », in Béguelin, M.-J., Näf, A. & De Pietro, J.-F. (dir.), *La terminologie linguistique à l'école romande : perspectives interlinguistiques*, Actes du Colloque de Neuchâtel, nov. 1998, *Travaux neuchâtelois de linguistique*, n° 31, 1999, p. 143-153.

Béguelin, M.-J., « Diagnostic des erreurs dans un corpus d'écrits techniques », in *La rédaction technique*, Actes du Séminaire organisé par les Conseils et Délégations à la langue française de Belgique, de France, de Suisse romande et du Québec, Bruxelles, 24-25 novembre 1997, Bruxelles, Duculot, 2000, p. 105-119.

Béguelin, M.-J., (dir.), *De la phrase aux énoncés : grammaire scolaire et descriptions linguistiques*, Bruxelles, De Boeck-Duculot, 2000.

Berrendonner, A., & [Reichler-]Béguelin, M.-J., « Décalages : les niveaux de l'analyse linguistique », in *Langue française*, n° 81, 1989, p. 99-125.

Blanche-Benveniste, C., *Le français parlé : études grammaticales*, Paris, Éd. du CNRS, 1990.

Blanche-Benveniste, C., *Le français. Usages de la langue parlée*, Leuven-Paris, Peeters, 2010.

Charolles, M., « Introduction aux problèmes de la cohérence des textes », *Langue française*, n° 38, 1978, p. 7-41.

Charolles, M., « Les plans d'organisation textuelle : périodes, chaînes, portées et séquences », *Pratiques*, n° 58, 1988, p. 3-13.

Charolles, M., *La référence et les expressions référentielles en français*, Paris, Ophrys, 2002.

Charolles M. & Combettes B., « Contribution pour une histoire récente de l'analyse du discours », *Langue française*, n° 121, 1999, p. 76-116.

Charolles, M., & Fagard, B., « *En effet* en français contemporain : de la confirmation à la justification/ explication », *Le français moderne*, LXXX, n° 2, 2012, p. 171-197.

Charolles M. & Pietrandrea P., « *En réalité :* de la modalité à l'organisation du discours », *Travaux de linguistique*, n° 64, 2012, p. 111-142

Charolles, M. & Lamiroy B., « Syntaxe phrastique et transphrastique : du but au résultat », in H. Nolke & H.L. Andersen (dir.), *Macrosyntaxe et macrosémantique*, Actes du colloque international d'Aarhus, 17-19 mai 2001, Berne, Peter Lang, 2002, p. 383-419.

Charolles, M. & Lamiroy B., « Du lexique à la grammaire : *Seulement, simplement, uniquement* », *Cahiers de Lexicologie*, n° 90, 1, 2007, p. 93-117.

Charolles, M. & Vigier, D., « Les adverbiaux en position préverbale : portée cadrative et organisation des discours », *Langue Française*, n° 148, 2005, p. 9-30.

Combettes, B., « Entre théorie et didactique : les débuts de la linguistique de texte en France », *Verbum*, XXXII, n° 2, 2010, p. 219-235.

Combettes, B., « Hyperbate et structure informationnelle », in Paillet, A-M. & Stolz, C. (dir.), *L'hyperbate : aux frontières de la phrase*, Paris, Presses de l'Université de Paris-Sorbonne, 2012.

Combettes, B. & Kuymcuyan, A., « La formation des modalisateurs en français : le cas des locutions formées sur vérité », *Langue française*, n° 156, 2007, p. 76-92.

Corblin, F., *Indéfini, défini et démonstratif*, Genève, Droz, 1987.

De Weck, G., *La cohésion dans les textes d'enfants. Étude du développement des processus anaphoriques*, Neuchâtel-Paris, Delachaux et Niestlé, 1991.

Ducrot, O., *Les mots du discours*, Paris, Minuit, 1980.

Fabre-Cols, C., « De la situation de production à l'interprétation du texte : contexte, matériau, lisibilité », in C. Fabre-Cols (dir.), *Apprendre à lire des textes d'enfants*, Bruxelles, De Boeck/Duculot, 2000, p. 19-55.

Gardes-Tamine, J., & Pellizza, M.-A., *La construction du texte. De la grammaire au texte*, Paris, Belin, 1998.

Gardes-Tamine, J., *La grammaire de l'écrit*, Paris, Belin, 2004.

Grice, H.P., « Logique et conversation », *Communications*, n° 30, 1979, p. 57-72.

Halliday, M.A.K., & Hasan, R., *Cohesion in English*, Edimbourg, Longman, 1976.

Kleiber, G., *Problèmes de référence : descriptions définies et noms propres*, Paris, Klincksieck, 1981.

Lamiroy, B. & Charolles, M., « Constitution et exploitation de corpus dédiés à l'analyse linguistique des adverbiaux » in Condamines, A. (ed.), *Sémantique et corpus*, Paris, Hermès, 2005, p. 109-146.

Mann, W.C., & Thompson, S.A., « Rhetorical Structure theory : toward a functionnal theory of text organization », *Text*, n° 8/3, 1988, p. 243-281.

Lundquist, L., *La cohérence textuelle : syntaxe, sémantique, pragmatique*, Copenhague, Nyt Nordisk Forlag Arnold Busck, 1980.

Martin, R., *Pour une logique du sens*, Paris, PUF, 1983.

Masseron, C., « Indicateurs langagiers et stratégies scripturales. Du discours à la langue », *Pratiques*, n° 125/126, 2005, p. 205-243.

Morel, M.-A., & Danon-Boileau, L., *Grammaire de l'intonation. L'exemple du français oral*, Paris, Ophrys, 1998.

Nolke, H., *Le regard du locuteur. Pour une linguistique des traces énonciatives*, Paris, Kimé, 1993.

Sarda, L., & Charolles M., « Parallèlement : de l'espace au temps puis à l'énonciation », in Servet M.-H. et Boissiéras F. (dir.), *Hiérarchisation, énonciation,* Louvain, Peeters, coll. « Bibliothèque de l'Information Grammaticale », 2012, p. 127-156.

Searle, J.R., *Sens et expression*, Paris, Minuit, 1982.

Searle, J.R., *L'intentionalité. Essai de philosophie des états mentaux*, Paris, Minuit, 1985.

Schneuwly, B., *Le langage écrit chez l'enfant. La production des textes informatifs et argumentatifs*, Neuchâtel-Paris, Delachaux et Niestlé, 1988.

Sperber, D., & Wilson, D., *La pertinence. Communication et cognition*, Paris, Minuit, 1989.

Wilson, D., & Sperber, D., « L'interprétation des énoncés », *Communications*, n° 30, 1979, p. 80-94.

Textes officiels

Nomenclature grammaticale, 1997.

Programmes et Instructions officielles, 1985, 1999.

Manuels consultés

Bentolila, A. (dir.), *Étude de la langue, CM2, Grammaire, Conjugaison, Orthographe, Vocabulaire*, Paris, Nathan, 2008.

Tomassone, R. & Leu-Simon, Cl., *Grammaire CM2, Pour parler, lire et écrire,* Paris, Delagrave, 2009.

Pellet, É., de Vulpillières, C., Paccalin, M., Voltz, F. & Philippe, G., *Grammaire 6e. Discours, textes*, Paris, Belin, 2000.

Bourdin, R., Durand, V., Pradeau, J. & Rondelli, F., *Mon manuel de français. Lire, dire, écrire dans toutes les disciplines, CM1*, Paris, Retz, 2005.

Quelle voie pour le passif ?

Vers une approche didactique de la grammaire

Jean-François DE PIETRO

Institut de recherche et de documentation pédagogique (IRDP, Neuchâtel)

« L'objectif de rénovation de la grammaire est, vraisemblablement, aussi ancien que la grammaire elle-même. » (M.-J. Béguelin, 2000, p. 12)

1. Introduction

Un long engagement, en tant que collaborateur scientifique à l'Institut de recherche et de documentation pédagogique (IRDP, Neuchâtel), dans le suivi de l'enseignement et l'accompagnement des innovations – et, notamment, diverses collaborations avec Marie-José Béguelin : groupe de travail en vue d'une clarification des « notions grammaticales problématiques », organisation de Journées d'études portant sur des approches interlinguistiques de la grammaire et sur la complémentation verbale, etc.[1] – m'a amené à vivre, de manière très concrète, les contraintes et les difficultés de l'élaboration d'un cadre cohérent et opératoire (référentiel, démarches, matériaux didactiques…) pour l'enseignement / apprentissage de cet aspect de la langue qu'on a parfois dénommé structuration (Besson *et al.*, 1979), français II (canton de Genève), réflexion sur la langue (France) ou, tout simplement… grammaire. Les didacticiens qui s'engagent pour une telle entreprise – coincés entre les exigences des documents de référence et des moyens d'enseignement en usage, les représentations et attentes de la société (enseignants, parents, autorités…) et l'état des connaissances apportées par les recherches en linguistique et en didactique – sont confrontés à une tâche quasiment impossible, qui conduit inévitablement à des

[1] Le premier groupe a servi de point de départ à la rédaction de l'ouvrage *De la phrase aux énoncés* (Béguelin, 2000) ; certaines des interventions aux Journées d'étude ont été publiées dans Béguelin *et al.*, 1999 et 2003.

compromis parfois problématiques… Comme nous le verrons, cela s'est vérifié une fois encore, récemment, lorsque, en lien avec la mise en place d'un nouveau *Plan d'études romand* (PER ; CIIP 2010), il a fallu choisir de nouveaux moyens d'enseignement puis produire des documents de référence à l'intention des enseignants et des élèves suisses romands du secondaire I (12 à 15 ans).[2]

Dans cette contribution, après avoir situé la question de l'enseignement grammatical dans le contexte scolaire actuel (§ 2) et retracé, dans leurs grandes lignes, les évolutions et péripéties qui – pour des raisons très diverses relevant autant de la didactique et de la linguistique que de la politique et de l'économie – nous ont amenés de la rénovation de l'enseignement du français des années 1980 à la situation d'aujourd'hui (§ 3), j'illustrerai mon propos (§ 4) en me concentrant sur un exemple concret – le traitement de ce que l'on dénomme le « passif » –, afin de contribuer, dans l'esprit de cet ouvrage, à une réflexion sur les apports possibles de la linguistique à l'enseignement grammatical. En conclusion, je tenterai de présenter ce que devrait être, selon moi, une approche *didactique* des questions de grammaire – reprenant *certains* de ces apports de la linguistique via ce que les didacticiens des mathématiques (Chevallard, 1985) ont nommé une *transposition didactique* – et ce qu'il faudrait développer pour l'élaboration d'outils didactiques cohérents et opératoires.

2. Le « problème » de la grammaire à l'école : quelles finalités ?

L'enseignement de la grammaire représente depuis de nombreuses années un domaine éminemment délicat et problématique. Les incohérences de la grammaire scolaire « traditionnelle » ont été maintes fois dénoncées. Initiées en Suisse par l'ouvrage *Maîtrise du français* (Besson *et al.*, 1979), de nombreuses innovations ont été introduites, visant d'abord à une intégration des apports de la linguistique structurale et transformationnelle triomphante, puis à une prise en compte de la pragmatique (théories de l'énonciation et des actes de langage, etc.), de la linguistique textuelle (types/genres de texte, connecteurs et organisateurs, etc.) et de la sociolinguistique (registres de langues, notion de compétence de communication, etc.).

Et pourtant… la situation actuelle n'est pas encore vraiment satisfaisante, tant s'en faut. On sait que les élèves – en Suisse en tout cas – passent aujourd'hui encore un temps considérable à classer, étiqueter,

---

2 C'est ma collaboration récente, en tant qu'« expert », à la production de ces documents qui est à la base de la réflexion proposée ici.

identifier, nommer des éléments linguistiques, en décomposant des phrases, en les analysant – sans nécessairement toujours savoir à quelles fins… On sait aussi que cette partie de l'enseignement du français tend souvent à prendre le pas sur la partie plus « communicative » (compréhension et production de textes écrits et/ou oraux) de l'enseignement et qu'elle joue parfois un rôle non négligeable dans la réussite (ou l'échec) scolaire des élèves.

Les raisons de cette situation sont certainement multiples, relevant tout à la fois des attentes sociales, de certains paramètres externes à l'enseignement[3], de la formation des enseignants… mais aussi des théories linguistiques choisies et mises en œuvre parfois sans un effort suffisant d'adaptation pédagogique. Un certain applicationnisme a souvent conduit à une trop grande complexification des contenus, à un excès de formalisme, voire à une dérive grammaticale qui fait perdre aux élèves et aux enseignants le sens de ce qu'ils font.[4]

C'est essentiellement à ces facteurs portant sur les liens entre linguistique et didactique que nous allons nous intéresser ici, en nous interrogeant, à travers l'exemple du passif, sur la manière dont l'enseignement devrait se saisir des cadres proposés par la linguistique pour construire une approche *didactique* de la grammaire.

Dans une perspective didactique, il est nécessaire de s'interroger d'abord sur les fonctions, l'utilité et la place de l'enseignement grammatical. Les réponses sont loin d'être simples. Depuis la rénovation, l'accent a beaucoup été mis sur la nécessité d'un enseignement grammatical au service de l'expression écrite et orale : dès lors, la nécessité de faire de la grammaire explicite, de savoir nommer les unités et fonctions au sein de la phrase par exemple, a pu être remise en cause, voire tout simplement ignorée, ou « intégrée » dans les activités langagières mises en œuvre dans la classe. Dans une optique complètement différente, on peut se demander, ainsi que le faisait B. Schneuwly (1998, p. 268), de manière un peu provocatrice, si la grammaire a vraiment pour finalité première d'être « utile » ? Doit-elle poursuivre avant tout des finalités extrinsèques (au service de l'orthographe, de l'expression et de la compréhension écrites (textes longs), de l'apprentissage d'autres langues, etc.)? Ou des finalités intrinsèques telles qu'aider les élèves à construire une représentation globale, raisonnablement correcte, de la langue comme objet, rendre

---

3 Notamment : multiplication des disciplines et réduction du temps d'enseignement octroyé à la langue de scolarisation, évolution de la composition des classes, etc.

4 Il n'est toutefois pas question, à l'inverse, de minimiser les apports globaux des changements intervenus : orientation de l'enseignement vers la maitrise de la langue considérée comme un outil de communication, mise en place d'un cadre de réflexion et de procédures d'analyse plus rigoureuses et explicites, distinguant clairement différents niveaux d'analyse (syntaxique, sémantique, pragmatique), etc. À ce propos, voir par exemple Bronckart, 1990 ; Béguelin, 2000 ; Conti & de Pietro, 2006.

possible une prise de distance par rapport à son comportement langagier, élaborer une métalangue qui permette de parler du langage avec d'autres, construire une culture langagière (Chartrand, 2004) partie prenante de savoirs socialement reconnus ?...

Le nouveau *Plan d'études romand* définit quatre finalités pour l'enseignement du français : Apprendre à communiquer et communiquer (oralement et par écrit) ; Maitriser le fonctionnement des langues / réfléchir sur les langues ; Construire des références culturelles ; Développer des attitudes positives face aux langues et à leur apprentissage (CIIP, 2010). Comment situer l'enseignement grammatical par rapport à de telles finalités ? Ainsi que nous l'avons argumenté dans une publication récente (Chartrand & de Pietro, 2012, p. 7), et suivant en cela la position affirmée par les autorités scolaires suisses (et québécoises), l'enseignement grammatical devrait être conçu selon quatre perspectives :

— 1re finalité : celle d'un *outil* au service de capacités langagières activées en particulier dans des situations de communication complexes, exigeant un contrôle particulier sur les activités de production écrite, de lecture de textes, de prise de parole formelle et d'écoute ;

— 2e finalité : celle d'un *cadre de réflexion* pour appréhender la langue – le français – et les langues dans le but d'en élaborer une représentation raisonnablement correcte en tant que système, d'assurer une compréhension même limitée de leur fonctionnement et de permettre une prise de distance ;

— 3e finalité : celle d'une *composante d'une culture de la langue*, qui permet entre autres aux membres d'une communauté langagière de parler de leur langue, des autres langues et du langage en général.

— 4e finalité : celle, enfin, d'un *domaine d'activité* suscitant l'intérêt des élèves envers le français, les langues et leur fonctionnement, favorisant ainsi une attitude ouverte et positive face à la diversité des langues du monde.

3. La situation en Suisse romande : un nouveau *Plan d'études* et de nouveaux moyens d'enseignement

Dès les années 1990, donc une dizaine d'années après la rénovation initiée par *Maîtrise du français* (Besson *et al.*, 1979), les autorités scolaires de la Suisse romande ont remis l'ensemble du chantier « français » en travail. Diverses réalisations ont ponctué ce processus :

- L'élaboration de *séquences didactiques* pour l'enseignement de l'expression orale et écrite (Dolz, Noverraz & Schneuwly, 2001).[5]

[5] Celles-ci incluent un enseignement grammatical intégré dans des modules de travail ciblés sur les difficultés rencontrées par les élèves lorsqu'ils produisent un texte oral

- L'édition de l'ouvrage *De la phrase aux énoncés : grammaire scolaire et descriptions linguistiques* (Béguelin (dir.), 2000), destiné prioritairement aux formateurs et rédacteurs de moyens d'enseignement afin de leur offrir une description actualisée des connaissances dans le domaine de la grammaire.[6]
- L'édition d'un document intitulé *Enseignement / apprentissage du français en Suisse romande – Orientations*, où sont énoncés les objectifs assignés à l'enseignement de la langue de scolarisation et, notamment, de sa composante grammaticale : rendre les élèves capables « de maitriser les règles de fonctionnement de la langue, d'utiliser un vocabulaire spécifique pour parler de la langue, de construire et acquérir des outils pour réfléchir sur la communication et la langue. » (CIIP, 2006, p. 29)
- Une étude réalisée dans le but d'aller vers une simplification et un allègement de la terminologie grammaticale (Conti & de Pietro, 2006).[7]

Finalement, un nouveau *Plan d'études romand* (PER), valant pour tous les cantons et pour l'ensemble de la scolarité obligatoire, a donc été introduit (CIIP, 2010). Et, en lien avec cette introduction, s'est alors posée la question de nouveaux moyens d'enseignement s'inscrivant dans les orientations ainsi définies.

Cependant, alors que jusque-là l'ensemble du processus avait été conduit au niveau romand, via une collaboration permanente entre les divers acteurs, les autorités scolaires ont décidé, pour des raisons d'économie avant tout, peut-être aussi pour éviter de relancer certaines

---

ou écrit. Les aspects de la langue qui sont abordés vont du maniement des connecteurs argumentatifs, en lien avec des genres textuels tels que le débat, à l'usage des temps verbaux en lien avec des genres textuels relevant de la narration. Un tel enseignement – vraisemblablement opératoire – est clairement orienté vers la première finalité, celle d'un outil au service de l'expression. La grammaire y reste toutefois largement implicite et, surtout, non systématique en ce sens qu'elle touche des aspects ponctuels de la langue pertinents pour les genres textuels considérés et ne permet pas la construction d'une représentation globale du système de la langue.

6 Cet ouvrage constitue ainsi une sorte de « prolégomènes d'une didactique de la grammaire » (Lebrun, Simon & Dufays, 2000, p. 4), susceptibles de contribuer à l'orientation de l'enseignement en fournissant un cadre précis aux réflexions épistémologiques et méthodologiques. Toutefois, comme le rappellent les auteurs, il ne constitue « ni une terminologie officielle, ni un traité de grammaire » (2000, p. 9).

7 Pour fonder ses propositions, cette étude était basée, d'une part, sur les travaux linguistiques permettant de définir cette terminologie et, d'autre part, sur une analyse précise de divers moyens d'enseignement (manuels de français pour le primaire et le secondaire inférieur et grammaires scolaires) en usage et/ou disponibles sur le marché francophone.

polémiques, que ce choix de nouveaux moyens devait, dans la mesure du possible, être fait parmi les collections existant sur le marché. Elles ont par conséquent renoncé à créer des moyens qui, en prenant en compte les autres outils récemment produits au niveau romand (*S'exprimer en français, De la phrase aux énoncés*, *EOLE* (Perregaux *et al.*, 2003), etc.), auraient réellement concrétisé les orientations définies dans le document de la CIIP (2006).

Des groupes de travail constitués de formateurs et d'enseignants ont donc été chargés d'examiner les moyens disponibles sur le marché francophone. Et au final, après un travail d'analyse fondé sur une grille de critères, quatre collections françaises – *Mon manuel de français* et *L'île aux mots* pour le cycle 2, *Le Livre unique* et *L'atelier du langage* pour le cycle 3 – ont été retenues.

Une telle décision n'a pas été sans conséquences. Il s'est rapidement avéré, en effet, que ces nouveaux moyens remettaient en question, au niveau de la terminologie notamment, plusieurs des innovations introduites dès les années 1980 et désormais entrées dans les mœurs grammaticales romandes (importance de la notion de *groupe*, fonctions *complément de verbe*, *complément de phrase* et *modificateur*, etc.). Des négociations ont alors été engagées entre les autorités scolaires et les éditeurs français ; et des enseignants ont à nouveau été chargés, avec l'appui d'experts, d'effectuer les adaptations nécessaires en trouvant des compromis. Ce travail, relativement simple pour certaines notions, s'est révélé bien plus problématique pour d'autres dans la mesure où il aurait été nécessaire d'apporter des modifications trop importantes, dans la conception même des ouvrages de base. Il a donc fallu concilier la modélisation grammaticale sous-tendant ces moyens, la tradition romande à laquelle les enseignants sont désormais familiarisés et le nouveau *Plan d'études romand*.[8]

Ce processus a fait réapparaitre ainsi de nombreux points problématiques, liés en particulier à la cohérence globale des modélisations proposées et des termes utilisés.[9] Il a mis en évidence, à l'instar de ce que nous verrons à propos du passif, à quel point, dans le domaine de la grammaire, les décisions prises à propos d'un aspect du système influent

[8] Les démarches d'enseignement s'écartent également de manière parfois importante de celles qui sont prônées en Suisse romande, mais il était exclu de les modifier car cela aurait impliqué une refonte complète de ces moyens.

[9] Voir par exemple la suppression, afin de « simplifier », de la notion de groupe prépositionnel (GPrép), remplacée par un *groupe nominal avec ou sans préposition*, ou encore certaines confusions entre les fonctions *modificateur* et *complément de phrase*, vraisemblablement liées au fait que les moyens français recouraient quant à eux à la notion de complément circonstanciel (ou non essentiel), ou entre *types* et *genres* textuels…

sur la manière d'en traiter d'autres aspects, confirmant si besoin était que « dans la langue tout se tient » (Saussure, 1974).

Nous reviendrons à la fin de notre contribution sur le dernier épisode de cette saga grammaticale, à savoir le mandat – titanesque – donné à trois enseignants-formateurs d'élaborer un document de référence présentant de manière brève et simple l'ensemble des contenus grammaticaux qui doivent faire l'objet d'un enseignement, en tenant compte à la fois du PER, des acquis de la linguistique et… des nouveaux moyens désormais en usage.

4. Un exemple : le « passif »

Nous allons à présent examiner de plus près un exemple, dans le but d'une part d'illustrer ces péripéties de manière concrète, d'autre part de réfléchir à ce que devrait / pourrait être le contenu d'un enseignement de la grammaire à l'école : quoi enseigner ? Pourquoi ?… Nous avons choisi le passif pour des motifs divers, à la fois didactiques et anecdotiques. Le passif[10] ne semble *a priori* pas constituer un domaine particulièrement problématique pour l'enseignement grammatical. Il n'est guère mentionné par les enseignants, guère travaillé à l'école, que ce soit dans une perspective phrastique ou textuelle, et il ne semble pas – contrairement à différents types de compléments verbaux ou à la notion de phrase – faire l'objet de grosses polémiques. Mais il se trouve qu'en participant, en tant qu'expert, à la relecture des premières versions du document susmentionné, j'ai été confronté, avec d'autres collègues[11], à la manière de traiter ce domaine, et notamment à des questions fort intéressantes et complexes concernant la délimitation du domaine et ses conséquences pour d'autres domaines de l'édifice global. Il m'est ainsi apparu qu'on est là au cœur des questions qui peuvent se poser dans une perspective didactique, à savoir les conséquences de certains choix théoriques sur l'ensemble de la conception de l'enseignement grammatical.

Dans notre perspective, didactique, nous nous demanderons donc d'abord quel est finalement le problème du passif (§ 4.1) – s'il y en a un ! Ensuite, nous examinerons la manière dont ce domaine est traité dans le PER et les nouveaux moyens d'enseignement (§ 4.2) et parcourrons très rapidement quelques théories linguistiques sur cette question (§ 4.3) afin, finalement, de voir ce qui devrait / pourrait en être repris dans la perspective d'un enseignement scolaire (§ 4.4).

[10] Nous utiliserons globalement la dénomination « le passif » lorsque nous souhaitons simplement renvoyer à ce domaine de la grammaire, sans préjuger du traitement qui pourra en être fait.

[11] F. Gachet, Ph. Roduit et le principal artisan du document, P.-A. Balma.

4.1. Quel est le problème ?

Poser cette question, tout d'abord, c'est rappeler qu'il importe de distinguer clairement entre *grammaire en acte* (Besse & Porquier, 1984 ; de Pietro, 2009) et *étude de la langue*. La première regroupe les connaissances, le plus souvent implicites, intériorisées par les sujets parlants et qui leur permettent de produire et comprendre des messages. Elle s'acquiert dans une large mesure à travers nos interactions quotidiennes, dès l'enfance, mais doit être enrichie et renforcée dans le cadre scolaire pour les aspects du système qui posent problème aux élèves – du moins est-ce là l'hypothèse didactique qui fonde la première finalité de l'enseignement de la *grammaire* (cf. *supra*, p. 234).

Quelles sont alors les réelles difficultés des élèves dans l'usage, en situation de communication, des constructions passives ? Dans leur ouvrage *Écrire en français* (1988), sans développer une théorisation du passif, M.-J. Béguelin *et al.* présentent quelques exemples d'exercices portant sur le passif comme moyen linguistique pour établir une progression linéaire. Pour deux raisons au moins, on peut penser en effet que c'est là, par rapport à des questions de gestion du texte et de sa progression, que l'usage de constructions passives s'avère à la fois utile et problématique : on sait en effet (1) que les divers procédés liés à la progression du texte (thématisation, focalisation, reprise de l'information, etc.) constituent de véritables difficultés pour les élèves, natifs et allophones ; et (2), comme le souligne notamment Bronckart (1988), c'est là, lorsqu'ils rédigent des textes (longs), que les élèves ont en priorité besoin d'outils grammaticaux explicites et qu'ils ont l'opportunité d'activer consciemment, de façon réfléchie, ces connaissances moins spontanées acquises en classe. L'usage du passif peut également susciter quelques difficultés d'ordre morphologique dans la mesure où il implique, au passé, des formes verbales doublement composées[12]. Mais les phrases passives, pour les cas « simples » du moins, font dans une large mesure partie des structures que les élèves maitrisent sans apprentissage formel particulier.

Il sera intéressant, ainsi, d'examiner ce que le PER et les moyens actuels disent des finalités de l'enseignement du passif dans la perspective d'une telle grammaire en acte. Mais c'est aussi dans le cadre de l'*étude de la langue*, avec ses finalités en partie spécifiques (finalités 2, 3 et 4), que la question du passif se pose, notamment dans le cadre de l'élaboration d'un document de référence : en quoi cette notion de passif nous aide-t-elle à mieux comprendre le fonctionnement de la langue (voire *des* langues) ? En quoi enrichit-elle nos représentations du langage ? Et, surtout, quelle est alors

[12] *Il a été contacté par des personnes louches*... Mais, nous y reviendrons, cette difficulté dépend aussi de la manière dont on considère les constructions passives.

la description du passif dont nous avons besoin ? Comme nous le verrons – et comme c'est le plus souvent le cas en grammaire – les réponses à ces diverses questions dépendent très fortement les unes des autres, tant la manière de décrire, par exemple, influe sur les apports possibles en termes de compréhension.

4.2. Le passif dans le PER et les nouveaux moyens d'enseignement

Au niveau de l'école primaire, en fait, le passif ne fait pas encore partie des objets d'étude. Il n'est pas présent dans le nouveau *Plan d'études* et est simplement mentionné dans les « formes de phrase » du *Mémento grammatical* édité pour ces degrés. Dans les fascicules du Plan d'études concernant le secondaire (degrés HarmoS 9 à 11, élèves de 12 à 15 ans), il n'apparait que pour les élèves « avancés »[13] qui sont censés être capables, en fin de cycle, de « reconnaitre et construire une phrase de forme passive » (niveaux 2 et 3) et de « transformer une forme active en forme passive et inversement » (niveau 3) (CIIP, 2010, p. 51). Le passif apparait donc comme une caractéristique de la phrase et comme le résultat d'une *transformation*.

Dans les nouveaux moyens d'enseignement du secondaire, à savoir *L'atelier du langage* (AL) et *Le Livre unique* (LU), le passif fait pourtant l'objet d'un enseignement, développé dans des chapitres spécifiques.

Dans AL10, le chapitre 12 est consacré à la *phrase passive*. Dans un texte-prétexte placé en début de chapitre, les élèves doivent entre autres souligner dans la phrase *La grève générale a été décrétée par la Fédération*, le sujet du verbe conjugué et répondre à la question « Le sujet fait-il l'action exprimée par le verbe ou la subit-il ? ». Ceci amène ce qui est ensuite présenté comme une « définition », à savoir que « quand un verbe est au passif, son sujet subit l'action exprimée par le verbe » (p. 98-99).[14]

La leçon présente ensuite la « transformation passive » en s'appuyant sur l'exemple *Le père a conduit son petit garçon* et en introduisant la fonction de *complément d'agent*, qui « indique qui fait l'action (…) ». Pourtant, cette fonction ne fait pas partie de celles retenues en Suisse romande où elle est traitée comme un complément de verbe indirect (dont la valeur sémantique peut être agentive ou instrumentale). La « conjugaison passive » est ensuite présentée : Verbe au passif = auxiliaire

[13] À diverses reprises, pour les disciplines principales, le PER distingue deux ou trois niveaux d'exigences et d'approfondissement pour certains objectifs d'apprentissage.

[14] Malgré l'intitulé du chapitre, ce serait donc le verbe qui est au passif…

être au temps concerné + participe passé du verbe. Enfin, « l'essentiel à retenir » est fourni aux élèves :

- Le sujet d'un verbe au passif subit l'action exercée par le complément d'agent.
- Le verbe au passif se construit toujours avec l'auxiliaire *être*.

Les neuf exercices qui suivent consistent à faire repérer aux élèves des phrases actives ou passives, des sujets et des compléments d'agent, des verbes conjugués au passif, puis à transformer des phrases passives en phrases actives[15], des phrases actives en phrases passives, à construire des phrases passives en utilisant des éléments fournis, à identifier le temps de verbes passifs, à conjuguer des verbes au temps du passif demandé et, enfin, comme activité de rédaction, à rédiger une courte lettre en utilisant au moins cinq phrases passives.

L'approche est donc sémantique (rapport entre le sujet et le verbe) et morphologique (conjugaison). Rien n'est dit à propos de l'usage du passif, notamment dans les textes. Dans AL11 (chapitre 13), il est dit néanmoins que la « phrase passive », placée dans les « formes de phrase », « présente un sujet qui subit l'action exprimée par le verbe et *le met ainsi en valeur* » (§ 13, 107 ; nos italiques). Le chapitre s'appuie sur un (très) bref extrait du *Bourgeois gentilhomme* censé illustrer ce point, où l'on découvre que dans la phrase « (…) les lettres sont divisées en voyelles », « la phrase à la forme passive *met en valeur* le mot *lettres* qui se trouve placé en tête de phrase » (*Livre du Maitre*, p. 65)…

La question du passif est reprise dans quelques autres chapitres (sur les fonctions *sujet* et *complément de verbe*), mais sans apports nouveaux. On relèvera toutefois qu'un des exercices alors proposés consiste, pour les élèves, à mettre « quand c'est possible » des phrases à « la voix passive », terme qui n'est nullement défini et n'apparait nulle part ailleurs !

En résumé, on ne voit absolument pas ce qu'une telle approche peut apporter aux élèves, que ce soit pour leur grammaire en acte ou pour une meilleure compréhension du fonctionnement de la langue. Ce manuel propose une approche sémantique traditionnelle qui va à l'encontre des principes définis dans les documents officiels. Il y ajoute une pointe de grammaire transformationnelle, introduit des notions telles que *complément d'agent* et *voix* qui ne sont pas définies par ailleurs et n'ont aucun statut dans la logique de l'ensemble. Les démarches mises en œuvre ne permettent en aucune façon aux élèves de construire des connaissances, les exercices et les exemples proposés sont artificiels.

---

15 La phrase *Les deux jeunes gens seront défendus par Scapin et ses fourberies* devient ainsi, selon le corrigé fourni à l'enseignant-e, *Scapin et ses fourberies défendront les deux jeunes gens…*

Rien n'est dit du texte et lorsqu'il est question de l'usage et de la raison d'être du passif, les explications sont discutables, voire erronées...

Dans l'autre ouvrage, *Le livre unique*, la présentation semble plus pertinente. Le chapitre 15 de LU9 est intitulé *La forme active, la forme passive*. Après quelques questions posées à propos d'un bref texte-prétexte, sept points théoriques sont présentés. On y retrouve certains éléments de AL (*mise en valeur* d'un élément – le patient – en position de thème, *complément d'agent*, transformation, conjugaison avec *être* qui « détermine le temps de la forme passive »[16]...). Cependant, la valeur textuelle du passif est abordée : « Le choix de la forme passive permet d'élaborer une progression thématique et d'assurer la cohérence du texte » (LU9, p. 289-290). Et si certains des exercices proposés ensuite consistent à *transposer* de la forme passive à la forme active et l'inverse, à distinguer des phrases actives ou passives, etc., d'autres invitent les élèves à *analyser* des formes passives, en identifiant le genre de texte, le temps des formes passives, en tentant d'expliquer la présence ou non d'un complément d'agent et le choix de la forme passive dans certains passages textuels. Dans les commentaires proposés à l'enseignant (*Livre du maitre*, p. 150-151), on retrouve – plus nettement formulée – l'idée que « le choix de la forme passive peut être imposé également par le choix de la progression thématique » et que « la forme passive permet de conserver la cohérence textuelle en conservant les personnages en position de thème, tantôt agents, acteurs de l'action, tantôt patients (...) ».

La notion de *mise en valeur* est reprise dans le chapitre 10 de LU10, portant sur *la presse*, où une activité définie comme grammaticale porte sur la mise en valeur de l'information en exploitant la distinction forme active / passive, en concordance donc avec la conception du passif proposée dans l'ouvrage. Un des dix exercices de mise en œuvre ou d'observation / analyse proposés ensuite consiste ainsi à transformer des titres de journaux en phrases à la forme active ou passive (voir aussi LU11, 258).

Comme on le voit, si l'approche proposée dans LU reste à dominante sémantique, certaines fonctions textuelles sont prises en compte (progression thématique, cohérence) ; de même, certaines conditions portant sur la transformation passive sont précisées et la question de la conjugaison est présentée de manière très parlante. Toutefois, on y retrouve aussi certaines de ces incohérences – telles la notion de *complément d'agent*, ou l'idée que « la forme active permet de mettre en valeur l'agent de l'action (celui qui fait l'action), qui revêt la fonction de

[16] Suit un tableau qui montre bien cela : « Présent : j'aime – je suis aimé ; etc. » (LU9, p. 290).

sujet grammatical (…) » (LU9, p. 289) – qui mènent aux phénomènes de sédimentation dénoncés par Berrendonner (1999)[17].

4.3. Le passif dans quelques ouvrages grammaticaux

On se demandera ici si, finalement, ce qu'on trouve dans ces manuels correspond, peu ou prou, à ce qu'on trouve dans quelques grammaires théoriques récentes ou si, au contraire, ces grammaires proposeraient d'autres manières d'aborder ce domaine du passif.

En premier lieu, on a vu que les manuels scolaires, s'inscrivant en cela dans le mouvement de rénovation initié dans les années 1970, font appel – de manière inégalement prégnante – à la notion de *transformation passive* issue de la toute première version de la grammaire générative, dite pré-standard (Chomsky, 1957), qui a été largement modifiée par la suite. Dans cette perspective, Riegel *et al.* (1998) considèrent eux aussi que les deux phrases correspondantes, à l'actif et au passif, « représentent les deux versions (ou les deux types) d'une même phrase » (p. 434). La construction passive peut être analysée comme le *renversement* d'une construction active. Riegel *et al.* soulignent cependant que « [l]e passage de l'une des constructions à l'autre n'a pas (…) le caractère mécanique que lui ont prêté les premières versions de la grammaire générative » : « [l]a passivisation envisagée comme la simple transformation d'une construction active peut s'accompagner de notables différences interprétatives » (p. 434). Et Grevisse / Goosse (1993), qui traitent également le passif comme une transformation de la voix active, décrivent dans *Le bon usage* diverses règles particulières concernant des cas où la transformation passive n'est pas possible ou, au contraire, étonnamment possible[18].

Grevisse / Goosse, cependant, lient fortement le passif et la notion de *voix*, définie comme « la relation existant entre le verbe d'une part, le sujet (ou le complément d'agent) et le complément d'objet direct d'autre part » (p. 1121). Ils constatent en outre que « certains grammairiens » ajoutent une voix réfléchie ou moyenne (exprimée par les verbes pronominaux)

---

17 Berrendonner (1999, p. 49-50) montre, avec l'exemple de la notion de *type de phrase*, comment le mélange de plusieurs sources, de plusieurs logiques, conduit à des sédimentations de couches issues de mouvements distincts et parfois contradictoires dans un seul appareil terminologique. Ces sédimentations contribuent à rendre la terminologie peu opératoire, peu explicative et opaque, et à éloigner de la grammaire les élèves comme les enseignants…

18 Par exemple le cas des verbes intransitifs qui peuvent en fait admettre le passif « s'ils sont employés de façon impersonnelle sans agent, tour fréquent dans la langue administrative (*il sera sursis à toute procédure…*) » (1993, p. 1124). Plusieurs des exemples fournis sont très intéressants dans la mesure où, comme c'est souvent le cas chez Grevisse / Goosse, ils remettent en fait en question la règle générale précédemment présentée.

que d'autres considèrent comme un cas particulier de la voix active (p. 1221).

Wilmet (1997) lie plus encore la construction passive à la voix – ou *voie* (2007) – passive et, surtout, à la *topicalisation* de l'énoncé – qui permet de sélectionner le sujet grammatical sous les trois *voix* du passif, de l'actif et du moyen et les deux constructions de l'impersonnel et du factitif.[19] Pour lui, nous avons là un (ensemble de) mécanisme(s) permettant d'organiser le contenu de différentes manières, en fonction de critères qui tiennent prioritairement à la gestion et à la progression de l'information. Wilmet donne ainsi une véritable fonctionnalité à la voie passive, définie à la fois discursivement, formellement et sémantiquement : « La voie passive superpose le sujet logique au sujet grammatical en leur interdisant d'être sujet sémantique » (2007, p. 214). Selon lui, une telle approche, qui revient en même temps à renoncer à voir dans le passif une transformation de la voix active, supprime le problème « des actifs sans correspondant passif (…) ou des rares passifs sans correspondant actif » (2007, p. 214)[20].

Bien qu'ils restent attachés à l'idée de transformation, Riegel *et al.* (1998) rapprochent également le passif d'autres constructions phrastiques qui partagent certains de ses traits définitoires : passifs impersonnels (*il a été décidé que…*), formes pronominales de sens passif (*le vin d'Alsace se boit jeune*), verbes dits symétriques ou neutres (*les branches cassent (sous l'effet du vent)*), verbes et locutions verbales tels *subir*, *faire l'objet de* (*ce nouveau logo a fait l'objet de nombreuses études et tests*), adjectifs en *-able*, *-ible* (*le blessé était intransportable*)… Ils n'aboutissent cependant pas à la même répartition que Wilmet mais situent le passif – ainsi que l'emphase et l'impersonnel – parmi les « types de réarrangement communicatif » sans accorder à la notion de voix (ou voie) la même importance que Wilmet.

Riegel *et al.* soulignent surtout que le passif est exploité à diverses fins communicatives. Il permet de modifier l'ordre des éléments, de thématiser l'objet animé d'une construction active, de maintenir l'isotopie référentielle des sujets de phrases consécutives, de privilégier l'ordre préférentiel sujet court / complément long, de ne pas réaliser le sujet permuté, etc.

---

19 Wilmet (2007, p. 216-217) fait également de ces deux constructions des voies, impersonnelle et factitive.

20 En 1997, Wilmet relevait encore que tous les verbes transitifs ne peuvent être passivisés (*comporter*, *couter*, *pouvoir*…), que certains verbes sont toujours au passif (*être censé*), qu'il existe des compléments d'agent dans les phrases actives (*Pierre a eu ce livre par Marie*), qu'il y a des verbes symétriques qui permettent eux aussi d'inverser sujet et complément (*abonder*, *grouiller*…), etc. Et il en concluait que « [a]ucun indice matériel n'appartient en propre à la “voix passive” » (1997, p. 458).

Van Raemdonck *et al.* (2011) mettent également au premier plan une théorie des voix. Et ils font carrément disparaitre le passif qui devient la « voix 2 » parmi les cinq qu'ils distinguent (voix 1, anciennement active ; voix 2 ; voix moyenne ; voix factitive ; voix unipersonnelle[21]). La voix, comme chez Wilmet, n'est donc pas pour eux une catégorie du verbe, mais un mécanisme beaucoup plus large qui permet de modifier « le rapport entre le procès, la structure logique que l'énonciateur conçoit pour en rendre compte (le thème, le rhème et leur mise en relation) et la structure syntaxique qui la met en forme (la phrase avec son noyau, son prédicat et la relation prédicative) » (2011, p. 112). Excepté pour la voix unipersonnelle, le thème choisi parmi les différents éléments du procès devient le noyau (le *sujet* dans les autres approches) et détermine le type de voix mise en œuvre. La voix 2 se présente dès lors comme celle où le thème est le « point d'aboutissement du procès » (p. 113) et elle est réalisée dans une structure périphrastique composée de *être* + participe 2 (anciennement « passé »).

De plus, pour Van Raemdonck *et al.*, ce participe ne fait pas vraiment partie de la forme verbale : il est plutôt un « déterminant » (*attribut* dans d'autres terminologies) du verbe copule (p. 113). Grevisse / Goosse observent également que « [q]uand il n'y a pas de complément d'agent, si le verbe est à l'indicatif présent, imparfait ou futur, il est fréquent que le participe passé soit l'équivalent d'un simple adjectif attribut ; on n'envisage que le résultat : *le magasin est fermé le dimanche* (…) » ; ils lient ainsi la notion de passif à la présence d'un procès : « [l]a présence de certains compléments (autres que l'agent) fait aussi du verbe un véritable passif : *la porte est ouverte lentement…* » (1993, p. 1121).

Dans leur *Grammaire pédagogique du français d'aujourd'hui*, Chartrand *et al.* (1999) considèrent eux aussi que la forme *être* utilisée au passif est le verbe attributif (ou copule) et non l'auxiliaire. Pour eux, dans une perspective didactique, cette conception aurait l'avantage de sortir la question du passif de la conjugaison : il n'y a plus de conjugaison particulière ! Et elle permettrait aussi, mais en opposition aux approches que nous venons d'examiner et qui lui accordent une importance accrue, de régler *définitivement* la question de la « voix passive ». Enfin, elle conduit à considérer le complément à valeur agentive non comme un CVI mais comme un CAdj, ainsi que le suggèrent des exemples tels que : *ses yeux, rougis par le soleil, …*[22]

[21] Voix qui reprend ce qu'on trouve habituellement sous l'étiquette de construction impersonnelle.

[22] Comme les autres auteurs, Chartrand *et al.* (1999) considèrent par ailleurs que la forme de phrase passive permet souvent d'assurer une meilleure progression de l'information dans le texte ; ils la lient en outre de manière privilégiée à certains genres (contrat, fait divers, titres d'articles…).

4.4. *Quelles conséquences pour une didactique de la grammaire ?*

Il ressort à l'évidence de ce bref examen de quelques ouvrages grammaticaux que c'est bien avant tout dans une perspective textuelle, en particulier en tant que moyen de gérer l'organisation de l'information et la progression textuelle, que ce qu'on nomme *passif* constitue un élément important du système linguistique. Qu'ils traitent cette question en termes de *réarrangements communicatifs*, de *voix*, ou sous d'autres rubriques encore[23], tous les ouvrages consultés mettent l'accent, avec des nuances diverses, sur ce point.

Il importe par conséquent, nous semble-t-il, d'enseigner cela aux élèves, afin de leur permettre d'améliorer à la fois leur maitrise écrite de textes complexes, là où il importe d'organiser efficacement l'information, et leur compréhension du fonctionnement du langage (comment on organise l'information). Or, cette conception du passif n'est jamais prioritaire dans les nouveaux moyens introduits en Suisse romande. Elle est certes présente dans LU, mais seulement dans un second temps, après l'idée erronée que la forme passive permet de « mettre en évidence » le patient. Il nous semble qu'on a là une confusion entre thématisation (ou topicalisation selon Wilmet) et focalisation – confusion liée selon nous au fait de traiter le passif dans le cadre d'une grammaire de la phrase, qui conduit à surestimer et forcer l'opposition sémantique entre les deux seules constructions prises en compte (les phrases de formes active et passive), comme si tous les sujets des phrases actives étaient des agents « qui font l'action » et tous ceux des phrases passives des patients. Là où Wilmet, notamment, distingue clairement entre sujet logique (lié à la topicalisation), sujet grammatical et sujet sémantique, LU risque de produire une confusion entre les différents niveaux d'analyse.[24]

Les approches proposées dans ces moyens présentent également l'inconvénient de n'envisager dès lors le passif qu'en relation avec l'actif, sans envisager de manière systématique les différentes possibilités de réarrangements (Riegel *et al.*), ou voix (Wilmet, Van Raemdonck *et al.*). Or, il nous semble qu'un travail didactique sur ces phénomènes de réarrangements communicatifs pourrait constituer un réel apport dans la perspective de la production textuelle. Pour cela, il serait nécessaire

---

23 D. Willems (citée par Béguelin (dir.), 2000, p. 211) utilise le terme de *reformulation* pour « désigner un ensemble de phénomènes qui affectent l'ordre linéaire, engendrant des organisations discursives particulières ».

24 Comme le soulignent de manière pertinente Wilmet et Van Raemdonck *et al.*, la seule vraie contrainte pesant sur la phrase de forme passive est que le sujet sémantique ne peut y être l'agent de l'action.

d'aborder l'ensemble de ces diverses constructions[25] dans un cadre unique et non de manière dispersée comme c'est le cas actuellement, la « voix pronominale » n'étant par exemple abordée que dans le chapitre sur le verbe, dans la perspective de l'accord du participe.

Faut-il dès lors « réactiver » et « réactualiser » la notion de *voix* ? Ou se contenter de traiter dans un cadre commun, textuel, les différentes formes de phrases concernées ? Je n'ai pas d'avis arrêté à ce propos. Le choix dépend en fait de facteurs qui ne sont pas seulement scientifiques mais relèvent aussi du poids de la tradition (en l'occurrence toutes les connotations attachées à la notion de voix, généralement traitée d'abord comme une caractéristique du verbe et de la conjugaison) et des résistances potentielles des acteurs concernés… L'important me parait surtout de faire travailler les élèves sur ces diverses manières d'organiser l'énoncé, en envisageant le passif non plus comme une sorte d'équivalent de l'actif, qui permettrait de « mettre en évidence » le patient, mais comme une possibilité parmi un ensemble de moyens expressifs à disposition des élèves.

Et faut-il dès lors conserver la notion de *transformation passive* ? Là encore, la réponse n'est pas simple. Pourquoi pas, en particulier si l'on souhaite conserver la notion de *phrase de base* – active, positive, déclarative… – comme référence pour la description des différentes structures. Cependant, un problème d'analyse se pose tout de même si l'on suit l'analyse séduisante proposée notamment par Van Raemdonck *et al.* et par Chartrand : si l'on considère que le verbe *être* utilisé au passif est en fait le verbe copule – ce qui, nous l'avons vu, « supprimerait » toute la question de la « conjugaison passive » –, que le participe du verbe « passivisé » est un adjectif (*attribut* ou *déterminant*) et le « complément d'agent »[26] un complément d'adjectif, on ne voit plus vraiment pourquoi des phrases telles que

Ce père est enthousiasmé par sa fille / Ce linguiste est passionné de théorie

devraient davantage être décrites comme des phrases transformées que celles-ci :

Ce père est très fier de sa fille / Ce linguiste est féru de théorie.

[25] Je ne me prononcerai pas ici sur la question de savoir jusqu'où aller dans cette prise en compte : les cinq voix/voies de Van Raemdonck *et al.* et Wilmet ? L'ensemble des constructions mentionnées par Riegel *et al.* ou des reformulations décrites par Willems ?… Par ailleurs, parler de « constructions » ou de « réarrangement » renvoie en fait, étymologiquement, à la notion de diathèse (étym. 'disposition'). Faudrait-il, dès lors, utiliser ce terme ?…

[26] Sur ce point, il va de soi qu'il faut renoncer à cette notion qui n'appartient pas aux fonctions retenues dans le PER et crée une confusion entre les niveaux formel et sémantique d'analyse.

En outre, comme nous l'avons vu (*supra*, § 4.3), Grevisse / Goosse nous rendent attentifs à la différence entre *la porte est ouverte* et *la porte est ouverte lentement / par le serrurier*, suggérant ainsi qu'il existe en fait deux structures concurrentes. Diverses langues marquent d'ailleurs explicitement cette différence :

Ang. The door is open *vs* The door is being opened.

All. Die Tür ist auf *vs* Die Tür wird geöffnet.[27]

5. Conclusion

Voilà donc, en gros, la situation qui s'est présentée aux auteurs du document de référence au moment de traiter cette question apparemment peu controversée (!) du passif…

Devant tenir compte à la fois du PER – qui ne dit rien excepté qu'il y a transformation –, des nouveaux moyens d'enseignement et des apports de la linguistique, ceux-ci étaient condamnés à des compromis, jamais totalement satisfaisants. Finalement, ils sont restés très proches de ce qui est habituellement reconnu comme caractérisant le passif, à savoir le fait qu'il soit une forme de phrase, issue d'une transformation, et qu'il soit formé de l'auxiliaire *être* au temps du verbe à la forme active, auquel on ajoute le participe passé de ce verbe ; la notion de complément d'agent n'a bien évidemment pas été reprise, subsumée dans celle de complément de verbe indirect (CVI) à valeur sémantique d'agent ou d'instrument.[28]

Cette description n'est évidemment pas véritablement satisfaisante. Mais elle est symptomatique car, comme nous le disions en introduction, elle montre à quel point chaque élément du système, chaque objet grammatical, met en jeu un ensemble de questions relevant des différents domaines de la description grammaticale : phrase, conjugaison, texte… avec des conséquences en cascade d'un domaine à l'autre.

Cette situation nous invite ainsi – en envisageant le système dans son ensemble – à nous atteler une fois de plus à l'élaboration d'outils grammaticaux réellement au service des élèves et des différentes finalités que nous avons définies pour l'enseignement grammatical. Il importe de viser à une simplification, ciblant avant tout les cas fréquents et qui favorisent une compréhension globale, tout en conservant une vue d'ensemble et en évitant les phénomènes de sédimentation que nous avons relevés. Et il importe avant tout qu'on ne se trouve pas, pour l'enseignement

[27] Ces exemples nous rappellent par ailleurs qu'il serait pertinent d'aborder certaines questions grammaticales dans une perspective interlinguistique (Béguelin *et al.*, 1999 et 2003 ; de Pietro, 2003) !

[28] Ce document, intitulé *Lire, écrire, comprendre la grammaire et la langue* est disponible en ligne sur le site de la CIIP.

du passif, dans un de ces cas décrits notamment par Halté (1995, p. 58) qui, comparant l'usage effectif des temps verbaux chez un enfant de 11 ans à ce qu'on trouve dans une leçon de grammaire, empruntée à un manuel, sur cette même question, et constatant un énorme décalage, en était arrivé à estimer qu'« il vaut mieux, à tout prendre, ne rien enseigner, c'est-à-dire laisser se faire le travail épilinguistique ordinaire à la faveur de l'usage, que de recouvrir le savoir-faire réel par des savoirs savants en désordre »...

Plus généralement, les observations présentées ici soulèvent la question des *théories de référence* et des liens de l'enseignement grammatical à ces théories, quelles qu'elles soient : faut-il nécessairement en choisir une ? Et une seule, la même pour l'ensemble des contenus ? Y a-t-il compatibilité entre les différentes théories de référence possibles ?... Dans une perspective didactique, en fait, la question n'est pas vraiment là mais bien plutôt dans le processus de transposition qui, prenant appui sur la légitimité des savoirs savants, a notamment pour but de *réorganiser* et *solidariser* les éléments retenus dans un contexte nouveau, cohérent et opératoire (Schneuwly, 1995, p. 48-50). C'est donc ici la question de la *transposition didactique* qui est posée, une transposition qui ne soit pas un applicationnisme étroit de théories produites à d'autres fins mais un processus qui tienne compte du *contexte* social et éducatif et des différents pôles du *triangle didactique* : l'objet enseigné, les élèves et les enseignants (Simard *et al.*, 2010).

Dans un article récent (de Pietro, 2010), au-delà de la valeur intrinsèque des théories linguistiques, j'ai plaidé pour l'idée d'une *validité didactique* de la terminologie à utiliser et, plus généralement, des contenus enseignés. Quels seraient alors les critères à même de cerner une telle validité ? La réponse n'est pas simple, et il semble bien qu'elle devrait être envisagée en tenant compte de différents points de vue : validité scientifique, recevabilité sociale, « utilité » pratique/cognitive, accessibilité pour les élèves et les enseignants...

C'est ainsi, dans une perspective panfrancophone voire interlinguistique, qu'il s'agirait à présent de définir quels chantiers ouvrir en priorité, de définir quelles options terminologiques choisir – mais, aussi, peut-être, quelles créations terminologiques imaginer... Faut-il envisager un aménagement minimum des contenus actuels ? Ou oser des changements plus conséquents[29], un peu à la manière de ce que propose, en Belgique, l'équipe travaillant avec le linguiste D. Van Raemdonck (Van Raemdonck *et al.*, 2011) ? Jusqu'où aller ? Vaut-il la peine de se battre pour la *voix passive* ? Pour la notion de *transformation* ?...

[29] Étant donné les conditions actuelles de la formation et de l'enseignement et, surtout, les « attentes » sociales dans ce domaine, la perspective d'un changement radical parait toutefois difficile lorsqu'on pense aux résistances violentes qu'avait suscitées la rénovation des années 1980...

Et, *last but not least*, que sait-on vraiment des conséquences de ces différentes options sur les capacités effectives des élèves ?... Les réflexions et le parcours helvétique présentés ici mettent en tout cas en évidence la nécessité d'une coopération plus étroite entre didacticiens, linguistes, formateurs et enseignants, ainsi qu'entre les différents pays francophones.[30] Ils mettent aussi en évidence la nécessité de développer des recherches (observations sur le terrain, mesure des effets, etc.) dans ce domaine si omniprésent dans l'enseignement et dans les discours sur l'école mais finalement si mal connu que constitue la grammaire. En fait, c'est donc un plaidoyer que je propose ici, pour une didactique scientifique...

Bibliographie

[Reichler-]Béguelin, M.-J., Dénervaud, M. & Jespersen, J., *Écrire en français : cohésion textuelle et apprentissage de l'expression écrite*, Neuchâtel, Paris, Delachaux et Niestlé, 1988.

Béguelin, M.-J., de Pietro, J.-F. & Näf, A. (dir.), « La terminologie grammaticale à l'école : perspectives interlinguistiques », *TRANEL*, n° 31, Neuchâtel, 1999, 204 p.

Béguelin, M.-J. (dir.), *De la phrase aux énoncés : grammaire scolaire et descriptions linguistiques*, Bruxelles, De Boeck et Duculot, 2000.

Béguelin, M.-J., de Pietro, J.-F & Näf, A. (dir.), « Approches interlinguistiques de la complémentation verbale : quels savoirs pour l'enseignant ? Quels savoirs pour l'élève ? », *TRANEL*, n° 37, Neuchâtel, 2003, 189 p.

Berrendonner, A., « Histoire d'une transposition didactique : les "types de phrase" », *TRANEL*, n° 31, Neuchâtel, 1999, p. 37-54.

Besse, H. & Porquier, R., *Grammaires et didactique des langues*, Paris, Hatier-Crédif, 1984.

Besson, M.-J., Genoud, M.-R., Lipp, B. & Nussbaum, R., *Maîtrise du français*, Vevey, Delta, 1979.

Bronckart, J.-P., *Groupe Bally : premier rapport de synthèse*, Neuchâtel, IRDP, 1988.

[30] De telles interrogations servent d'appui à la réflexion conduite depuis 2009 par l'*Association internationale pour la recherche en didactique du français* (AIRDF ; Chartrand, de Pietro *et al.*, 2010). Amorcée en raison des problèmes que posent – tant aux enseignants et aux élèves qu'aux auteurs de moyens d'enseignement – les diverses terminologies en usage dans la francophonie, celle-ci vise non pas à une unification mais à une meilleure harmonisation des terminologies, à l'élaboration d'un cadre commun – qui n'exclut pas les variations – dans le but de renforcer la cohérence des enseignements, de faciliter la diffusion des outils d'enseignement et, surtout, de simplifier et améliorer les terminologies au bénéfice des élèves.

Bronckart, J.-P., « Une nouvelle terminologie grammaticale : pourquoi ? », *CO Parents*, n° 131, Genève, 1990, p. 19-20.

Chartrand, S.-G., Aubin, D., Blais, R. & Simard, Cl., *Grammaire pédagogique du français d'aujourd'hui*, Boucherville, Graficor, 1999.

Chartrand, S.-G., « Pour une culture de la langue à l'école », in Simard, D. & Mellouki, M. (dir.), *L'enseignement : profession intellectuelle*, Québec, Presses de l'Université Laval, 2004, p. 153-182.

Chartrand, S.-G., de Pietro, J.-F. *et al.*, « L'enseignement grammatical dans les pays francophones et perspective d'une harmonisation de la terminologie grammaticale », *La Lettre de l'AIRDF*, n° 45/46, Villeneuve d'Ascq, 2010, p. 3-65 (Dossier).

Chartrand, S-G. & de Pietro, J.-F., « Pour une harmonisation des terminologies grammaticales scolaires de la francophonie : quels critères pour quelles finalités ? », *Enjeux*, n° 84, Namur, 2012, p. 5-31.

Chevallard, Y., *La transposition didactique : du savoir savant au savoir enseigné*, Grenoble, La Pensée sauvage, 1985.

Chomsky, N., *Structures syntaxiques*, Paris, Seuil, 1969 (traduction, édition originale : 1957).

Conférence intercantonale de l'instruction publique de la Suisse romande et du Tessin (CIIP), *Enseignement/apprentissage du français en Suisse romande : orientations*, Neuchâtel, CIIP, 2006 [Page Web]. Accès : <http://www.ciip.ch/domaines/politique_des_langues/francais> (page consultée le 26.08.2013).

Conférence intercantonale de l'instruction publique de la Suisse romande et du Tessin (CIIP), *Plan d'études romand (PER)*, Neuchâtel, CIIP, 2010 [Page Web]. Accès : <http://www.ciip.ch/CMS/default.asp?ID=1298> (page consultée le 26.08.2013).

Conférence intercantonale de l'instruction publique de la Suisse romande et du Tessin (CIIP), *Lire, écrire, comprendre la grammaire et la langue,* Neuchâtel, CIIP, 2013 [Page Web]. Accès : <http://www.plandetudes.ch/login?p_p_id=58&p_p_lifecycle=0&_58_redirect=%2Fgroup%2Fmer%2Fcontrat> (page consultée le 15.05.2014).

Conti, V. & de Pietro, J.-F., *Français : propositions en vue de la définition d'une conception terminologique en Suisse romande*, Neuchâtel, IRDP, 2006 [Page Web]. Accès : <http://publications.irdp.relation.ch/ftp/1190710483061003.pdf> (page consultée le 26.08.2013).

De Pietro, J.-F., « La diversité au fondement des activités réflexives », *Repères*, n° 28, Paris, 2003, p. 161-185.

De Pietro, J.-F., « Pratiques langagières et émergence d'une posture "grammaticale" », in Dolz, J. & Simard, Cl. (dir.), *Les pratiques de l'enseignement grammatical en classe de français*, Québec, Presses universitaires de Laval, 2009, p. 15-47.

De Pietro, J.-F., « Vers une terminologie panfrancophone fondée didactiquement », *Québec français*, n° 156, Québec, 2010, p. 82-84.

Dolz, J., Noverraz, M. & Schneuwly, B. (dir.), *S'exprimer en français : séquences didactiques pour l'oral et pour l'écrit*, Bruxelles, De Boeck ; Neuchâtel, COROME, 2001 (4 vol.).

Grevisse, M. & Goosse, A., *Le bon usage*, Paris, Duculot, 1993 (13e éd.).

Halté, J.-F., « Enseigner le temps à l'école », in *Les métalangages de la classe de français : actes du 6e colloque, Lyon, 20-23 septembre*, Lyon, DFLM, 1995, p. 57-59.

Lebrun, M., Simon, J.-P. & Dufays, J.-L., « Préface », in Béguelin, M.-J. (dir.), *De la phrase aux énoncés : grammaire scolaire et descriptions linguistiques*, Bruxelles, De Boeck & Larcier, 2000, p. 3-8.

Perregaux, Ch., de Pietro, J.-F., de Goumoëns, C. & Jeannot, D. (dir.), *EOLE : éducation et ouvertures aux langues à l'école*, Neuchâtel, CIIP, 2003 (2 volumes avec CD audios + fichiers de documents et 1 brochure d'accompagnement).

Riegel, M., Pellat, J.-C. & Rioul, R., *Grammaire méthodique du français*, Paris, PUF, 1998 (4e édition).

Saussure, F. de, *Cours de linguistique générale*, Paris, Payot, 1974.

Schneuwly, B., « De l'utilité de la "transposition didactique" », in Chiss, J.-L., David, J. & Reuter, Y. (dir.), *Didactique du français : état d'une discipline*, Paris, Nathan, 1995, p. 47-62.

Schneuwly, B., « Tout n'est pas métalangagier dans l'enseignement du français : la grammaire doit-elle être utile ? », in Dolz, J. & Meyer, J.-Cl. (dir.), *Activités métalangagières et enseignement du français : actes des Journées d'étude en didactique du français (Cartigny, 28 février-1 mars 1997)*, Berne, Peter Lang, 1998, p. 267-272.

Simard, Cl., Dufays, J.-L., Dolz, J. & Garcia-Debanc, Cl., *Didactique du français langue première*, Bruxelles, De Boeck, 2010.

Van Raemdonck, D., Detaille, M. & Meinertzhagen, L., *Le sens grammatical. Référentiel à l'usage des enseignants*, Bruxelles, PIE Peter Lang, 2011.

Wilmet, M., *Grammaire critique du français*, Louvain-la-Neuve, Duculot, 1997.

Wilmet, M., *Grammaire rénovée du français*, Bruxelles, De Boeck, 2007.

Les moyens d'enseignement

Beltrando, B. (dir.), *L'atelier du langage : grammaire, vocabulaire, orthographe, conjugaison*, Paris, Hatier : Neuchâtel, CIIP, 2009-2011 (livres du maître et manuels de l'élève des degrés 9 à 11 HarmoS).

Bentolila, A. (dir.), *L'île aux mots : français*, Paris, Nathan, 2010-2011 (degrés 5 à 7 HarmoS).

Bourdin, R. *et al.*, *Mon manuel de français... : lire, dire, écrire dans toutes les disciplines*, Paris, Retz, 2010-2011 (degrés 5 à 8e HarmoS).

Potelet, H. (dir.), *Livre unique : français*, Paris, Hatier : Neuchâtel, CIIP, 2009-2013 (livres du maître et manuels de l'élève des degrés 9 à 11 HarmoS).

Raconter au passé composé

Une infraction à la théorie ?

Françoise Revaz

Université de Fribourg

1. Avant-propos

Il y a environ trente ans, on constatait l'entrée dans le champ disciplinaire de la didactique du français de catégories d'analyse relevant des théories linguistiques de l'énonciation. Actuellement, c'est le *statu quo*. Les moyens d'enseignement de français commencent invariablement par présenter la notion d'énonciation pour aborder ensuite son corollaire, l'opposition « discours » *vs* « récit », empruntée à Benveniste et réaménagée pour l'usage scolaire en opposition entre « énoncé ancré » et « énoncé coupé ». Présentée en quelque sorte comme une évidence immanente de la langue, cette opposition est pourtant loin d'être opératoire, surtout quand il s'agit d'aborder le récit au passé composé (dorénavant PC).

Dans l'espace restreint de cet article, je vais me centrer sur les problèmes que génère cet emprunt littéral d'une notion linguistique dans l'enseignement du français. Je vais d'abord observer de quelle façon cet incontournable du modèle théorique benvenistien est « manuélisé »[1] et quelles difficultés il engendre dès lors qu'on aborde l'analyse de textes narratifs. Dans un deuxième temps, je reviendrai à l'article de Benveniste (1959) sur « les relations de temps dans le verbe français », source et modèle des définitions relevées dans les manuels, afin de détecter l'origine du problème. Je terminerai enfin en proposant un nouveau modèle théorique tenant compte, d'une part des failles du modèle benvenistien, d'autre part des contraintes didactiques liées à l'enseignement du récit au PC en tant que genre textuel courant.

[1] Sur la « manuélisation » des théories de l'énonciation, lire Collinot & Petiot (1998).

2. Le récit au PC : « énoncé ancré » ou « énoncé coupé » ?

Raconter au PC est banal. Tout locuteur emploie spontanément le PC pour raconter des anecdotes personnelles et, que ce soit dans les médias (presse écrite, radio, télévision, web) ou dans la littérature (poésie, roman, théâtre), nombreuses sont les occasions de lire ou d'entendre un récit au PC. Ce type de récit où le PC constitue le temps pivot de la trame narrative, en alternance avec l'imparfait réservé aux notations d'arrière-plan (descriptions, commentaires, etc.), correspond à une configuration textuelle fort usitée, mais qui peine cependant à trouver une légitimité en didactique du français. Par exemple, dans les moyens d'enseignement actuels destinés aux élèves du secondaire inférieur (*Collège* en France et *Cycle d'Orientation* en Suisse), le récit au PC n'est jamais abordé frontalement. Lorsqu'exceptionnellement il est mentionné, sa place est oscillante. Pour comprendre la nature du problème, il faut remonter à la façon dont on enseigne les théories de l'énonciation dans les manuels[2].

2.1. L'énonciation

La notion d'« énonciation » occupe une place cruciale dans les manuels. Définie comme « l'acte qui consiste à émettre un énoncé » (*LU*[3], 10e, p. 332), ses indices formels, présentés comme repérables à partir de quatre questions (qui parle ? à qui ? dans quel lieu ? à quel moment ?), sont donnés, très classiquement, comme étant les pronoms JE et TU, ainsi que les adverbes ICI et MAINTENANT. Une première difficulté théorique surgit ici, qui a des conséquences sur la façon de repérer ensuite les marques distinctives des énoncés « ancrés » et « coupés ». Alors qu'il est affirmé que « tout message écrit ou oral est un énoncé » et que « pour bien le comprendre, il faut déterminer la situation [d'énonciation] dans laquelle il a été produit » (*AL*, 9e, p. 20), seuls les énoncés dits « ancrés » (plan du « discours ») vont s'avérer comporter les marques de l'appareil formel de l'énonciation relevées plus haut (JE, TU, ICI, MAINTENANT) :

> On distingue deux types d'énoncés selon qu'ils contiennent ou non des indices de l'énonciation (des mots qui renvoient à la situation d'énonciation). (*AL*, 11e, p. 25)

---

2 Pour une raison de place et d'efficacité, je puiserai mes exemples exclusivement dans la dernière version des manuels Hatier (2009, 2010, 2011), dans leur mouture « helvétisée », c'est-à-dire adaptée par la CIIP (Conférence Intercantonale de l'Instruction Publique de la Suisse romande et du Tessin) pour les 9e, 10e et 11e degrés de la scolarité obligatoire.

3 Dorénavant *LU* désigne le *Livre unique* et *AL L'Atelier du langage*, les deux titres de manuels proposés aux élèves pour chaque degré.

Ce qui laisse entendre que les énoncés dits « coupés » (plan de l'« histoire ») ne présentent aucun appareil formel puisque, précisément, « coupés » de la situation d'énonciation[4].

2.2. « Enoncé ancré » et « énoncé coupé »

De fait, ces deux types d'énoncés sont bien définis sur la base de marques linguistiques spécifiques, mais moyennant un passage délicat (et mystérieux) de l'identification de la situation d'énonciation (en fait, une situation de communication définie globalement par la question : Qui parle à qui ?[5]) au repérage de deux « modalités énonciatives » désignées par les termes d'« énoncé ancré » et d'« énoncé coupé » et commentées comme suit dans le *Livre du maître* :

> L'objectif est de faire percevoir aux élèves la différence entre deux types d'énoncés, celui qui est en prise avec la situation d'énonciation (dialogue de la vie quotidienne, dialogue de roman, dialogue de bande dessinée…) et celui qui en est coupé. Les formules « ancré dans la situation d'énonciation » et « coupé de la situation d'énonciation » peuvent paraître d'un maniement difficile. On peut simplifier la tournure en parlant d'énoncé ancré dans le présent ou coupé du présent. Sans entrer dans la théorisation, il est possible de faire repérer un certain nombre d'indices qui permettent de distinguer les deux modalités énonciatives. (*LU*, 9e, livre du maître, p. 118)

Dans ce préambule théorique destiné aux enseignants, on observe plusieurs glissements terminologiques. Tout d'abord le terme « énonciatif » se voit définitivement évacué, puisque les deux « modalités énonciatives » laissent place à deux « types d'énoncés ». Ensuite, la formule « ancré dans la situation d'énonciation » *vs* « coupé de la situation d'énonciation » est simplifiée en « ancré dans le présent » *vs* « coupé du présent ». Le premier glissement a pour conséquence de présenter ce qui devrait relever de plans d'énonciation contrastés comme équivalents à des genres discursifs divers : dialogues, correspondances, journaux intimes, du côté de l'« ancré », récits littéraires (conte, roman, fable, nouvelle) ou historiques pour le « coupé », ce qui n'est pas sans créer des problèmes lorsque dans une conversation ou une lettre le locuteur se met à raconter ou lorsque dans un roman ou une fable les personnages se mettent à parler ! Le second glissement terminologique,

---

4 Ce problème, hérité des théories linguistiques qui posent une équivalence entre l'« énonciation » et l'« énonciation de discours » est actuellement largement débattu. Certains linguistes proposent ainsi de parler d'un appareil formel « de la non-énonciation » ou « de l'effacement énonciatif » pour les énoncés relevant de l'énonciation « historique ». Lire à ce propos l'article de Patron (2011).

5 Il est remarquable que les exercices consacrés au repérage de la « situation d'énonciation » portent exclusivement sur des genres dialogiques (correspondance, dialogue de théâtre ou dialogue romanesque) dans lesquels il est effectivement aisé de repérer l'« émetteur » du message et son « destinataire ».

opéré dans une intention didactique de simplification, certes louable, a pour conséquence de présenter aux élèves deux « systèmes » : le « système du présent » pour l'énoncé ancré dans la situation d'énonciation et le « système du passé » pour l'énoncé coupé de la situation d'énonciation, l'objectif étant *in fine* « de montrer aux élèves que les temps ont un fonctionnement systémique » (*LU*, 9e, livre du maître, p. 121). On aboutit ainsi à la répartition suivante des temps verbaux :

Critères d'identification	Enoncé ancré (dialogue) Système du présent	Enoncé coupé (passages narratifs) Système du passé
Temps de référence	Indicatif présent	Indicatif passé simple
Autres temps de l'indicatif	Passé composé, imparfait, futur, futur antérieur	Imparfait, plus-que-parfait, passé antérieur

(d'après *LU*, 9e, p. 243)

2.3. « Système du présent » et « système du passé »

Dans cette division entre « système du présent » et « système du passé », le PC est résolument classé du côté des temps du genre « dialogal ». Pour raconter (« passages narratifs »), seul le passé simple est mentionné. Dès lors, le récit au PC n'est tout simplement pas envisageable puisque le PC[6] appartient au système du présent alors que le récit se situe du côté du système du passé. Où l'affaire se complique c'est quand, dans *L'atelier du langage* (9e), la distinction entre « système du présent » et « système du passé » est reprise dans deux chapitres intitulés respectivement : « Le récit au présent » et « Le récit au passé ». La notion de « récit au présent » est visiblement problématique et les commentaires fournis dans le « livre du maître » ne font qu'ajouter à la confusion :

> Objectifs du chapitre
>
> […] Produire un texte narratif au présent, écrire une lettre, un dialogue, une scène de théâtre, un article de journal…
>
> […] Le récit au présent peut s'étudier tout au long de l'année, de façon privilégiée lors d'une séquence sur la narration, lors de l'étude des fables, d'une œuvre de littérature pour la jeunesse, centrée sur la vie affective et écrite au présent, en lecture cursive ou en étude de textes (ex. : *Lullaby* de J.-M. Le Clézio, *Le Petit Nicolas* de R. Goscinny, *Catherine Certitude* de P. Modiano…). (*AL*, 9e, livre du maître, p. 28)

6 Si le PC est caractérisé comme renvoyant à un moment « antérieur » au moment d'énonciation : « Hier, je suis allé au cinéma » (*LU*, 9e, p. 246), dans les exercices, on trouve cependant nombre d'énoncés pour lesquels le moment « antérieur » semble plus difficile à défendre, comme dans cet extrait : « Je n'ai pas revu Camille aujourd'hui » (*LU*, 9e, p. 246) où manifestement c'est plus l'aspect « accompli » de l'action qu'il faut souligner qu'une quelconque « antériorité ».

Alors que dans le *Livre unique* (9e) on a pris soin d'opposer, d'un côté, la lettre et le dialogue, de l'autre, le récit ou le passage narratif, en tant que prototypes d'énoncés relevant respectivement du système « présent » ou du système « passé », ici les cartes sont redistribuées, puisque le « récit au présent » est censé apparaître aussi bien dans une lettre, un dialogue, une scène de théâtre que dans une fable. Si la notion même de « texte narratif au présent » paraît paradoxale dans ce contexte, il s'avère que les exemples donnés aux élèves comportent de nombreux segments de texte au PC, comme dans ce début d'une histoire du *Petit Nicolas* : « Alceste nous a donné rendez-vous, à un tas de copains de la classe, pour cet après-midi dans le terrain vague, pas loin de la maison. [...] » (*AL*, 9e, p. 55). Cela signifie-t-il qu'un récit dans le « système du présent » correspond en fait à un récit au PC ? La chose est plus compliquée. Faisons un détour par la théorisation du récit dans le « système du passé ». Si, dans les manuels de 9e, le passé simple est toujours caractérisé comme « le temps de référence du récit au passé » (*LU*, 9e, p. 250), dans le livre du maître, on précise ceci :

> Le passé simple ne s'emploie que dans l'énoncé indépendant de la situation d'énonciation, le passé composé, pour son emploi classique, dans l'énoncé en prise avec celle-ci. Ces deux temps ont donc des valeurs différentes du point de vue de l'énonciation. (*LU*, 9e, livre du maître, p. 123)

Cette remarque est ambiguë. À quoi renvoie l'emploi « classique » du PC ? À un accompli de présent ou à un emploi narratif ? En l'absence de précision, cette remarque confirme simplement que le PC est propre aux énoncés « ancrés » (« en prise avec la situation d'énonciation »), donc au « système du présent ». Dans les manuels de 11e, en revanche, où l'opposition « ancré » *vs* « coupé » est reprise dans deux chapitres intitulés : « Écrire au présent » et « Écrire au passé »[7], si le temps de référence est toujours le passé simple, le PC est également envisagé comme un temps « narratif ». Il semble ainsi avoir « migré » du côté du « système du passé », comme en témoigne la mise en garde qui clôt la présentation théorique :

> Le système du passé est surtout utilisé dans les **textes narratifs**. Les textes littéraires écrits au passé utilisent généralement comme temps de référence le **passé simple** [...]
>
> ATTENTION : Certains énoncés utilisent le **passé composé** comme temps de référence. Ils sont alors plus proches de l'oral, de la langue de tous les jours. (*AL*, 11e, p. 31)

La place littéralement « intenable » du récit au PC dans la théorie scolaire s'explique certainement par l'usage ambigu du terme « passé ».

[7] Le passage de « récit au présent » dans les manuels de 9e à « écrire au présent » dans les manuels de 11e est inexplicable et reste inexpliqué.

2.4. De quel « passé » parle-t-on ?

Dans les définitions, tant des énoncés « ancrés » et « coupés » que des systèmes « présent » et « passé », l'étiquette « passé » renvoie tantôt à un temps chronologique extérieur[8], tantôt à un ensemble de temps linguistiques ou, plus précisément, à un « système » linguistique :

> **Pour situer des faits passés par rapport au présent**, on utilise l'indicatif **passé composé.** [...] (*LU*, 9e, p. 247)

> Le **récit au passé** situe les actions de l'histoire **dans le passé.** [...] Dans le récit au passé, le **passé simple** est le temps de référence. (*AL*, 9e, p. 59)

Dans le premier extrait, le terme « passé » (« faits passés ») renvoie à une période chronologique considérée comme « antérieure » au moment de l'énonciation, le « présent » renvoyant effectivement ici au présent de l'énonciation. De fait, le PC est désigné comme appartenant aux temps « du passé ». Dans le deuxième extrait, on a affaire à deux acceptions différentes. Si la première occurrence (« récit au passé ») désigne très clairement le « système linguistique » du passé (qui comporte les tiroirs verbaux suivants : passé simple, imparfait, plus-que-parfait et passé antérieur), la seconde occurrence (« dans le passé ») semble bien renvoyer à une époque antérieure, la question étant : « antérieure » à quoi ? Le système linguistique du « passé » étant décrit comme constitutif des énoncés « coupés », c'est-à-dire sans lien avec le moment de l'énonciation, il paraît difficile de convoquer l'époque passée pour situer les événements racontés au passé simple et à l'imparfait. Le problème s'avère d'autant plus aigu que les récits « au passé » présentés dans les manuels relèvent tous de la fiction (contes, romans, fables). Comment ce que l'on sait être fictionnel, donc situé hors de notre monde factuel, peut-il être porté par des temps dits « du passé » ?[9] Les deux extraits qui suivent montrent que le paradoxe traverse les manuels, de la 9e à la 11e :

> Ce type d'énoncé [l'énoncé coupé] est caractéristique des **récits au passé :** les faits ne se situent plus par rapport au présent (au moment où le narrateur raconte l'histoire), mais **par rapport à d'autres événements** du passé qui s'organisent entre eux. (*LU*, 9e, p. 242)

> Certains énoncés sont coupés du présent : ce sont les récits menés au passé simple (temps de référence). Les faits ne se situent plus par rapport au

[8] Je désigne ici le temps chronique ou calendaire, mesurable et objectif, ce temps de l'existence et de l'expérience, divisé en trois « époques » (passée, présente et future), qui nous permet d'affirmer : « Par le passé, j'ai fait ceci ou cela ».

[9] Ce paradoxe temporel du récit de fiction a toujours divisé les théoriciens. Pour certains (Ricœur et Genette, par exemple), tout récit fictif est « passé » pour la voix narrative qui raconte, alors que pour Hamburger, Barthes ou Weinrich, les temps dits « du passé » perdent, dans le récit de fiction, leur valeur temporelle. Lire à ce propos, Adam & Revaz (1996, chap. 11).

présent d'énonciation mais par rapport à d'autres événements du passé, qui s'organisent entre eux. (*LU*, 11e, p. 312)

Dans les deux cas, on pose d'abord la coupure par rapport au moment de l'énonciation, pour ensuite définir les événements comme relevant du « passé », ce qui laisse supposer un ancrage dans une époque antérieure au moment de l'énonciation.

Arrivée au terme de la critique des manuels Hatier, il me semble utile d'examiner maintenant d'où proviennent les problèmes relevés ci-dessus. L'évidence est que la distinction entre énoncés « ancré » et « coupé » et entre systèmes du « présent » et du « passé » est directement empruntée à la distinction benvenistienne entre l'énonciation de « discours » et l'énonciation « historique ».

3. Les plans d'énonciation de Benveniste

Dans son article de 1959[10] intitulé « Les relations de temps dans le verbe français », Benveniste développe un modèle théorique qui lui permet de s'affranchir de la traditionnelle répartition des temps verbaux selon les trois catégories du présent, du passé et du futur. L'argument, énoncé dès les premières lignes de l'article, est le suivant :

> Ces divisions, incontestables dans leur principe, restent cependant loin des réalités d'emploi et ne suffisent pas à les organiser. Nous ne trouvons pas dans la seule notion de temps le critère qui décidera de la position ou même de la possibilité d'une forme donnée au sein du système verbal. (Benveniste, 1966, p. 237)

Son attention aux « réalités d'emploi » conduit Benveniste à répartir les temps verbaux non plus selon le critère temporel traditionnel, mais en fonction d'un critère énonciatif, ce qui donne lieu à sa célèbre dichotomie « histoire » et « discours ». Ces deux plans d'énonciation constituent deux sous-systèmes dont Benveniste affirme qu'ils sont « distincts et complémentaires » (chacun ne comprenant qu'une partie des temps verbaux) et « en usage concurrent ». Avant d'examiner en détail quels temps verbaux sont censés appartenir à chacun des plans d'énonciation, il est utile de comprendre ce qui a poussé Benveniste à réorganiser le système verbal en deux sous-systèmes :

> C'est à la faveur de ce qui semble une faille dans ce système que nous discernerons mieux la nature réelle des articulations. Il y a un point où le système se fait indûment redondant : c'est l'expression temporelle du « passé », qui dispose de deux formes, *il fit* et *il a fait*. Dans l'interprétation traditionnelle, ce seraient deux variantes de la même forme, entre lesquelles

[10] L'article est repris dans le chapitre XIX des *Problèmes de linguistique générale*, 1 (1966).

> on choisit selon qu'on écrit (*il fit*) ou qu'on parle (*il a fait*). [...] [Mais] il conviendrait de se demander pourquoi langue parlée et langue écrite divorceraient sur ce point de la temporalité et non sur un autre, comment il se fait que la même différence ne s'étend pas à d'autres formes parallèles [...] D'un problème à l'autre, c'est la structure entière du verbe qui se trouve soumise à un nouvel examen. (Benveniste, 1966, p. 238)

Ce passage, situé en début d'article, mérite plus d'attention qu'on ne lui en a prêtée jusqu'à présent. On notera que le passé simple (dorénavant PS) et le PC sont caractérisés par Benveniste comme exprimant le « passé », ce qui paraît confirmer, à ce stade de la réflexion, la répartition des temps verbaux selon le critère temporel usuel. Fort du constat que l'emploi concurrent de ces deux temps du passé n'est pas lié à la distinction entre l'oral et l'écrit, il conclut qu'il faut réexaminer le système verbal dans son entier. À partir de là, on s'attend logiquement à ce que les « deux systèmes distincts et complémentaires », qu'il présente dans la suite de son article, se fondent précisément sur la « redondance » constatée du système et qu'ils s'organisent autour du PC et du PS. Or, la répartition des temps verbaux selon les deux plans d'énonciation est la suivante :

> L'énonciation historique comporte trois temps : l'aoriste (= passé simple ou passé défini), l'imparfait (y compris la forme en *-rait* dite conditionnel), le plus-que-parfait. (Benveniste, 1966, p. 239)
>
> [...] le registre des temps verbaux est bien plus large dans le discours : en fait tous les temps sont possibles, sauf un, l'aoriste, banni aujourd'hui de ce plan d'énonciation alors qu'il est la forme typique de l'histoire. Il faut surtout souligner les trois temps fondamentaux du discours : présent, futur, et parfait, tous les trois exclus du récit historique (sauf le plus-que-parfait). Commun aux deux plans est l'imparfait. (Benveniste, 1966, p. 242-243)

Si le PS et le PC appartiennent certes à des plans d'énonciation distincts, le temps pivot de chaque sous-système est, respectivement, le PS pour l'énonciation historique et le présent (dorénavant PRES) pour l'énonciation de discours[11]. La mise en évidence du PRES (et l'« oubli » momentané du PC) s'explique par la définition que donne Benveniste de l'énonciation de discours : « toute énonciation supposant un locuteur et un auditeur, et chez le premier l'intention d'influencer l'autre en quelque manière » (p. 242). Une telle définition, qui présuppose une véritable interaction entre deux interlocuteurs, implique effectivement que le temps pivot soit le PRES. Mais qu'est devenu le PC, désigné auparavant comme « concurrent » du PS ?

11 Je ne m'attarde pas ici sur le déséquilibre entre l'inventaire des temps de l'« histoire » (trois seulement) et ceux du « discours » (tous sauf l'aoriste).

4. Statuts du PS et du PC narratifs dans le modèle de Benveniste

Benveniste sait que coexistent, en français, deux façons de raconter : l'une au PS, l'autre au PC puisque c'est le point de départ de sa réflexion. À la fin de son article, il revient sur la question de l'équivalence entre PS et PC en distinguant cependant soigneusement deux formes de PC : la forme d'accompli de présent et la forme temporelle de passé, celle que l'on emploie précisément pour raconter. Il explique ainsi que « le discours est alors pourvu d'un temps passé symétrique de l'aoriste du récit » (p. 249), qu'il nomme « aoriste du discours ». Dans cette brève citation, il faut relever l'emploi tout à fait maladroit du terme « récit » pour désigner l'« énonciation historique ». Alors qu'on a souvent rendu Gérard Genette responsable de la vulgarisation malheureuse du couple « récit/discours », on constate ici que c'est Benveniste lui-même qui sème l'incohérence. Au fil de son article, il passe progressivement de l'étiquette « plan d'énonciation de l'histoire » ou « énonciation historique », massivement utilisée dans les premières pages, à celle de « récit » (p. 249), la transition entre les deux désignations étant l'emploi du terme « récit historique » qui apparaît régulièrement dès la page 239. La confusion entre un mode énonciatif (l'énonciation « historique ») et un type de textualisation narrative (le « récit ») est d'autant plus étonnante que Benveniste prend précisément soin de ne jamais parler de temps « narratifs », comme il l'explique dans une note de bas de page :

> Nous parlons toujours des temps du « récit historique » pour éviter le terme « temps narratifs » qui a créé tant de confusion. Dans la perspective que nous traçons ici, l'aoriste est un « temps narratif », mais le parfait peut aussi en être un, ce qui obscurcirait la distinction essentielle entre les deux plans d'énonciation. (Benveniste, 1966, note 2, p. 242)

Benveniste ne peut logiquement pas assimiler « récit historique » et « narrativité » dans la mesure où cette dernière peut également apparaître dans l'énonciation de discours. Mais, en même temps, afin de ne pas « obscurcir » sa dichotomie, il est obligé de distinguer ses deux modes énonciatifs selon un critère qui laisse entendre que la narrativité se situe plutôt du côté de l'énonciation historique. Somme toute, ce qui « obscurcit » la théorie de Benveniste c'est l'ignorance feinte du fait que les deux plans d'énonciation (de l'« histoire » et du « discours ») sont traversés par deux modes narratifs, l'un au PS, l'autre au PC. Ce qui est étonnant c'est que, quand Benveniste mentionne l'existence d'un « aoriste du discours », il distingue parfaitement les effets de sens respectifs d'une narration au PC et d'une narration au PS :

> Le discours est alors pourvu d'un temps passé symétrique de l'aoriste du récit et qui contraste avec lui pour la valeur : *il fit* objectivise l'événement en le

détachant du présent ; *il a fait*, au contraire, met l'événement passé en liaison avec notre présent. (Benveniste, 1966, p. 249)

Narration « détachée du présent » quand le temps pivot est le PS ou narration « liée » quand le temps pivot est le PC, on a là une distinction parfaite des deux modes narratifs possibles en français. La prise en compte des critères tant narratif qu'énonciatif, conduit à l'évidence qu'il faut considérer non plus deux sous-systèmes, mais au moins trois[12].

5. Trois sous-systèmes ?

Raconter au PS coïncide, chez Benveniste, avec l'énonciation historique (qui suppose la construction d'un monde diégétique coupé de l'actualité). En revanche, raconter au PC ne coïncide pas avec l'autre sous-système, celui du discours. Ce mode énonciatif, défini d'abord comme le mode de toutes les formes d'interaction entre locuteurs (dialogue, conversation, correspondance, discours, harangue, etc.) et ayant comme temps de base le PRES, ne laisse effectivement qu'une place infime à ce type de narration « en liaison avec notre présent ». Dans l'énonciation de discours, raconter au PC, c'est mettre en scène des événements « passés » par rapport au présent de l'énonciation. On décèle ici l'ambiguïté du terme « passé » déjà évoquée plus haut. Si raconter est généralement considéré comme une activité rétrospective, on se trouve manifestement face à deux passés possibles : le passé par rapport au moment de l'énonciation dans le sous-système du discours et une sorte de passé « absolu », détaché de l'actualité du locuteur, dans le sous-système de l'énonciation historique. Rappelons à ce propos comment Benveniste caractérise ce type d'énonciation :

> L'énonciation *historique*, aujourd'hui réservée à la langue écrite, caractérise le récit des événements passés. Ces trois termes, « récit », « événement », « passé », sont également à souligner. Il s'agit de la présentation des faits survenus à un certain moment du temps, sans aucune intervention du locuteur dans le récit. Pour qu'ils puissent être enregistrés comme s'étant produits, ces faits doivent appartenir au passé. Sans doute vaudrait-il mieux dire : dès lors qu'ils sont enregistrés et énoncés dans une expression temporelle historique, ils se trouvent caractérisés comme passés. (Benveniste, 1966, p. 239)

Dans cet extrait, Benveniste mêle le critère temporel (« récit des événements passés ») et le critère énonciatif (« sans aucune intervention du locuteur »). C'est ce mélange, source de confusion, qui m'incite à proposer un modèle théorique qui tienne compte précisément des deux critères[13] :

---

[12] On peut même imaginer un quatrième sous-système afin de tenir compte de la catégorie du discours théorique. Voir à ce propos Bronckart (1997) et Adam, Lugrin & Revaz (1998).

[13] Pour plus de détails, voir Revaz (1997, chap. 4).

Critère énonciatif / Critère temporel	Énonciation impliquée	Énonciation distanciée
« présent » Monde actualisé	« Discours » MODE DIRECT	
« passé » Monde diégétique	MODE LIÉ	« Récit historique » MODE AUTONOME

Du croisement des critères on aboutit à un modèle constitué de trois modes énonciatifs : « direct », « lié » et « autonome ». Le mode *direct* est propre à l'interaction entre interlocuteurs. Le temps pivot de ce premier sous-système est le PRES. Les deux autres modes sont des modes narratifs. Dans le mode *lié*, un lien subsiste avec les paramètres de la situation d'énonciation, d'où le choix du terme « lié », mais il y a réancrage temporel et construction d'un monde diégétique que l'on raconte au PC. Le mode *autonome*, enfin, correspond au plan d'énonciation « historique » de Benveniste ; une rupture est opérée entre le monde diégétique et la situation d'énonciation ; le temps pivot est le PS. Le schéma ci-dessous résume cette proposition théorique et montre les déplacements opérés par rapport au modèle benvenistien :

Plans de Benveniste	« discours »		« récit historique »
	interaction	diégétisation	
Modes énonciatifs	direct	lié	autonome
Temps pivots[14]	PRES	PC	PS

L'avantage de cette nouvelle répartition est de donner enfin un statut et une place au récit au PC en reconnaissant l'existence de deux modes diégétiques possibles, l'un au PS, l'autre au PC. Cette proposition a pour but de lever définitivement les ambiguïtés théoriques mentionnées au fil de cet article, tant dans la théorie de Benveniste que dans les théories linguistiques et didactiques, copies conformes du modèle benvenistien, et appliquées sans aucun questionnement. Avec ce modèle, l'analyse du texte suivant ne devrait plus constituer un casse-tête :

[14] Autour de ces temps pivots s'articulent d'autres temps verbaux, aptes à renvoyer à des procès simultanés, antérieurs ou postérieurs.

Il a mis le café
Dans la tasse
Il a mis le lait
Dans la tasse de café
Il a mis le sucre
Dans le café au lait
Avec la petite cuiller
Il a tourné
Il a bu le café au lait
Et il a reposé la tasse
Sans me parler
Il a allumé
Une cigarette
Il a fait des ronds
Avec la fumée
Il a mis les cendres
Dans le cendrier
Sans me parler
Sans me regarder
Il s'est levé
Il a mis
Son chapeau sur sa tête
Il a mis
Son manteau de pluie
Parce qu'il pleuvait
Et il est parti
Sous la pluie
Sans une parole
Sans me regarder
Et moi, j'ai pris
Ma tête dans ma main
Et j'ai pleuré.

(J. Prévert, 1945, *Paroles*)

L'extrait ci-dessus raconte une succession d'actions, le plus souvent juxtaposées, parfois reliées (chrono)logiquement par l'organisateur textuel ET. Cette séquence narrative (qui, sous l'apparence banale des scripts[15] « petit-déjeuner » et « départ au travail », raconte en fait une scène de rupture) se déroule avec le PC comme temps pivot. Seul un imparfait (« Parce qu'il pleuvait ») vient interrompre la succession actionnelle en fournissant une explication à l'une des actions. L'emploi, ici, d'un PC diégétique produit un effet de sens extrêmement intéressant. Le PC, qui conserve dans tous ses emplois la trace de sa valeur aspectuelle d'accompli de présent, a pour effet de poser chaque action successive comme définitivement accomplie. À la différence du PS qui oriente les procès les uns vers les autres pour produire un effet de chaîne causale[16], le PC rend en quelque sorte absurde la succession des actions. Pour le narrateur qui dit « je » en fin de poème et, partant, pour le lecteur il n'y a rien à expliquer, rien à comprendre, mais seulement à subir chaque fait isolé et inéluctable. Gustave Guillaume (1971) a parfaitement décrit les effets respectifs du PS et du PC diégétiques :

> De la narration au prétérit défini [PS], je dirai qu'elle s'attache à faire ressortir dans le temps horizontalement développé la consécution des faits, et de la narration au prétérit indéfini [PC], je dirai qu'elle vise au contraire à substituer à cette consécution des faits la pesée dans le temps de chaque fait pris séparément. (Guillaume, 1971 : 172)

15 En psychologie cognitive, le « script » désigne une séquence d'actions routinières qui se déroulent selon un ordre chronologique préétabli.

16 A ce propos, Barthes affirme ceci : « Par son passé simple le verbe fait implicitement partie d'une chaîne causale, il participe à un ensemble d'actions solidaires et dirigées » (1953 : 30).

Cet effet de « pesée » du PC est évidemment à mettre en regard avec le fait que raconter au PC est la seule façon pour le narrateur de manifester que les événements racontés ont encore un retentissement au moment où il les raconte. En d'autres termes, le PC permet de tisser un lien entre l'événement passé et le moment de l'énonciation.

Si, dans les manuels scolaires, on ne traite jamais un exemple de ce type-là c'est parce qu'il constitue un cas de figure inexploitable avec les théories retenues. Son caractère résolument narratif le ferait classer plutôt dans la catégorie des énoncés dits « coupés », mais la présence du PC le ferait certainement basculer du côté du sous-système des énoncés « ancrés ».

6. Conclusion

La manuélisation récurrente de l'opposition « discours » *vs* « récit », empruntée directement à Benveniste, pose de nombreux problèmes, le plus dommageable étant certainement l'impossibilité de prendre en compte le récit au PC. On ne peut que s'alarmer du fait qu'un mode de narration, somme toute fort répandu, se voie banni des pratiques scolaires (tant en production qu'en réception).

Ignorer le récit au PC, voire le considérer comme une infraction à la théorie, n'est pas tenable et l'on doit s'étonner dès lors du succès d'une théorie qui, sous certains aspects, met enseignants et apprenants dans la difficulté[17].

Dans cet article, j'ai voulu montrer précisément où se situent les problèmes dans les manuels les plus récents et d'où ils proviennent dans le texte original de Benveniste (1959) sur « les relations de temps dans le verbe français ».

Au terme de ce parcours critique, ma proposition théorique de considérer trois modes énonciatifs plutôt que deux a pour but de sortir d'une impasse tant linguistique que didactique.

Bibliographie

Adam, J.-M. & Revaz F., *L'analyse des récits*, Paris, Seuil, coll. « Mémo », 1996.

Adam, J.-M., Lugrin, G. & Revaz, F., « Pour en finir avec le couple récit/discours », *Pratiques*, n° 100, 1998, p. 81-98.

Barthes, R., *Le Degré zéro de l'écriture*, Paris, Seuil, 1953.

Benveniste, E., *Problèmes de linguistique générale, 1*, Paris, Gallimard, coll. « Tel », 1966.

[17] Ce constat se fonde sur les échanges que j'ai avec les enseignants du Cycle d'Orientation de Fribourg dans le cadre de cours de formation continue.

Bronckart, J.-P., *Activité langagière, textes et discours*, Lausanne, Delachaux et Niestlé, 1997.

Collinot, A. & Petiot, G. (dir.), *Manuélisation d'une théorie linguistique : le cas de l'énonciation*, les carnets du *Cediscor*, n° 5, Presses de la Sorbonne Nouvelle, 1998.

Guillaume, G., *Leçons de linguistique 1948-49, série A*, Paris, Klincksieck, 1971.

Patron, S., « Homonymie chez Genette ou la réception de l'opposition *histoire/discours* dans les théories du récit de fiction », in Brunet, E. & Mahrer, R. (dir.), *Relire Benveniste : réceptions actuelles des « Problèmes de linguistique générale »*, Louvain, Academia, 2011, p. 97-121.

Prévert, J., *Paroles*, Paris, Gallimard, coll. « Folio », 1988 (1946).

Revaz, F., *Les textes d'action*, Publication du Centre d'Études Linguistiques des Textes et des Discours, Université de Metz, diffusé par Klincksieck, Paris, 1997.

De la perception à la cognition

Ou comment donner du sens à la grammaire

Dominique WILLEMS

Ghent University

1. Introduction

Les verbes de perception constituent un domaine privilégié pour illustrer certains rapports intéressants entre grammaire et sens d'une part, entre structure de la langue et perception de la réalité de l'autre. Notre contribution continue la réflexion initiée il y a quelques années dans un volume coédité sous les soins de Marie-José Béguelin, et consacré à la complémentation verbale[1]. Connaissant et partageant son souci de mieux harmoniser l'enseignement de la langue à ce que nous savons sur son fonctionnement, nous proposons une nouvelle approche de la construction verbale, en l'illustrant au moyen des verbes du champ de la perception visuelle et en particulier *observer* et *constater*.

2. La perception visuelle : son organisation syntaxique, lexicale et cognitive

En français, comme dans beaucoup de langues du monde, la perception visuelle est organisée autour des deux verbes de base *regarder* et *voir* (anglais *to look* et *to see*, allemand *blicken* et *sehen*, néerlandais *kijken* et *zien*, espagnol *mirar* et *ver*[2]). Ces deux verbes partagent un certain nombre de propriétés syntaxiques et sémantiques, propres à la perception, à savoir la possibilité d'entrer dans une structure infinitive directe (ex. 1) et une structure à relative attributive (ex. 2), à côté de la structure transitive simple (ex. 3). Cette famille de trois constructions est en effet spécifique pour l'ensemble des verbes de perception en français (Willems 1981, 1983) et peut être corrélée à un sémantisme précis : la possibilité pour un sujet (généralement humain) de percevoir simultanément un objet et un procès lié à cet objet.

[1] Cf. Béguelin, Näf & de Pietro (2002).

[2] Cf. Viberg (1984) pour un aperçu typologique des verbes de perception.

(1) a. C'est plaisir de *voir* tous les petits bourgeons poindre à fleur d'écorce[3].
b. Elle restait des heures à *regarder* les grands danser paso-doble, valses et autres tangos.

(2) a. « C'est à la fois dégoûtant parce qu'on *voit* ses ongles acérés qui entrent dans la chair, et libérateur parce que cette dame ose poser nue », commente une grande blonde à lunettes avant de grimper dans un wagon.
b. De retour du travail, Oscar et Karl, des ingénieurs, prennent le temps de *regarder* les images qui s'étalent sur de vastes panneaux.

(3) a. Dès qu'ils *voient* un uniforme, ils pètent les boulons.
b. Noreddine *regarde* le ciel en espérant qu'il va neiger ou faire très froid.

Les deux verbes s'opposent toutefois sur bien des points. Sur le plan syntaxique, c'est surtout le comportement par rapport à la construction complétive qui différencie les deux verbes, *regarder* n'admettant pas cette structure contrairement à *voir* (ex. 4, 5). *Regarder* se construit par ailleurs fréquemment avec un complément prépositionnel locatif (ex. 6), propriété que le verbe partage avec les verbes exprimant un mouvement directionnel.

(4) Regardez à votre gauche et à votre droite, et vous *verrez* (**regarderez*) que la défense des droits de l'homme implique des sacrifices.

(5) Je suis surpris de *voir* (**regarder*) que les hommes sont là, tranquillement accroupis dans la vase, et je comprends que les Boches sont en train de repousser une attaque imaginaire.

(6) Souvent, entre deux visites, il *regarde* (**voit*) par terre.

Ces différences syntaxiques sont liées à des différences sémantiques importantes : alors que *voir* est un verbe d'état exprimant pour son sujet 'expérienceur' une perception réussie, *regarder* exprime une activité perceptive intentionnelle et dirigée, pas nécessairement réussie, de la part d'un agent actif et volontaire. *Voir*, par le biais de la construction complétive, peut passer du domaine perceptif physique au domaine cognitif, où il prend le sens de 'constater, comprendre' :

(7) Ils ***voient*** que, même quand on en cherche, on n'a pas de boulot.

Nous résumons les propriétés syntaxiques et sémantiques dans les tableaux 1 et 2 ci-dessous, en marquant en gras les structures spécifiquement perceptives[4] :

---

3 Tous les exemples cités de *voir* et *regarder* proviennent du journal *Le Monde* de 1997.

4 Nous ne traitons pas, dans le cadre de cette contribution, les autres emplois polysémiques de ces deux verbes.

Tableau 1 : *voir* /v/ *regarder* : différences syntaxico-sémantiques

structures	**sens structural**	***voir***	***regarder***
SN1 + V + SN2	(perception)	+	+
SN1 + V + SN2 + INF	**perception directe**	+	+
SN1 + V + SN2 + rel. attr.	**perception directe**	+	+
SN1 + V + que + P_{IND}	perception indirecte / cognition	+	-
SN1 + V + $SNprép_{LOC}$	mouvement + direction	-	+

Tableau 2 : *voir* /v/ *regarder* : différences sémantico-lexicales

voir	***regarder***
perception réussie	résultat perceptif non garanti
perception physique et cognitive	perception physique
état	activité + mouvement
importance de l'objet	importance du sujet

La figure 1 propose une visualisation des événements exprimés par les deux verbes : alors que dans le cas de *voir*, l'objet s'impose en quelque sorte au percepteur, aux yeux en première instance, mais également à l'esprit, dans le cas de *regarder*, le percepteur dirige son regard vers l'objet, sans nécessairement l'atteindre.

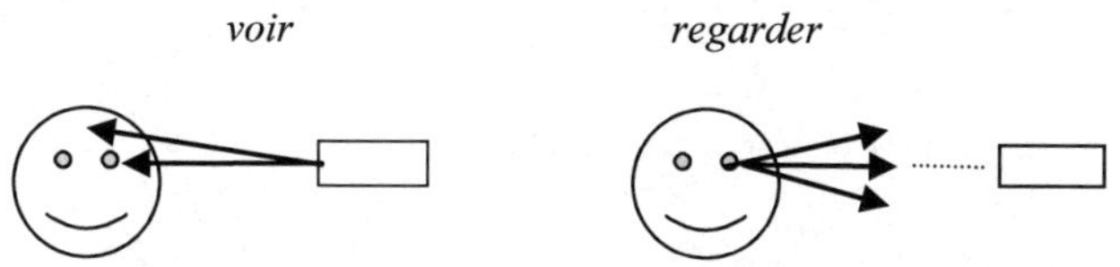

Figure 1. Voir *et* regarder *: visualisation cognitive.*

Si les propriétés de ces deux verbes sont bien connues dans la littérature linguistique, notre contribution propose une analyse de deux autres verbes du champ, beaucoup moins étudiés malgré leur rôle essentiel dans le champ visuel et en dehors : les verbes *observer* et *constater*.

3. Observer : entre regarder et voir

Le verbe *observer* occupe en effet une place particulière et unique dans le champ de la perception visuelle : il présente des caractéristiques à la fois de *voir* et de *regarder* : avec ce dernier il partage le caractère agentif et volontaire du sujet, avec le premier l'aspect réussi de la perception ainsi que la possibilité de se construire avec une complétive et d'adopter de ce fait les caractéristiques plus cognitives de *voir*.

Nous reproduisons ci-dessous le tableau 2 présenté *supra*, en marquant en caractères gras les propriétés sémantico-lexicales du verbe *observer :*

Tableau 3 : *observer* par rapport à *voir* et *regarder*

voir	***regarder***
généralement non agentif	**agentif, volontaire, intentionnel**
perception réussie	résultat perceptif non garanti
perception physique et cognitive	perception physique
état	**activité** + mouvement
importance de l'objet	importance du sujet

Dans son sens perceptif pur, le verbe utilise le plus souvent une structure transitive nominale avec un objet de nature concrète (ex. 8). On relève également les autres structures typiquement perceptives, telle la structure à l'infinitif (ex. 9) ou la relative attributive (ex. 10), ainsi que quelques interrogatives indirectes en *comment* (ex. 11) :

(8) Le visiteur *observe* furtivement le paquet de cigarettes, le cendrier posés sur le bureau de Beaune. (Jean-Bertrand Pontalis, 1996, Frantext)

(9) Mais c'est avec des rires incrédules qu'ils *observent* finalement le vendeur cracher dans un grand récipient en inox au terme de la démonstration. (Libération, 1997)

(10) Non loin, trois jeunes originaires de Pärnu, dans le sud-ouest de l'Estonie, *observent* des grands-mères qui se recueillent devant le soldat de bronze. (Libération, 1997)

(11) Il sera intéressant d'*observer* comment Ségolène Royal va gérer ce phénomène. (*Le Monde*, 2006)

Dans cet emploi, *observer* est proche du verbe *regarder* (perception active, intentionnelle), tout en présentant des spécificités lexicales, que nous développerons ci-dessous.

Dans le sens plus cognitif de 'constater', le verbe s'emploie essentiellement dans la structure complétive (suivi d'une *que* P) (ex. 12) ou avec un SN2 de nature abstraite (*tendance*, *mouvement*, *évolution*, *hausse* etc.) (ex. 13). Le sème de perception reste présent, mais il s'y ajoute une dimension interprétative et déductive. C'est en quelque sorte le résultat de la perception qui est présenté comme objet du verbe et non la perception proprement dite.

(12) J'*observe* qu'un autre sujet revient souvent dans les débats concernant la Turquie : la question arménienne. (*Le Monde*, 2006)

(13) C'est pourquoi on *observe* un retour progressif vers des supports plus risqués. Ce constat a incité de nombreux établissements financiers à repenser leur offre. (*Le Monde*, 2006)

Le verbe peut finalement, par l'intermédiaire de l'opérateur *faire*, s'employer avec un sens causatif, de perception ('faire voir', ex. 14), ou de cognition ('faire savoir, dire', ex. 15). C'est surtout le sens de 'dire' qui s'est développé, en particulier dans l'incise (ex. 16).

(14) Lorsque leur ignorance des réalités atteignait à la candeur, c'est moi qui les mettais en garde, leur faisais *observer* toutes les pommes pourries, ou tavelées, pour ne rien dire des patates, adroitement dissimulées parmi celles qui l'étaient un peu moins. (Jean Rolin, 1996, Frantext)

(15) Patrick fit *observer* qu'il ne risquait pas grand-chose, mais la maîtresse dit que non, c'était une question de principe. (Emmanuel Carrère, 1995, Frantext)

(16) « Il existe au sein des populations néandertaliennes des tendances évolutives », *observe-t-elle*. (*Libération*, 1997)

Une analyse détaillée des contextes d'apparition du verbe[5], en particulier la fréquence et la nature des compléments adverbiaux, la nature sémantique des sujets et des objets, ainsi que les combinatoires lexicales de verbes, révèle des traits sémantiques spécifiques à la perception rapportée par *observer*. Nous donnons pour chaque trait quelques exemples révélateurs :

3.1. L'intensité de la perception

(17) La Suède *est observée avec intérêt*, et souvent enviée, pour avoir réussi à « réinventer » le modèle social-démocrate. (*Le Monde*, 2006)

(18) Pas très loquace, il *observait* les gens, les choses autour de lui, *avec une attention soutenue*. (Alphonse Boudard, 1995, Frantext)

(19) Comme il ne comprenait rien, il les a *observées à la loupe*. (Valérie Mréjen, 2001, Frantext)

L'intensité de l'observation peut être telle qu'elle affecte la personne observée, qui 'se sent' ou 'se sait' observée :

(20) Au bout d'un instant, il changea d'attitude, allongea une grande main vers le sac (…). Peut-être *se savait-il observé*. (Julien Green, 1950, Frantext)

[5] Notre étude est basée sur l'analyse d'un ensemble de 600 exemples, relevés dans un corpus journalistique d'une part (*Le Monde* 2006 : 150 exemples, *Libération* 1997 : 150 exemples), dans le corpus littéraire de Frantext d'autre part (300 exemples).

3.2. L'aspect duratif et cumulatif du procès

(21) Plus tard, dans le silence du soir, j'*observais longuement* la plaine déserte avec les rayures sombres de l'herbe arrachée çà et là. (Andreï Makine, 1995, Frantext)

(22) « C'est une tendance que l'on *observe partout en Europe et aux États-Unis* », reconnaît Arlette Chabot. (*Le Monde*, 2006)

(23) *Depuis une décennie, d'année en année*, on *observe* une augmentation moyenne des prix de 3 % ! (*Le Monde*, 2006)

3.3. La télicité du procès et l'aspect déductif de la perception

On observe pour analyser, étudier et finalement connaître. L'observation a un but qui se situe clairement au-delà de la perception (cf. Willems, 2000, p. 181). C'est généralement la connaissance qui est visée (*pour savoir*, *pour conclure*, *pour voir*, *pour discerner*), ou, plus modestement, la constatation par déduction synthétique (*constater*, *repérer*, *déceler*) :

(24) Je procède comme suit : j'*observe* attentivement le ventre de l'animal *pour y repérer* les parasites. (Lydie Salvayre, 1995, Frantext)

(25) Le dispositif permet d'*observer* les évolutions du monde du travail, des relations sociales et du rapport à l'outil *en tentant de comprendre* ce que l'on transmet, comme de déterrer ce que l'on enfouit. (*Le Monde*, 2006)

(26) (...) et il fallait l'*observer* avec beaucoup d'attention *pour voir* la grâce d'une longue paupière à la Garbo voilant à demi un œil très vif. (Annie Duperey, 1999, Frantext)

3.4. L'intérêt de l'objet

Les aspects intentionnel, intensif et télique du procès soulignent par ailleurs l'importance et l'intérêt de l'objet, qui, dans l'observation, importe bien plus que l'agent. Ceci se traduit entre autres par la fréquence de la structure passive ou relative, mettant l'objet en position focale et permettant d'omettre aisément le sujet (cf. Willems, 2000). Ce dernier est souvent aussi indéfini ou général (fréquence du pronom *on*).

(27) Tu l'intéresses, comprends-tu ? Il t'a vu l'autre jour, il t'a *observé* (...) lui et moi, nous avons passé la soirée entière à parler de toi. (Julien Green, 1950, Frantext)

(28) *À observer* tout ce qui oppose désormais Ségolène Royal et François Hollande, on comprend qu'il y avait bien urgence à ce que le couple officialise sa séparation. (*Le Monde*, 2006)

(29) L'essor des pentecôtistes *s'observe* dans toute l'Amérique latine où vit près d'un catholique sur deux et explique pourquoi Benoît XVI a choisi de se rendre dans cette région stratégique pour l'avenir de l'Eglise. (*Le Monde*, 2006)

Ces diverses caractéristiques font d'*observer* le verbe par excellence pour désigner une des étapes essentielles de l'activité scientifique empirique, où dans un souci d'objectivité, le sujet est en quelque sorte neutralisé. Elles expliquent également la fréquence élevée du verbe dans des contextes littéraires, l'observation d'un sujet (souvent humain) menant dans ce cas à des interprétations de nature plus psychologique.

L'analyse détaillée sur le plan lexical, nous permet de proposer, pour le verbe *observer*, la définition suivante : *regarder attentivement et de façon répétée un objet intéressant, afin de l'analyser, de faire des déductions et finalement de le connaître.*

4. *Constater* : de la perception à la cognition

Avec le verbe *constater*, un pas supplémentaire est franchi en direction de la cognition. Sur le plan syntaxique,[6] le verbe s'emploie essentiellement dans la construction complétive (ex. 30), structure cognitive par excellence, et dans une structure transitive nominale, où le SN, généralement un déverbal, désigne un événement ou un fait (ex. 31). Nous relevons également des interrogatives indirectes (ex. 32). Tout comme *observer*, le verbe peut prendre le sens d'un verbe de *dire* (causatif de cognition) dans une structure complétive[7] ou (plus fréquemment) en incise (ex. 33).

(30) En ce qui concerne le passage du Jourdain à pied sec, on a *constaté*, il y a quelques années, qu'un tremblement de terre avait asséché le lit de ce fleuve pendant plusieurs jours.

(31) Sous les Paléologues, au contraire, on *constate* un intérêt croissant pour les sciences exactes et une curiosité universelle des lettrés, qui élargissent le champ de leurs recherches.

(32) Une fois de plus, je *constate* à quel point je me sens loin d'eux.

(33) « Peut-être, *constatait-il*, serait-il possible de multiplier davantage ces classes ».

---

6 Notre étude est basée sur l'analyse d'un ensemble de 400 exemples, relevés dans un corpus journalistique d'une part (*Libération* 2007 : 200 exemples), dans le corpus littéraire de Frantext d'autre part (200 exemples).

7 Ceci explique l'ambiguïté assez fréquente entre le sens cognitif et déclaratif du verbe, comme dans l'exemple suivant : « À Thessalonique, au XIVe siècle, l'archevêque Grégoire Palamas *constate* que les églises sont presque vides, car c'est la saison où les habitants sont occupés aux travaux des champs. (Louis Bréhier, 1950, Frantext).

Le verbe *constater* s'utilise donc dans les mêmes structures (et avec un sens comparable) que le verbe *observer* dans son emploi cognitif d'une part et communicatif de l'autre. Contrairement à *observer*, il ne présente pas d'emploi perceptif physique (ex. 34) :

(34) Elle *observa* (**constata*) ses chaussures poudreuses et supposa qu'il était venu à pied de la gare, par économie. (Julien Green, 1950, Frantext)

Cet emploi perceptif reste toutefois à la base de la prise en compte cognitive, comme en témoigne l'analyse des éléments contextuels (ex. 35, 36) :

(35) Or, *en étudiant les chiffres*, les chercheurs *ont constaté* que durant cette période les volumes d'échanges légaux augmentent énormément. (*Libération*, 2007)

(36) Le médecin de la maison d'arrêt, *qui a examiné les deux hommes, a constaté* des traces de coups et de violences au visage. (*Libération*, 2007)

En consultant les définitions lexicographiques du verbe, on constate en effet que l'événement perceptif reste présent en filigrane, l'observation empirique précédant et conditionnant la constatation[8] :

(37) « Établir *après examen* l'existence ou l'authenticité d'un fait ; s'assurer *au moyen d'observations scientifiques*, de la réalité d'un fait. » (TLF en ligne)

(38) « Établir *par expérience directe* la vérité, la réalité de ; se rendre compte de. » (PR, 2003)

Constater présente en quelque sorte le résultat synthétique et indiscutable de l'observation. Si on peut observer un objet ou une personne, on ne peut constater qu'un fait[9].

Le verbe *constater*, qui est une création récente dans le lexique verbal français (première attestation en 1726), joue de ce fait un rôle central comme chaînon essentiel dans le passage de la perception physique à la cognition. Il reste proche de la pure observation expérimentale, comme en témoigne la fréquence de l'adverbe *simplement* ou du préverbe *se borner à* (auprès du verbe *constater)* ou des adjectifs *simple* ou *pure* (auprès du déverbal *constatation*). En cela, il s'oppose aux verbes cognitifs 'forts' comme *savoir* ou *comprendre*, ou *voir* dans son sens cognitif, qui présentent une appréhension plus profonde des objets et des événements et une implication plus grande des sujets expérienceurs. Ces verbes ne font toutefois pas l'objet de la présente réflexion.

8 C'est nous qui soulignons.

9 Le fait défini comme 'ce qui est donné objectivement et qui de ce fait ne peut être nié' (Vu Thi & Paillard, 2012).

Le tableau 4 reprend en contraste les structures et sens structuraux des verbes *regarder*, *observer* et *constater*. Si le premier se limite à une perception pure, dont le résultat n'est pas nécessairement enregistré, le second présente une perception orientée menant à une prise en compte cognitive, le troisième établit et confirme la réalité cognitive des faits observés.

Tableau 4 : *regarder/observer/constater* en contraste

structures	**sens structural**	***regarder***	***observer***	***constater***
$SN1+V+SN2_{objet}$ SN1+V+SN2+INF SN1+V+SN2+REL	perception physique directe	+	+	-
SN1+V+que+Pind $SN1+V+SN2_{évén}$	perception par l'esprit/cognition	-	+	+
incise	dire (faire savoir)	-	+	+

5. Quelques réflexions en guise de conclusion

Cette analyse syntaxico-sémantique d'un petit nombre de verbes de perception permet de mettre en lumière certains aspects fondamentaux de la grammaire d'une langue, qui la rendent significative et qu'il faudrait sans doute mieux mettre en lumière au niveau de son enseignement :

(a) le rapport étroit entre syntaxe et sens : dans le domaine du verbe, chaque construction ou famille de constructions est porteuse d'un sens précis, partagé par l'ensemble des verbes entrant dans la construction. Il en va ainsi des verbes de perception, partageant un ensemble de structures qui leur sont spécifiques, mais aussi de beaucoup d'autres classes verbales (cf. Willems 1981, 2007, 2011), ce qui permet une généralisation intéressante, tant au niveau de l'apprentissage du sens qu'à celui des constructions. Ce rapport se traduit par ailleurs aussi à l'intérieur d'un même lexème, chaque sens d'un verbe polysémique étant lié à une construction différente. Ainsi le verbe *voir* s'utilise également dans une structure infinitive en *à*, avec le sens de 'veiller à' (*voir à faire quelque chose*), ou dans une structure attributive de l'objet avec un sens de 'jugement'.

(b) À ce sens structural général s'ajoute bien sûr, pour chaque lexème impliqué, l'apport lexical spécifique, qui se laisse révéler par une analyse contextuelle plus précise. Si *observer* et *contempler* sont tous deux des verbes de perception visuelle, et qu'ils partagent certains sèmes, tels la durée et l'intensité de la perception et l'intérêt de l'objet, ils s'opposent aussi sur plus d'un plan : l'aspect télique est beaucoup moins net pour *contempler* que pour *observer* et le but de la perception, si but il y a, n'est pas de nature cognitive, mais de nature plus spirituelle ou affective. Le verbe n'admet d'ailleurs pas la structure complétive, propre au domaine de la cognition.

(c) L'étude des verbes de perception est par ailleurs un domaine privilégié pour illustrer le rapport entre langue et cognition au sens général. Ainsi, si nous comparons l'ouverture lexicale des diverses modalités de perception, il est frappant de constater la diversité lexicale et la richesse polysémique dont fait montre le français en ce qui concerne la perception visuelle. Ce foisonnement lexical se réduit déjà considérablement dans le cas de la perception auditive, pour finalement se limiter à un ou deux lexèmes dans le cas de la perception tactile ou gustative. La richesse lexicale reflète sans doute l'importance extralinguistique des diverses modalités de perception.

Le lien linguistique entre perception et cognition, que nous avons décrit pour les verbes *observer*, *constater* et *voir* n'est d'autre part pas arbitraire : une bonne part de notre connaissance passe en effet par la perception, qu'elle soit visuelle ou auditive. Et finalement, le rôle central du verbe *observer* dans la recherche scientifique ne devrait guère nous étonner : il cumule les propriétés de *voir* et de *regarder* et assure structurellement le passage de la perception physique à la cognition, tout en permettant son extériorisation grâce à sa dimension communicative.

Il est sans aucun doute important de montrer à nos élèves que l'étude de la langue n'est pas 'abstraite' des autres activités humaines, mais qu'elle constitue, au contraire, une voie royale pour accéder à notre perception du monde.

Bibliographie

Baker, C., *Seeing Clearly: Frame Semantic, Psycholinguistic, and Cross-linguistic Approaches to the Semantics of the English Verb See*, PhD Dissertation, UC Berkeley, 1999.

Béguelin, M.-J., Näf, A. & de Pietro, J.-F. (dir.), *La complémentation verbale. Quels savoirs pour l'enseignant ? Quels savoirs pour l'élève ?*, Actes du Colloque de Neuchâtel, avril 2001, Travaux neuchâtelois de linguistique, n° 37, 2002.

Framenet website : <www.framenet.icsi.berkeley.edu>.

Hanegreefs, H., Los *verbos de percepción visual. Un análisis de corpus en un marco cognitivo*, Thèse de doctorat, KULeuven, 2008.

Lemhagen, G., *La concurrence entre l'infinitif et la subordonnée complétive introduite par que en français contemporain*, Stockholm, Almqvist och Wiksell, 1979.

Miller, Ph. & Lowrey, B., « La complémentation des verbes de perception en anglais et en français », in Miller, P. & Zribi-Hertz, A. (dir.), *Essais sur la grammaire comparée du français et de l'anglais*, Paris, Presses universitaires de Vincennes, 2003, p. 131-188.

Viberg, A., « The verbs of perception: a typological study », *Linguistics*, n° 21-1, 1984, p. 123-162.

Vu Thi, N. & Paillard, D., *Inventaire raisonné des marqueurs discursifs du français*, Hanoï, Éditions de l'Université Nationale de Hanoï, 2002.

Willems D., *Syntaxe, lexique et sémantique. Les constructions verbales*, Gand, Publications de l'Université de Gand, 1981.

Willems, D., « Regarde voir. Les verbes de perception visuelle et la complémentation verbale », *Romanica Gandensia*, n° 20, 1983, p. 147-158.

Willems, D., & Defrancq, B., « L'attribut de l'objet et les verbes de perception », *Langue française*, n° 127, 2000, p. 6-21.

Willems, D., « Typologie des procès et régularités polysémiques », in Bouchard D. & Evrard I. (dir.), *Représentations du sens linguistique II*, Bruxelles, De Boeck-Duculot, 2007, p. 162-177.

Willems, D., « Observer : entre regarder et voir », in Neveu, F., Blumenthalm P. & Le Querler, N. (dir.), *Au commencement était le verbe. Syntaxe, Sémantique et Cognition*, Berne, Peter Lang, 2011, p. 467-478.

De la norme en classe

Alain Berrendonner

Université de Fribourg (CH)

1. Les manuels

On se représente communément la grammaire scolaire comme le prototype même du discours normatif, répartissant les faits de langue en corrects vs incorrects, et visant à éradiquer les usages « fautifs ». Or, si l'on considère le contenu des manuels de grammaire, cette image apparaît plutôt imméritée. Car l'exposé de normes d'usage y occupe en fait une place restreinte, quand il n'en est pas tout simplement absent.

1.1. C'est là une constante du genre, depuis les origines. Les *Éléments de grammaire française* de Lhomond (1780), qui inaugurent la lignée des manuels destinés à l'école élémentaire, sont consacrés pour l'essentiel à un inventaire des catégories grammaticales : les deux tiers du livre sont occupés par des considérations définitionnelles et terminologiques sur les diverses « espèces de mots » (65 pages). Elles sont suivies d'une seconde partie intitulée « Remarques particulières », où quelques normes d'usage sont listées en vrac, sur seulement 8 pages. Ce plan sera repris par la plupart des successeurs durant tout le XIXe siècle. Chez Noël & Chapsal (*Grammaire française sur un plan très méthodique*, 1823), la seconde partie, rebaptisée *syntaxe*, occupe encore une place relativement importante[1]. Mais elle ne cesse ensuite de rétrécir (p.ex. chez Larousse, *Grammaire supérieure*, 1880, ou chez Augé, *Grammaire*, 1912), jusqu'à disparaître totalement des manuels du XXe siècle. Les grammaires éditées dans les années 1970-2000 sont quasiment vides de prescriptions concernant le bon usage de la langue. Les seuls propos explicitement normatifs qu'on y trouve ont trait à l'orthographe (accord du participe passé, des verbes à plusieurs sujets, etc.). Pour le reste, elles ne font qu'exposer un appareil de notions descriptives, et le métalangage qui va

[1] À peu près la moitié de l'ouvrage. Par ailleurs, leur grammaire est accompagnée de deux livres d'exercices. L'un contient des cacographies à corriger, l'autre des exercices d'analyse grammaticale et logique, ce qui suggère que la prescription des usages corrects et celle des notions descriptives sont deux objectifs poursuivis sur pied d'égalité.

avec ; c'est-à-dire un modèle analytique des structures linguistiques. Les exercices proposés aux élèves se résument à des tâches de reconnaissance ou d'étiquetage, qui ont pour seul but de vérifier la maîtrise des notions et de la terminologie inculquées.

1.2. Cette dérive s'explique par le rôle assigné à la grammaire dans l'enseignement du français : celle-ci est conçue comme un préalable nécessaire à l'apprentissage de l'orthographe, qui est l'objectif primordial. Si Lhomond consacre tant de place à la définition des parties du discours, c'est, explique Chervel (1977, p. 57), parce que leur connaissance aide à prendre conscience des frontières de mots qu'il faut marquer dans l'écriture. Et certains manuels rappellent explicitement que le repérage des fonctions syntaxiques est indispensable à qui veut maîtriser l'orthographe dite (symptomatiquement) grammaticale :

(1) Entre le *compl. d'objet* **direct** et le *compl. d'objet* **indirect**, il n'y a qu'une distinction de forme [...] Il est cependant nécessaire de distinguer ces deux formes de complément, car c'est le *compl. d'objet* **direct** qui régit l'accord du participe passé avec *avoir*. (Souché, *La grammaire nouvelle et le français*, 1950, p. 19)

À cela s'ajoute une prétention à la scientificité constamment réaffirmée : chaque manuel se veut une sorte de modèle réduit de la science linguistique de son temps, dont il incorpore les derniers acquis, fussent-ils sans utilité pour améliorer les performances verbales des élèves[2]. D'où le développement de considérations spéculatives, au détriment des aspects technico-prescriptifs.

Bref, depuis un demi-siècle au moins, on ne trouve plus dans les manuels scolaires l'exposé franc et massif de normes d'usage. Rien qui s'apparente, sous une forme ou sous une autre, à des *Dites..., ne dites pas...* Cela ne signifie évidemment pas que la promotion du bon usage ne soit plus à l'ordre du jour, mais simplement, que l'expression s'en fait rhétoriquement plus discrète.

1.3. D'une part, si les manuels ne formulent pas de prescriptions explicites, ils les font passer implicitement sous couleur de simples constats de fait (travestissement banal, commun à tous les genres de discours normatifs, v. Berrendonner, 1982). Les faits, ce sont d'abord

---

[2] En 1823, Noël & Chapsal font profiter les élèves de la théorie de la proposition en vigueur dans les Grammaires générales ; au début du XXe siècle, le développement de la linguistique comparée entraîne l'apparition dans certains manuels de chapitres consacrés à l'histoire de la langue (p.ex. Calvet & Chompret, 1932) ; dans les années 1970, la découverte de la syntaxe chomskyenne se traduit par la prolifération d'une luxuriante arboriculture grammaticale ; et aujourd'hui, ce sont les produits vulgarisés de la « linguistique textuelle » qui font un tabac, ou des ravages, comme on voudra. Sur cet aspect, voir (Berrendonner, 2000).

les données soumises à l'analyse. Ne sont offerts à l'observation des élèves, et à leur instinct d'imitation, que des échantillons de langue conformes à l'usage écrit « standard ». Les variantes lectales non congrues sont frappées d'invisibilité, ou pire, contrefaites. En matière de langue orale, notamment, ce qui est montré aux élèves, ce ne sont jamais des échantillons authentiques, mais des simulations écrites, tissus de stéréotypes destinées à entretenir la traditionnelle confusion entre langue parlée et registre populaire (Blanche-Benveniste & Jeanjean, 1987, p. 11). Ex.

(2) Écoutez, les gars, après tout ce que vous avez fait pour moi, ça serait malhonnête de ma part que j'vous dise pas la vérité. J'm'appelle bien Billie-le-Dingue, mais sûr que j'suis pas celui qu'vous cherchez. (Mitterand, Grunenwald & Égéa, *Nouvel itinéraire grammatical*, 1980, p. 181. Texte d'une bulle de bande dessinée, accompagné de la consigne suivante : *Relevez dans le texte de cette vignette les traits de langage populaire (prononciation, vocabulaire, grammaire).*)

1.5. D'autre part, le choix d'un modèle descriptif est loin d'être innocent, et peut comporter des effets normatifs subreptices. Les manuels enseignent, par exemple, que le *que* de (3) est un pronom relatif complément d'objet direct (= marqué en cas [+accusatif]) :

(3) J'ai beaucoup aimé le livre *que* tu m'as prêté.

Cette analyse conduit à réputer agrammaticaux les énoncés du type (4), où le verbe de la relative exige un complément autre qu'accusatif :

(4) (a) Il lui demande si elle a acheté le papier *qu'*elle a besoin.
(b) Le poète a accès à un monde *que* le commun n'a pas accès. (copies d'élèves)

Une autre analyse a cependant été proposée, qui a le mérite d'être plus générale (Gadet, 1989, Deulofeu, 1999). Elle consiste à voir dans ces *que* non pas des pronoms relatifs, mais des occurrences du même marqueur d'enchâssement qu'en (5), c'est-à-dire une « conjonction de subordination », ou « complémenteur » :

(5) Je vous jure *qu'*il vous aime. (Courteline)

Mais si l'on retient cette hypothèse, il s'ensuit que les propositions relatives de (3) et de (4) ne diffèrent en rien. Elles ont la même construction, dite « défective » (une place de complément valenciel, accusatif ou autre, y reste vide). Il n'y a plus, dès lors, de raison *grammaticale* qui justifie de traiter l'une comme bien formée, et les autres comme fautives : cette discrimination s'avère syntaxiquement arbitraire. En choisissant d'intégrer le *que* de (3-4) au paradigme des pronoms relatifs {*qui, que, dont, où*}, assimilé à une déclinaison, la grammaire scolaire retient donc, parmi les modèles possibles, celui qui fournit à la norme d'usage une justification grammaticale, autrement dit, la naturalise en donnée du système. Non seulement ce modèle est normatif, mais il fait prendre la norme en charge par la langue elle-même.

2. Et les enseignants ?

L'absence de prescriptions explicites dans les manuels fait qu'il n'existe pas actuellement de corpus de textes écrits dans lesquels puissent être observées et analysées les normes d'usage effectivement propagées dans les classes. Les seules sources à partir desquelles pourraient être appréhendées ces normes sont les propos tenus individuellement par les enseignants dans le cadre de leurs leçons, mais leur nature orale les rend volatils et à peu près insaisissables. On peut toutefois s'en faire une idée fragmentaire à travers les corrections portées en marge des travaux écrits des élèves. Voici ce qui ressort de la lecture de quelques paquets de copies corrigées[3] :

2.1. On y trouve d'une part, comme on peut s'y attendre, un certain nombre de lieux communs normatifs que ressassent de concert tous les diseurs de normes, les maîtres comme les autres. Par exemple, la condamnation de *on* employé à la place de *nous*, ou bien la prohibition des emplois transitifs de *démarrer* :

(6) Nous étions dans la même classe, et on était toujours les cinq ensembles.
Soit tu utilises nous, *soit* on, *mais pas les deux*

(7) Elvis lui fait un signe de la main avant de redémarrer sa voiture.
redémarrer est intransitif

2.2. La stigmatisation des écarts diaphasiques oraux ou « populaires » semble toutefois plus nuancée que par le passé. Le développement de la sociolinguistique labovienne a manifestement entraîné chez les enseignants une prise de conscience de la variabilité des usages, qui les amène à reconnaître la coexistence de plusieurs normes, correspondant aux divers genres discursifs. L'oral, jadis voué aux Gémonies, a désormais droit de cité, même si c'est à titre de genre dévalué :

(8) Je vis une enveloppe qui était adressée à moi. C'était l'école de Pouillard qui m'écrivait.
acceptable à l'oral, mais à l'écrit il faudrait une clivée : C'est à moi que…

(9) Nous avons demandé à un garagiste, s'il pouvait venir voir notre voiture à cause qu'on était tombés en panne.

---

[3] Rédactions d'élèves du secondaire inférieur, Suisse romande. Dans les exemples (6-21), le texte de l'élève est reproduit en caractères romains, et la correction du maître en italiques. Les soulignements sont ceux du maître.

l'expression à cause que n'existe pas en français. Cette expression fautive est fréquemment utilisée par les usagers de la langue parlée.

(10) Très en colère il essaye de la faire démarrer mais aucun moyen.
langage parlé, totalement inapproprié à l'écrit

La norme se fait, comme on voit, plus libérale : au lieu d'un seul bon usage, on en admet deux, dont l'un est fortement déconseillé…

2.3. Dans d'autres domaines, les maîtres en rajoutent. Usant de la bonne vieille méthode d'entraînement sportif et militaire qui consiste à alourdir artificiellement la tâche dans l'espoir d'améliorer les performances, ils imposent aux élèves un surcroît d'interdits, qui sont aux travaux scolaires ce que les handicaps sont aux courses de chevaux. Cela se traduit notamment par l'interdiction d'employer tous les éléments non marqués, neutres, passe-partout, que maîtrisent bien les apprenants, afin d'obliger ceux-ci à se servir d'un vocabulaire plus « riche » (entendez : plus rare, et autant que possible figuré, la métaphore étant du dernier chic). *Cf.* la consigne de rédaction suivante :

(11) Les verbes « faire » et « avoir » ne sont employés qu'une fois par paragraphe.

Ces normes de handicap se manifestent par l'inscription en marge des copies de multiples « corrections » qui consistent à remplacer un mot usuel et parfaitement irréprochable par un hyponyme plus pittoresque (en général pas mieux adapté, et tout aussi stéréotypé) :

(12) Le moindre bruit que je faisais résonnait dans tout le palais.
provoquais

Jusqu'au jour où il vit sur une revue une école que le captiva.
où il remarqua

Son père a eu multiples métiers.
a exercé de

Un bruit insupportable, […] et une fumée à ne plus voir ses mains.
distinguer

Jeter ainsi l'opprobre sur les éléments les plus usuels de la langue a pour effet pervers bien connu d'engendrer des hypercorrections. Si on interdit aux élèves d'employer des termes courants sans leur expliquer en détail par quoi et comment ils peuvent les remplacer, on les pousse à se servir de mots dont ils ne connaissent pas les conditions d'emploi. D'où l'usage de termes impropres, que le maître doit paradoxalement corriger en leur substituant un hyperonyme passe-partout :

(13) Il pratique deux passions : le cyclisme et le tir.
a

Je me levai en compagnie d'une douleur insupportable.
avec

Appliquer la règle engendre la faute, et la correction enfreint la règle : on s'y perdrait à moins...

Une autre norme de handicap bien attestée est l'exigence que toute phrase contienne un verbe fini. Elle procède vraisemblablement de l'idée que les phrases averbales sont de registre familier, et qu'en user est une mauvaise habitude qui mérite redressement. En vertu de ces préjugés, sont réprouvées toutes les phrases nominales commises par les élèves, même lorsqu'elles sont le produit d'une recherche stylistique opportune :

(14) Il était là, étendu sur son lit d'hôpital, sans aucun mouvement ni réflexe. Sa tête posée sur un coussin blanc, n'esquissant aucune sorte d'expression, de sentiment.
Où est le verbe conjugué ?

(15) Durant l'année 1960, ils reviennent vivre à Bulle et quelques mois plus tard, le 22 octobre, naissance de Monique, son dernier enfant.
Où est le verbe ? Tu peux utiliser une structure sans verbe, mais pas lorsque tu enchaînes 2 phrases par le mot « et ».

(16) Le 21 juin, sur le circuit de Monza, à 13h00, le départ va être donné. Sur les tribunes, 25 milles spectateurs tous vêtus de rouge. En première ligne, 2 Ferrari suivies d'une Jordan et d'une Renaud.
sentent l'excitation monter <ajouté sous le soulignement>

Ce que retiennent surtout les victimes de cette pédagogie du handicap, c'est qu'une mauvaise réputation s'attache à des matériaux aussi innocents que le pronom *on*, les verbes *avoir*, *faire*, les constructions en *c'est* et *il y a*, etc. Emportées hors des murs de l'école, ces contraintes d'apprentissage se muent en normes qui finissent par s'imposer à tous en tant que critères de la langue légitime, ou même par s'incorporer au modèle grammatical dominant (tous mes étudiants arrivent à l'université persuadés que « contenir un verbe conjugué » fait partie de la définition de la phrase).

2.4. Une dernière caractéristique des normes formulées en marge des copies, c'est qu'elles sont parfois improvisées et controuvées. Il n'est pas rare que pour justifier la condamnation d'une expression fautive, le maître invente au petit bonheur quelque règle ou raison linguistique saugrenue. Ex.

(17) Dans le salon, au milieu, on pouvait distinguer une vieille table faite avec une roue de char. Tout autour, l'entourait de vieux canapés qui sentaient un peu le moisi.
Inversion illicite vu que le verbe n'est pas un verbe d'existence.

L'inversion du SN sujet n'est évidemment pas réservée aux verbes d'existence (Lahousse 2011). Ce que l'on peut reprocher à (17), ce n'est pas le type sémantique du verbe, mais le fait qu'il redonde excessivement sur le complément détaché en tête. Il suffirait de remplacer celui-ci par un autre, du genre *Sur trois côtés*, pour faire disparaître la maladresse. L'enseignant, ici, se trompe donc de cible, et fabrique une règle *ad hoc*, qui revient à donner à l'élève une information fausse sur la langue[4]. Autre exemple :

(18) Et c'est là que tout débuta. Notre petit groupe s'était déjà rencontré pour distribuer les rôles et les textes. C'est là que j'eus un flash quand elle entra dans la salle.
'Là' exprime un lieu, pas un moment.

Selon le TLF, *là* est adverbe de lieu, mais aussi « plus rarement de temps ». Il a en outre un sens figuré, « dans telle situation », « dans ces circonstances », qui convient très bien dans le contexte (18). La règle énoncée est donc indue. Si ce *là* est signalé fautif, la vraie raison en est sans doute qu'il relève d'un registre plutôt oral. La contrainte sémantique invoquée n'est qu'un mauvais prétexte dissimulant une répugnance diaphasique.

Parmi les pseudo-règles du même genre, la plus récurrente est bizarrement l'interdiction de placer un connecteur *et* ou *mais* en début de phrase, immédiatement après une ponctuation forte :

(19) On est à la mi-temps. Et, comme d'habitude, les techniciens ont mis de la musique assez cool !
un point devant et *= faute de ponctuation*

(20) Nous regardâmes la coupe. Et nous rejoignons le car pour retourner au camping.
<*Le* Et *est souligné*>

(21) On accède au village par la route principale. Mais on peut aussi y accéder par un chemin de campagne beaucoup moins fréquenté par les voitures.
<*le point et le* mais *sont cerclés en rouge*>

Une telle « règle » est évidemment démentie par les faits. (Chez Proust par exemple, qui ne passe pas pour un parangon du mauvais usage, on dénombre 2024 occurrences de *et* à l'initiale de phrase après ponctuation forte, et 2894 de *mais*[5]). On se perd alors en conjectures sur ce qui a pu amener des enseignants à réputer fautive une pratique tout à fait courante. S'agit-il d'une norme de handicap, destinée à prévenir l'usage excessif des épexégèses, très à la mode ? Ou bien les maîtres sont-ils dupes du

---

4 On remarquera en outre qu'il ne semble pas attacher d'importance à l'absence d'accord orthographique entre le verbe et le sujet…

5 Comptages dans Frantext.

classement officiel de *et* et *mais* parmi les conjonctions de coordination, au point d'en inférer que ces morphèmes ne peuvent lier que des membres de phrase ? Quoiqu'il en soit, il est plutôt inquiétant de voir enseigner impunément des contre-vérités empiriques, avec l'autorité du savoir et la caution de l'institution scolaire.

3. Conclusion

3.1. Il ne faudrait évidemment pas généraliser : ce n'est pas à partir de deux ou trois attestations relevées dans des copies qu'on peut dresser un portrait représentatif des mœurs du corps enseignant. On retire néanmoins de ces coups de sonde l'impression que le discours normatif en milieu scolaire cherche de nos jours à se faire le plus discret possible. De tout temps, il s'est présenté masqué, essentiellement grâce à des artifices rhétoriques. Mais il se fait maintenant implicite et confidentiel. Le silence des manuels sur les normes d'usage contribue fortement à priver celles-ci de visibilité. Il n'existe plus de textes aptes à jouer le rôle de « codes de normes », qui puissent servir de référence aux maîtres et encadrer leurs improvisations répressives. La condamnation des fautes et la célébration des vertus grammaticales se font oralement dans le secret des classes, et pour autant qu'on puisse en juger, sans trop de concert… Ne serait-ce pas là le symptôme d'une certaine mauvaise conscience à accomplir ces tâches ? À force de répéter que dire la norme, c'est exercer une violence symbolique, il n'est pas étonnant qu'apparaissent des tendances à la colporter sous le manteau.

3.2. On devrait aussi s'interroger sur les conséquences que peut avoir la multiplication des variétés idiolectales de discours normatifs, et les disparates de valeurs et de prescriptions qui peuvent en découler. S'il n'existe plus sur le marché linguistique d'indicateur officiel des prix, si ceux-ci se mettent à varier avec trop de fantaisie d'une classe de français à l'autre, cette volatilité des cours ne risque-t-elle pas de constituer pour certains apprenants un obstacle supplémentaire, compromettant leur accès à la langue légitime ?

Références

Berrendonner A., *L'éternel grammairien, Étude du discours normatif*, Berne, Peter Lang, 1982.

Berrendonner A., « Histoire d'une transposition didactique : les 'types de phrase' », *TRANEL*, n° 31, 2000, p. 37-54.

Blanche-Benveniste C. & Jeanjean C., *Le français parlé. Transcription et édition*, Paris, INALF-Didier-érudition, 1987.

Chervel A., *Et il fallut apprendre à écrire à tous les petits français, Histoire de la grammaire scolaire*, Paris, Payot, 1977.

Deulofeu J., *Recherches sur les formes de la prédication dans les énoncés assertifs en français contemporain (le cas des énoncés introduits par le morphème* que*)*, Thèse d'État, Université Paris III, 1999.

Gadet F., *Le français ordinaire*, Paris, Armand Colin, 1989.

Lahousse K., *Quand passent les cigognes. Le sujet nominal postverbal en français moderne*, Paris, Presses universitaires de Vincennes, 2011.

4. Autour des compétences de l'apprenant

La grammaire comme ressource pour interagir

Réflexions autour de la compétence d'interaction en langue seconde

Simona Pekarek Doehler,
Evelyne Pochon-Berger & Ioana-Maria Stoenica

Université de Neuchâtel, Centre de linguistique appliquée

1. Introduction

La compétence d'interaction est aujourd'hui l'objet d'intenses débats au sein d'une pluralité de disciplines, allant de la linguistique appliquée à l'analyse des processus de travail, en passant par les sciences de l'éducation et la linguistique des langues. Malgré la reconnaissance de son rôle central pour comprendre ce que signifie, pour l'acteur social, de pouvoir communiquer dans une variété de situations et de contextes, la notion de compétence d'interaction reste mal définie, et, dans l'état actuel de la recherche, son étude pose des défis méthodologiques considérables. Or, comprendre la nature de la compétence d'interaction présuppose en premier lieu une connaissance détaillée des principes organisationnels de l'interaction verbale et du rôle que jouent les ressources proprement linguistiques dans la gestion des pratiques interactives.

La présente contribution s'inscrit dans la lignée des recherches actuelles sur la grammaire-dans-l'interaction (Ochs, Schegloff & Thompson, 1996), laquelle postule que la prise en compte de la dimension interactive des productions langagières ouvre de nouvelles perspectives d'analyse et d'appréhension des phénomènes grammaticaux, et notamment de ceux souvent catégorisés comme étant non-normatifs. Par son insistance sur la nature émergente (Hopper, 1987, 2011) et adaptative du système linguistique, la présente recherche rejoint les travaux sur la variation et les aspects contextuels et co-textuels qui motivent la production de certaines formes non-standard (Béguelin, 1988, 1994 ; Berrendonner, 1988). Souhaitant en outre enchaîner sur la réflexion que Marie-José

Béguelin a menée au sujet de la relation entre linguistique et enseignement (Béguelin, 1988 ; 1992a), nous nous proposons également de mettre en relief l'apport d'une description des faits linguistiques-en-interaction au domaine de l'enseignement et de l'apprentissage des langues.

Dans un premier temps, nous proposerons de réviser la notion de compétence en langue en la situant dans l'action sociale ; cette conception est alimentée par les recherches actuelles sur les interactions verbales et l'acquisition des langues secondes. Dans un second temps, nous réfléchirons plus particulièrement à la place qu'il conviendrait d'accorder aux ressources linguistiques dans la définition et l'analyse de la compétence d'interaction. Cette réflexion sera étayée par l'examen d'une construction grammaticale spécifique : la dislocation à gauche. Nous conclurons en esquissant les implications pour une conception de la grammaire-dans-l'interaction et les retombées de celle-ci sur l'étude de la compétence d'interaction.

2. Retour sur la notion de compétence et sur la grammaire comme ressource pour agir

La compétence d'interaction a gagné aujourd'hui une place sans précédent dans la recherche sur l'acquisition des langues et dans les débats éducatifs autour de l'enseignement des langues secondes notamment. Ces débats reconnaissent, de manière plus ou moins critique, l'héritage important des travaux de Dell Hymes, qui a forgé la notion de *compétence de communication* (Hymes, 1972). La dualité chomskyenne entre compétence et performance y est déconstruite pour souligner l'indissociabilité entre savoirs intériorisés et actions pratiques. Hymes fait ainsi éclater une notion centrée sur les dimensions purement formelles du système linguistique en faveur d'une conception intégrant des savoirs-faire à caractère socioculturel qui permettent aux acteurs sociaux de prendre part à des activités sociales collectivement organisées. Sa conception de la compétence de communication exerce dès lors une influence importante tant en didactique des langues qu'en linguistique à orientation pragmatique. Les modélisations qui en émergent dès le milieu des années 1970 (voir p.ex. Canale & Swain, 1980 ; Coste, 1976) opèrent une ouverture de la notion de compétence en langue sur les dimensions textuelles, stratégiques et situationnelles. La dimension interactive, toutefois, reste largement négligée.

D'intéressantes démarches sont récemment apparues visant à proposer une conception alternative et renouvelée des compétences en langue, et notamment en langue seconde, qui s'intéressent plus spécifiquement à leur dimension interactive (Hall, 1993 ; Kramsch, 1986 ; Young, 2003 ; pour une discussion récente voir Hall & Pekarek Doehler, 2011). Dans cette lignée, nous avons suggéré une approche socio-interactionniste de la compétence s'accompagnant plus généralement d'une reconceptualisation du langage et de la grammaire comme ressource pour agir (Pekarek Doehler, 2006). Utilisées à des fins communicatives, les ressources linguistiques sont des instruments grâce auxquels les participants à un échange verbal organisent et structurent l'interaction et assurent la coordination de leurs activités mutuelles. Configurant l'interaction, les ressources linguistiques sont à leur tour configurées au travers des pratiques interactives, dans la mesure où elles sont déployées en réponse à des contingences interactives locales (ce qui a été pertinemment décrit par la notion d'*émergence* telle que proposée par Paul Hopper, 1987, 2011 ; voir également les travaux récemment réunis dans Auer & Pfänder, 2011).

Cette grammaire émergente peut en outre donner lieu à des co-constructions de trajectoires syntaxiques interactivement organisées. Dans une étude classique sur la co-construction de patterns phrastiques de type *si/alors*, Lerner (1991) montre que les interlocuteurs anticipent sur la trajectoire syntaxique d'un énoncé initié par *si* de manière à pouvoir le compléter avant même que le locuteur en élabore la suite en *alors*. Des observations de ce type mettent en évidence la manière dont les interactants suivent de près la progression syntaxique et actionnelle de l'interaction, illustrant ainsi l'imbrication entre grammaire et interaction. Il en résulte que chaque 'détail' des productions verbales, qu'il s'agisse de 'ratés', d'hésitations, de reformulations ou de constructions syntaxiques amorcées puis abandonnées, constitue la trace d'un processus de construction pas à pas et d'adaptation en temps réel du discours aux circonstances immédiates de l'interaction. À la lumière de ces éléments, la grammaire apparaît comme une configuration à états non déterministes, constituée non pas de formes langagières fixes, avec des fonctions bien délimitées, mais plutôt de ressources linguistiques flexibles et modifiables que les locuteurs utilisent à toutes fins pratiques (Hopper, 1987, 2011 ; Pekarek Doehler, 2011).

Dans cette perspective, les ressources grammaticales sont comprises comme étant foncièrement enchevêtrées avec d'autres ressources (prosodie, regard, gestes, capacités pragmatiques, etc.) dont se servent les acteurs sociaux pour (inter)agir. Tous ces éléments relèvent par conséquent de la *compétence d'interaction.* Celle-ci est conçue comme mobilisant un ensemble de procédures systématiques (des 'méthodes' au sens de Garfinkel, 1967) et hautement adaptatives au contexte, grâce auxquelles les acteurs organisent conjointement leurs activités sociales (Pekarek Doehler, 2006 ; Hall & Pekarek Doehler, 2011). Par exemple, la gestion interactive d'un désaccord repose à la fois sur le choix de la forme linguistique (p.ex. marqueur de négation *non*, marqueur contrastif *mais*), sur le profil prosodique (p.ex. volume de voix, accentuation) et sur le positionnement séquentiel du désaccord au sein du tour de parole (en position initiale du tour ou retardée, avec un effet modalisateur, comme dans la configuration *oui mais...*) ou de la séquence (désaccord immédiat *vs* à distance) notamment (pour une étude empirique sur la gestion du désaccord en langue seconde, voir Pochon-Berger & Pekarek Doehler, 2011).

Or, si les études sur le développement de la compétence d'interaction en langue seconde (voir récemment les travaux réunis dans Hall *et al.*, 2011) ont accordé une attention privilégiée aux actions communicatives ou routines participatives des apprenants, très peu ont pris pour objet d'étude le rôle des ressources grammaticales dans le développement des capacités à interagir. C'est face à cette lacune que nous prendrons une structure grammaticale fréquente à l'oral, la dislocation à gauche, comme objet qui nous permettra de réfléchir à la notion de compétence d'interaction telle qu'elle est déployée *in situ* par des locuteurs de français langue seconde.

2.1. Approche interactionniste de la dislocation à gauche

La dislocation à gauche (désormais : DG) est généralement définie comme une construction dans laquelle un élément référentiel (le plus souvent un SN) est placé à gauche d'une proposition comprenant un pronom clitique coréférentiel avec cet élément (voir Blasco-Dulbecco, 1999 ; Lambrecht, 1987 *inter alia*). Des occurrences classiques de ce phénomène sont illustrées dans (1) à (3) :

(1) `les experts ils m'ont pas regardé` (CODI L1-secII)

(2) `nous on utilise vraiment ça` (CODI L1-secII)

(3) `Pierre il entre dans le hangar` (SPD L2-secII)

Tout en utilisant le terme de DG pour des raisons de clarté, nous considérons que la notion de dislocation est trompeuse dans la mesure où elle suggère une 'transformation' (ou : déplacement) par rapport à une structure canonique de la proposition SVO pour le français. Or, cette structure propositionnelle basique peut être remise en cause en raison de la grande fréquence d'emplois des disloquées en français parlé (p.ex. Berrendonner & Béguelin, 1997 ; Lambrecht, 1987 ; Pekarek Doehler & Stoenica, 2012).

Dans la littérature fonctionnelle discursive, la DG est comprise comme ayant pour fonction de base de promouvoir un référent au statut de topic (Lambrecht, 1987). Ainsi, la structure disloquée peut servir à retourner à un topic antérieur ou à effectuer un changement de topic (voir p.ex. Geluykens, 1992 ; pour des études détaillées sur le français parlé voir Barnes, 1985 et Blasco-Dulbecco, 1999). Des études à orientation interactionniste portant sur le français parlé ont en outre attesté du rôle de la DG dans la gestion de l'interaction, par exemple en tant que moyen pour gagner l'accès au terrain de la parole dans des situations de compétition pour la prise de tour (Mondada, 1995 ; Pekarek Doehler, 2001 ; voir également l'étude pionnière sur l'italien de Duranti & Ochs, 1979). Il a également été montré que la DG constitue un format récurrent impliqué dans les demandes de définitions (De Stefani, 2005) et dans la clôture d'épisodes conversationnels (De Stefani, 2007).

Si ces travaux ont permis de documenter une diversité de fonctions discursives et interactives de la DG dans les interactions entre locuteurs natifs du français, l'apport de cette ressource grammaticale à l'organisation des interactions par des apprenants du français reste à explorer.

2.2. La DG dans les interactions en L2 : une ressource pour interagir

Dans cette partie, nous illustrerons le recours systématique à la DG par des locuteurs non-natifs du français en tant qu'instrument pour gérer leur participation à une interaction verbale. Sur la base d'exemples provenant d'un corpus d'interactions en classe de français langue étrangère au lycée (corpus CODI et SPD) et d'un corpus d'interactions en milieu familial impliquant une fille au pair apprenante de français et sa famille d'accueil francophone (corpus TRIC-L2), nous démontrerons la capacité des locuteurs d'une langue seconde à exploiter la DG dans le cadre de la gestion de problèmes linguistiques émergeant au cours de l'échange. Ainsi, cet emploi d'une ressource grammaticale à des fins interactives sera traité comme relevant de la compétence d'interaction des apprenants.

2.3. Une ressource pour maximiser la progressivité du discours

Les exemples (4) et (5) montrent comment le locuteur s'appuie sur le schéma constructionnel de la DG (indiqué en gras dans la transcription) afin de maximiser la progressivité[1] de son discours au-delà d'une négociation lexicale et/ou référentielle :

(4) TRIC-L2 Julie_091109

```
01 JUL   et le soir euh:: (1.1) le:: l- l'homme
02       (0.2) l- qui: qui a la mais(h)on(hh)?=
03 MAM   =ouais.
04       (0.5)
05 JUL   il euh:m cuisine pour toute la:: >ouais<
06       c'est très familière °comme ça c'est°
07 MAM   ou:ais ts familial.
```

[1] Nous utilisons le terme de *progressivité* dans son acception en analyse conversationnelle : le terme réfère à la progression temporelle du discours au niveau tant topical qu'actionnel, indépendamment de ses qualités cohésives.

Aux lignes 1 à 2, la fille au pair, Julie, rencontre un problème lexical, comme en témoignent les nombreux phénomènes d'hésitation (répétitions, pauses, allongements syllabiques, coupure de mot). Pour faire référence au gérant de la maison dont elle parle, Julie se sert d'une périphrase (*l'homme qui a la maison*) qu'elle présente comme un essai de formulation au moyen d'une intonation montante en fin de tour (l. 2). Les travaux en analyse conversationnelle ont attesté cette pratique dite de *try-marking* (Sacks & Schegloff, 1979) par laquelle un locuteur donné soumet un élément référentiel à l'approbation de son interlocuteur, en le marquant par une intonation montante, avant même de prédiquer sur lui. C'est exactement ce qu'on observe dans cet exemple (4), bien que la soumission pour approbation puisse également fonctionner ici comme une demande d'aide lexicale. En effet, Mam, à la ligne 3, confirme la bonne compréhension de l'expression référentielle *l'homme qui a la maison*, à la suite de quoi Julie (l. 5) reprend le tour en formulant la proposition *il euh:m cuisine pour toute la::*, sans toutefois l'achever. Au moyen du pronom clitique *il* en position de sujet, Julie présente le tour actuel comme une continuation directe de son tour précédent (l. 1-2) : *l'homme qui a la maison il cuisine...* implémente ainsi le format d'une DG.

La structure disloquée est construite en quelque sorte par deux coups de pinceau (cf. Pekarek Doehler & Stoenica, 2012), de manière articulée à l'intervention d'autrui (l. 3). La disloquée émerge donc d'une contingence interactive locale, à savoir la vérification d'une expression référentielle auprès de l'interlocuteur, avant même que la prédication sur ce référent ne soit produite. Des cas similaires ont été attestés par Geluykens (1992) pour la conversation en anglais entre locuteurs compétents (voir Pekarek Doehler, 2011, et Pekarek Doehler & Stoenica, 2012, pour des exemples en français). Un second exemple, provenant d'une interaction en classe de français, est présenté sous (5) :

(5) CODI L2-secII-DK-B4 19m39s

01 FAB	`euhm (.) ouais je pense que la (.) euh`
02	`comment est-ce qu'on dit la liberté d'e-`
03	`[d'opinion?`
04 P	`[d'expression`
05 FAB	`liberté d'expression?=`
06 P	`=ou d'opinion`
07 FAB	`euh: ce n'est pas absolu et:`
08	`parce que ça on- on peut le ehm:`
09	`en- en- einschränken hein`
10 P	`le le la: la limiter`

Dans cet extrait, les éléments *liberté d'opinion* (l. 3) et *liberté d'expression* (l. 5, possiblement amorcé déjà à la l. 2) sont marqués par l'élève Fabian comme des essais de formulation par l'intonation montante sur les deux éléments. Ces deux expressions sont posées comme des alternatives lexicales, qui se trouvent toutes les deux ratifiées par le professeur aux lignes 4 (en chevauchement) et 6. Une fois cette ratification par l'interlocuteur obtenue, Fabian poursuit son énoncé (l. 7-9). L'opération de demande de ratification et de poursuite du tour est ici encore réalisée sous la forme d'un SN suivi d'une proposition, qui, ensemble, implémentent le schéma constructionnel d'une DG (la liberté d'opinion/liberté d'expression ce n'est pas…).

De manière intéressante, le clitique ne fait pas le tri entre les deux expressions proposées et ratifiées ; il établit plutôt une continuité référentielle et conceptuelle sans trancher entre l'une ou l'autre de ces expressions. Comme dans l'extrait (4), la progressivité de l'échange communicatif est maximisée par le fait que Fabian affiche son tour à la ligne 7 comme une continuation grammaticalement cohérente d'un schéma constructionnel initié aux lignes 2-3 et 5. On notera à cet égard qu'une continuation au moyen d'un simple SV (n'est pas absolue) se présenterait elle aussi comme syntaxiquement cohérente, mais elle introduirait un hiatus dans l'échange verbal – hiatus pragmatique plutôt que linguistique – induit par l'éloignement entre le sujet lexical (l. 2-3 et 5) et le verbe (l. 7) et par le tour, respectivement les tours, du locuteur P intervenant entre les deux.

Dans les deux exemples cités, la configuration en DG représente une solution pratique par laquelle le locuteur maximise la progressivité de l'interaction, tout en gérant la négociation d'un choix lexical et/ou d'un problème référentiel et en surmontant un éventuel obstacle de formulation. Il serait toutefois inapproprié, à notre sens, de dire que les locuteurs 'utilisent' une DG pour ce faire, au sens qu'ils implémenteraient un projet syntaxique préfabriqué, planifié à l'avance. Au contraire, ce qui est interprétable rétrospectivement comme DG émerge pas à pas en réponse à des contingences interactives locales. Or, cette émergence en temps réel n'est évidemment pas aléatoire mais témoigne du fait que les locuteurs s'orientent, à toutes fins pratiques, vers des schémas linguistiques existants, hautement routinisés, mais qu'ils manient de manière localement contingente[2] (cf. Pekarek Doehler, 2011).

[2] Par « contingence », nous entendons le fait que le formatage grammatical d'un énoncé répond à son environnement interactif : il est configuré en réaction à un tour/une action antérieur(e), en réponse à une action simultanée d'autrui et/ou en anticipation d'un tour ou d'une action à venir (cf. Pekarek Doehler & Stoenica, 2012, p. 116).

2.4 Une ressource pour garder le tour

Il est intéressant de comparer les exemples précédents aux cas cités sous (6) à (9), qui illustrent la production de DG par un seul et même locuteur, sans intervention verbale d'autrui. L'emploi de DG dans ces trois exemples ci-dessous peut cependant être interprété comme une anticipation du locuteur de possibles actions d'autrui :

(6) SPD 17 il4cIII

`le pessimiste il (0.6) il il ne croit pas qu'il y a: beaucoup de bien:`

(7) SPD 17 il4cIII

`ces types là (0.2) ils s- ils sont pessimistes`

(8) CODI L2-secII-JM-3

`l'éducation c'est (0.6) la chose de (0.2) de la famille.`

(9) SPD 17 il4cIII

`le pessimisme c'est (0.5) le contraire de l'optimisme`

Contrairement aux exemples cités plus haut, le problème potentiel rencontré par les locuteurs dans les extraits (6) à (9) n'a pas trait à l'expression de l'élément référentiel en début d'énoncé, mais à la formulation de la prédication (ou d'un élément constitutif de celle-ci). Ces extraits montrent un pattern récurrent dans les données, que nous avons documenté plus en détail ailleurs (Pekarek Doehler, 2004) : ils indiquent que la combinaison SN + clitique coréférentiel (p.ex. *le pessimiste il*) représente un point de départ 'fort' de l'énoncé, permettant au locuteur de faire une pause pour chercher ses mots, sans toutefois être interrompu par l'interlocuteur. On notera à cet égard le placement précis des phénomènes d'hésitation mis en gras dans les extraits (6) à (9) (pauses, répétitions, coupures de mots). Ceux-ci interviennent dans les données de manière récurrente après le SN + clitique (ex. 6 et 7) ; dans le cas de la configuration hautement routinisée *c'est* (ex. 8 et 9), ils interviennent après la séquence SN + *ce* + verbe (p.ex. *le pessimisme c'est*) – ce qui s'explique par le caractère justement hautement récurrent de *c'est*. L'annonce effectuée au moyen de SN + clitique (+ verbe) d'une trajectoire syntaxique de type DG en début d'énoncé semble ainsi être utilisée par les locuteurs comme ressource pour maintenir le tour, au-delà d'éventuelles hésitations possiblement dues à des problèmes de formulation. Certes, la DG n'est pas la seule ressource pour faire face à cette difficulté (voir Schegloff, 1979, qui documente le fait que les locuteurs effectuent souvent des pauses à des points de 'contrôle syntaxique maximal'), et elle peut accomplir simultanément d'autres fonctions. Il n'en reste pas moins que, dans les cas cités, la structure DG est exploitée comme une ressource pratique à des fins interactives. Elle est ici encore interactionnellement contingente dans la mesure où, par son biais, le locuteur anticipe possiblement sur une action d'autrui (à savoir une prise de parole) qu'il cherche à empêcher. Alors que son occurrence dans le contexte de la gestion d'hésitations ou de problèmes de formulation ne se limite probablement pas aux interactions en langue seconde, l'emploi efficace qu'en font les locuteurs dans les exemples ci-dessus à des fins interactives (p.ex. maintien du tour, maximisation de la progressivité du discours) fait partie intégrante de leur capacité à interagir justement dans la langue seconde.

3. Discussion : grammaire et compétence d'interaction

Quelles conclusions pouvons-nous tirer de ces quelques exemples pour la compréhension des ressources linguistiques et de la compétence d'interaction ? Ceux-ci mettent en exergue la temporalité de la grammaire : la structuration sur l'axe temporel de la DG, c'est-à-dire le fait qu'un SN apparaisse 'avant' la proposition, permet d'accomplir un travail interactif bien précis qui ne serait pas réalisable, par exemple, par le biais d'un format SVO. C'est cette configuration sur l'axe temporel qui permet au locuteur par exemple de s'assurer d'abord de la reconnaissance de l'élément référentiel par l'interlocuteur, et seulement ensuite d'en prédiquer quelque chose. C'est cette configuration aussi qui permet au locuteur, au moyen de la séquence SN + clitique (+ copule), de marquer un point de projection fort en début d'énoncé ou de tour, et ainsi d'empêcher possiblement la perte du tour lors d'hésitations dans le flux verbal.

Cette temporalité de la grammaire-dans-l'interaction témoigne de la nature contingente et émergente de la grammaire (cf. *supra*). Sans minimiser le fait que les locuteurs peuvent se servir de la DG comme une construction préfabriquée, et en vue d'une série de finalités autres que celles évoquées ici, nous souhaitons insister sur le fait que, souvent, celle-ci apparaît comme étant interactionnellement organisée, articulée à plusieurs moments interactifs qui sont distribués sur l'axe temporel dans un enchaînement, par exemple, du type locuteur A – locuteur B – locuteur A (dans le cas du *try-marking*) ou qui anticipent sur une éventuelle intervention d'autrui (dans le cas des hésitations). Sous cet aspect, la construction grammaticale n'est pas simplement le produit de l'application d'un format tel quel, mais son occurrence dans les données relève du moins en partie d'une syntaxe distribuée, articulée à autrui, mise en opération au service du maintien de l'intersubjectivité (cf. Pekarek Doehler 2011 ; Pekarek Doehler

& Stoenica, 2012). Sous cet aspect aussi, les données témoignent d'une série de pratiques syntaxico-praxéologiques, elles-mêmes emblématiques du lien indissociable entre grammaire et (inter)action[3].

Enfin, en tant que telle, la grammaire est constitutive non seulement de la compétence à communiquer, mais plus particulièrement de la compétence à interagir : elle est une ressource grâce à laquelle les participants de l'interaction coordonnent leurs activités respectives et rendent cette coordination mutuellement reconnaissable. Face à ces constats, la linguistique de la *parole* (cf. Béguelin, 2011) et la linguistique de la *parole-en-interaction* (cf. Ochs, Schegloff & Thompson, 1996) fournissent un cadre renouvelé pour toute conception approfondie de la compétence d'interaction et de son développement à travers le temps (voir *infra*).

4. Conclusion : une *linguistique de la parole* au service de la didactique

Quelles conséquences découlent des observations qui précèdent pour l'enseignement et l'apprentissage des langues secondes/étrangères ? Les travaux de Marie-José Béguelin sur l'enseignement du français langue étrangère (voir p.ex. Béguelin 1988, 1992b ; Béguelin & Jespersen, 1997) ouvrent des pistes de réflexion stimulantes face à cette interrogation, soulignant la nécessité d'analyser la logique grammaticale qui sous-tend les discours des élèves (Béguelin, 1992b). Si l'apport des travaux de Marie-José Béguelin réside notamment dans son effort de promouvoir une démarche empirique, une « linguistique de la parole ou de la performance » (Béguelin 1994, p. 176) dans les descriptions linguistiques, celle-ci est d'une importance capitale également pour la compréhension des productions des apprenants et du développement de leurs compétences.

Se focalisant sur des données écrites, Marie-José Béguelin propose que les formes 'déviantes' de la norme ne soient pas traitées comme de simples accidents de la production, mais comme étant motivées par les circonstances (p.ex. problèmes d'inférences). Cette perspective empirique nous paraît d'autant plus centrale qu'elle invite, quand il s'agit d'analyser la parole, à un examen critique de la configuration des formes linguistiques en temps réel. Il nous semble par conséquent nécessaire d'insister sur l'importance d'analyser en détail les manifestations de la grammaire 'bricolée' *ad hoc*, parsemée d'hésitations, de faux-départs, de répétitions – et cela non pas en premier lieu en tant que traces de

[3] À noter que cette conception émergente, adaptative du système linguistique montre d'intéressants parallèles avec l'approche de la micro/macro-syntaxe de l'école de Fribourg, développée notamment dans les travaux de Marie-José Béguelin et d'Alain Berrendonner (voir p.ex. Berrendonner & Béguelin, 1997).

capacités déficientes des locuteurs, mais comme manifestations d'une compétence en élaboration mise au service de l'interaction. Dans cette optique, les 'ruptures' de la parole peuvent se révéler être des produits contingents, répondant à des besoins interactifs locaux, et qui sont susceptibles d'être gérés et surmontés en tant que tels par les apprenants. Une conceptualisation du système linguistique qui se fonde sur une reconnaissance des propriétés de la parole dans tous ses états – y compris de la grammaire-dans-l'interaction – est ainsi indispensable pour alimenter toute didactisation empiriquement fondée de la langue et des compétences communicatives y relatives.

Une telle démarche entraîne des implications pratiques de deux types. D'une part, elle suppose que la didactisation des faits grammaticaux se base sur des corpus authentiques à partir desquels peuvent être mis en évidence les mécanismes discursifs, pragmatiques, et interactionnels sous-jacents à la production linguistique spontanée. C'est sur cette base également que peuvent être élaborés des exercices pédagogiques dépassant le cadre restreint de la phrase isolée, voire de la grammaire décontextualisée. D'autre part, une telle démarche suppose de réviser les catégories descriptives et les échelles de valeurs prises comme points de repère pour l'évaluation des compétences des apprenants de langue. La dynamique propre à la parole spontanée échappe en partie aux dispositifs d'évaluation scolaire. Ce qui est généralement pris pour compétence légitime relève davantage d'une conception formaliste de la langue qui favorise la (re)production de formes et de structures grammaticales 'correctes' ou 'acceptables' selon une norme souvent basée sur l'écrit formel, que d'une capacité à agir et à interagir efficacement dans une multiplicité de situations de communication. Il s'agit dès lors non seulement de reconnaître la 'parole' comme forme légitime de production en contexte scolaire, mais également de développer des instruments d'évaluation appropriés à cet égard.

Une didactique de la parole-en-interaction, qui prendrait en compte les logiques interactionnelles sous-jacentes aux productions langagières en situation d'apprentissage d'une langue, pourrait ainsi venir assouplir – ou mieux : diversifier – la sanction normative exercée par l'institution scolaire, par le biais d'examens par exemple, comme instance de contrôle de la 'parole légitime' (*cf.* Pekarek Doehler, 2006). Cela contribuerait ainsi à compléter, de manière interdisciplinaire, l'approche de Marie-José Béguelin qui milite dans ses travaux (Béguelin, 1988 ; 1994 *inter alia*) pour que l'évaluation de certaines « anomalies » soit précédée par l'examen des mécanismes psycholinguistiques qui pourraient en motiver la production. L'avènement d'une éventuelle 'didactique interactionniste' miserait ainsi non pas en premier lieu sur l'évaluation formaliste de la grammaire des apprenants, mais sur la valorisation de leur compétence d'interaction en tant qu'acteurs sociaux, capables de bricoler avec les moyens linguistiques à leur disposition pour organiser l'interaction d'une manière efficace et pertinente.

Conventions de transcription

[	chevauchement
=	enchainement rapide
(.)	micro-pause non mesurée (jusqu'à 0.3 sec)
(1.1)	pause mesurée en secondes
-	troncation d'un mot
:	allongement sonore
?	intonation montante finale
.	intonation descendante finale
>ouais<	accélération du débit
°comme ça°	voix moins forte
ts	claquement de langue

Bibliographie

Auer, P. & Pfänder, S. (eds.), *Constructions: Emerging and Emergent*, Berlin/ Boston, Walter de Gruyter, 2011.

Barnes, B.K., *The Pragmatics of Left Detachment in Spoken Standard French*, Amsterdam, Benjamins, 1985.

[Reichler-]Béguelin, M.-J., « Norme et textualité. Les procédés référentiels considérés comme déviants en langue écrite », in Schoeni, G., Bronckart, J.-P. & Perrenoud, P. (dir.), *La langue française est-elle gouvernable ?* Neuchâtel/Paris, Delachaux et Niestlé, 1988, p. 185-216.

[Reichler-]Béguelin, M.-J., « Comment exercer le discours indirect libre en production ? L'apport de la didactique du français langue seconde », *TRANEL*, n° 18, 1992a, p. 201-221.

[Reichler-]Béguelin, M.-J., « L'approche des 'anomalies' argumentatives », *Pratiques,* n° 73, 1992b, p. 51-78.

[Reichler-]Béguelin, M.-J., « L'encodage du texte écrit. Normes et déviances dans les processus référentiels et dans le marquage de la cohésion », in Verhoeven, L. & Teberosky, A. (eds.), *Proceedings of the Workshop "Understanding early literacy in a developmental and cross-linguistic approach"*, Network on Written Language and Literacy, Strasbourg, European Science Foundation, 1994, p. 175-204.

Béguelin, M.-J., « Linguistique de la langue et linguistique de la parole », in Corminboeuf, G. & Béguelin, M.-J. (dir.), *Du système linguistique aux actions langagières. Mélanges en l'honneur d'Alain Berrendonner*, Bruxelles, De Boeck-Duculot, coll. « Champs linguistiques », 2011, p. 641-661.

Béguelin, M.-J. & Jespersen, J., « Argumentation et discours rapporté : présentation d'une séquence didactique », *Pratiques*, n° 96, 1997, p. 101-124.

Berrendonner, A., « Normes et variations », in Schoeni, G., Bronckart, J.-P. & Perrenoud, P. (dir.), *La langue française est-elle gouvernable ? Normes et activités langagières*, Neuchâtel/Paris, Delachaux & Niestlé, 1988, p. 43-62.

Berrendonner, A. & Béguelin, M.-J., « Left Dislocation in French: varieties, use and norms », in Cheshire, J. & Stein, D. (eds.), *Taming the Vernacular: from dialect to written standard language*, London-New York, Longman, 1997, p. 200-217.

Blasco-Dulbecco, M., *Les dislocations en français contemporain. Étude syntaxique*, Paris, Honoré Champion, 1999.

Canale, M. & Swain, M., « Theoretical basis of communicative approaches to second language teaching and testing », *Applied Linguistics*, n° 1(1), 1980, p. 1-47.

Coste, D. *et al.*, *Un niveau-seuil*, Paris, Hatier, 1976.

De Stefani, E., « Les demandes de définition en français parlé. Aspects grammaticaux et interactionnels », *TRANEL*, n° 41, 2005, p. 147-163.

De Stefani, E., « La dislocation à gauche rythmée comme dispositif de clôture séquentielle », *TRANEL* 47, 2007, p. 137-156.

Duranti, A. & Ochs, E., « Left dislocation in Italian conversation », in Givón, T. (ed.), *Discourse and syntax*, New York, Academic Press, 1979, p. 377-416.

Garfinkel, H., *Studies in ethnomethodology*, Cambridge, Polity Press, 1967.

Geluykens, R., *From Discourse Process to Grammatical Construction. On left-dislocation in English*, Amsterdam-Philadelphia, Benjamins, 1992.

Hall, J.K., « The role of oral practices in the accomplishment of our everyday lives: the sociocultural dimension of interaction with implications for the learning of another language », *Applied Linguistics*, n° 14 (2), 1993, p. 145-166.

Hall, J.K. & Pekarek Doehler, S., « Introduction: Interactional competence and development », in Hall, J.K., Hellermann, J. & Pekarek Doehler, S. (eds.), *L2 Interactional Competence and Development*, Clevedon, Multilingual Matters, 2011, p. 206-243.

Hall, J.K., Hellermann, J. & Pekarek Doehler, S., *L2 interactional competence and development*, Bristol/Buffalo/Toronto, Multilingual Matters, 2011.

Hopper, P., « Emergent Grammar », *Berkeley Linguistics Society*, n° 13, 1987, p. 139-157.

Hopper P., « Emergent grammar and temporality in interactional linguistics », in Auer, P. & Pfänder, S. (eds.), *Constructions: Emerging and Emergent*, Berlin/Boston, Walter de Gruyter, 2011, p. 22-45.

Hymes, D.H., « On Communicative Competence », in Pride, J. B. & Holmes, J. (eds.), *Sociolinguistics. Selected Readings*, Harmondsworth, Penguin, 1972, p. 269-293.

Kramsch, C., « From language proficiency to interactional competence », *The Modern Language Journal*, n° 70, 1986, p. 277-309.

Lambrecht, K., « On the status of SVO sentences in French discourse », in Tomlin, R.S. (ed.), *Coherence and grounding in discourse*, Amsterdam/ Philadelphia, John Benjamins, 1987, p. 217-261.

Lerner, G.H., « On the syntax of sentences-in-progress », *Language in Society*, *n°* 20, 1991, p. 441-458.

Mondada, L., « La construction interactionnelle du topic », in Mondada, L. (dir.), *Formes linguistiques et dynamiques interactionnelles*, Lausanne, Cahiers de l'ILSL, n° 7, 1995, p. 11-136.

Ochs, E., Schegloff, E. A. & Thompson, S. A. (eds.), *Interaction and grammar*, Cambridge, University Press, 1996.

Pekarek Doehler, S., « Dislocation à gauche et organisation interactionnelle », *Marges Linguistiques*, n° 2, 2001, p. 177-194.

Pekarek Doehler, S., « Une approche interactionniste de la grammaire : réflexions autour du codage grammatical de la référence et des topics chez l'apprenant avancé d'une L2 », *AILE*, n° 21, 2004, p. 123-166.

Pekarek Doehler, S., « Compétence et langage en action », *Bulletin Suisse de Linguistique Appliquée VALS/ASLA*, n° 84, 2006, p. 9-45.

Pekarek Doehler, S., « Emergent grammar for all practical purposes: The on-line formating of dislocated constructions in French conversation », in Auer, P. & Pfänder, S. (eds.), *Constructions: emerging and emergent*, Berlin/Boston, Walter de Gruyter, 2011, p. 46-88.

Pekarek Doehler, S. & Stoenica, I.-M., « Émergence, temporalité et grammaire-dans-l'interaction : disloquée à gauche et *nominativus pendens* en français contemporain », *Langue française*, n° 175-3, 2012, p. 111-127.

Pochon-Berger, E. & Pekarek Doehler, S., « Le développement de la compétence d'interaction en langue seconde : une comparaison entre deux groupes d'apprenants du français », in Trévisiol, P. *et al.* (dir.), *Quand les sciences du langage se mettent à dialoguer – échanges en linguistique, didactique et acquisition des langues*, Paris, Orizons, 2011, p. 243-260.

Sacks, H. & Schegloff, E., « Two preferences in the organization of reference to persons in conversation and their interaction », in Psathas, G. (ed.),

Everyday Language: Studies in Ethnomethodology, New York, Irvington Publishers, 1979, p. 15-21.

Schegloff, E.A., « The Relevance of Repair to Syntax-for-Conversation », in Givon, T. (ed.), *Syntax and Semantics*, vol. 12: *Discourse and Syntax*, New York, Academic Press, 1979, p. 261-286.

Young, R., « Learning to talk the talk and walk the walk: Interactional competence in academic spoken English », *North Eastern Illinois University Working Papers in Linguistics*, n° 2, 2003, p. 26-44.

L'approche d'« anomalies » dans des textes narratifs d'élèves de fin d'école primaire (10-11 ans)

Quelques pistes pour la lecture des textes par les enseignants

Marie-Noëlle Roubaud & Claudine Garcia-Debanc

Aix-Marseille Université
ADEF, EA 4671 Aix-Marseille Université, ENS de Lyon, IFE
Université Toulouse 2-Le Mirail
IUFM Midi-Pyrénées, École interne UT2/ESPE, CLLE, UMR 5263, CNRS & UT2

1. Introduction

Dans la tradition de la grammaire des fautes d'Henri Frei (1929), cette contribution s'inscrit dans le prolongement des travaux de Marie-José Béguelin, consistant à « rechercher les régularités sous-jacentes aux erreurs de langue » (Béguelin, 1989), les « anomalies » (Béguelin, 1992) ainsi que les mécanismes de production en jeu dans l'encodage du texte écrit (Béguelin, 1994). Nous tentons ainsi de répondre au vœu de l'auteure de « compléter l'enquête dans une perspective développementale en prenant en compte des textes d'enfants plus jeunes. » (Béguelin, 1992)

L'option méthodologique choisie est de considérer que l'analyse d'énoncés attestés constitue une méthode de description linguistique et que l'examen attentif d'occurrences en discours constitue le point d'appui nécessaire à l'élaboration d'un modèle d'analyse linguistique. « Cette conception à la fois extensive et exigeante de la description grammaticale, développée en fonction des problèmes concrets posés par le traitement des fautes et des faits déviants, vise en fait un décloisonnement entre la linguistique fondamentale et la linguistique appliquée ». (Béguelin, 1992, p. 53)

Les textes d'élèves ou d'apprenants peuvent être considérés selon diverses perspectives : ils permettent de questionner les modèles de textualité (Charolles, 1988b) ou peuvent être interprétés comme la trace des acquisitions (Fayol, 1989) ou du processus d'élaboration du texte au cours des opérations d'encodage (Schneuwly, 1988 ; Béguelin, 1994). Ils peuvent être à la base de recherches sur les critères d'évaluation en rapport avec les tâches d'écriture proposées (Groupe EVA, 1991, 1995). Ils peuvent enfin être utilisés comme un matériau pour conduire une analyse des besoins des apprenants (Béguelin, 2000 ; Masseron, 1994, 2005) ou encore pour comprendre la grammaire propre de l'élève (Béguelin 1989 ; Roubaud 2002, 2005).

Nous nous situons dans la perspective de la compréhension de la grammaire propre de l'enfant au travers des « anomalies » rencontrées dans des textes narratifs d'élèves de 10-11 ans. Par « anomalie », nous entendons tout fait linguistique qui surprend le lecteur au moment où il le rencontre et qui l'amène à le traiter comme un écart par rapport à la norme. Nous analyserons ces anomalies dans la dynamique de l'articulation entre le local (la phrase) et le global (le texte). Nous avons retenu quelques phénomènes particulièrement intéressants concernant des anomalies syntaxiques et textuelles. Par manque de place, nous laisserons de côté les anomalies morphologiques ou orthographiques ainsi que les anomalies d'ordre énonciatif, notamment dans l'utilisation des temps verbaux.

L'étude porte sur un corpus de 128 productions écrites narratives de fin d'école élémentaire (classe de CM2, élèves âgés de 11 ans en moyenne) collectées dans trois régions de France avec des publics sociologiquement différents (milieux socioculturels favorisés vs défavorisés, classes ordinaires vs classes insérées dans des dispositifs d'aide aux élèves en difficulté). Les textes ont été rédigés en réponse à deux consignes d'écriture.

La première série de 64 textes (repérés par la lettre A) est issue des épreuves d'évaluation CM2 réalisées en janvier 2011, en réponse à la consigne suivante : « Imagine que tu perdes un objet qui a beaucoup d'importance pour toi. Raconte, en une quinzaine de lignes, comment tu l'as perdu et quel événement inattendu te permet de le retrouver ». La consigne d'écriture est proposée après un extrait de texte littéraire rendant compte d'une situation similaire, à propos duquel les élèves ont répondu à des questions de compréhension. Les textes ont été recueillis dans trois écoles de Lyon et une école d'Aix-en-Provence.

La deuxième série de 64 textes (repérés par la lettre B) appartient à un grand corpus en cours de constitution[1]. Ils ont été rédigés par des élèves de trois écoles primaires de Toulouse et sa région, en réponse à la

[1] Laboratoire CLLE, UMR 5263.

consigne suivante : « Racontez une histoire dans laquelle vous insèrerez séparément et dans l'ordre donné les trois phrases suivantes :

Elle habitait dans cette maison depuis longtemps.

Il se retourna en entendant ce grand bruit.

Depuis cette aventure, les enfants ne sortent plus la nuit. »

Les deux consignes induisent la rédaction d'un texte narratif incluant des passages descriptifs ou des dialogues. Les genres sont toutefois différents.

On peut penser que la consigne A suscite un récit à la première personne d'un fait vécu ou prétendument vécu (Bishop, 2010) incluant une description de l'objet perdu voire une explication de son importance affective et une évocation des sentiments du personnage au moment de sa perte et au moment de le retrouver. Cette consigne appelle une implication forte du narrateur. On constatera d'ailleurs que de nombreux élèves donnent leur propre prénom à leur personnage principal. On peut toutefois noter l'ambiguïté du terme *imagine* dans la consigne : attend-on la relation d'une histoire vécue ou suppose-t-on le récit d'un événement vraisemblable, qu'il ait été ou non effectivement vécu, dans la tradition de la rédaction scolaire (Bishop, 2010) ? Les temps verbaux attendus semblent le passé composé et l'imparfait.

La tâche B conduit les élèves à gérer des marques de cohésion textuelle en résolvant plusieurs anaphores référentielles : pronoms personnels (*elle*, *il*), SN défini (*les enfants*) et SN démonstratifs (*cette maison*, *ce grand bruit*, *cette aventure*). Le choix du genre du récit est tout à fait ouvert. Il est guidé par la phrase fermoir, pour reprendre le terme de Corblin (1987), avec les mots *nuit* et *aventure* : le caractère de moralité que cette phrase semble revêtir suggère un danger et une peur. Mais la consigne n'indique pas si ce récit doit être un récit d'aventures, un fait divers, un conte ou une nouvelle fantastique. Les rédacteurs doivent également décider si les enfants mentionnés dans la dernière phrase sont les personnages désignés précédemment par *il* et *elle* ou s'il s'agit d'autres personnages. Par ailleurs, l'emploi des temps verbaux, imparfait dans la première phrase et passé simple dans la seconde, induit une narration dans le système passé simple / imparfait, le présent de la phrase finale se justifiant par le caractère générique de l'affirmation. Le rédacteur doit également prendre en compte les indications spatiales et temporelles présentes dans la consigne : *dans cette maison*, *depuis longtemps*, *la nuit*. Malgré ces diverses contraintes, la consigne est très ouverte : elle permet une grande diversité de solutions du point de vue du genre du récit et des caractéristiques des personnages.

Nous avons choisi de prélever des échantillons significatifs dans ces textes, plutôt que de conduire une étude quantitative. Les textes seront désignés par l'indication de la consigne, A ou B, suivie du prénom de l'élève. Ils sont présentés ici dans leur orthographe et leur ponctuation originales[2]. Nous considèrerons successivement deux grands types d'anomalies : les anomalies syntaxiques, liées à l'insertion de relatives, au phénomène de double marquage et à celui de la lecture par le sens, puis les anomalies portant sur la cohésion du texte, procédés de reprise anaphorique et anomalies dans l'emploi des marques de segmentation et de connexion.

2. Les anomalies syntaxiques

2.1 Les anomalies syntaxiques liées à l'insertion de relatives

À l'école élémentaire, les élèves écrivent beaucoup de récits fictifs (cf. situation B) et utilisent souvent la formule introductrice du conte *il était une fois*. Celle-ci est suivie d'un déterminant indéfini et d'un nom, représentant la première mention du personnage. En CM2, cet emploi est généralement réussi :

(1) **Il était une fois** une fille qui se nomait Juliette (B, Mathilde)

Nous n'avons relevé qu'un seul exemple sans mention du personnage après *il était une fois*, la construction ayant ici pour effet de poser le cadre de l'histoire :

(2) **Il était une fois** dans un petit village à côté d'une forêt. (B, Nathan)

En revanche, les élèves ont des difficultés à utiliser la formule introductrice de conte dans sa globalité *il était une fois ... qui ...*. S'ils le font, ils peuvent produire deux énoncés autonomes marqués par une ponctuation forte[3] :

(3) **Il été une fois** une damme. **Qui** s'appelé Wendy. (B, Mélissa)

Ils n'utilisent bien souvent que le début de cette formule discontinue (sans le *qui* ...), ce qui est caractéristique de l'écriture d'enfants jeunes (Cappeau & Roubaud, 2005). L'introducteur *il était une fois* entre alors en concurrence avec *un jour* (4' et 5')[4]. Ce qui peut paraître une anomalie n'est simplement qu'un usage spécifique d'un cadratif (Charolles & Vigier, 2005) :

(4) **Il était une fois** une maman habitait avec ses enfants. (B, Alexia)

(4') **Un jour** une maman habitait avec ses enfants.

---

2 Pour la notation des ratures (ajouts ou suppressions notamment), nous avons choisi de retenir les conventions de transcription de l'ITEM. <www.item.ens.fr>.

3 Ceci rappelle certaines organisations du français classique : Combettes (2012).

4 Pour l'emploi de *un jour* dans le récit, on pourra lire Charolles (2006) et Garcia-Debanc (2013).

(5) **Il était une fois** un enfant avait aperçu qu'il y avait une maison hantée a dix mètres de chez lui, et dans cette maison il y avait une sorcière méchante. (B, Yassine)

(5') **Un jour** un enfant avait aperçu qu'il y avait ...

Dans l'exemple (6), on pourrait penser que l'élève utilise la structure discontinue *il y a... qui...* comme un introducteur de récit à la façon de *il était une fois... qui...* (*il y a une dame vieille et laide comme une sorcière qui habitait dans une maison*), or il n'en est rien :

(6) **Il y a for longtemps de cela** une dame vielle et lède comme une sorciere, **qui** habitait dans une fôret. (B, Jade)

L'ajout de *fort longtemps* confère à *il y a* une valeur temporelle et l'expression *il y a fort longtemps de cela* équivaut à un *jadis* :

(6') **Jadis** une dame veille et laide comme une sorciere, qui habitait dans une fôret.

Dans ce cas, *qui* est un pronom relatif au service de l'antécédent *sorcière* et n'appartient pas à une structure en *il y a... qui...* La phrase demeure incomplète sur le plan syntaxique : il y manque le verbe constructeur (que faisait cette dame ?).

Ces introducteurs *il était une fois*, *il y a*, fréquemment utilisés par les élèves (à l'oral comme à l'écrit) provoquent de nombreuses ruptures dans la phrase. Or ils ne font l'objet d'aucun enseignement à l'école, ce qui explique sans aucun doute les variations syntaxiques dans leur emploi.

De plus, l'enchâssement d'une relative dans une construction verbale, surtout quand elle porte sur le sujet (Cappeau, 2000 : 82), provoque de nombreuses anomalies (Laparra, 1995). L'élève s'embourbe dans la construction avec relative, ce qui donne à l'énoncé un effet d'incomplétude, comme en (6) ou encore en (7) :

(7) Aurore **qui** avait apperçu le petit garçon alors elle lui prépara un piège ave un chaudron. (B, Laonie)

L'antécédent nominal, complété par une relative en *qui*, n'est suivi d'aucun verbe, si bien que le grand syntagme nominal (antécédent + relative) semble rester en suspens, d'autant plus que l'élève poursuit son récit avec une construction verbale (*alors elle lui prépara ...*).

Employer un pronom relatif dans son texte n'est pas chose aisée, même pour un élève de 11 ans. Si l'école lui apprend que la relative enrichit le nom et transforme une phrase simple en une phrase complexe[5], elle ne dit rien des autres emplois possibles de relatifs comme dans l'exemple (8) :

---

[5] Ministère de l'Éducation nationale et ministère de l'Enseignement supérieur et de la Recherche, *B.O. Horaires et programmes d'enseignement de l'école primaire*. Hors série n° 3 du 19 juin 2008, 2008.

(8) Il était une fois une famille **dont** un bucheront avec ça femme et ses enfants. (B, Neal)

Là où le lecteur pourrait penser que l'élève ne maîtrise pas la complexité en syntaxe (la relative n'a pas de verbe), on a un *dont* ayant la valeur d'un *parmi lesquels* (8') :

(8') Il était une fois une famille **parmi lesquels** un bûcheron avec sa femme et ses enfants

Existe-t-il un moyen de sortir de ce carcan syntaxique que représente l'enchâssement d'une relative ? Les productions recueillies montrent que les élèves emploient des structures concurrentes pour marquer un lien avec un référent nominal, qui tiendrait lieu d'antécédent dans le cas d'une relative. Ils utilisent ainsi un possessif pour relier le nom à son possesseur (9), reprennent le nom dans une autre construction verbale (10, 11, 12) ou encore produisent une seconde construction verbale avec un pronom anaphorique (13) :

(9) gabriel et son frère, Alexis on une voisine bizzare, **sa** maison est hantée ! (B, Mathieu)

(10) Ils sont partis chez ses parants et **ses parants** lui on dit ne sort plus toute seul, (B, Yassine)

(11) elle lacha le piège. Mais **le piège** rata le petit garçon. (B, Laonie)

(12) Il y avait une armure de chevaliers qui bougeait toute seul **l'armure** fit un grincement horible (B, Théo)

(13) Il était une fois une dame inioble. **Elle** avait le nez d'un perroquet, le visage tout déformé er biensur elle n'avait pas d'oreille. (B, Léandre)

On voit là toute la difficulté des élèves aux prises avec les introducteurs et les relatives, qui constituent des pièges syntaxiques. Toutefois, les productions montrent que les élèves intègrent ces outils formels « en grammaire » mais en leur faisant subir des variations, ce qui provoque des anomalies syntaxiques.

Au moment d'écrire, il arrive que ces formes disponibles en langue se bousculent sous la main du scripteur, créant alors un énoncé bizarre que le lecteur qualifiera de « petit monstre[6] » :

(14) Un jour d'été j'avait poser ma sacoche **la ou** dedans il y avait de l'argent dans une camionète a mon père. (A, Farès)

L'anomalie est due à la présence de deux locatifs référant au même objet (*là où* + *dedans*).

---

[6] Expression empruntée à Blanche-Benveniste (1990, p. 54).

Il ressort de ces observations qu'au lieu de parler d'« anomalies », il vaudrait mieux rechercher les modèles linguistiques intégrés par les élèves, en faire un recensement et établir les usages qu'ils en font[7]. C'est dans ces exploitations du système que se situe l'appropriation de la langue par les élèves. Nous pourrions ainsi définir des niveaux de complexité dans l'appropriation des modèles selon les régularités observées dans les textes d'élèves.

2.2. Les anomalies syntaxiques liées aux procédés de double-marquage

Les ouvrages anciens mettent sur le compte de la syntaxe de l'oral bon nombre de dysfonctionnements qu'ils considèrent comme des anomalies. Depuis les travaux conduits sur le français parlé (Blanche-Benveniste, 1990, 2010), nous récusons cette vision simpliste qui justifierait la présence de reprise d'un élément dans la phrase, comme c'est le cas pour le double marquage (exemple : *Paul, il vient*). Ces structures sont présentes dans les deux séries de textes examinés. Dans les paroles rapportées, on serait tenté de dire que la reprise du pronom complément d'objet est justifiée par le caractère oral de l'énoncé :

(15) « Non je **l'**ai pas vu **votre carte** » (A, Thomas)

Mais nous trouvons de nombreuses reprises de pronoms dans le récit, à différentes places de construction, sujet (16), objet (17) ou locatif (18) :

(16) **Mme Moretemon**, **elle** avait treize enfants (B, Nathan)

(17) Je ne **l'**avait pas oublier **le pain** à la cave je l'avait poser. (A, Iman)

(18) Les deux enfant **y** promenait **dans les bois**. (B, Mathilde)

Le double marquage n'est pas un simple fait de reprise : le syntagme nominal produit sert à expliciter le pronom. Ce syntagme a l'avantage de ne pas avoir de restriction de longueur, contrairement au pronom : le nom peut s'adjoindre toutes sortes d'expansions (adjectif, syntagme prépositionnel, relative) et les cumuler (19-20) :

(19) Un pour j'avais perdu un collier, je ne savais plus où je l'avait mis. J'avais chercher de partout je ne le trouvais plus. Je ne s'avais plus quoi faire je ne **le** trouvais pas **ce collier de Paris que j'avais depuis mes 1 ans**. (A, Océane)

(20) Cette maison était térifiante. Il se retourna en entendant ce grand bruit. Il courut [...] Depuis cette aventure, les enfants ne sortent plus la nuit. Car ils se souviennent de se jour la et ils font toujours des cochemar

[7] C'était déjà le souhait de Blanche-Benveniste en 1988 : manuscrit de Nancy (Roubaud, 2013, p. 165).

ils narive pas a dormir parce qu'ils **l'ont** encore entendue **se bruit térifian de film doreure** (B, Samuel)

Comme l'écrit Béguelin (1995) à propos des SN démonstratifs, le scripteur « ré-accommode » la référence : en effet le double marquage par un SN démonstratif permet à l'élève d'apporter une information nouvelle sur la provenance et la datation du collier (19) ou de remobiliser des savoirs d'arrière-plan mentionnant un grand bruit (20). La reprise par un SN démonstratif a une fonction de dramatisation, accentuant la recherche vaine du scripteur (19) ou l'impression de terreur éprouvée par les enfants (20), créant ainsi avec le lecteur un phénomène d'empathie. Il est alors difficile d'analyser ces emplois comme des anomalies syntaxiques.

2.3. Les anomalies syntaxiques liées à une lecture par le sens

Notre corpus comporte quelques exemples pour lesquels un élément graphique (que nous mettons en gras) sert à deux reprises : il est une fois lié à ce qui précède et une autre fois à ce qui suit (voir 21' et 22') :

(21) En rentrant chez **elle** vit son frère qui avait 6 ans. (B, Jules)

(21') En rentrant chez elle, elle vit son frère ...

(22) Il était une fois une fille qui s'appellait **Clara** vivait dans une maison toute seule (B, Noémie)

(22') Il était une fois une fille qui s'appellait Clara, Clara vivait dans une maison toute seule

Blanche-Benveniste (1993) a conduit l'étude de ce phénomène à partir de l'exemple *Le portrait de mon papa a les cheveux chauves*. Elle a montré qu'il était ancien[8] et qu'on le retrouve dans les textes d'enfants ou d'adolescents « scripteurs malhabiles » (Blanche-Benveniste, 1993, p. 12). Nous en avons relevé en plus grand nombre dans des textes d'enfants plus jeunes (6-7 ans). La particularité de ces élèves est que tous, à la lecture, rétablissent l'élément graphique manquant : les enfants font alors « une lecture par l'esprit et non une lecture par le regard » (*ibid.*, p. 17).

Ce phénomène étant attesté, il ne s'agit donc pas d'erreurs purement mécaniques dues à la négligence des élèves qui écrivent ou à la lenteur de leur écriture par rapport à la conception du texte mais plutôt d'un regard différent porté sur la relation entre ce qui est écrit et ce qui est lu. Ce phénomène reste très étranger à nos habitudes de lecture et passe pour une anomalie, surtout lorsque l'élève ajoute une ponctuation forte entre les deux verbes :

---

[8] Blanche-Benveniste donne des exemples de ce phénomène dans des textes en vers et le rapproche du mode de construction en *apo koinu* (1993, p. 14).

(23) Arthure grandi. À l'age de 7 ans parti près d'un lac. (B, Enzo)

Comme l'écrit Claudine Fabre-Cols (2000, p. 49), nous devons prendre en compte ces bizarreries qui, « bien loin d'être imputables à la seule étourderie [...], quand elles font l'objet d'une discussion entre l'adulte et l'enfant, se révèlent pleines de surprises et d'enseignement pour l'un et pour l'autre ».

L'analyse de tels énoncés ne peut se satisfaire d'une analyse en micro-syntaxe, le sens transcendant les catégories grammaticales. C'est le niveau macro-syntaxique qui rend alors visible ce phénomène de relais.

3. Les anomalies portant sur les procédés de reprise anaphorique

Parmi les marques de cohésion qui assurent la continuité du texte – temps et personnes verbales, pronoms, substituts lexicaux, etc. (Charolles, 1988a ; Charolles, 2002) – les procédés de reprise anaphorique occupent une place centrale. Compte tenu de la tâche d'écriture en B, on peut faire l'hypothèse que les problèmes seront plus nombreux dans les textes B que dans les textes A, dans lesquels le nombre de personnages est limité, peu d'actants étant simultanément en jeu. En nous appuyant sur les analyses conduites par Béguelin (1988), nous analyserons successivement les emplois « aphoriques », c'est-à-dire dénués de référent textuel explicite, les hésitations sur le genre et le nombre dans les chaînes de référence, les ambiguïtés référentielles et les inférences à réaliser par le lecteur.

3.1. Absence de référent textuel explicite

Comme attendu, les cas de pronoms ou de déterminants aphoriques, c'est-à-dire sans référent textuel explicite, sont plus nombreux pour la consigne B. La tâche d'écriture impose en effet de mentionner la référence avant le pronom de rappel ou le déterminant démonstratif à valeur anaphorique.

(26) Emilie n'a pas peur du noir ou des créatures bizarres. Elle habitait dans cette maison depuis longtemps. (B, Romain)

Dans l'exemple (26) ne figure aucune mention préalable de la maison ou d'un élément qui permettrait de l'inférer. Ces « trous » sont parfois le fait d'une correction, repérable dans les ratures, comme en (27) et (28) :

(27) Il y avait une petite fille (garçon a été barré) qui s'appelle Eléna (Edoire a été barré). Elle habitait dans cette maison depuis longtemps. (B, Antoine)

(28) Le monstre de la maison

> Un jour le parent de Julie (barré, remplacé par) <Thomas> était parti à un concert elle avait peur sa maison grinçait de partout. Elle habitait dans cette maison depuis longtemps. C'était normal que ça grinçait et quand thomas alla dans son lit Il se retourna en entendant ce grand bruit. (B, Alexandre)

On peut noter l'absence de référent correspondant au pronom *elle* dans la version finale du texte (28). Celle-ci est due à une correction : l'élève a remplacé un prénom de fille, *Julie*, initialement posé pour résoudre la référence de *elle*, par un prénom de garçon, *Thomas*, ajouté au-dessus, donc par une correction après coup (Leblay, 2007). On ne peut pas savoir à quel moment est intervenue cette correction mais on peut penser qu'elle est liée à la résolution de la référence du pronom masculin figurant dans la deuxième phrase (*Il se retourna ...*) et on peut donc l'imputer à la double contrainte posée par la tâche d'insertion des deux phrases.

Ce type d'anomalie est également présent dans certains textes A :

(29) J'avais perdu **la photo de mon ancien chien, un boxer femelle elle** s'appelait nimphéa elle morte elle avait 12 ans âge homme. Elle à sucomber d'un cancer du foie jallais chez mes grands parents pour leur montrer **la photo** à pied mon papa à alors proposer de faire une partie en course de vitesse biensûr j'ai gagner et je me suis rendue compte que je **l'**avais perdue j'ai prévenu mon père on **l'**a chercher en vain et rien mais on ne **l'**a pas trouver on est donc aller chez mes grands-parents les mains vide ils nous ont demander où était passé **la photo** on leur a expliquer on est encore aller chercher puis en revenant dans la boîte aux lettres il y avait **la photo** et dérrière était marqué « quel beau chien. (A, Léo)

On notera la distance entre le pronom personnel *l'* (*je l'avais perdue*, *on l'a chercher*) et la première mention de son référent, dans la première ligne du texte, *la photo de mon ancien chien*. Ce référent est rappelé par le GN *la photo* (*leur montrer la photo*) quelques lignes plus haut mais le candidat le plus proche du pronom personnel, dans le texte, est *mon papa*. Toutefois, bien que l'absence de segmentation visible, du fait de l'absence de ponctuation, ne facilite pas le travail, le lecteur n'éprouve pas de difficulté à identifier correctement le référent, en raison d'un effet de saillance.

3.2. Hésitations sur le genre ou le nombre dans la chaîne de référence

La notion d'anaphore, « qui capte la relation de dépendance existant entre deux expressions référentielles » est complétée par celle de « chaine de référence » lorsque « le nombre des items sur lesquels on travaille est supérieur à deux unités » (Schnedecker, 1997, p. 9). Schnedecker (1997) délimite le phénomène de chaine de référence en lui appliquant trois critères : (a) le nombre minimal de maillons (nous l'avons vu, au moins trois), (b) la délimitation par des bornes lexicales, (c) un critère spatial de distance entre les maillons. Elle rappelle que les chaines de référence constituent l'un des quatre plans d'organisation textuelle proposés par Charolles (1988a). Celles-ci doivent être prises en compte en interrelation avec les périodes, les portées, avec notamment les adverbiaux cadratifs et les séquences textuelles.

Or, dans les productions écrites que nous avons analysées, la cohésion des chaines de référence peut parfois être perturbée par des hésitations sur le genre des noms et pronoms, comme dans l'exemple (30) ci-dessous :

(30) J'avais perdu **mes lunettes bleu** qui s'étaient dans la voiture de mon père. Lorsque j'étais dans la voiture j'ai enlevé **mes lunettes** et je **l'**ai mis dans le tiroir. Le vendredi dernier matin je cherché **mes lunettes** et je ne **les** pas trouvées. Ma mère ma dit « Quand je viendrai à la maison je chercherai **tes lunettes** ». A Midi j'ai dit à « ma mère « t'a trouvé **mes lunettes** » elle m'a répondu « Non ». Alors moi je recherché **mes lunettes** je n'ai **les** pas trouvées. Le dimanche mon grand frère netoyyer la voiture et il a trouver **mes lunettes.** (A, Sabrina)

Ce texte se caractérise par la répétition du syntagme nominal comportant un déterminant possessif (*mes*, *tes*) + *lunettes* (7 occurrences), que ce soit dans la narration ou dans le discours rapporté. On note trois occurrences de pronoms personnels compléments (*l'ai mis*, *les pas trouvées*, *les pas trouvées*). Pour la première occurrence, avec un pronom personnel singulier, on peut penser que la reprise se fait par le sens : les lunettes, même si elles sont dénommées par un SN pluriel, constituent un seul objet. Les deux occurrences *les* sont difficiles à expliquer, dans la mesure où, dans les deux cas, l'auxiliaire *avoir* manque. Trois explications sont possibles. Tout d'abord, il peut s'agir d'une omission de l'auxiliaire, ce que peut laisser penser l'accord du participe passé effectué correctement (*trouvées*). On peut aussi avoir affaire à une transcription erronée de *l'ai trouvé*, auquel cas la forme serait au singulier. On peut aussi penser au phénomène d'apo koinou, décrit supra au paragraphe 1.3. : dans ce cas, l'élève fait l'amalgame, via l'élément /le/, de l'auxiliaire *ai* et du pronom pluriel *les*. L'erreur orthographique, l'omission d'un mot, rend ici la forme plus difficilement interprétable qu'on ne pourrait le penser à première vue.

3.3. Ambiguïtés référentielles

(31) Ce jour-ci, mon frère Antony était chez un copain. Comme j'étais toute seule j'ai décidée de faire de la DS, j'étais contente car mes parents m'avaient dis oui. Mais horreur ! Ma DS avait disparue, j'ai fouiller partout mais envain. Du coup j'ai inviter **Léa et Carlita**, nous nous amusions bien quand tout à coup **Carlita** commença à grimper

sur le canapé de ma chambre. Léa et moi ont essayaient de **la** rattraper mais **Carlita** montait trop vite. Tout à coup **Carlita** tomba derrière le canapé, heureusement nous tirions le canapé pour **la** faire sortir, refusant de **s**'enlever nous êtions obliger d'aller **la** chercher. Mais derrière le canapé je vis ma DS ! Léa et moi ont félicitaient **Carlita**. Le soir, je fis de la DS, quel plaisir ! Comme quoi **les chiens** ça aide. D'ailleurs je ne vois pas pourquoi mes parents n'**en** veulent <pas> c'est quand même grâce à **Carlita** que j'ai retrouver ma DS ! (A, Marion)

À la lecture du texte, Léa et Carlita apparaissent comme deux amies de la narratrice. Or, l'énoncé généralisant de clôture *Comme quoi **les chiens** ça aide* ne laisse aucun doute sur le fait que Carlita est une chienne, sans que le terme ait été antérieurement utilisé dans le texte. Regardons comment peut s'opérer le glissement pour le lecteur. Les prédications verbales *grimper*, *monter* et *tomber* peuvent s'appliquer à la fois aux humains et aux animaux mais il est probable que, s'il s'agissait d'une petite fille, on ne serait pas obligé d'aller la chercher derrière le canapé. Le participe présent construit en anacoluthe *refusant de s'enlever* confirme le doute du lecteur car on peut raisonnablement imaginer que si Carlita était une petite fille, son retour se jouerait dans un dialogue argumenté et non dans un mouvement physique. Là où, stylistiquement, on pourrait apprécier un effet littéraire d'ellipse dans la chute d'une nouvelle, les enseignants répugneront sans doute à effectuer une telle inférence et préfèreront considérer ceci comme une anomalie.

3.4. Inférences à réaliser par le lecteur

L'exemple (31) est significatif des importantes inférences que doit effectuer le lecteur. Ces inférences sont réalisées plus facilement en situation de lecture naturelle (lecture de roman, de revue, de courrier) qu'en situation scolaire car, comme le rappelle Masseron (1981), le « professeur ne lit pas, il corrige ». De même, dans l'exemple (32), le lecteur doit réaliser une inférence de coréférence entre la dénomination de l'objet recherché *la manette de PLAY 3* et le SN *un truc noir*, expression référentielle qui est pourtant tout à fait intéressante pour rendre compte du point de vue des personnes en quête de l'objet (Charolles, 2002).

(32) moi je chercher dans la cuisine et ma mère dans sa chambre, et personne a trouver la manette de PLAY 3. Moi et ma mère nous avons chercher dans le salon mais tous de suite on a vus un truc noir et j'ai jouer avec mon frère (A, Islem)

L'emploi du connecteur *et*, à valeur temporelle et consécutive ici, rend cette inférence plus difficile, dans la mesure où la reprise de l'objet perdu n'est pas indiquée, d'autant plus que, précédemment, tout au long du texte, la chaîne de référence faisait alterner le SN *une manette de PLAY 3* et le pronom personnel *elle* (3 occurrences).

La gestion des chaînes anaphoriques est donc un lieu important d'observation d'anomalies. Les résultats constatés ici rejoignent ceux des études psycholinguistiques sur la gestion des anaphores (pour une synthèse des premiers travaux, Apothéloz, 1995). Il en est de même pour les marques de segmentation et de connexion, qui assurent le découpage du texte et en facilitent la compréhension par le lecteur.

4. Les anomalies dans l'emploi des marques de segmentation et de connexion

La rédaction d'un texte suppose de gérer des opérations de segmentation et d'empaquetage (Schneuwly, 1988). De nombreuses recherches psycholinguistiques (Fayol, 1989) ont montré que ponctuation et connecteurs doivent être considérés comme un système de marques, les connecteurs pouvant se substituer à des marques de ponctuation chez les rédacteurs débutants.

4.1. Les marques de segmentation

Revenons sur certains des textes que nous avons analysés au point 2, pour les considérer, cette fois, sous l'angle de l'utilisation des marques de segmentation. Le texte (29) se caractérise par une quasi-absence de marque de ponctuation : on relève seulement une virgule en première ligne du texte, avant un syntagme nominal en apposition, un point en deuxième ligne du texte, délimitant une période plus qu'une phrase syntaxique et un guillemet ouvert à la fin du texte. Au lecteur de rétablir les marques de ponctuation des phrases et des propositions, y compris lorsqu'il y a des éléments expressifs (*bien sûr j'ai gagné, on l'a chercher en vain et rien*). Cette absence de ponctuation est plus fréquente chez des élèves de début de cycle 3 (9 ans) que chez des élèves de CM2.

De ce point de vue, le texte (30) est plus représentatif des productions écrites de CM2. La segmentation des phrases est signalée systématiquement par majuscule et point. De même, le discours rapporté est encadré par des guillemets. En revanche, on ne repère aucune marque de ponctuation intermédiaire, virgule ou deux points.

Quant au texte (31), il se découpe en phrases par une utilisation pertinente des points, majuscules et points d'exclamation mais la lecture en est rendue parfois difficile par un emploi de la virgule là où le lecteur attendrait plutôt un point ou point virgule (*Du coup, j'ai invité Léa et Carlita. Nous nous amusions bien, quand, tout à coup, Carlita...*). C'est ici la virgule qui est tantôt employée conformément à l'usage, tantôt comme un point.

Ces trois textes (29), (30), (31), se caractérisent aussi par l'utilisation de nombreux connecteurs, principalement *alors*, *et*, *mais*, dont le nombre est inversement proportionnel au nombre de marques de ponctuation. Si l'on considère que les marques de ponctuation constituent un système idéographique spécifique de l'écrit et que les connecteurs sont utilisés très tôt et en très grand nombre à l'oral, on peut ainsi observer que les élèves prennent en compte la spécificité de l'écrit de façon très progressive tout au long de l'école primaire et que cet apprentissage est loin d'être terminé à l'issue de l'école primaire. Il est d'ailleurs très inégalement construit chez les élèves à ce moment de leur scolarité, comme on a pu le voir dans leurs productions écrites. Celles-ci montrent que le découpage en phrases ne relève pas strictement d'une analyse en termes d'anomalie syntaxique.

4.2. Les connecteurs

Connecteurs et marques de ponctuation constituent un système, l'absence de marque de ponctuation étant compensée parfois par la multiplication de connecteurs, comme on peut le voir dans le texte (33) :

(33) Pendan un fête forène dans un stande de tir à la carabine j ai perdu ma psp je la cherché partou dans la féte foréne **mais** rien. **Alors** je suis aller voir mes parent ou ca ou **mais** il ne l'avais pas, **après** j'ai demedais à tous la gens que je voier **mais** élase rien personne ne la vais vue. **Alors** je suis sorti de la féte forérne tous a cous dans la féte foréne je craier l'avoir retrouver **mais** non **alors** j'ai demander à mon frère de maider **mais** il ne vouler pas maider. **Alors** j'ai fais une dernier recherche **mais** pratique ment tous les stande que gavé fais rien. **après** je suis aller au sande de tir à la cabine **et** le meeusieu me laver carder can je tiré. (A, Léo)

Ce texte est structuré par un système de connecteurs : *alors* (4 occurrences), *mais* (6 occurrences), *après* (2 occurrences), *et* (1 occurrence). *Alors*, placé le plus souvent en tête de phrase, après un point et avec une majuscule, a une valeur à la fois temporelle et logique. *Après* a principalement une valeur temporelle mais il ouvre la phrase finale qui présente la résolution. Les différents échecs dans la quête de l'objet sont indiqués par des *mais* à valeur argumentative. En revanche, la résolution finale est introduite par un *et*. On peut noter que, paradoxalement, ce sont des marqueurs à moindre valeur argumentative *après*, *et* qui introduisent les éléments correspondant à la résolution.

La typologie proposée par [Reichler-]Béguelin (1992) est précieuse : elle distingue des dissensions d'ordre sémantique, lorsque les instructions associées à un connecteur sont en contradiction avec son emploi en contexte, des anomalies liées au recrutement des termes corrélés, des anomalies liées à des enchaînements opérant sur des contenus implicites, des conflits de stéréotypes. Cette typologie est construite à partir d'occurrences relevées principalement dans la presse (courrier de lecteurs, petites annonces) ou dans des copies d'étudiants. L'analyse amène Marie-José Béguelin à conclure que « le "point de vue du décodeur" (donc le point de vue normatif) conduit en particulier à *syntagmatiser* la représentation des phénomènes de connexion, alors que, du point de vue de l'encodeur, ceux-ci opèrent manifestement sur des contenus mémoriels et non sur des segments de discours ». (Béguelin, 1992, p. 76).

Ces catégories ont été mises à l'épreuve de notre corpus. Nous n'avons pas l'espace ici de présenter de façon détaillée les analyses. Retenons que la variété des connecteurs employés par les élèves est moins grande que dans le corpus analysé dans l'article de 1992 mais que l'on peut trouver des exemples de chacune de ces catégories. Apparaît également un problème spécifique, lié aux accumulations de certains connecteurs (*mais* ou *et*), comme on peut le voir dans le texte (34) :

(34) La maison hantée !!!!!!!!

> *Il était une fois* une vieille dame, qui était très très très très très vieille. Elle habitait dans cette maison depuis longtemps. *Un jour* la maison se mit en feu **et** la vieille dame qui aver 70 an. *20 ans plus tar* la maison se fait acheter le Mardi 4 decembre 2012 !!!!!. Le jenomme sapeler Stefane ODDOS. **Mais** *19 ans plus tar* il muru acauase d'un asandi. **Mais** une famille composer des parent et de deux enfans. *Un soire de printans* les enfans sautère. Il se retourna en entendant ce grand brui. **Mais** il vu une personne mort. *Depuis cette aventure*, les enfants ne sortent plus la nuit. (B, Jeanne)

La structuration du texte est assurée à la fois par des connecteurs, indiqués ici en gras, et par des organisateurs temporels, qui jouent le rôle d'adverbiaux cadratifs (Charolles & Vigier, 2005 ; Garcia-Debanc, 2010), signalés par des italiques. On peut noter la récurrence des *mais*, employés en initiale de phrase, pour lesquels le lecteur a des difficultés à identifier les segments connectés. L'abondance des organisateurs temporels, peut-être générés par la structure syntaxique de la phrase de clôture (*Depuis cette aventure…*), organise le texte comme une chronique des malheurs advenus dans cette maison, ce qui peut la faire qualifier de *maudite*, plutôt que *hantée*, comme dans le titre proposé par l'élève. Ainsi, même si les enchaînements sont localement acceptables, l'intrication des connecteurs rend les calculs sémantiques confus pour les lecteurs.

5. Conclusion

Les textes d'élèves constituent un observatoire de la langue, dans la mesure où les tâtonnements et erreurs qui les caractérisent sont l'indice de certaines difficultés structurelles. Nous avons vu, tout au long de cette contribution, l'intrication des niveaux d'analyse, les anomalies locales pouvant être levées par une interrogation d'ordre plus global et, inversement, des emplois localement acceptables devenant des anomalies au plan global. Ainsi, les anomalies syntaxiques peuvent être, dans certains cas, résolues du point de vue du lecteur par une prise en compte d'un contexte plus large, de même que les anomalies relatives à la cohésion nécessitent une observation attentive du cotexte immédiat. Dans un certain nombre de cas, des écarts à la norme d'ordre orthographique rendent impossible la décision entre plusieurs explications possibles, comme nous l'avons vu pour l'extrait de texte (30).

Les anomalies ainsi inventoriées font apparaître des décalages entre les faits de langue que l'école enseigne et les structures que les élèves utilisent mais aussi entre ce que les enseignants pensent que les élèves apprennent et ce que ces derniers font fonctionner, à travers leurs essais et leurs erreurs. Nous l'avons vu notamment à propos de la relative et des marques de ponctuation.

Les actions de formation initiale et continue pourraient se donner pour enjeu de modifier le regard des enseignants afin qu'ils cessent de considérer comme erreur tout écart par rapport à la norme. Au faîte de ces analyses, les enseignants auraient alors du temps pour observer les « anomalies », analyser les régularités puis y revenir dans la discussion avec les élèves. Nul doute qu'un tel dispositif serait rentable pour les deux parties (enseignant et élèves).

L'analyse de ce type de corpus réinterroge en retour les relations micro-syntaxe / macro-syntaxe, dont elle conforte la nécessaire complémentarité. C'est déjà ce que Marie-José Béguelin notait (1999, p. 148), dans un article annonçant la parution de son ouvrage *De la phrase aux énoncés* : « L'extension exacte des domaines où micro et macro-syntaxe déploient leurs effets est donc à reconsidérer, au bénéfice d'une connaissance plus éclairée des mécanismes syntagmatiques à l'œuvre dans les textes et les discours. » Les textes d'apprenants apparaissent comme un terrain d'investigation particulièrement fécond dans cette perspective.

Bibliographie

Apothéloz, D., *Rôle et fonctionnement de l'anaphore dans la dynamique textuelle*, Genève-Paris, Droz, 1995.

[Reichler-]Béguelin, M.-J., « Anaphore, cataphore et mémoire discursive », *Pratiques*, n° 57, 1988, p. 15-43.

[Reichler-]Béguelin, M.-J., « Comment se servir des "erreurs" dans l'enseignement du texte écrit ? », *CARESP* (Journal du Cartel Romand des Associations du corps enseignant secondaire et professionnel), n° 19, 1989, p. 4.

[Reichler-]Béguelin, M.-J., « L'approche des 'anomalies' argumentatives », *Pratiques*, n° 73, 1992, p. 51-78.

[Reichler-]Béguelin, M.-J., « L'encodage du texte écrit. Normes et déviances dans les processus référentiels et dans le marquage de la cohésion », in Verhoeven, L. & Teberosky, A. (eds.), *Proceedings of the Workshop "Understanding early literacy in a developmental and cross-linguistic approach"*, Network on Written Language and Literacy, Strasbourg, European Science Foundation, 1994, p. 175-204.

[Reichler-]Béguelin, M.-J., « Alternatives et décisions lexicales dans l'emploi des expressions démonstratives », *Pratiques*, n° 85, 1995, p. 53-87.

Béguelin, M.-J., « De la phrase aux énoncés : bilan et perspectives », in Béguelin, M.-J., Näf, A. & De Pietro, J.-F. (dir.), *La terminologie linguistique à l'école romande : perspectives interlinguistiques*, Actes du Colloque de Neuchâtel, nov. 1998, *Travaux neuchâtelois de linguistique*, n° 31, 1999, p. 143-153.

Béguelin, M.-J., « Diagnostic des erreurs dans un corpus d'écrits techniques », in *La rédaction technique*, Actes du Séminaire organisé par les Conseils et Délégations à la langue française de Belgique, de France, de Suisse romande et du Québec, Bruxelles, 24-25 novembre 1997, Bruxelles, Duculot, 2000, p. 105-119.

Bishop, M.-F., *« Racontez vos vacances... » Histoire des écritures de soi à l'école primaire (1882-2002)*, Grenoble, PUG, 2010.

Blanche-Benveniste, C., *Le français parlé : études grammaticales*, Paris, Éd. du CNRS, 1990.

Blanche-Benveniste, C., « Le portrait de mon papa a les cheveux chauves. », *Le français dans le monde*, n° spécial février-mars, 1993, p. 10-19.

Blanche-Benveniste, C., *Le français. Usages de la langue parlée*, Leuven-Paris, Peeters, 2010.

Cappeau, P., « Ce que nous apprend la morphosyntaxe », in Fabre-Cols, C. (dir.), *Apprendre à lire des textes d'enfants*, Bruxelles, De Boeck Duculot, 2000, p. 71-96.

Cappeau, P. & Roubaud, M.-N., *Enseigner les outils de la langue avec les productions d'élèves*, Paris, Bordas, 2005.

Charolles, M., « Les plans d'organisation textuelle : périodes, chaînes, portées et séquences », *Pratiques*, n° 58, 1988 (a), p. 3-13.

Charolles, M., « La gestion des risques de confusion entre personnages dans une tâche rédactionnelle », *Pratiques*, n° 60, 1988 (b), p. 75-97.

Charolles, M., *La référence et les expressions référentielles en français*, Paris, Ophrys, 2002.

Charolles, M., "*Un jour* (*one day*) in narratives", in Korzen, J. & Lundquist, L. (eds.), *Comparing Anaphors. Between Sentences, Texts and Languages*, Copenhagen, *Copenhagen Studies in Language*, n° 34, Copenhagen, Samfundslitteratur Press, 2006, p. 11-26.

Charolles, M. & Vigier, D., « Les adverbiaux en position préverbale : portée cadrative et organisation des discours », *Langue Française*, n° 148, 2005, p. 9-30.

Combettes, B., « Hyperbate et structure informationnelle », in Paillet, A.-M. & Stolz, C. (dir.), *L'hyperbate : aux frontières de la phrase*, Paris, Presses de l'Université de Paris-Sorbonne, 2012.

Corblin, F., *Indéfini, défini et démonstratif*, Genève, Droz, 1987.

Fabre-Cols, C., « De la situation de production à l'interprétation du texte : contexte, matériau, lisibilité », in Fabre-Cols, C. (dir.), *Apprendre à lire des textes d'enfants*, Bruxelles, De Boeck Duculot, 2000, p. 19-55.

Fayol, M., « Une approche psycholinguistique de la ponctuation. Étude en production et en compréhension », *Langue Française*, n° 81, 1989, p. 21-39.

Frei, H., *La grammaire des fautes*, Genève, Slatkine, 1929.

Garcia-Debanc, C., « Segmentation, connexion et indexation dans des productions écrites d'élèves de 9 à 13 ans de deux genres textuels », *Synergies Pays Scandinaves* no 5/ Année 2010, Danemark, p. 81-96.

Garcia-Debanc, C., « Une tâche-problème pour analyser les compétences d'élèves de sixième en matière de cohésion textuelle », in *Ouvrage d'hommage à Michel Charolles*, à paraître.

Groupe EVA, *Évaluer les écrits à l'école primaire*, Paris, Hachette Éducation, 1991.

Groupe EVA, *De l'évaluation à la réécriture*, Paris, Hachette Éducation, 1995.

Laparra, M., « Quelques réflexions didactiques sur l'apprentissage des relatives », *Pratiques*, n° 87, 1995, p. 59-91.

Leblay, C., « L'avant-texte comme texte sur le vif. Analyse génétique d'opérations d'écriture en temps réel », *Langue Française*, n° 155, 2007, p. 101-113.

Masseron, C., « La correction de rédaction », *Pratiques*, n° 29, 1981, p. 47-68.

Masseron, C., « Entre argumentation et langue : propositions visant à la réécriture de fragments très locaux », *Pratiques*, n° 84, 1994, p. 41-54.

Masseron, C., « Indicateurs langagiers et stratégies scripturales. Du discours à la langue », *Pratiques*, n° 125/126, 2005, p. 205-243.

Roubaud, M.-N., « Mieux analyser les erreurs des élèves », *Les cahiers pédagogiques*, n° 403, 2002, p. 60-61.

Roubaud, M.-N., « Reconsidérer l'erreur », *Les cahiers pédagogiques*, n° 438, 2005, p. 31-32. [version longue sur le site <www.cahiers-pedagogiques.com>].

Roubaud, M.-N., *Langue et enseignement. Une sélection de 22 manuscrits de Claire Blanche-Benveniste (de 1976 à 2008)*, *TRANEL*, n° 58, 2013.

Schnedecker, C. *Nom propre et chaines de référence*, Recherches linguistiques n° 21, Metz, Université de Metz, 1997.

Schneuwly, B., *Le langage écrit chez l'enfant. La production des textes informatifs et argumentatifs*, Lausanne-Paris, Delachaux et Niestlé, 1988.

Être élève et exprimer une pensée propre : un paradoxe ?[1]

Stéphanie Breux &
Anne-Nelly Perret-Clermont

Université de Neuchâtel, Institut de psychologie et éducation

Le postulat saussurien consiste, on le voit, à placer le véritable objet de la linguistique du côté de l'activité des locuteurs et non du côté du savant, lequel reçoit de la sorte une troublante leçon d'humilité.

Marie-José Béguelin, 2004, p. 71

1. L'activité du locuteur : une notion centrale

Marie-José Béguelin, en relevant ce postulat saussurien dans « L'apprenant comme modèle du sujet parlant », nous a amenées à notre tour à nous y arrêter. En se rapportant au texte de de Saussure pour qui « l'analyse subjective des sujets parlants eux-mêmes [...] seule importe ! » (de Saussure, 1968, p. 414 et 416), elle souligne « la portée révolutionnaire » de cette idée qui « n'a pas été reconnue à sa juste valeur » (Béguelin, 2004, p. 71). Les deux auteurs, chacun à leur manière, font de l'activité des locuteurs une priorité pour l'étude de la langue. Béguelin la considère comme « le véritable objet de la linguistique » et désigne le locuteur en tant que « "locuteur-apprenant idéal", toujours en train d'ajuster et de réviser ses savoirs langagiers au gré de ses contacts verbaux avec ses congénères » (Béguelin, 2004, p. 72). L'importance donnée au locuteur semble primordiale pour les deux auteurs.

D'autre part, Marie-José Béguelin relève, dans le même texte, qu'elle veut traiter l'erreur « au même rang que l'énoncé jugé "correct" » (Béguelin, 2004, p. 70) et que chaque énoncé, dans la mesure où il est produit par un locuteur et qu'il en traduit sa compétence, est grammatical

1 Avec le soutien du Fonds national suisse de la recherche scientifique, contrat n° PDFMP1-123102/1.

et peut donc potentiellement être modélisé. Le locuteur[2] n'est de ce fait pas celui qui fait des erreurs par rapport à une norme établie par des experts et des scientifiques. En psychologie du développement aussi, depuis les travaux pionniers de Piaget, l'erreur de l'enfant n'est pas considérée comme une erreur, ni comme un écart à une norme définie par l'adulte.

Marie-José Béguelin, dans l'article « L'approche des “anomalies” argumentatives », relève que le domaine de la sémantique du discours, dont fait partie la cohérence logique et argumentative, « est peu strictement réglé, solidaire de multiples paramètres externes, à la fois énonciatifs, interactifs, cognitifs et socio-culturels » (Béguelin, 1992, p. 51). Notre propos ici sera d'étudier l'activité de locuteur en la plaçant au centre, en cherchant à comprendre ce que cette activité met en œuvre psychologiquement, et en observant notamment les « facteurs sociaux dans l'exercice du langage » (Béguelin, 2004, p. 72). Un locuteur se situe toujours dans un contexte. Le contexte qui va particulièrement nous intéresser maintenant est celui des situations comportant des relations asymétriques dans lesquelles l'enfant est invité par l'adulte à être locuteur, comme c'est le cas à l'école, par exemple. Plus particulièrement, nous nous intéresserons à une situation dans laquelle il est attendu que l'enfant argumente et nous chercherons à voir les processus qui sous-tendent ces « paramètres » évoqués par Marie-José Béguelin.

Nous voulons observer, à travers un corpus de données d'interactions entre un adulte et des enfants autour d'épreuves piagétiennes, comment les enfants agissent et se placent en tant que locuteurs lorsqu'ils sont invités à le faire dans une relation asymétrique. Dans cette étude, nous commencerons par examiner de plus près la situation empirique et nous poserons la question de savoir si et en quoi le fait d'inviter l'enfant à être locuteur crée une situation interlocutrice relationnelle et psychologique particulière. Nous observerons sa difficulté d'exprimer un point de vue propre et tenterons, au fil du texte, d'en tirer des réflexions qui pourront ouvrir la voie à des recherches ultérieures sur le locuteur lorsqu'il est non seulement enfant mais aussi élève, avec ce que cela comporte.

2. L'enfant locuteur dans une relation asymétrique

Notre intention ici est d'observer des interactions entre adultes et enfants lorsque ces derniers sont invités à être locuteurs et donc ne prennent pas l'initiative de parler. Nous le ferons dans le contexte de la passation d'une épreuve piagétienne présenté plus loin. En tant que psychologues, nous ne nous intéressons pas à un être abstrait ou à un modèle prototypique ou idéal du locuteur mais à des personnes qui, dans

2 Dans la suite du chapitre, et par souci de commodité, le masculin sera utilisé. Mais que le lecteur soit avisé qu'il peut s'agir également d'un féminin.

l'ici et le maintenant, cherchent à s'exprimer, parlent à quelqu'un, avec un dessein, et à propos de quelque chose. Nous considérons l'activité, et en particulier celle d'un locuteur, comme ne se déroulant jamais dans un vide social mais dans un contexte social précis, historique, investi par les interlocuteurs. Ceux-ci ont souvent des enjeux et des buts différents. Chacun y occupe une place et est inséré dans des rapports interpersonnels qu'il ou elle vit selon des modalités relationnelles diverses que sous-tendent notamment des rapports de force, des normes et des valeurs.

Étudier des situations de relations asymétriques, au sein desquelles l'adulte invite l'enfant à être locuteur, présente un intérêt particulier. Dans la vie quotidienne, en général, l'enfant est un locuteur spontané qui parle très souvent, dans de nombreuses situations. Ici, l'enfant se trouve dans une situation particulière dans laquelle il ne s'agit pas de prendre la parole spontanément mais de s'exprimer suite à une invitation de l'adulte.

À l'école, les élèves sont cependant, désormais, invités par leurs enseignants à exprimer un point de vue propre. Le but de l'école n'est plus de « former » un élève passif mais d'aider les élèves à développer des compétences collaboratives, réflexives et créatives. L'élève est aujourd'hui un élève actif, à qui on demande de produire des exposés, de travailler en groupe, de collaborer. Il est attendu des élèves qu'ils soient créatifs, qu'ils participent à des activités qui mettent l'argumentation au centre afin qu'ils accèdent à la nature argumentative du savoir. Mais de tels dispositifs pédagogiques ne sont pas faciles à concevoir et à implémenter (Muller Mirza & Perret-Clermont, 2009).

Souvent, en classe, et en particulier en classe de français, en plus d'être sollicités pour prendre la parole et exprimer leur avis, les élèves sont invités à créer des textes (oraux ou écrits) dans des genres discursifs particuliers. Par exemple, il est demandé à l'élève de raconter une histoire, d'expliciter ou de commenter ses actes, d'écrire une lettre, d'argumenter dans un débat, etc. Les chercheurs qui créent les dispositifs pédagogiques tentent de faire des distinctions entre les différents genres discursifs (Dolz & Schneuwly, 1998). À partir de cette distinction, ils essaient de mettre en place des moyens didactiques pour que les élèves parviennent à leur tour, d'une part, à distinguer similairement ces genres discursifs et d'autre part à produire des textes qui s'inscrivent dans ces genres. Les didacticiens créent des conditions pour faire produire aux élèves les discours attendus. Mais qu'en est-il du côté des élèves ? Comprennent-ils les distinctions ? Comprennent-ils pourquoi on leur demande de raconter une histoire, par exemple, et à qui la raconter ? À l'enseignant ?

Plus fondamentalement, il y a peut-être un paradoxe entre deux buts qu'essaye de poursuivre l'école, même si la raison d'être de ces deux buts est que, finalement, l'un étaye l'autre. Un de ces buts est de transmettre un bagage culturel aux élèves. L'autre est l'attente qu'ils développent un point de vue propre et sachent faire preuve de créativité et d'esprit critique dans leurs raisonnements. N'est-ce pas en partie contradictoire ? Comment les élèves font-ils face à ce paradoxe ? Comment comprennent-ils leur rôle d'élève qui doit apprendre et montrer qu'il sait (donc qu'il sait répondre juste, conformément aux traditions et normes culturellement transmises par l'enseignement), mais dont on attend aussi qu'il soit l'auteur d'un point de vue propre ?

Pour des raisons méthodologiques, avant de nous immerger dans la complexité de la dynamique conversationnelle d'une classe entière, nous avons essayé de comprendre ce qui se passe lors d'une rencontre entre un adulte et un petit groupe d'enfants dans la “micro” situation, *a priori* relativement simple et standard, d'une discussion autour d'une tâche piagétienne. Piaget, à travers une méthode d'entretien qu'il a développée au fil de ses travaux, avait pour but d'étudier le développement cognitif de l'enfant. Son « entretien critique » vise à donner à l'enfant l'occasion de déployer sa pensée de façon à en rendre observable la structure. Piaget supposait que celle-ci se développe vers des possibilités de coordinations logiques de plus en plus puissantes, ce qu'il pensait pouvoir étudier à travers les arguments que les enfants donnent pour justifier leurs propos. Pourtant, dès le début de ses travaux, Piaget (1926/2003) remarque qu'il ne suffit pas de créer une occasion ou de poser des questions pour que l'enfant exprime son point de vue propre et argumente, car des processus sociaux sont à l'œuvre dans ce type de situation et peuvent induire l'enfant à fabuler, imiter un camarade, répéter un propos entendu, voire dire n'importe quoi pour remplir la conversation. Bien que Piaget ait été conscient de l'existence de ces processus, il les négligera ensuite dans la formalisation de sa théorie. Nous allons au contraire tenter ici de les observer (sans rêver comme Piaget de pouvoir les contourner) car nous pensons qu'ils jouent un rôle central dans le développement de l'enfant, notamment pour sa capacité à être un interlocuteur, participer à une conversation, apprendre d'autrui et s'exercer à affirmer sa pensée propre en des termes « socialisés » c'est-à-dire acceptables pour ses partenaires.

Nos exemples sont tirés d'un corpus d'entretiens piagétiens revisités, en l'occurrence l'épreuve la plus connue parmi celles étudiées par Piaget : la conservation des quantités de liquide (Piaget & Szeminska, 1941). À l'origine de cette épreuve, il s'agissait d'une conversation qu'un adulte devait engager avec un enfant à propos de quantités de liquide (du sirop, la plupart du temps) contenues dans des verres de différentes formes, et de la compréhension (ou non) par l'enfant de la conservation des quantités de liquide lors du transvasement dans les différents verres. Au début de l'épreuve, l'adulte (parfois en alternance avec l'enfant) verse des quantités égales de sirop dans des verres identiques (nommés dans ce texte A et A'). Une fois que l'enfant a reconnu l'égalité des quantités, on transvase le liquide d'un des verres dans un verre de forme différente, plus haut et plus mince (nommé B) ou plus bas et plus large (nommé C). Puis, l'adulte demande à l'enfant si la quantité contenue dans ce deuxième verre est équivalente, plus grande ou plus petite que celle contenue dans le premier verre. Cette phase de transvasement peut être répétée avec d'autres verres de différentes formes. Dans chacune de ces situations, l'enfant est interrogé sur la conservation de l'équivalence des quantités, à travers des questions et des contre-suggestions qui sont censées permettre de comprendre si l'enfant raisonne à l'aide du concept opératoire de quantité ou s'il se limite à prendre en compte l'impression que lui donnent les configurations perceptives, lesquelles l'induisent à croire à la non-conservation des quantités.

Dans quelques recherches précédentes et en cours (Arcidiacono & Perret-Clermont, 2009, 2010 ; Breux, Arcidiacono & Perret-Clermont, sous presse ; Greco Morasso, Miserez-Caperos & Perret-Clermont, sous presse ; Sinclaire-Harding, Miserez, Arcidiacono & Perret-Clermont, 2013), nous avons cherché à comprendre si l'enfant répond à l'adulte ce qu'il croit qu'il faut répondre ou ce qu'il pense. Certaines de ces recherches ont, entre autres, montré qu'il est parfois difficile pour l'enfant d'exprimer un point de vue et de prendre une position d'interlocuteur. Certaines modifications ont, été apportées à l'épreuve de conservation des quantités de liquide, afin de tenter de créer davantage d'occasions pour les enfants de s'exprimer. L'épreuve piagétienne revisitée consiste à modifier certains des éléments décrits plus haut, par exemple discuter avec plusieurs enfants, introduire une composante narrative, faire intervenir des marionnettes d'animaux, etc. Les extraits que nous présentons ici consistent tous en des interactions entre un adulte et deux enfants.

Le premier extrait tiré de notre corpus présente une interaction entre un adulte et deux enfants, Bastien et Nadine, âgés d'environ 6 ans[3].

Extrait 1

12	adulte	donc on n'a pas la même quantité, et toi qu'est-ce tu penses Bastien ? on a la même chose ou pas ?
13	Bastien	(4.0)[3] on a la même chose, mais juste Nadine son verre il est plus grand

[3] Données récoltées sous la direction de Francesco Arcidiacono que nous remercions ici.

[4] La durée des pauses est indiquée par un chiffre entre parenthèses dans les extraits.

14	adulte	mhm, et donc tu dois expliquer à Nadine, vous devez parler entre vous hein, comment on peut arriver à avoir la même chose (12.0) tu peux parler avec Nadine, hein, parce qu'elle a dit que que vous avez la même chose maintenant non, qu'elle en a plus (10.0) peut-être Nadine peut t'expliquer pourquoi elle pense euh qu'elle en a plus hein, essayez vous de vous expliquer, de parler, ((les enfants se regardent))[5] (13.0) parce que finalement si toi tu bois dans ton verre Bastien et toi tu bois dans ton verre Nadine, vous avez la même chose à boire ou pas ? parce que le but de l'activité est que vous arrivez à avoir la même chose à boire (10.0) moi je vous laisse discuter hein, c'est entre vous hein, essayez de vous expliquer comment on peut avoir la même chose à boire, ((les enfants baissent la tête)) (38.0) alors personne ne veut dire rien ? Nadine, toi, toi t'as versé le sirop. alors essaye de de voir avec Bastien, si vous avez la même chose ou pas, ((les enfants se regardent et baissent la tête)) (12.0)
		[...]
27	Bastien	faut mettre dans ce verre ((désigne A'))
28	adulte	voilà, alors
29	Bastien	pour voir
30	adulte	t'expliques à Nadine et après on va voir si toi, Nadine, t'es d'accord, allez-y,
31	Bastien	est-ce que t'es d'accord ?
32	Nadine	((fait oui de la tête)) (17.0)
33	adulte	Nadine euh, elle elle a dit elle est d'accord. alors donc il faut que quelqu'un prend prend le verre et fait quelque chose (4.0)
34	Bastien	est-ce tu veux voir, si on a la même chose ?
35	Nadine	((fait oui de la tête))
36	Bastien	alors pourquoi tu fais pas ? (11.0)
37	adulte	alors Nadine, Bastien là il t'a demandé si ça va pour toi de euh faire quelque chose de mettre le sirop dans le troisième verre ((désigne A')) (4.0) est-ce que t'es d'accord avec Bastien ?
38	Nadine	((fait non de la tête))
39	adulte	non ? mais alors il faut lui dire « non je suis pas d'accord parce que je pense que », (17.0) toi aussi Bastien tu peux aussi prendre les verres et prendre le sirop, et faire, des choses. peut-être comme ça tu peux mieux expliquer qu'est-ce tu en penses ?
40	Bastien	((fait non de la tête))

[5] Les commentaires des transcripteurs sont indiqués entre doubles parenthèses dans les extraits.

Durant cette interaction, contrairement à l'espoir mis dans l'entretien piagétien qui devrait permettre de voir la pensée de l'enfant se déployer au travers de discours argumentatifs, les enfants observés ici parlent en général très peu, en particulier Nadine qui ne prend presque jamais la parole. Souvent, en guise de réponses aux questions de l'adulte, les enfants hochent la tête. À un certain moment de l'interaction, la peine que rencontrent les enfants à exprimer leur point de vue est assez manifeste. Durant près de trois minutes, l'adulte sollicite plusieurs fois les enfants afin qu'ils s'expriment. Il utilise de nombreux verbes de parole (*expliquer*, *parler*, *discuter*, *dire*) et ceci à plusieurs reprises. En agissant ainsi, l'adulte donne des indications aux enfants, les invite à produire des discours, demande à l'un d'expliquer à l'autre, etc. Il utilise pour cela quelques verbes modaux précédant les verbes de parole (*devoir*, *pouvoir*, *vouloir*, dans des expressions comme « tu dois expliquer à Nadine », « vous devez parler », « tu peux parler », « personne ne veut dire rien ? »). Dans cette interaction, il demande donc aux enfants d'avoir un point de vue propre et de l'exprimer. L'enfant est explicitement placé dans l'échange en tant que locuteur et on lui laisse la parole. Mais parfois, comme ici, les enfants parlent peu, expriment une gêne (baissent les yeux, observent le matériel, se regardent). Ce n'est pas parce que l'adulte procède à des sollicitations insistantes et répétées que les enfants s'expriment. Il ne suffit pas d'exiger des enfants qu'ils expriment leur pensée pour que cela advienne !

Plus loin dans l'interaction, Bastien parle davantage et son discours semble conforme aux attentes de l'adulte. Ce dernier dit : « t'expliques à Nadine et après on va voir si toi, Nadine, t'es d'accord, allez-y » (tour de parole 30) et Bastien reprend alors ce que l'adulte vient de dire, en s'adressant à sa camarade : « est-ce que t'es d'accord ? » (tour de parole 31) puis, plus loin, « est-ce que tu veux voir si on a la même chose ? » (tour de parole 34). Bastien a alors probablement compris qu'il devait parler et agir. Il endosse son rôle assigné de locuteur. Cependant, on s'aperçoit qu'il reprend beaucoup les termes de l'adulte énoncés plus haut. Il s'agit donc d'un phénomène imitatif de reprise de l'adulte (Bernicot, Salazar Orvig & Veneziano, 2006). En relisant attentivement les transcriptions de ces entretiens, on s'aperçoit que c'est l'adulte qui incite même parfois aux reprises ! En effet, à un moment de l'interaction, l'adulte dit à Nadine « mais alors, il faut dire "non je suis pas d'accord parce que je pense que" », alors qu'en principe l'adulte attend l'expression propre de l'enfant. Cette oscillation entre répondre à l'adulte et exprimer son propre point de vue fera l'objet de la prochaine section et sera discutée à l'aide d'exemples.

3. Pensée propre ou pensée socialisée ?

Le fait d'inviter l'enfant à prendre une position de locuteur dans une situation asymétrique ne va pas de soi et il est parfois difficile pour l'enfant d'assumer cette position dans ce type d'interlocution. L'adulte demande aussi à l'enfant que son propos soit l'expression de *son* point de vue et attend donc de celui-ci qu'il présente ce que nous appellerons une « pensée propre », c'est-à-dire une pensée qui émane du « Je », au sens où l'entend Mead (Mead, 1934), et qui n'est donc pas une simple imitation du propos d'autrui, ou une concession faite pour fournir une réponse socialement attendue, mais une vraie conviction personnelle. Cette pensée propre se trouve en tension avec ce que nous appellerons une « pensée socialisée », c'est-à-dire le fruit d'un effort délibéré de répondre à ce qui est déchiffré de l'attente d'autrui. Lorsque nous observons les interactions adulte-enfants, il n'est pas toujours facile de faire la distinction entre ce qui relève de la pensée propre et ce qui est de l'ordre de la pensée socialisée, car les deux processus sont souvent présents en même temps et en tension. L'enfant ne comprend peut-être pas toujours où et quand il est possible pour lui de déployer une pensée propre et n'a pas forcément envie de le faire ne serait-ce que parce que cela met en jeu sa face. Cependant, invité à cette séance, tant qu'il l'accepte, il cherche au moins minimalement à répondre à l'attente de l'adulte ou du moins à ce qu'il en comprend. Dans ces circonstances, l'attente de l'adulte que l'enfant exprime un point de vue propre n'est-elle pas un paradoxe ?

Dans l'exemple ci-dessous, un adulte discute avec deux enfants, Denis et Jolan, qui ont entre 6 et 7 ans. Il s'agit de l'épreuve de conservation des quantités de liquide, ayant subi quelques modifications : en effet, au départ, la quantité de liquide dans le verre C est égale à la quantité de liquide dans le verre B de forme différente (apparence d'inégalité) et le transvasement se fait ensuite de B en A et de C en A' (et offre donc une apparence d'égalité puisque les niveaux atteints par le sirop dans les deux verres sont semblables).

Extrait 2

50	adulte	alors on va voir si c'est bien comme ça hein je verse tout ici dedans ((verse C dans A' et B dans A)) est-ce qu'il y a la même chose beaucoup de jus d'orange dans les deux verres ou bien est-ce qu'il y a un verre où y a plus de jus d'orange ou un verre
51	Denis	y a plus ((désigne A))
52	Jolan	non la même chose (3.0)
53	Denis	non
54	adulte	qu'est-ce que tu penses Denis y a la même chose beaucoup ?
55	Denis	non y a plus, ((désigne A))
56	adulte	comment tu sais qu'il y a plus ?
57	Denis	parce que c'est un plus grand verre

58	adulte	puis si on regarde ((rapproche A et A'))
59	Jolan	non c'est la même chose
60	adulte	y a la même chose de jus d'orange Denis ?
61	Denis	non
62	adulte	non ?
63	Jolan	oui (4.0)
64	Denis	ouais
65	Jolan	on a la même chose
66	adulte	si tu regardes bien
67	Denis	ouais
68	adulte	y a la même chose ?
69	Denis	ouais
	[…]	
85	adulte	puis toi Denis, qu'est-ce que tu penses ?
86	Denis	y a moins ((désigne A')) vu ((rapproche A et A')) y a moins, ça descend
87	Jolan	non c'est la même chose
88	adulte	si on regarde bien on voit que c'est la même chose hein ? han ? d'accord Denis ? si tu regardes bien c'est la même chose,
89	Denis	ouais

Dans l'entier de l'interaction dont cet extrait est tiré, c'est-à-dire quels que soient les transformations et l'état de sirop dans les verres (même donc quand A=A'), Denis tente de maintenir sa position, à savoir l'inégalité des quantités. Cependant, à trois reprises dans l'interaction, Denis déclare qu'il y a égalité, ce qui est contradictoire, mais on peut observer que ceci advient comme une confirmation d'un propos de l'adulte qui précède (tours de parole 64-69). Plus loin dans l'interaction, l'adulte dit que « si on regarde bien on voit que c'est la même chose hein ? han ? d'accord Denis ? si tu regardes bien c'est la même chose » (tour de parole 88), question à laquelle Denis répond non pas par un « oui » franc mais par un « ouais » (tour de parole 89). L'enfant disant « non » dès le début de l'interaction, l'adulte fait probablement l'hypothèse que la prémisse A=A' n'est pas partagée. Il pousse donc l'enfant à reconnaître l'égalité des quantités de liquide dans les verres A et A' alors que l'enfant répond souvent « non » à cette question de l'égalité. L'enfant exprime un point de vue propre que l'adulte ne comprend pas. Ce dernier propose alors de revoir la prémisse A=A' et insiste tellement sur ce fait que l'enfant finit par comprendre qu'il est censé répondre « oui ». Cependant, les « ouais » (tours de parole 64, 67, 69 et 89) énoncés par Denis nous incitent à penser qu'il n'est pas totalement convaincu par cette réponse mais cède plutôt à la pression sociale exercée par l'adulte et par son camarade.

Même si dans des situations telles que celles-ci l'adulte a pour but de comprendre le développement cognitif de l'enfant, et qu'il est donc censé poser des questions en restant le plus neutre possible, il exerce une autorité sur l'enfant et la relation asymétrique peut s'accentuer. L'adulte a une grande influence sur les réponses de l'enfant et il semble qu'il lui fasse dire ou faire des choses en contradiction avec ce que l'enfant veut dire ou faire. Prendre et émettre un point de vue propre dans ce cas-là semble alors bien compliqué. L'autorité de l'adulte joue ici probablement un rôle dans l'expression du point de vue de Denis qui fluctue entre une pensée propre et une pensée socialisée.

L'exemple suivant est une interaction entre un adulte et deux enfants, Lucie et Nicolas, âgés d'environ 6 ans[6]. Dans la première partie de l'extrait ci-dessous, les niveaux de liquide sont les mêmes dans les verres A et A' mais aussi dans le verre C (qui, étant plus large, contient donc plus de sirop). Dans la deuxième partie de l'interaction, les niveaux de liquide dans les verres A et C sont les mêmes, mais inférieurs au niveau du verre A'.

Extrait 3

260	adulte	d'accord alors toi tu penses ça, et puis toi Lucie, qu'est-ce que tu penses ?
261	Lucie	moi aussi
262	adulte	tu penses quoi ? c'est-à-dire ?
263	Nicolas	la même chose que moi elle veut dire
264	adulte	ouais mais c'est quoi la même chose que Nicolas ?
265	Nicolas	qu'il faut
266	adulte	attends laisse-la parler
267	Nicolas	d'accord
268	adulte	qu'est-ce que tu veux dire, Lucie ?
269	Lucie	qu'il faut mettre un petit peu vers l'autre ((désigne la gourde))
270	adulte	je te laisse faire alors, comme ça tu m'expliques comment tu fais
271	Lucie	((verse C dans la gourde))
272	adulte	alors, tu m'expliques ce que tu as fait ?
273	Nicolas	c'était pas c'est
274	adulte	attends attends laisse-la laisse-la,

6 Une partie de cet extrait a été examinée dans une autre étude (Breux, 2011).

275	Nicolas	en fait, en fait, en fait, c'est pas la même chose
276	adulte	alors, on laisse euh Lucie s'exprimer ?
277	Nicolas	oui
278	adulte	puis dire ce qu'elle pense, puis après tu diras ton avis
279	Nicolas	oui
		[…]
340	adulte	qu'est-ce que tu penses ? oui ?
341	Nicolas	((fait oui de la tête))
342	adulte	et toi Lucie ?
343	Lucie	oui
344	Nicolas	non, j'ai vu que non
345	adulte	ah bon ? et pourquoi non ?
346	Nicolas	elle a mis un peu plus, regardez, comme ça,
347	adulte	ah ouais. qu'est-ce que t'en penses Lucie ?
348	Lucie	celui-là ((désigne C)) il a plus et celui-là ((désigne A)) il a un petit peu
349	Nicolas	non celui-là celui-là ((désigne A)) il est à bonne taille. celui-là ((désigne A')) il en a plus
350	Lucie	celui-là ((désigne A')) il a plus
351	adulte	alors, il faut enlever dans celui-là ((désigne A')) ? je vais enlever alors,
352	Nicolas	Lucie, écoute, parle plus fort ! on n'entend rien de rien ! ((s'adresse à l'adulte)) hein ?

Dans cette interaction, qui dure environ vingt-six minutes au total, Nicolas prend presque systématiquement la parole en premier. Il est très impliqué dans l'activité, posant des questions à l'adulte, donnant son avis, examinant les verres, etc. Il se montre très engagé et bavard tout au long de l'interaction. Beaucoup plus, en tout cas, que sa camarade Lucie, qui parle en général seulement lorsque l'adulte s'adresse nommément et directement à elle. L'adulte intervient de nombreuses fois (tours de parole 266, 274, 276, et 278) pour donner la parole à Lucie et guider le déroulement de la conversation : « on laisse Lucie s'exprimer ? […] puis dire ce qu'elle pense, puis après tu diras ton avis » (tours de parole 276 et 278).

Dans cet extrait, Nicolas coupe la parole à sa camarade à plusieurs reprises, ne la laissant ainsi pas exprimer son opinion et répondant même à sa place en interprétant ses dires : « la même chose que moi elle veut dire » (tour de parole 263). À la fin de l'extrait, Nicolas semble endosser le rôle non plus du camarade de classe et du partenaire de la tâche mais de celui qui la dirige, comme pourrait le faire un enseignant par exemple. Il s'exclame même à la dernière réplique de l'extrait : « Lucie, écoute, parle plus fort ! on n'entend rien de rien ! ». Les différents rôles qu'adopte Nicolas au cours de cette interaction sont très intéressants. En effet, ce petit garçon est d'abord l'enfant dans l'interaction, face à l'adulte : il assume alors son rôle d'enfant et obéit à l'adulte quand celui-ci lui dit d'attendre et de laisser parler sa camarade (tours de parole 276-279). Dans un autre moment de l'interaction (non transcrit ici), Nicolas demande l'avis de l'adulte, son approbation sur ce qu'il fait, et énonce même une fois un « oui chef » en réponse à une consigne donnée par l'adulte. Il a donc conscience de sa double position d'enfant et d'élève. Dans l'interaction, il occupe encore une autre position, celle de camarade, vis-à-vis de Lucie. Dans la vie de la classe, ces enfants se connaissent et interagissent tous les jours. Cependant, ici, ils sont placés dans une situation inhabituelle. Nicolas quitte peu à peu ses positions d'enfant, d'élève et de camarade pour endosser un rôle de « chef » et en venir à ordonner à sa camarade : « Lucie, écoute, parle plus fort ! ». Quant à Lucie, dans ces conditions, il devient difficile pour elle d'exprimer son propre point de vue. À la fin de l'extrait, on la voit reprendre les termes de son camarade pour répondre à la question de l'adulte, exprimant ainsi probablement ce qu'elle croit qu'on attend d'elle.

4. Enfant, élève et locuteur

Les trois exemples que nous avons examinés présentent des situations asymétriques dans lesquelles l'adulte attend de l'enfant qu'il exprime sa propre opinion, déploie un raisonnement original, amène sa contribution et l'argumente. Le premier extrait illustre qu'il est parfois difficile pour l'enfant d'exprimer un point de vue ; les deux extraits suivants permettent de mieux comprendre l'oscillation qui peut se manifester entre l'effort d'exprimer une pensée propre et l'effort de produire une pensée socialisée, avec le risque que l'une étouffe l'autre.

Observer l'enfant dans une situation où on lui demande d'être locuteur est instructif pour réexaminer les efforts pédagogiques actuels qui tendent également à donner plus de place à l'expression du point de vue de l'élève. En effet, l'école attend des élèves, en plus des apprentissages relativement passifs des leçons enseignées, de plus en plus de créativité personnelle dans leurs raisonnements et dans leurs travaux. Les élèves sont toujours plus soumis à des invitations à exprimer leur point de vue propre, afin (tel est l'objectif pédagogique) qu'ils développent une pensée personnelle et puissent devenir des citoyens critiques et responsables.

Nous avons pu observer dans notre recherche qu'au sein d'une relation asymétrique, répondre à l'invitation d'exprimer une pensée propre entre en tension avec le souci légitime de l'élève de fournir des réponses acceptables. Si être enfant et locuteur peut être si difficile parfois pour l'enfant dans des situations comme celles que nous avons rencontrées dans cette étude, être élève exprimant un point de vue propre peut relever de l'exploit lorsque l'adulte formule des exigences contradictoires, comme nous l'avons vu, par exemple lorsqu'il incite à faire des reprises au moment même où il demande l'expression d'un point de vue personnel !

À l'instar de Saussure et Béguelin, placer l'activité du locuteur au centre et étudier les processus qui sous-tendent les paramètres externes (Béguelin, 1992) permet de mieux comprendre ce que cette activité implique, socialement et psychologiquement. On comprend que, pour que l'élève puisse endosser activement une position de locuteur auteur de ses propres paroles, il faut le placer dans les conditions psychologiques et sociales adéquates. Il s'agira donc d'imaginer des dispositifs pédagagiques ouverts (Giglio & Perret-Clermont, 2012) dans lesquels il sera clair (mais est-ce possible ?) qu'il n'y a pas de réponse attendue mais quelque chose de neuf à élaborer ou à créer : idée, argumentation, compréhension ou raisonnement. Le rôle de l'enseignant ne serait plus d'enseigner ce qu'il "faut dire" mais d'accompagner une pensée naissante, en l'instrumentant et en l'enrichissant d'acquis culturels.

Bibliographie

Arcidiacono, F. & Perret-Clermont, A.-N., « Revisiting the Piagetian test of conservation of quantities of liquid : argumentation within the adult-child interaction », *Cultural-Historical Psychology*, n° 3, 2009, p. 25-33.

Arcidiacono, F. & Perret-Clermont, A.-N., « The co-construction of conversational moves in the context of Piagetian interview : the case of the test of conservation of quantities of liquid », *Rassegna di Psicologia*, n° 27(2), 2010, p. 117-137.

Béguelin, M.-J., « L'approche des "anomalies" argumentatives », *Pratiques*, n° 73, 1992, p. 51-78.

Béguelin, M.-J., « L'apprenant comme modèle du sujet parlant », in Gajo, L., Matthey, M., Moore, D. & Serra, C. (dir.), *Un parcours au contact des langues. Textes de Bernard Py commentés*, Paris, Didier, 2004, p. 69-72.

Bernicot, J., Salazar Orvig, A. & Veneziano, E., « Les reprises : dialogue, formes, fonctions et ontogenèse », *La Linguistique*, n° 42(2), 2006, p. 29-50.

Breux, S., « Pourquoi ? – Parce que. Explication et argumentation dans deux tâches scolaires : une illustration des genres textuels ? » (Mémoire de Master non publié), Université de Genève, 2011.

Breux, S., Arcidiacono, F. & Perret-Clermont, A.-N., « Reprendre la parole de l'autre dans une situation d'entretien piagétien », *TRANEL (Travaux Neuchâtelois de Linguistique)*, no 60, 2014, p. 109-120.

Dolz, J. & Schneuwly, B., *Pour un enseignement de l'oral : initiation aux genres formels à l'école*, Paris, ESF éditeur, 1998.

Giglio, M. & Perret-Clermont, A.-N., « Prédire, agir et observer. Une méthodologie pour développer séquences pédagogiques et savoirs professionnels », *Formation et pratiques d'enseignement en questions*, n° 14, 2012, p. 127-140.

Greco Morasso, S., Miserez-Caperos, C. & Perret-Clermont, A.-N., « L'argumentation à visée cognitive chez les enfants. Une étude exploratoire sur les dynamiques argumentatives et psychosociales », in Muller Mirza, N.. & Buty, C. (eds), *Argumentation dans les contextes de l'éducation*, Bern, Peter Lang, sous presse.

Mead, G.H., *L'esprit, le soi et la société*, Paris, PUF, 1934.

Muller Mirza, N. & Perret-Clermont, A.-N. (eds.), *Argumentation and education. Theoretical foundations and practices*, New York, Springer, 2009.

Piaget, J., *La représentation du monde chez l'enfant*, Paris, PUF, 1926/2003.

Piaget, J. & Szeminska, A., *La genèse du nombre chez l'enfant*, Neuchâtel, Delachaux et Niestlé, 1941.

Saussure, F. de, *Cours de linguistique générale, édition synoptique de Rudolf Engler*, Wiesbaden, Harrassowitz, 1968.

Sinclaire-Harding, L., Miserez, C., Arcidiacono, F. & Perret-Clermont, A.-N., « Argumentation in the Piagetian clinical interview as collaborative thinking : a step further in dialogism », in Ligorio, M. B. & César M. (eds.), *Interplays between dialogical learning and dialogical self*, Charlotte, Information Age Publishing, 2013, p. 53-82.

Contribution hors-thème

Une théorie simple de la saillance

Raffaele SIMONE

Università Roma Tre, Rome

Pour Emilia

1. Ubiquité de la saillance

La saillance[1] est un phénomène ubiquitaire dans le comportement langagier, à l'oral ainsi qu'à l'écrit dans toutes leurs manifestations (même si dans une mesure différente et sous des formes spécifiques). Il n'est littéralement pas possible d'émettre un seul énoncé sans lui assigner un ou plusieurs points saillants. Il s'agit donc d'un facteur intrinsèque et primordial de l'énonciation, de même que, par ex., le matériel phonétique ou morphologique.

Malgré cette ubiquité flagrante, la théorie linguistique n'a pris vraiment en compte la saillance que rarement et de manière oblique. Avant toute chose, elle est souvent considérée comme n'ayant d'intérêt que pour la phonologie, où l'on la place normalement dans la dimension « suprasegmentale », ce qui n'a pas aidé à faire reconnaître son importance. Des cadres théoriques entiers l'ignorent ou la traitent comme un élément surajouté, presque collé sur une charpente déjà complète. En outre, il faut bien admettre que la discussion sur les faits de saillance a été fourvoyée du fait qu'on l'interprète surtout dans la perspective de l'opposition thème/rhème, alors que la phénoménologie de ce sujet s'étale plus largement et avec des répercussions importantes à distance. Sans en avoir une idée pour ainsi dire multidimensionnelle, on tombe sur les risques où tombent toutes ces analyses qui finissent par aplatir le phénomène de la saillance en obscurcissant la variété de ses manifestations et fonctions.

---

1 Le terme de *saillance* n'est qu'un des termes français pour indiquer le phénomène. D'autres termes sont *visée*, *mise en relief*, ou, à l'anglaise, *focus*. Dans la littérature internationale, d'ailleurs, l'oscillation terminologique est si répandue qu'il faudrait un travail préalable de stabilisation pour donner un seul nom universellement reconnu au phénomène discuté ici.

Je propose ici les prolégomènes à une théorie « simple » de la saillance, c'est-à-dire une interprétation n'impliquant que très peu d'entités théoriques. Le but principal de cette théorie est celui de situer ce phénomène essentiel au centre de la machinerie langagière et, en même temps, dans le noyau de la théorie du langage. Mes remarques sont préliminaires à une analyse approfondie et procèdent par la décomposition des dimensions multiples où la saillance peut s'inscrire, car sa nature et ses effets changent remarquablement au fur et à mesure que change la dimension où on la voit.

Pour éviter qu'elle apparaisse une fois de plus comme un phénomène isolé et sans liens effectifs avec la charpente du langage, il faut avant toute chose inscrire le phénomène saillance dans une théorie. À cet effet, je rappellerai les traits essentiels de la Grammaire des Catégories et Constructions, le modèle du sens grammatical pour lequel je plaide depuis longtemps.

1.1. La GCC

La GCC (Grammaire de Catégories et Constructions : Simone, 2007, 2009, en préparation ; Simone & Lombardi Vallauri, 2010, 2011) est une théorie du sens grammatical à vocation fortement pragmatique et fonctionnelle. Son postulat de fond est que le langage n'est pas qu'un appareil computationnel (sauf pour ce qui concerne quelques régions déterminées, comme la quantification ou l'anaphore) mais qu'il est un appareil flexible et relativement asystématique, fait pour répondre aussi bien aux besoins de la prédication (« dire quelque chose au sujet de quelque chose ») qu'aux besoins pragmatiques (« viser des résultats pratiques, même extra-linguistiques, par son énonciation »). Le point de départ de la production de langage est donc le couple Prédication + Pragmatique, et c'est ce couple qui guide le choix des solutions de codage que fait le locuteur à tout instant. En GCC ces solutions sont appelées *technologies* et c'est au sens propre que ce terme doit être entendu, car il s'agit de ressources abstraites destinées à résoudre toute une classe de problèmes. En ce sens, le langage peut bien être vu comme un appareil de solution de problèmes, où ceux-ci sont constitués précisément par la recherche de la « meilleure manière » de coder la prédication et la pragmatique.

L'accent pragmatique posé sur les postulats de la théorie implique que le locuteur joue dans le langage un rôle actif permanent, car il accomplit sur sa langue des opérations de plusieurs types (les « opérations discursives » ; Simone, en préparation) pour adapter le choix des technologies langagières dont il dispose à ses besoins prédicatifs et pragmatiques.

Le schéma suivant représente cette dynamique :

(1) Dynamique du comportement langagier

Problème (Besoins prédicatifs + Besoins pragmatiques) → Technologies de la langue → Choix des technologies les plus adaptées à la solution du problème

Trois prémisses suffiront à rappeler les aspects de la GCC qui ont affaire à notre sujet.

(i) Dans l'architecture de la GCC, la faculté de langage a deux composantes majeures, respectivement les *Exécutables* et les *Utilités* (Simone 2007). En informatique ces termes désignent deux classes d'applications qui coopèrent tout en gardant des fonctions distinctes : les Exécutables font entrer les données et produisent des effets avec elles et sur elles, les Utilités opèrent sur des données déjà introduites. De même, dans le langage les deux composantes produisent des effets distincts : l'output des Exécutables, ce sont les énoncés dans leur forme logique ; les Utilités, elles, modulent les énoncés une fois engendrés en en réglant des paramètres. Cette distinction est évidemment de nature purement logique, non pas chronologique ou réelle. Voici les effets principaux des exécutables :

(2) Effets des Exécutables

a. Générer la forme logique de l'énoncé ;
b. Établir les référents.

Par contre, les Utilités ont les effets principaux suivants :

(3) Effets des Utilités

a. Régler la force illocutoire de l'acte linguistique ;
b. Représenter les structures d'action ;
c. Distribuer l'information d'après le statut de ses composantes (présuppositions, implicatures, etc.) ;
d. Moduler l'application des catégories grammaticales (diathèse, Temps-Aspect-Mode etc.) sur les segments pertinents ;
e. Introduire et séparer les différentes voix dans l'énonciation ;
f. Assurer la compacité du texte.

Je ne peux pas illustrer tous ces points, pour lesquels je renvoie à mes travaux dédiés (surtout Simone, 2007). Je me borne à dire que ce qui relève de la composante Utilités est surtout un ensemble de fonctions pragmatiques au sens large du terme. Mais celles-ci ne sont pas toutes du même type : le fait d'assurer la force illocutoire à un acte de langage ne se situe pas au même plan que le fait de représenter des structures d'action. C'est pourquoi j'ai proposé de distinguer deux niveaux, la Macro- et la Micro-Pragmatique, qui jouent des rôles distincts. La première agit au niveau « molaire », en réglant l'effet illocutoire *global* des actes de parole.

C'est bien elle qui détermine si l'acte dans sa totalité sera une requête, une assertion ou une prière, qui décidera, de la sorte, de la structure globale du message et qui évaluera son degré de félicité ou d'infélicité. Donc :

(4) Propriétés de la Macro-Pragmatique

a. Elle affecte l'acte de parole tout entier ;
b. Son output est la félicité ou l'infélicité de cet acte ;
c. Sa limite réside dans le fait qu'elle ne « voit » pas la « structure fine » du discours qui réalise l'acte de parole.

La Micro-Pragmatique agit par contre au niveau « moléculaire », car elle détermine la structure fine des énoncés, dont elle gouverne particulièrement certains aspects, et c'est pour cette raison qu'elle est la dimension pragmatique la plus importante pour l'analyse linguistique. En GCC l'ensemble des effets de la Micro-Pragmatique sur l'énoncé est la Force Pragmatique (FP). Plusieurs phénomènes tombent dans le domaine de la FP, dont les suivants :

(5) Phénomènes relevant de la Force Pragmatique

a. la structure des relations actancielles (nature et nombre des actants, relations entre eux, etc.),
b. les propriétés de la Structure d'Action (agentivité, aspect, transitivité, causativité, diathèse, etc.),
c. le statut et la distribution de l'information (constitution et réglage de l'opposition Thème/Rhème et Donné/Nouveau).

En substance, tout ce qui affecte le codage des actants, de la Structure d'Action, et la distribution de l'information est un phénomène de FP, donc de saillance. Il est du plus grand intérêt qu'une perspective tout compte fait analogue se trouve dans l'œuvre d'un précurseur génial comme Charles Bally (1944), dont l'analyse des phrases segmentées n'est que de la micro-pragmatique projetée sur la syntaxe. Cette définition élargit notablement la gamme des faits de saillance : beaucoup des faits linguistiques (par ex. plusieurs types de constructions prédicatives) conventionnellement traités comme étrangers à ce domaine apparaissent bel et bien comme des formes de saillance et s'ajoutent aux formes déjà acquises et cataloguées, comme l'inversion, la topicalisation, la clivée etc.

Par ex., supposons qu'on ait un contenu propositionnel tel que :

(6) *t* (m, c)

où *t* est pour « travailler », *m* pour « moi-même », *c* pour « mon chef ». On peut mettre en langage la formule (6) dans une multiplicité de formes qui l'actualisent de manière variable, par ex. :

(7) a. j'ai travaillé toute la nuit pour mon chef
b. il m'a fait travailler toute la nuit, mon chef

La formulation a. représente une structure d'action pragmatiquement non marquée : deux actants ayant entre eux la relation d'un Agent à un Bénéficiaire. La formulation b. est marquée, tout en codant le même contenu : ce contenu est codé sous la forme d'une construction causative, où le bénéficiaire est représenté comme l'un de deux Agents.

Or, normalement on classe la causative dans la catégorie générique des « constructions » sans plus, tandis que, dans une perspective GCC, elle relève de plein droit de la saillance car elle manipule la structure actancielle de la phrase non marquée correspondante. On a montré en fait (Simone & Cerbasi, 2001 ; Lehmann, 2007) que le propre des causatives dans le cas prototypique est de mettre en langage l'événement comme une Structure d'Action Causative. Celle-ci a la propriété de dédoubler les agents (un Instigateur, qui promeut l'action, et un Exécuteur, qui la réalise) et de coder une relation particulière entre eux : le premier peut imposer quelque chose à l'autre, qui est celui qui agit concrètement.

Le « format » causatif n'est donc qu'une des technologies que la langue met à disposition du locuteur. Mais, pour celui-ci, il n'est guère obligatoire de représenter précisément *de cette manière-là* les événements où deux actants apparaissent. Il est libre de le faire ou de ne pas le faire : cela ne dépend que du but pragmatique qu'il se propose. La construction causative a deux fonctions pragmatiques : soit marquer que l'Instigateur a du pouvoir sur l'Exécuteur (il peut lui faire faire, donc imposer, des choses) soit marquer que l'Exécuteur n'a pas de responsabilité personnelle sur ce qu'il a fait, car il n'a agi que par imposition de l'Instigateur.[2] Par conséquent elle sert ou bien à souligner la mesure du pouvoir de l'Instigateur sur l'Exécuteur ou bien à réduire la responsabilité de l'Exécuteur dans son agissement.

Il se peut d'ailleurs également que l'option causative soit favorisée ou même imposée par une propriété intrinsèque de la langue (ce que j'appelle sa « griffe »), qui peut bien coder par une technologie déterminée des structures d'action qui ne sont pas prototypiquement reliées à elle. C'est pour cette raison que l'on distingue (Simone & Cerbasi, 2001) les langues « à forte vocation causative » (comme l'italien et le français) et celles « à faible vocation causative » (comme l'espagnol ou l'anglais). Les premières ont recours à la construction causative même pour coder des structures d'action qui ne sont pas causatives du tout. Dans les phrases suivantes, par exemple, il n'y a rien de causatif mais la structure de surface est bel et bien causative :

[2] On a affaire ici au grand problème de la gestion et du codage de la responsabilité personnelle des participants – un sujet qui, malgré son énorme importance dans le langage, n'a pas reçu d'attention. Une multiplicité importante de technologies (des honorifiques au passif, des tons de voix aux évidentiels…) ne sont disponibles dans les langues que pour moduler (limiter, cacher, exalter, etc.) la responsabilité du locuteur et des participants à l'acte de parole.

(8) ITALIEN

ho fatto mangiare il bambino

j'ai fait manger l'enfant

« *j'ai imposé à l'enfant de manger »

« je me suis occupé(e) de nourrir l'enfant »

(9) FRANÇAIS

j'ai peur je vais me faire écraser je vais mourir (Blanche-Benveniste *et al.* 2002 : 130)

« *j'impose (à quelqu'un) de m'écraser »

« il m'arrivera d'être écrasé (sans pouvoir rien y faire) »

Mais même dans ces cas la structure causative a une micro-pragmatique, quoique de nature différente. Il en va de même pour d'autres formats syntaxiques normalement classés de manière peu expressive. Tel est le cas du passif. Celui-ci n'est traité non pas comme une technologie de saillance mais comme un type de construction, sans plus. Par contre, dans l'optique de la GCC (et dans d'autres perspectives aussi : voir par ex. Lazard, 1996) on a là une technologie de saillance à part entière, car la fonction primaire du passif est de moduler la représentation de la structure d'action en opérant sur les actants. Dans l'optique de la GCC, le choix de la construction passive répond à une exigence micro-pragmatique, en l'occurrence celle de coder une représentation où ce qui est mis en relief est le résultat de l'action et non les agents, qui peuvent aussi rester cachés (et le sont en effet dans plusieurs langues). Étant donné que dans la « réalité dramatique » (comme l'appelait Tesnière, 1959), c'est-à-dire dans la réalité extra-linguistique, quelque chose comme une « structure d'action passive » n'existe guère, le passif n'est qu'une technologie (optionnelle) de saillance. (On y reviendra plus bas.)

(iii) On vient de voir que dans la GCC (comme dans d'autres perspectives) l'énoncé n'est guère la mise en langage d'une prétendue « situation objective » du monde réel, mais de la représentation d'une structure d'action dont le locuteur est le « metteur en scène » (un autre terme de Tesnière). Les représentations sont des formats cognitifs pré-définis, probablement universels, que l'esprit humain élabore comme input pour la mise en langage.

Cette formulation compacte incorpore quatre hypothèses, auxquelles j'ai déjà fait allusion indirectement ça et là :

(10) Quatre hypothèses de la GCC

a. l'énoncé ne code pas une situation réelle mais une représentation ;

b. les représentations sont modelées au niveau cognitif-conceptuel sous forme de « structures d'action » cognitivement prédéfinies et présumablement universelles ;

c. les langues mettent à disposition des ressources spécifiques en nombre limité (les « technologies linguistiques ») pour coder les structures d'action ;

d. il existe des relations prototypiques entre certaines structures d'action et certaines technologies linguistiques.

2. Support, format, report

Une fois étalées ces notions préliminaires, je passe à la dimension qui me paraît la plus prometteuse pour ce qui est de la saillance, c'est-à-dire celle des objets théoriques qui sont nécessaires pour l'analyser.

Pour relever de la saillance, tout phénomène doit marquer *la différence* d'un constituant par rapport aux autres. Le phénomène de saillance a le même rôle, pour ainsi dire, qu'une lumière dans le noir : ce qu'il signale, c'est que l'élément concerné est spécial, distinct, différencié par rapport au niveau par défaut que représentent les autres, et que l'on demande à l'interlocuteur de lui prêter une plus forte attention dans le décodage. Tout fait de saillance encadre donc un constituant superficiel déterminé. J'appelle ce constituant SUPPORT de la saillance. Il peut varier selon plusieurs dimensions : extension, nature grammaticale, nature syntaxique, etc. De ce point de vue, donc, on a le

Principe 1. La saillance encadre un support en indiquant qu'il joue un *rôle spécial* dans l'énoncé.

Or les constituants ayant la fonction commune d'opérer en tant que supports de la saillance (a) sont distincts par nature et (b) s'inscrivent dans des technologies de saillance différentes. J'appelle FORMATS de saillance les technologies par lesquelles elle peut se manifester superficiellement. Les clivées, les topicalisations, les dislocations, les inversions, les présentatives, les courbes d'intonation particulières, etc. sont donc autant de formats de saillance. Les exemples suivants indiquent des formats bien connus :[3]

(11) PIC D'INTONATION ah moi alors la mort des forêts je trouve ça HORRIBLE (Blanche Benveniste *et al.* 2002, p. 186)

(12) CLIVÉE c'est lui !

(13) CLIVÉE c'est de partir qu'il faut parler

(14) TOPICALISATION (POUR) manger, il mange

(15) TOPICALISATION la mort des forêts je trouve ça horrible

(16) PRESENTATIVE il y a un gendarme qui sonne

[3] Sauf indication contraire, les exemples suivants sont construits.

Les formats ainsi définis se situent sur plusieurs niveaux d'analyse : il y en a de types phonologique, morphologique, syntaxique ; dans le domaine syntaxique, en particulier, il y en a de micro-syntaxiques (tels la clivée, la topicalisation, etc.) et de macro-syntaxiques (comme la causative). On peut alors adopter le principe suivant :

Principe 2. Tout support de saillance s'encadre dans un format de saillance.

À ceci l'on peut ajouter une nuance importante : chaque format de saillance n'accepte pas n'importe quel support mais ne peut en encadrer que *certains types*. En d'autres termes, les formats de saillance sont sélectifs, au sens où certains objets linguistiques (des types de syntagmes, etc.) sélectionnent de préférence certains formats et vice-versa. Par exemple, la structure présentative ne peut affecter qu'un syntagme nominal ou en général un nominal, au sujet duquel elle signale qu'il représente un actant nouveau dans le discours :

(17) il y a un gendarme qui sonne

(18) il y a elle qui arrive

En revanche, la clivée accepte comme support une grande variété de constituants, differenciés en tant qu'objets linguistiques (des SN, des constructions verbales, des adjectifs, etc. ; voir pour l'italien Roggia, 2006) ainsi qu'en tant que fonctions grammaticales (des sujets, des objets, des obliques, etc.).

Mais cela n'est pas suffisant. La saillance enjambe la frontière de l'énoncé pour renvoyer à des éléments qui sont au dehors, par rapport auxquels se définit la mise en relief. Si je dis par exemple :

(19) c'est de chez moi qu'il est parti

je me rapporte à l'affirmation (ou à la supposition ou au fait) qu'il n'est pas parti de là ou d'autres endroits mais précisément *de chez moi*. Un énoncé comme (19) présuppose donc (au sens des présuppositions pragmatiques) un autre énoncé, réel ou virtuel (sur ce point, voir Lambrecht, 2001). La prédication virtuelle « il n'est pas parti de chez moi », qui trouve sa négation en (19), est bien externe à l'énoncé mais elle est évoquée directement par celui-ci. C'est bien à elle que fait référence la clivée en (19).

En d'autres termes, en utilisant n'importe quel format de saillance le locuteur renvoie à une information portant en *dehors de l'énoncé*, que la saillance ne rejoint que par enjambement. J'appelle cette composante externe REPORT de la saillance. Une formulation compréhensive de cette relation se trouve dans le principe suivant :

Principe 3. Tout format de saillance encadre un support et renvoie à un report.

Or, entre le support et le report il y a une différence cruciale : le support est forcément *in praesentia*, alors que le report peut être aussi bien *in absentia* qu'*in praesentia*. Ceci crée une asymétrie insupprimable, qui comporte des conséquences significatives. On y reviendra tout à l'heure (§ 3).

Il y a en outre un autre problème, moins connu et plus élusif, concernant le report. Quelle est la relation entre support et report de la saillance ? quelle est la raison pour laquelle ils sont en relation ?

Mon idée est que le support se lie par enjambement à son report dans le but *d'accomplir des opérations micro-pragmatiques*. En outre, il y a une relation entre les opérations micro-pragmatiques et les différents formats de la saillance : chaque format de saillance fait un travail micro-pragmatique qui lui est propre et qui ne peut pas être assuré par les autres formats. Or, comme du point de vue du locuteur ce sont bien les opérations micro-pragmatiques à former qui sont la raison d'être des faits de saillance, celui-là ne choisit tel ou tel format que pour des raisons micro-pragmatiques, c'est-à-dire pour obtenir des résultats en termes de FP.

À ce point on peut formuler le principe suivant :

Principe 4. Un phénomène de saillance est défini par le quadruple S_{Df} = (F, S, R, Op)

où F est le Format, S le Support, R le Report et Op l'opération micro-pragmatique envisagée.

3. Sur le report

Il faut à ce stade se demander : *où* réside-t-il cet énoncé-report ? Qui est-ce qui le prononce ? Se trouve-t-il dans le discours déjà prononcé ou ailleurs ? En d'autres termes, le report est-il un « objet » linguistique réel ou n'est-il qu'une entité virtuelle ?

J'ai bien dit auparavant qu'il pouvait être *in praesentia* aussi bien qu'*in absentia.* Ceci ouvre les possibilités suivantes : (a) s'il est *in praesentia*, le report fait partie du « pré-dit », c'est-à-dire de l'ensemble des énoncés qu'on a prononcés en amont, à distance courte ou longue de l'énoncé courant. (b) S'il est *in absentia*, il y a deux possibilités supplémentaires : soit il fait partie des informations que les interlocuteurs considèrent comme partagées, même si nul énoncé n'a été proféré qui les concerne ; soit il fait partie du « pré-supposé » au sens de la pragmatique, c'est-à-dire qu'il est une information, ni prononcée ni notoirement partagée, que le locuteur *attribue* néanmoins à son interlocuteur ou à quelque locuteur présent dans l'espace énonciatif.

Dans les deux derniers cas, l'enjambement du format de saillance sur le report ne se terminerait pas sur un constituant du discours (sur un « pré-dit ») mais sur une information qui « est dans l'air » ou qui est quelque part dans l'énonciation. Là, j'introduis un concept général et pour l'instant plutôt générique. Je postule une entité que je dénomme MIA (« Masse d'Informations Antérieures à l'énonciation ») : c'est l'ensemble de toutes les connaissances et informations (aussi vagues, génériques, informelles qu'elles soient) qui sont « dans l'air » lors de l'énonciation et qui, malgré ce statut flou, en déterminent certaines tournures. Pour ce qui nous concerne ici, il s'agit du dépôt de connaissances et d'informations d'où viennent les reports possibles et où puisent les opérations micro-pragmatiques associées à la saillance.

La MIA est formée des éléments suivants : (a) les objets faisant partie du « pré-dit », donc des segments d'énoncé, par définition *in praesentia* et donc facilement détectables ; (b) les objets relevant du « pré-connu », donc des unités cognitives, sous n'importe quelle forme, verbale ou non ; et (c) ceux qui relèvent du « présupposé ». Voilà des précisions sur ces trois niveaux :

(20) Composantes de la MIA

a. le « pré-dit » : les énoncés et portions d'énoncés qui ont été réellement prononcés *avant* la portion qui contient le fait de saillance ;

b. le « pré-connu » : l'ensemble des connaissances et des informations que partagent le locuteur et l'interlocuteur, quelle qu'en soit la source et indépendamment du fait qu'elles aient été mises en langage ou pas ;

c. le « pré-supposé » : l'ensemble des connaissances et informations que le locuteur attribue (de manière plus ou moins justifiée) à son interlocuteur et auquel il se rapporte dans son énoncé.

Prenons comme illustration un cas comme le suivant :

(21) TOPICALISATION DE L'INFINITIF : manger, il mange, l'enfant

L'adoption du format TOPICALISATION DE L'INFINITIF est rendue nécessaire parce qu'il accomplit sur la MIA une opération micro-pragmatique spécifique. Je représente la situation par la matrice suivante :

(22) Matrice de la topicalisation de l'infinitif

i. Format : topicalisation de l'infinitif

ii. Support : infinitif du verbe, identique au verbe interne à l'énoncé, placé en avant

iii. Reports possibles :

a. [QUESTION : quelqu'un demande si X mange ou ne mange pas] ;

b. [FORMULE DUBITATIVE : quelqu'un doute que X ne mange pas]

iv. Opérations sur le report :

a. réponse à la question iii.a. ;

b. contraste de la formule dubitative iii.b.

Les formats de saillance peuvent aussi s'entasser en créant des effets complexes. En (23) par exemple deux formats de saillance se somment, associées respectivement à A et à B. Il s'agit d'une inversion du sujet et d'une Dislocation à Droite :

(23) Ce $[l]_B$'ho $[io]_A$, [la $bicicletta]_B$
y l'ai je le vélo
« c'est moi qui ai le vélo »

(24) A.

i. Format : inversion du sujet

ii. Support : pronom sujet

iii. Reports possibles :

a. [QUESTION : Y demande a X si c'est lui ou quelqu'un d'autre qui a le vélo] ;

b. [FORMULE DUBITATIVE : Y doute que X ait le vélo]

iv. Opérations sur le report :

a. réponse à la question iii.a;

b. contraste de la formule dubitative iii.b

(25) B.

i. Format : DD

ii. Support : SN objet en position disloquée précédée d'une pause, clitique coréférentiel dans la première partie de l'énoncé

iii. Reports possibles : [le vélo] présent dans la MIA sous n'importe quelle forme

iv. Opérations sur le report :

a. réponse à la question iii.a;

b. contraste de la formule dubitative iii.b

En considérant la MIA comme un terme de référence essentiel dans notre analyse, il faut donc ajouter à la quadruple du Principe 4 les lignes suivantes. (27) veut dire que le report doit faire partie de la MIA pour être acceptable :

(26) $S_{Df} = (F, S, R, Op)$

(27) $R \in MIA$

4. Pistes ultérieures

Cette manière de délimiter le phénomène de la saillance se revèle d'une remarquable fertilité heuristique, car plusieurs conséquences en résultent et plusieurs pistes s'ouvrent.

4.1. Explorer les formats

Tout d'abord, on se rend compte que notre connaissance des formats de saillance est encore limitée, car elle se borne à une liste fermée et conventionnelle de faits : les clivées, les dislocations, les topicalisations, etc. Si l'on commence par accepter, comme cet article le suggère, d'inscrire aussi des constructions prédicatives parmi les faits de saillance, il faudra bien réviser la liste des phénomènes à prendre en compte. Même les formats les plus connus, d'ailleurs, n'ont pas toujours été examinés analytiquement, par exemple pour ce qui est de la variété des types de leur support.[4] Beaucoup de langues disposent de ressources de saillance encore totalement inconnues. En italien, par exemple, la petite phrase interrogative *non è che... ?* précède normalement une question pour laquelle on attend une réponse de signe incertain (positive ? négative ?), donc incorpore une présupposition (ce qui la distingue de la formulation « normale » en (29)):

(28)	non	è	che	spediresti	questa	lettera?
	[présupp.: « j'ai peur que non »]					
	ne.pas	il.est	que	tu.enverrais	cette	lettre?
	« ne pourrais-tu pas expédier cette lettre ? »					
(29)	spediresti		questa	lettera ?		
	tu.enverrais		cette	lettre ?		
	« enverrais-tu cette lettre ? »					

En outre en italien l'on trouve des formes de saillance à support minimum, spécialisées pour mettre en relief le spécificateur ou le modificateur d'un SN. Ces formes restructurent le SN contenant un spécificateur ou un modificateur (un démonstratif, un adjectif, un numéral, etc.), en déplacent à droite la tête nominale en l'isolant par un *di* et une pause :

(30)	voglio il	giallo,	di	quaderno [< voglio il quaderno giallo]
	je.veux le	jaune,	de	cahier [< je veux le cahier jaune]
	« c'est le cahier jaune que je veux »			

[4] Sur ce sujet je connais peu d'exceptions, comme Blasco-Dulbecco (1999) pour les dislocations en français et Roggia (2009) pour les phrases clivées en italien, qui contiennent, l'un et l'autre, des analyses très riches des types de support des formats de saillance respectifs.

(31) prendi questa, di macchina [< prendi questa macchina]
prends cette, de voiture [< prends cette voiture]
« prends CETTE voiture »

En arabe, le pronom personnel isolé, souvent suivi d'une petite pause, sert à emphatiser l'actant qu'il indique :

(32) 'anā 'aḏhabu 'ila l-ǧāmi'a
je vais à l-université
« quant à moi, je vais à l'université »

Un cas particulièrement intéressant est celui des formats qui codent une sorte d'affirmation « intensifiée ». Là, ce n'est pas un segment de l'énoncé qui est visé, mais l'enoncé entier, comme démonstration du fait que la saillance peut concerner également les grandes unités syntaxiques. Même s'il ne s'agit pas de ressources totalement superposables, le tahitien et le chinois offrent des faits de ce type. En chinois (Li & Thompson, 1981, p. 151 sqq.), le verbe *shì* peut, au-delà de sa fonction usuelle de copule, précéder un énoncé verbal complet (entre parenthèses carrées ci-dessous) pour lui donner la valeur d'une affirmation intensifiée :

(33) tā shì [méi mǎi shū]
3SING être NEG acheter livre
« (il est bien vrai qu')il n'a pas acheté de livres »

En tahitien, la double négation semble avoir la même valeur. « La combinaison de [la négation] *'aita* ou *e'ita* avec une forme de [la négation] *'ore* d'aspect approprié [... est] employée pour souligner la certitude de l'événement mentionné » (Lazard & Peltzer, 2000, p. 59) :

(34) 'aita 'oia i 'ore i te fa'aoti i terā 'ohipa
NEG 3SING ASP NEG PREP ART terminer PREP DEM travail
« il n'a pas manqué de terminer cette besogne »

Dans la même langue, le passif (ou pseudo-passif, comme l'appellent Lazard & Peltzer, 2000) ajoute à l'affirmation « intensifiée » une nuance additionnelle car il indique « le fait [que l'action] est accomplie volontairement par l'agent et qu'elle affecte effectivement l'agent » (Lazard & Peltzer 2000 p. 67). Pour cela le pseudopassif (indiqué par le suffixe verbal *-hia* ou plus souvent par *-a*) s'emploie aussi avec les verbes intransitifs (35):

(35) terā te 'ē'a i haere-hia e rātou
PRON ART sentier ASP aller-PASSIF PREP 3PLUR
« voilà le chemin qui a été allé par eux » → « voilà le chemin qu'ils ont pris »

Ces brefs aperçus suffisent à montrer que le catalogue des phénomènes de saillance doit être enrichi dans une mesure importante, même pour ce qui concerne des langues très étudiées. Il suffit de penser au latin ou au grec ancien pour se rendre compte de la pauvreté de nos connaissances au sujet de leurs faits de saillance ! La conclusion provisoire de ce raisonnement est donc qu'il faut explorer de manière systématique les formats de saillance des langues, également du point de vue typologique et comparatif, car ces deux perspectives sont les plus prometteuses.

4.2. Explorer les relations entre formats et supports

De plus, la question des supports de la saillance est totalement négligée. Comme chaque format sélectionne ses supports, il est essentiel d'avoir un répertoire complet des premiers et des seconds, et le graphe de leurs relations. Prenons par exemple la dislocation à droite (DD), un format syntaxique tout à fait typique et relativement bien connu (Simone, 1997 ; Blasco-Dulbecco, 1999 pour le français ; Rossi, 1999 pour l'italien). Ici, le support est de toute évidence le constituant disloqué plus le clitique de reprise. Mais même sur ce plan-là, il y a des aspects intéressants, car les langues imposent des limites aux constituants pouvant former le support d'une DD. En italien par exemple la DD a comme support les entités suivantes (le clitique de reprise est souligné dans chaque cas, le constituant disloqué est entre parenthèses carrées) :

(36) Supports de la DD en italien

OBJET	Non	<u>lo</u>	voglio,	[il	tuo	libro]	
	je.ne	le	veux	le	ton	livre	
	« je ne le veux pas, ton livre »						
DATIF	Da<u>gli</u>elo,	[a	tuo	fratello]			
	donne.lui.le	à	ton	frère			
	« donne-le-lui, à ton frère »						
OBLIQUE	Non	<u>ne</u>	voglio	parlare,	[di	tua	zia]
	je.ne	en	veux	parler	de	ta	tante
	« je ne veux pas en parler, de ta tante »						
PHRASE	Non <u>ci</u>	credo,	[che	questo sia		successo]	
	je.ne y	crois	que	cela	soit	arrivé	
	« Je n'y crois pas, que cela est arrivé »						

Le français semble avoir une gamme plus vaste de supports, comme l'a admirablement montré Blasco-Dulbecco (1999) dans son étude. Il admet par exemple une construction verbale (37) ou un adjectif (38) :

(37) mon dieu ça change quoi de mal parler (Blasco-Dulbecco 1999: 302)

(38) libre, je ne le suis à peu près jamais (ib., 317).

4.3. Explorer la FP des différents formats

Mais la DD présente encore un autre aspect, qui constitue sa véritable raison d'être du point de vue du locuteur (Simone, 1997 ; Rossi, 1999). Elle est douée d'une FP particulière, qui se manifeste précisément à travers des opérations sur le report. Cela se voit mieux si l'on représente la FP de (39) et (40) comme en a ou b :

(39) je l'ai déjà pris, le journal

a. CE N'EST PAS VRAI [je n'ai pas acheté le journal]

b. je réponds à la question [as-tu pris le journal ?]

(40) ah je les trouve rigolos ces poissons-là (Blasco-Dulbecco 1999)

a. JE ME RATTACHE AU THÈME [on a parlé de ces poissons-là]

b. CE N'EST PAS VRAI [ces poissons-là ne sont pas rigolo]

Dans (39) et (40), la section soulignée est le support, celle entre parenthèses le report, celle en capitales l'opération micro-pragmatique (notée pour l'instant de manière rudimentaire) accomplie en l'occurrence. Notre formulation suggère en d'autres termes que la DD constitue la réponse à une question négative polaire ayant le même prédicat que la phrase support ou une phrase assertive ayant les mêmes actants que la DD mais niant la relation.

4.4. Explorer les opérations micro-pragmatiques

Il y a finalement la question la plus complexe, car elle a affaire aussi à la dimension cognitive : celle de dresser un répertoire fiable des opérations micro-pragmatiques que les formats de saillance peuvent accomplir sur le report. Je souligne encore une fois que la force pragmatique de la saillance est *la seule raison* pour laquelle les locuteurs font recours à ces technologies : ce qui signifie qu'en construisant n'importe quelle grammaire de la saillance il est indispensable de décrire ces opérations.

À ce sujet, les termes de référence sont bien au nombre de deux : les reports et les opérations qui s'accomplissent sur eux. Tous les deux font problème. Concernant les reports, il s'agirait de définir les types de report que présuppose chacun des formats de saillance admissibles. Je dis bien les « types », au sens propre, c'est-à-dire non pas des phrases réelles, mais des *patterns* de phrases, même des phrases virtuelles, dont l'aspect superficiel n'est donc pas facilement représentable. Dans le raisonnement que j'ai mené ci-dessus j'ai proposé pour la DD un type-réponse et un type-assertion (ayant, celle-ci, la fonction d'affermissement de quelque chose que le report implique). Il y en aura peut-être d'autres.

Quant aux opérations micro-pragmatiques, j'ai employé ci-dessus pour les décrire des termes métalinguistiques de qualité médiocre, en disant par ex. que la DD « contraste » un doute d'un certain type qui se trouve dans l'espace de la MIA. Il faut au contraire attribuer à ces opérations des méta-termes qui permettent de les identifier à coup sûr.

Pour l'instant j'en vois quatre :

(41) Opérations micro-pragmatiques associées à la saillance

a. CONTRASTE d'un énoncé de la MIA, sous forme de réponse à une question ;

b. AFFERMISSEMENT fort d'un énoncé de la MIA ;

c. CORRECTION d'un énoncé de la MIA, comportant par ex. l'amendement d'un actant ou d'un prédicat ;

d. Pure REPRISE THÉMATIQUE d'un thème qui a été introduit dans la MIA.

Est-ce possible qu'un dispositif crucial tel que celui de la saillance ne serve qu'à un si petit nombre d'opérations ? La question se pose de manière naturelle et il est trop tôt pour suggérer une réponse générale. Mais dans le langage il ne serait guère surprenant de découvrir qu'une grande machinerie superficielle ne satisfait qu'un nombre restreint de fonctions.

Bibliographie

Bally, Ch., *Linguistique générale et linguistique française*, Berne, Francke, 1944.

Blanche-Benveniste, Cl. *et al.*, *Choix de tests de français parlé*, Paris, Champion, 2002.

Blasco-Dulbecco, M., *Les dislocations en français contemporain*, Paris, Champion, 1999.

Lambrecht, K., « A framework for the analysis of cleft constructions. », *Linguistics*, n° 39, 2001, p. 463-516.

Lazard, G., *L'actance*, Paris, PUF, 1994.

Lazard, G., *La quête des invariants interlangues : la linguistique est-elle une science ?*, Paris, Champion, 2006

Lazard, G. & Peltzer, L., *Structure de la langue tahitienne*, Louvain, Peeters, 2000.

Lehmann, Ch., « Latin causativization in typological perspective », in Lenoble, M. & Longrée, D. (dir.), *Actes du 13e Colloque International de Linguistique Latine*, Louvain, Peeters, 2008.

Lombardi Vallauri, E., « Focus esteso, ristretto e contrastivo. », *Lingua e Stile*, n° 33, 1998, p. 197-216.

Roggia, E., *Le frasi scisse in italiano*, Genève, Slatkine, 2010.

Rossi, F., « Non lo sai che ora è? Alcune considerazioni sull'intonazione e sul valore pragmatico degli enunciati con dislocazione a destra », *Studi di grammatica italiana*, n° 18, 1999, p. 145-193.

Simone, R., « Une interprétation diachronique de la dislocation à droite dans les langues romanes », *Langue française*, n° 115, 1997, p. 48-61.

Simone, R., « Constructions and categories in verbal and signed languages. », in Simone, R. *et al.* (dir.), *Verbal and signed languages. Comparing Structures, Constructs and Methodologies*, Berlin, Mouton De Gruyter, 2007, p. 197-252.

Simone, R., « Qu'y a-t-il entre coordination et subordination ? », in Béguelin, M.-J. *et al.*, *La parataxe, vol. 1. (Entre dépendance et intégration)*, Berlin, Peter Lang, 2010, p. 231-253.

Simone, R. & Cerbasi, D., « Types and diachronic evolution of Romance causative constructions. », *Romanische Forschungen*, n° 113, 2001, p. 441-473.

Simone, R. & Lombardi Vallauri, E., « Natural constraints on language. Nature and Consequences », *Cahiers Ferdinand de Saussure*, n° 63, 2010, p. 205-224.

Simone, R. & Lombardi Vallauri, E., « Natural constraints on language. The ergonomics of the software. », *Cahiers Ferdinand de Saussure*, n° 64, 2011, p. 119-141.

Simone, R., « On Discourse Operations. », (en préparation).

Tesnière, L., *Éléments de syntaxe structurale*, Paris, Kincksieck, 1979.

Postface

Michèle FRUYT

Université de Paris IV (Sorbonne-Université)

Marie-José Béguelin est l'une des rares personnes que je connaisse qui ait réussi, avec la même aisance, en grammaire comparée des langues indo-européennes et en linguistique française. J'ai rencontré Marie-José à l'École Pratique des Hautes Études (EPHE IVe section) à Paris, en Sorbonne, dans le cours de sanskrit et grammaire comparée d'Armand Minard, qui était alors suivi par les meilleurs spécialistes de linguistique historique. Mais sa réputation l'avait précédée : un enseignant chargé de Travaux dirigés en licence de Lettres classiques à l'Institut de Grec de l'Université de Paris IV-Sorbonne m'avait confié : « Quand on a eu une étudiante comme elle, on s'en souvient » et l'un de ses homologues à l'Institut de Latin m'avait dit de même : « C'est la meilleure étudiante que j'aie jamais eue ». Quant à Armand Minard, un jour, à la fin de l'un de ses cours à l'EPHE, il s'adressa à moi en se lamentant : « Ah ! Mademoiselle, vous, vous avez de la chance : vous avez pu passer l'Agrégation. Mais Marie-José, quel drame ! Elle n'est pas française, elle n'a pas le droit de la passer ! Que va-t-elle devenir ? Que va-t-elle pouvoir faire dans la vie ? »

C'était sans compter sur les exceptionnelles capacités intellectuelles de Marie-José, qui lui ont permis de parcourir toutes les formes de linguistique, non seulement la linguistique historique des langues indo-européennes dans laquelle elle avait été formée lors de ses études, mais aussi la linguistique générale et la linguistique française, sur laquelle fut fondée sa carrière, au terme de laquelle elle a rempli les fonctions prestigieuses de Professeur ordinaire de linguistique française à l'Université de Neuchâtel.

Les premiers travaux de Marie-José concernent les latinistes et les comparatistes, qui citent sa thèse sur la formation d'un groupement de substantifs de la 3e déclinaison latine, préparée sous la direction de Françoise Bader à l'EPHE et publiée sous le titre *Les noms latins du type* mens. *Étude morphologique* (Bruxelles, Latomus, 1986), ouvrage qui obtint le prix Charles Bally. Mais c'est en Suisse et en linguistique française que Marie-José obtint son premier poste universitaire, qui lui mit le pied à l'étrier à une époque où le recrutement d'une femme était chose rare.

Marie-José une fois en lice, sa valeur fit le reste. On la vit participer activement au groupe de Fribourg, véritable école linguistique initiée par Alain Berrendonner et qui créa des notions nouvelles en linguistique telles celles de 'clause', de 'période'[1], l'opposition entre micro- et macro-syntaxe, remettant en question la notion traditionnelle de 'phrase', bref qui renouvela plusieurs domaines en se tenant toujours à la pointe de la recherche.

Alors qu'elle était encore un jeune chercheur, Marie-José y acquit rapidement l'expérience du travail en équipe. Cela lui donnait une grande avance dans l'efficacité de la recherche par rapport aux coutumes qui prévalaient ailleurs. C'est pourquoi, lorsqu'on me proposa dans mon université de participer à un colloque sur la notion de 'mot', je demandai à Marie-José sa collaboration sur cette notion délicate, qui nécessitait des connaissances à la fois dans les langues anciennes et dans les langues contemporaines.

J'ai admiré à cette occasion la maturité scientifique de Marie-José, non seulement pour l'organisation du travail à plusieurs voix, mais aussi pour l'aisance et la maîtrise avec lesquelles elle rédigeait et exposait les parties qui lui étaient dévolues. Parfaitement informée des tendances nouvelles du cercle linguistique auquel elle appartenait, elle était aussi partie prenante dans des réseaux transfrontaliers dont les thèmes de recherche présentaient un tel intérêt pour un linguiste latiniste que Marie-José était devenue mon informatrice privilégiée et que nos conversations suscitaient toujours en moi des idées nouvelles. Même si les travaux de Marie-José et du Groupe de Fribourg portaient sur la linguistique française, ils avaient, en fait, une portée plus générale et étaient adaptables au latin, probablement en raison des liens diachroniques entre ces langues, mais aussi parce que la formation en Lettres classiques de Marie-José demeurait sous-jacente dans sa démarche scientifique et que les langues anciennes y demeuraient à l'honneur, directement ou indirectement. Elle conjuguait ainsi synchronie et diachronie.

Les colloques que Marie-José organisa sur le changement linguistique, les réanalyses aussi bien que les projets de recherche dans lesquels elle jouait un rôle décisif sur la cohésion textuelle (Béguelin *et al.*, 1990), l'anaphore (Berrendonner & Béguelin, 1995), la macro-syntaxe (Béguelin, 1995 ; Béguelin, 2003), l'analyse linguistique de l'oral, la parataxe (Béguelin *et al.*, 2010), la grammaticalisation en français à

[1] Rédaction de deux chapitres dans le volume du Groupe de Fribourg, *Grammaire de la période*, Berne, Peter Lang, 2012 ; cf. aussi Béguelin (2002b).

propos de fr. *avoir beau* (Béguelin & Conti, 2010), *n'empêche* (Béguelin, 2012), *n'importe* (Béguelin, 2002a), *en veux-tu en voilà* (Béguelin, 2007), *je ne sais qui* (Béguelin, 2009) ou bien les lexicalisations de séquences (Béguelin, 2004) coïncidaient avec nos préoccupations du centre Alfred Ernout de Paris IV et, à plusieurs reprises, j'ai pu faire connaître les travaux de Marie-José, qui furent une source d'inspiration pour mes collègues sémanticiens et lexicologues. Les conférences de Marie-José dans notre centre de linguistique latine furent toujours très appréciées, attirant un public plus large que d'habitude. Ce fut, en particulier, le cas pour sa dernière conférence, qui portait sur les liens entre grammaire comparée et linguistique générale dans la pensée de Ferdinand de Saussure.

En effet, comme on pouvait s'y attendre de la part d'une Genevoise, Marie-José est aussi une grande spécialiste de Ferdinand de Saussure, qui est présent dans ses travaux à un double titre. C'est d'abord un objet d'étude du point de vue épistémologique. Marie-José fit connaître des inédits de F. de Saussure, étudia de manière métalinguistique des concepts de grammaire comparée tels que repensés par Saussure (Béguelin, 2012), rappela l'itinéraire intellectuel du savant depuis le mémoire initial rédigé à Paris et qui créa les outils théoriques (le *coefficient sonantique* de F. de Saussure) à l'origine de la notion de 'laryngale', laquelle devint ensuite fondamentale en grammaire comparée des langues indo-européennes (Béguelin, 2000, 2003).

Mais la pensée de Saussure fut également pour Marie-José un point de départ pour développer des pistes lancées par le linguiste genevois. On pense notamment à ses travaux visant à réhabiliter la notion d''étymologie populaire' (Béguelin, 2000) et donc à instaurer en bonne place le sentiment linguistique du sujet parlant ainsi que les analyses synchroniques, à ses développements sur l'opposition entre langue et parole (Béguelin, 2011). C'est encore à F. de Saussure que pense Marie-José lorsqu'elle organise en 2012 à Neuchâtel un colloque sur les réanalyses, conçu comme une réhabilitation des idées saussuriennes sur le changement linguistique en opposition à la théorie de la grammaticalisation selon A. Meillet[2].

Armand Minard avait vraiment tort de s'inquiéter pour l'avenir de Marie-José. En premier lieu, sa carrière scientifique fut, à n'en pas douter, brillante. Elle se déroula dans plusieurs directions thématiques, épistémologie et théories linguistiques. Un indice montre la justesse des aspects théoriques : les analyses du Groupe de Fribourg ne restent pas lettres mortes, mais, bien au contraire, connaissent des applications pédagogiques importantes, ce qui ne serait pas le cas si elles n'étaient pas pertinentes dans le fonctionnement de la langue française. Le

[2] Cf. pour cette position Béguelin (2010). Mais ce sont surtout les excès des travaux récents sur la grammaticalisation que critique Marie-José.

présent ouvrage en est une preuve tangible. Et Marie-José a publié dans ce domaine des applications pédagogiques plusieurs travaux, dont un ouvrage couronné par l'Académie royale de Belgique : *De la phrase aux énoncés. Grammaire scolaire et descriptions linguistiques* (Bruxelles, De Boeck-Duculot, 2000).

Non seulement Marie-José a brillamment réussi sa carrière scientifique, mais elle a également remporté de beaux succès dans une pluralité d'autres domaines. Ce sont, en premier lieu, ses activités administratives, qui ne sont pas des moindres, puisqu'elle fut Vice-rectrice de l'Université de Neuchâtel. Elle a, en outre, tenu un rôle majeur dans diverses institutions de défense de la langue française et de la francophonie, ce qui a contribué à insérer la linguistique dans l'environnement contemporain. En Suisse, Marie-José appartient à la Délégation à la langue française de Suisse romande, dont elle assura la présidence de 1992 à 2010. Elle est membre du Conseil international de la langue française (depuis 1999). En Belgique, elle fut élue à l'Académie royale de langue et littérature française de Belgique (2008-2009). Elle eut la modestie, dans son discours inaugural, de mettre cette élection au compte de ses activités pour la francophonie. Mais c'est, bien sûr, son œuvre scientifique personnelle qui lui valut principalement cette distinction. C'est pour la même raison qu'elle reçut en France les palmes académiques (2008).

Bref, Marie-José a réussi dans tous les domaines où un universitaire peut réussir : scientifique, pédagogique, administratif et même social dans la mesure où elle joue un rôle dans la société contemporaine.

Cependant, ces multiples activités n'expliquent peut-être pas tout dans cette succession de distinctions et d'honneurs. Ce n'est probablement pas un hasard si la même personne a cumulé ces marques de reconnaissance. C'est probablement aussi parce que Marie-José a su faire profiter son environnement de tous ses talents et que sa personnalité, empreinte de calme, d'intelligence et de générosité, est véritablement rayonnante.

Bibliographie

[Reichler-]Béguelin M.-J. (avec M. Denervaud & J. Jespersen), *Écrire en français. Cohésion textuelle et apprentissage de l'expression écrite*, Neuchâtel-Paris, Delachaux & Niestlé, 2e éd., 1990.

[Reichler-]Béguelin M.-J. (avec A. Berrendonner) (dir.), *Du syntagme nominal aux objets-de-discours. SN complexes, nominalisations, anaphores*, *TRANEL*, n° 23, 1995.

[Reichler-]Béguelin M.-J. (dir.), *Problèmes de sémantique et de relations entre micro- et macrosyntaxe*, Scolia, n° 5, 1995.

Béguelin M.-J., « Étymologie 'populaire' et construction du savoir lexical », in R. Simone *et al.* (dir.), *Classi di parole et conoscenza lessicale*, Actes du colloque de Rome, déc. 2000, *Studi italiani di linguistica teorica e applicata* 29, 2000-2, p. 365-383 (repris dans M. Bonhomme (dir.), *Figures du discours et ambiguïté*, *Semen*, n° 15, 2001-2, p. 155-172).

Béguelin M.-J., « Routines syntagmatiques et grammaticalisation : le cas des clausules en *n'importe* », in A. Leth-Andersen & H. Nølke (dir.), *Macro-syntaxe et macro-sémantique*. Actes du colloque d'Aarhus, 17-19 mai 2001, Berne, Peter Lang, 2002a, p. 43-69.

Béguelin M.-J., « Clause, période ou autre ? La phrase graphique et la question des niveaux d'analyse », in M. Charolles, P. Le Goffic & M.-A. Morel (dir.), *Y a-t-il une syntaxe au-delà de la phrase* ? Actes du colloque de Paris 3-Sorbonne nouvelle, 21-22 sept. 2000, *Verbum*, n° 24, 1-2, 2002b, p. 85-107.

Béguelin M.-J., « Variations entre macro- et micro-syntaxe : de quelques phénomènes de grammaticalisation », in A. Scarano, *Macro-syntaxe et pragmatique. L'analyse linguistique* de l'oral. Atti dell'Incontro internationale, Dipartimento di Italianustica, Florence, 23-24 avril 1999, Roma, Bulzoni, 2003, p. 111-131.

Béguelin M.-J., « La méthode comparative et l'enseignement du *Mémoire* », in S. Bouquet (dir.), *Saussure, Cahiers de l'Herne*, n° 76, 2003, p. 150-164.

Béguelin M.-J., « Coalescence et dégroupages syntaxiques : réflexions sur les conditions pragmatiques et sémantiques des grammaticalisations », in A. Auchlin, M. Burger, L. Filliettaz & A. Grobet (dir.), *Structures et discours. Mélanges offerts à Eddy Roulet*, Québec, éd. Nota Bene, 2004, p. 139-150.

Béguelin M.-J., « Grammaticalisation et renouvellement formel de *en veux-tu en voilà* », in O. Bertrand, M. Charolles, J. François, S. Prévost & C. Schnedecker (dir.), *Discours, diachronie, stylistique du français. Hommage à Bernard Combettes*, Berne, Peter Lang, 2007, p. 225-242.

Béguelin M.-J., « From the confession of ignorance to the indefinite : what impact for a theory of grammaticalization ? » in C. Rossari, C. Ricci & A. Spiridon (dir.), *Grammaticalization and Pragmatics : Facts, approaches, Theoretical Issues*, Bingley, Emerald Group Publishing Limited, 2009, p. 35-64.

Béguelin M.-J., « Le statut des identités diachroniques dans la théorie saussurienne. Une critique anticipée du concept de grammaticalisation », in J.-P. Bronckart, C. Bota & E. Bulea (dir.), *Le projet de Ferdinand de Saussure*, Genève, Droz, 2010, p. 237-267.

Béguelin M.-J., Avanzi M. & Corminboeuf G. (dir.), *La parataxe*, tomes 1 et 2, Berne, Peter Lang, 2010.

Béguelin M.-J. & Conti V., « Syntaxe des structures avec *avoir beau* en français préclassique et classique », in B. Combettes, C. Guillot, S. Prévost, E. Oppermann-Marsaux & A. Rodrigues-Somolinos (dir.), *Le changement en français. Études de linguistique diachronique*, Berne, Peter Lang, 2010, p.°43-72.

Béguelin M.-J., « Linguistique de la langue et linguistique de la parole », in G. Corminboeuf & M.-J. Béguelin, *Du système linguistique aux actions langagières. Mélanges en l'honneur d'Alain Berrendonner*, Bruxelles, De Boeck-Duculot, 2011, p. 641-661.

Béguelin M.-J., « La place de la grammaire comparée », in L. Depecker (dir.), *Les manuscrits de Saussure. Une révolution épistémologique*, *Langages*, n° 178, 2012, p. 75-90.

Béguelin M.-J., « Le statut morpho-syntaxique de *n'empêche* », in M. Van Peteghem, P. Lauwers, E. Tobback, A. Demol (dir.), *Le verbe en verve. Réflexions sur la syntaxe et la sémantique verbale*, Gent, Academia Press, 2012, p. 635-661.

Notices biographiques

Marc Bonhomme est docteur d'État-ès-Lettres et agrégé de grammaire. Il occupe actuellement le poste de professeur de linguistique française à l'Université de Berne. Il est l'auteur des ouvrages suivants : *Les Figures clés du discours* (Paris, Seuil, 1998), *Pragmatique des figures du discours* (Paris, Honoré Champion, 2005), *Le Discours métonymique* (Berne, Peter Lang, 2006), *L'Argumentation publicitaire* (Paris, Armand Colin, 2013, avec J.-M. Adam). Il a également codirigé, avec A. Horak et M. de La Torre, *Études pragmatico-discursives sur l'euphémisme* (Francfort-sur-le-Main, Peter Lang, 2012). Il a enfin publié de nombreux articles en rhétorique, en linguistique des médias et en analyse du discours.

Stéphanie Breux, après avoir obtenu une licence ès Lettres de l'Université de Lausanne ainsi qu'un master en Sciences de l'éducation de l'Université de Genève, poursuit actuellement sa thèse de doctorat consacrée à l'étude de *L'argumentation chez les jeunes enfants* au sein de l'Institut de psychologie et éducation de l'Université de Neuchâtel, sous la direction de la professeure Anne-Nelly Perret-Clermont.

Jean-Paul Bronckart, ancien collaborateur de Jean Piaget au Centre international d'épistémologie génétique, a été, de 1976 à 2012, professeur ordinaire de didactique des langues à la Faculté de psychologie et des sciences de l'éducation de l'Université de Genève. L'essentiel de ses recherches et de ses enseignements portent sur la problématique du développement des personnes, l'analyse des discours et la didactique des langues. Il est notamment l'auteur de *Genèse et organisation des formes verbales chez l'enfant* (Mardaga, 1976), *Théories du langage. Une introduction critique* (Mardaga, 1977), *Psycholinguistique de l'enfant* (en collaboration, Delachaux et Niestlé, 1983), *Le fonctionnement des discours* (en collaboration, Delachaux et Niestlé, 1985) et *Activité langagière, textes et discours* (Delachaux et Nieslé, 1997), *Atividade de linguagem, discurso e desenvolvimento humano* (Mercado de Letra, Brésil, 2006), *Desarollo del lenguaje y didactica de las lenguas* (Miño y Davila, Argentine, 2007), *Le projet de Ferdinand de Saussure* (avec E. Bulea & C. Bota, Droz, 2010) et *Bakhtine démasqué* (avec C. Bota, Droz, 2011).

Ecaterina Bulea est chargée de cours à l'Université de Genève (FPSE), dans le domaine des théories du langage et de la didactique de la grammaire. Après des études de psychopédagogie à l'Université de Cluj (Roumanie), elle a accompli sa formation à l'Université de Genève, où elle a obtenu un diplôme spécialisé en didactique du français langue étrangère, une licence en sciences de l'éducation, et un doctorat en sciences de l'éducation, avec une thèse intitulée *Le rôle de l'activité langagière dans les démarches d'analyse des pratiques à visée formative*. Ses recherches s'inscrivent dans l'approche interactionniste socio-discursive et portent principalement sur les propriétés dynamiques de l'activité de langage, examinant en ce sens les apports de l'œuvre réelle de Ferdinand de Saussure, sur le rôle du langage dans le processus d'interprétation de l'agir et dans le développement humain et sur les pratiques de l'enseignement grammatical.

Michel Charolles, Professeur émérite, Université Paris 3-Sorbonne, LATTICE, a publié de nombreux articles sur l'analyse du discours et la linguistique textuelle, sur la référence et l'anaphore, ainsi que sur les adverbiaux cadratifs et connecteurs.

Bernard Combettes est Professeur émérite à l'Université de Lorraine et membre de l'équipe de recherche UMR-ATILF. Il a consacré l'essentiel de ses recherches à la diachronie du français et à la linguistique du texte. Dans le premier de ces deux domaines, il s'est plus particulièrement intéressé à la période du moyen français, avec des études sur l'ordre des mots, sur la topicalisation, sur l'évolution des indéfinis, ainsi que sur la transitivité. En ce qui concerne la linguistique du texte, les travaux qu'il a menés portent sur la perspective fonctionnelle de la phrase, sur l'opposition des plans, sur le discours rapporté. Il continue actuellement ses recherches sur la grammaticalisation des mots du discours, sur l'évolution de la phrase complexe, sur les fragments en ajout dans le français écrit contemporain. Il est par ailleurs co-auteur d'une collection de manuels : « Bâtir une grammaire » destinée aux élèves de collège.

Anne-Rosine Delbart, licenciée en philologie romane et agrégée de l'enseignement secondaire supérieur (1990) de l'Université libre de Bruxelles (ULB), est docteur en Lettres (2002) de l'Université de Limoges. Première maître de langue et chargée à l'ULB de différents cours tant littéraires que linguistiques en matière de FLE, elle a publié deux livres et de nombreux articles. Son mémoire de licence consacré à l'œuvre du romancier et dramaturge belge Charles Bertin lui a valu le Prix Constant de Horion (1990). Sa thèse sur *Un siècle d'écrivains français venus d'ailleurs (1919-2000)* a obtenu le Prix Jean-Claude Cassaing (2003) et l'essai intitulé *Les exilés du langage* qu'elle en a tiré s'est vu décerner le Prix international Jean-Humblet (2007).

Maud Dubois a été assistante de Marie-José Béguelin (2000-2005). Auteure d'une thèse sur la réception de Monique Saint-Hélier en France dans les années 1930-1950, elle est professeure de français langue étrangère à l'Université de Neuchâtel. Ses recherches portent sur la littérature des XVIIIe et XXe siècles et l'enseignement/apprentissage du français langue étrangère.

Michèle Fruyt est Professeur à l'UFR de latin de l'Université de Paris IV (Sorbonne-université), où elle enseigne la linguistique latine. Elle dirige le Centre Alfred Ernout et est porteur de projet du *DHELL* (*Dictionnaire historique et encyclopédie linguistique du latin*), site en ligne réunissant les contributions de nombreux rédacteurs en France et en Europe. Docteur *honoris causa* de l'Université d'Uppsala (Suède), elle a travaillé sur les structures du lexique et la formation des mots en latin ainsi que sur les mécanismes de l'évolution linguistique, la grammaticalisation et les effets du sentiment linguistique des sujets parlants sur les changements linguistiques dans une perspective saussurienne.

Laurent Gajo est, depuis 2004, professeur de français langue étrangère à l'Université de Genève, où il dirige l'École de langue et de civilisation françaises. Linguiste de formation, il s'est spécialisé dans l'analyse de l'interaction en classe bilingue, la didactique du plurilinguisme et la politique linguistique. Auteur d'une centaine de publications, il a dirigé, entre 2005 et 2008, un projet de recherche dans le cadre du Programme National de Recherche 56 (« Diversité des langues et compétences linguistiques en Suisse ») et, entre 2006 et 2011, une équipe du projet européen Dylan (« Dynamique des langues et gestion de la diversité »). Il développe par ailleurs des projets dans le cadre de la Francophonie. Membre du Conseil scientifique de l'Agence universitaire de la Francophonie (AUF) depuis 2007, il siège aussi à la Délégation à la langue française de Suisse romande depuis 2009.

Claudine Garcia-Debanc est professeure des universités en sciences du langage et didactique du français langue première à l'IUFM Midi-Pyrénées, École interne de l'Université Toulouse 2-Le Mirail/ESPE Midi-Pyrénées, où elle assure la formation initiale et continue de professeurs des écoles et de professeurs de lycées et collèges de lettres. Elle est actuellement présidente de la section française de l'AIRDF (Association Internationale de Recherche en Didactique du Français) et membre du comité de rédaction des revues *Pratiques* et *Repères*. Elle est membre de l'Axe Sémantique du Discours au sein du Laboratoire CLLE, UMR 5263, CNRS et UT2-Le Mirail. Après avoir porté sur les connecteurs dans des interactions orales (thèse sous la direction de Jean-Claude Chevalier), ses recherches actuelles s'intéressent à l'analyse des productions écrites d'élèves (école, collège, lycée, étudiants) et à l'enseignement de la syntaxe et du lexique à l'école primaire et au collège, notamment par des enseignants débutants.

Thérèse Jeanneret est professeure de didactique du français langue étrangère à l'Université de Lausanne. Elle a débuté ses recherches auprès de Marie-José Béguelin qui a dirigé sa thèse. Sa trajectoire scientifique et professionnelle s'est ensuite infléchie vers l'enseignement du français en tant que langue étrangère. Ses recherches portent notamment sur le sens que les personnes donnent à leur appropriation du français et la manière dont elles se représentent la place que cette langue pourrait occuper dans leur répertoire langagier.

Janine Jespersen a mené sa carrière universitaire à l'École de langue et de civilisation de l'Université de Genève. Ses intérêts et ses recherches en linguistique appliquée à l'enseignement du français langue étrangère ont toujours été en étroite relation avec les cours qu'elle dispensait à l'intention d'étudiants avancés en langue écrite. Elle a ainsi été coauteure avec Monique Dénervaud et Marie-José [Reichler]Béguelin d'*Écrire en français* (1988). Elle a engagé entre 1995 et 1999 une collaboration financée par la Fonds national de la recherche scientifique avec l'Université Lomonossov de Moscou. Le projet portait sur la désignation nominale : théorie, contrastes et applications didactiques.

Alain Kamber est, depuis 2004, professeur de français langue étrangère à l'Université de Neuchâtel. Spécialiste de linguistique de corpus, il a rédigé une thèse sur les locutions à verbe support en allemand et est co-auteur d'un *Dictionnaire de fréquence du français*. Ses intérêts portent plus particulièrement sur la syntaxe et sur la comparaison des langues. Il mène, en outre, des recherches en didactique des langues vivantes, et plus particulièrement du français langue étrangère.

Caroline Masseron est professeure de sciences du langage à l'Université de Lorraine et membre du CREM. Elle s'intéresse à l'analyse linguistique des écrits scolaires (en français langue maternelle et en français langue étrangère ; des productions de scripteurs débutants ou confirmés), du point de vue « syntaxique » et lexical notamment, que les « erreurs » portent sur les micro-réglages ou engagent des niveaux de structuration de rang supérieur. Directrice de rédaction de la revue *Pratiques*.

Marinette Matthey est professeure en sciences du langage (sociolinguistique) à l'Université Stendhal Grenoble 3, directrice du laboratoire LIDILEM (Linguistique et didactique des langues étrangères et maternelles). Elle est par ailleurs membre de la Délégation à la langue française de la Conférence intercantonale de l'Instruction publique de la Suisse romande et du Tessin (CIIP SR + Ti). Ses travaux s'inscrivent de manière transversale dans différents domaines des sciences du langage, tels que l'acquisition/apprentissage des langues, la sociolinguistique des contacts de langues, les représentations sociales des langues et du langage, les aspects langagiers de la migration et la transmission intergénérationnelle des langues minorisées. Elle s'intéresse également aux aspects didactiques de l'enseignement du français ainsi qu'aux approches interculturelles de l'éducation.

Małgorzata Nowakowska est professeur de linguistique française et italienne à l'Université pédagogique de Cracovie (Pologne). Elle est l'auteur d'une thèse de doctorat sur la relation entre la structure sémantique du syntagme nominal et le choix de l'article en français, ainsi que d'une habilitation intitulée *Les adjectifs de relation employés attributivement* (Kraków : Wydawnictwo Naukowe Akademii Pedagogicznej, 2004). Elle a également rédigé, avec S. Karolak, un manuel sur le problème de l'article en français, destiné aux apprenants polonophones. Ses recherches actuelles portent sur la sémantique aspectuo-temporelle du français et du polonais.

Simona Pekarek Doehler est professeure de linguistique appliquée à l'Université de Neuchâtel. Elle a mené des recherches dans les Universités de Bâle, Georgetown, Paris V et Santa Barbara (UCSB). Ses travaux de recherche, consacrés à l'analyse des interactions interpersonnelles, interrogent la actions sociales et pour les coordonner mutuellement, comment ils construisent et négocient des savoirs et développent des compétences pour agir, notamment en langue seconde. Ses travaux sont parus, entre autres, dans *Langue Française*, *Verbum*, *Revue Française de Linguistique Appliquée*, *Discourse Processes*, *The Modern Language Journal*, *Journal of Pragmatics* et *Mind, Culture and Activity*.

Anne-Nelly Perret-Clermont est professeure ordinaire à l'Institut de psychologie et éducation à l'Université de Neuchâtel. Elle est spécialisée en psychologie socio-culturelle du développement et de l'apprentissage (en situation scolaire, professionnelle ou informelle) et s'intéresse, en particulier, aux « espaces de pensée » et d'argumentation qu'offrent (ou non) les dispositifs de formation. Elle a été membre du Conseil Suisse de la Science et du Conseil de la Recherche du FNS. Elle a été co-fondatrice et co-présidente de DORE, fonds pour la recherche appliquée dans les HES et HEP. Elle est membre de l'International Academy of Education.

Jean-François de Pietro est collaborateur scientifique à l'Institut de recherche et de documentation pédagogique (IRDP, Neuchâtel). Linguiste et didacticien de formation, ses principales recherches portent sur la terminologie grammaticale, sur l'enseignement et l'apprentissage du français oral, sur les représentations langagières des élèves, sur l'analyse sociolinguistique des situations plurilingues et sur les démarches d'éveil aux langues, à la fois dans une perspective scientifique (projet de recherche EVLANG, référentiel CARAP) et à travers l'édition de supports didactiques pour l'école romande (projet EOLE, EOLE et patois, etc.). Vice-président de l'Association internationale pour la recherche en didactique du français (AIRDF), il a récemment coédité un numéro de la *Lettre* de l'Association consacrée aux questions de terminologie (Chartrand & de Pietro, 2010).

Evelyne Pochon-Berger est chargée de cours à l'Université de Neuchâtel et collaboratrice scientifique à l'Université de Fribourg. Elle a défendu en 2010 une thèse de doctorat en linguistique appliquée qui traite de la cohérence interactive dans les productions d'apprenants débutants de français langue étrangère. Cette recherche s'inscrit dans une réflexion plus générale sur la notion de compétence d'interaction. Ses travaux jusqu'à ce jour ont porté sur l'étude de données authentiques orales provenant de divers contextes d'apprentissage des langues secondes (classe de langue, séjour en famille d'accueil) et divers niveaux de compétence (apprenants débutants et avancés). Plus récemment, elle a commencé à s'intéresser au développement d'instruments d'évaluation des compétences communicatives en langue seconde.

Dan Van Raemdonck, docteur en philosophie et lettres de l'Université libre de Bruxelles (ULB), est professeur de linguistique française (langue maternelle et langue étrangère) à l'ULB et à la VUB (Vrije Universiteit Brussel). Il est par ailleurs vice-président du Conseil de la Langue et de la Politique linguistique de la Fédération Wallonie-Bruxelles et secrétaire général de la Fédération Internationale des Ligues des Droits de l'Homme (FIDH). Sa recherche porte sur la syntaxe de la phrase française et vise à développer une linguistique applicable.

Françoise Revaz est professeure de linguistique française à la Faculté des lettres de l'Université de Fribourg. Spécialiste en narratologie, elle a fondé, avec R. Baroni, le *Réseau Romand de Narratologie*. Auteure de *L'analyse des récits*, en collaboration avec J.-M. Adam (Seuil, 1996), des *Textes d'action* (Klincksieck, 1997) et de *Introduction à la narratologie. Action et narration* (De Boeck & Duculot, 2009), elle a également dirigé plusieurs ouvrages collectifs, dont *Le Récit minimal* (Presses Sorbonne Nouvelle, 2012) avec S. Bedrane et M. Viegnes et « La temporalité du récit : fictions, médias et histoire » (*A Contrario*, n° 13, 2010) avec S. Pahud et R. Baroni. Ses recherches portent principalement sur les temps verbaux, les théories de l'action et sur les formes et fonctions du récit dans divers genres de discours (littérature, historiographie, presse écrite et bande dessinée).

Marie-Noëlle Roubaud est maître de conférences en Sciences du langage à l'Université d'Aix-Marseille où elle donne des cours en linguistique française et en rédactologie (sur l'écriture professionnelle). Ses recherches, au sein du laboratoire ADEF, EA 4671 Aix-Marseille Université, se poursuivent en morphologie et en syntaxe, à partir de l'étude de corpus oraux ou écrits, à la suite de Claire Blanche-Benveniste dont elle a été l'élève et portent également sur l'analyse linguistique des productions d'élèves. Elles concernent aussi l'acquisition de la langue par les élèves, la part de la grammaire première et de la grammaire seconde en relation avec les genres de textes oraux ou écrits, ainsi que l'acquisition du concept de verbe par de jeunes enfants. Dans une approche comparatiste, ses travaux portent également sur l'acquisition du français comme langue seconde en milieu scolaire.

Louis de Saussure est professeur de linguistique et d'analyse du discours à l'Université de Neuchâtel. Il a enseigné à l'Université du Texas à Austin, à l'École des hautes études en sciences sociales de Paris, aux universités de Lugano, de Fribourg et de Genève où il a fait une thèse en 2000 consacrée à la négation. Il a effectué des séjours de recherche au CNRS à Nancy et à l'University College de Londres. Ses recherches se concentrent d'abord sur la sémantique et la pragmatique cognitive, en particulier l'expression du temps et de l'aspect (il co-dirige une collection sur ce thème à Oxford University Press), de la modalité et de l'évidentialité. Ses travaux portent également sur les mécanismes de la persuasion dans le discours, envisagés en relation avec les processus cognitifs de traitement de l'information.

Raffaele Simone, professeur de linguistique à l'Université Roma Tre (Rome). Auteur de nombreuses publications en linguistique théorique, épistémologie de la linguistique, typologie des langues romanes, histoire de la linguistique, théorie de la grammaire et du lexique, il est aussi le créateur de nombreux ouvrages de consultation de grandes dimensions (le plus récent : *Enciclopedia dell'italiano*, 2, vols.). Essayiste et philosophe, analyste politique et éditorialiste dans les principaux journaux italiens, il publie en plusieurs langues. Ses essais sont publiés en France par Gallimard (Le Monstre doux, 2010; Pris dans la Toile, 2012).

Ioana-Maria Stoenica est assistante-doctorante en linguistique appliquée à l'Université de Neuchâtel. Elle rédige une thèse de doctorat sur le rôle des relatives dans l'organisation séquentielle de l'interaction. S'inscrivant dans le courant de la linguistique interactionnelle, son travail cherche à montrer, sur la base d'analyses qualitatives de données authentiques orales en français, la manière dont les interlocuteurs utilisent la grammaire, en général, et les relatives, en particulier, pour accomplir et organiser différentes activités dans l'interaction. Ses intérêts de recherche portent sur la grammaire, la syntaxe, la sémantique, l'analyse conversationnelle, la pragmatique et l'analyse des interactions sociales.

Dominique Willems est professeur émérite de l'Université de Gand, où elle a enseigné la linguistique française jusque fin 2012. Sa recherche se situe dans l'interface entre syntaxe, lexique et sémantique, en particulier dans le domaine du verbe.

Marc Wilmet est professeur émérite à l'Université libre de Bruxelles et membre de l'Académie royale de Langue et de Littérature françaises. On lui doit une douzaine de livres, dont la *Grammaire critique du français* (5e éd. 2010), le conte linguistique Antepost (1994) et un essai consacré à *Georges Brassens libertaire* (republication 2010). Ses travaux lui ont valu le Prix Francqui, la plus haute distinction scientifique décernée en Belgique. Il est docteur *honoris causa* des Universités d'Uppsala et de Paris-Sorbonne.

Françoise Zay est chargée d'enseignement en français langue étrangère à l'Université de Genève, après avoir accompli des études de littérature et de linguistique à l'Université de Fribourg (Suisse). Elle y a été assistante puis collaboratrice scientifique en linguistique française. Son premier domaine de recherche a concerné la syntaxe de l'oral : elle a notamment fait partie, autour du professeur Alain Berrendonner, du Groupe de Fribourg et a collaboré à la *Grammaire de la période* récemment publiée. Dans le domaine du FLE, hormis son penchant pour tout ce qui touche à l'enseignement de l'écrit, elle participe à des recherches portant sur l'interphonologie et l'annotation de corpus d'apprenants.

GRAMM-R

Études de linguistique française

La collection « GRAMM-R. Études de Linguistique française » a pour but de rendre accessibles les travaux de linguistique française, en tenant compte, à la fois, des grandes théories linguistiques, de la multiplication des recherches dans des domaines connexes et de la diversification des points de vue sur le langage.

Pour rendre compte de la richesse que constitue ce foisonnement de points de vue, la collection accueillera les travaux permettant de confronter les données et les observations des recherches centrées sur le système langagier à celles des travaux explorant d'autres aires de recherche sur le fonctionnement de la langue dans des contextes spécifiques : l'aire de l'acquisition, l'aire de l'enseignement/apprentissage, l'aire de la variation diachronique, diatopique, diastratique, oral/écrit, etc.

Tous les volumes de cette collection sont publiés après double révision à l'aveugle par des pairs.

Ouvrages parus

N° 21 Mathieu Avanzi, Virginie Conti, Gilles Corminboeuf, Frédéric Gachet, Laure Anne Johnsen & Pascal Montchaud (dir.), *Enseignement du français : les apports de la recherche en linguistique*, 2014.

N° 20 Marie-Noëlle Roubaud et Jean-Pierre Sautot (dir.), *Le verbe en friche. Approches linguistiques et didactiques*, 2014.

N° 19 Olga Galatanu, Ana-Maria Cozma et Virginie Renard (dir.), *Sens et signification dans les espaces francophones. La construction discursive du concept de francophonie*, 2013.

N° 18 Aboubakar Ouattara (dir.), *Les fonctions grammaticales. Histoire, théories, pratiques*, 2013.

N° 17 Jacques François, Pierre Larrivée, Dominique Legallois et Franck Neveu (dir.), *La linguistique de la contradiction*, 2013.

N° 16 Pascale Hadermann, Michel Pierrard, Audrey Roig et Dan Van Raemdonck (dir.), *Ellipse & fragment. Morceaux choisis*, 2013.

N° 15 Véronique Delvaux, *Les voyelles nasales du français. Aérodynamique, articulation, acoustique et perception*, 2012.

N° 14 Jacques Bres, Aleksandra Nowakowska, Jean-Marc Sarale et Sophie Sarrazin (dir.), *Dialogisme : langue, discours*, 2012.

N° 13 Mathieu Avanzi, *L'interface prosodie/syntaxe en français. Dislocations, incises et asyndètes*, 2012.

N° 12 Abdelhadi Bellachhab et Virginie Marie (dir.), *Sens et représentation en conflit*, 2012.

N° 11 Abdelhadi Bellachhab, *Représentation sémantico-conceptuelle et réalisation linguistique. L'excuse en classe de FLE au Maroc*, 2012.

N° 10 Dan Van Raemdonck, avec Marie Detaille et la collaboration de Lionel Meinertzhagen, *Le sens grammatical. Référentiel à l'usage des enseignants*, 2011.

N° 9 Catherine Bolly, *Phraséologie et collocations. Approche sur corpus en français L1 et L2*, 2011.

N° 8 Audrey Roig, *Le traitement de l'article en français depuis 1980*, 2011.

N° 7 Joëlle Aden, Trevor Grimshaw & Hermine Penz (dir./eds.), *Enseigner les langues-cultures à l'ère de la complexité. Approches interdisciplinaires pour un monde en reliance / Teaching Language and Culture in an Era of Complexity. Interdisciplinarity Approaches for an Interrelated World*, 2010.

N° 6 Lucile Cadet, Jan Goes et Jean-Marc Mangiante (dir.), *Langue et intégration. Dimensions institutionnelle, socio-professionnelle et universitaire*, 2010.

N° 5 Marie-Eve Damar, *Pour une linguistique applicable. L'exemple du subjonctif en FLE*, 2009.

N° 4 Olga Galatanu, Michel Pierrard, Dan Van Raemdonck, Marie-Eve Damar, Nancy Kemps, Ellen Schoonheere (dir.), *Enseigner les structures langagières en FLE*, 2010.

N° 3 Olga Galatanu, Michel Pierrard et Dan Van Raemdonck (dir.), avec la collaboration d'Abdelhadi Bellachhab et de Virginie Marie, *Construction du sens et acquisition de la signification linguistique dans l'interaction*, 2009.

N° 2 Dan Van Raemdonck (dir.) avec la collaboration de Katja Ploog, *Modèles syntaxiques. La syntaxe à l'aube du XXI*e *siècle*, 2008.

N° 1 Pierre Larrivée, *Une histoire du sens. Panorama de la sémantique linguistique depuis Bréal*, 2008.

Site Internet de la collection :
www.peterlang.com/?gramm-r